O JOVEM HITLER

Paul Ham

O jovem Hitler
Os anos de formação do Führer

TRADUÇÃO
Leonardo Alves

Copyright © 2017 by Paul Ham

*Grafia atualizada segundo o Acordo Ortográfico da Língua Portuguesa de 1990,
que entrou em vigor no Brasil em 2009.*

Título original
Young Hitler: The Making of the Führer

Capa
Carlos di Celio

Foto de capa
Reprodução de Roman Nerud/ Shutterstock

Preparação
Lígia Azevedo

Índice remissivo
Probo Poletti

Revisão
Jane Pessoa
Ana Maria Barbosa

Dados Internacionais de Catalogação na Publicação (CIP)
(Câmara Brasileira do Livro, SP, Brasil)

Ham, Paul
    O jovem Hitler : Os anos de formação do Führer / Paul Ham ;
    tradução Leonardo Alves. — 1ª ed. — Rio de Janeiro : Objetiva,
    2020.

    Título original: Young Hitler : The Making of the Führer.
    ISBN 978-85-470-0101-8

    1. Guerra Mundial, 1914-1918 — Influência 2. Hitler, Adolf,
    1889-1945. I. Título.

19-32332   CDD-943.086092

Índice para catálogo sistemático:
1. Alemanha : Hitler, Adolf : Chefes de Estado :
    História   943.086092

Cibele Maria Dias — Bibliotecária — CRB-8/9427

[2020]
Todos os direitos desta edição reservados à
EDITORA SCHWARCZ S.A.
Praça Floriano, 19, sala 3001 — Cinelândia
20031-050 — Rio de Janeiro — RJ
Telefone: (21) 3993-7510
www.companhiadasletras.com.br
www.blogdacompanhia.com.br
facebook.com/editoraobjetiva
instagram.com/editora_objetiva
twitter.com/edobjetiva

Que sorte para os governos que o povo não pensa.
Adolf Hitler

*Não há nada mais perigoso no mundo do que
ignorância franca e estupidez consciente.*
Martin Luther King

Sumário

Prólogo: *Um pouco de contexto* 9

1. "Na época, eu achava que tudo tinha que explodir" 19
2. "Em casa, não me lembro de ouvir a palavra [judeu]" 29
3. "Eu havia honrado meu pai, mas minha mãe eu amara" 36
4. "A academia toda devia ir pelos ares" 42
5. "Isso é um alemão?" 53
6. "Prostrei-me de joelhos e dei graças aos céus" 70
7. "Eu amava intensamente a vida de soldado" 79
8. "[Louvain era] um monte de entulho" 85
9. "Eu estava bem adiante, na frente de todo mundo" 93
10. "Vocês ainda vão ouvir muito sobre mim" 102
11. "Finalmente minha determinação era absoluta" 112
12. "Pela última vez, a graça do Senhor sorriu para Seus filhos
    ingratos" 123
13. "Desde aquele dia sobre o túmulo de minha mãe eu não chorava" .. 135
14. "O que era toda a dor nos meus olhos diante daquele tormento?" .. 147
15. "Eu podia falar!" 157
16. "O movimento estava em marcha" 174
17. "O mundo da mulher é o homem" 186
18. "Devem lutar comigo — ou morrer comigo!" 197

19. "Se 15 mil desses corruptores hebreus tivessem sido mergulhados em gás venenoso"... 216

Epílogo: A criação do Führer 231
Apêndice: O Programa de 25 Pontos nacional-socialista alemão 245
Notas 249
Referências bibliográficas 270
Agradecimentos.. 285
Créditos das imagens 286
Índice remissivo... 287

Prólogo
Um pouco de contexto...

Nenhum outro líder ou movimento político recorreu tanto a eventos catastróficos para subir ao poder quanto Adolf Hitler e o Partido Nazista.

Hitler jamais teria ido de "Indigente de Viena" (apelido com que o antes confiável colega Hermann Göring mais tarde o tacharia) a "Führer" não fossem as condições apocalípticas criadas pela Primeira Guerra Mundial (1914-8) e suas consequências. Desprezado como um mendigo desequilibrado antes da guerra, depois dela Hitler foi alçado à condição de figura messiânica. "O que aconteceu sob o comando de Hitler", diz o historiador Ian Kershaw, "seria inconcebível sem a experiência da Primeira Guerra Mundial e o que se sucedeu."[1]

Muito menos evidente é a maneira *como* as experiências da juventude de Hitler, especialmente durante a Primeira Guerra Mundial, forjaram o conquistador da Europa a partir daquela argila humana pouco promissora. Que misteriosa confluência de natureza, estímulo, acaso e oportunidade levou ao surgimento de um dos ditadores mais sanguinários do século XX? O que, em suma, *criou* o Führer?

Todo indivíduo é moldado intensamente por experiências extremas da infância e da juventude, e Hitler não foi exceção. Suas lembranças na Frente Ocidental foram companheiras constantes por toda a sua vida, passageiras melancólicas em sua trajetória rumo ao poder, influenciando todos os seus pensamentos, todas as suas ações. E ele tinha uma lembrança formidável dela. Ao contrário de muitos outros soldados da época, que ansiavam voltar para casa e ficaram aliviados quando a guerra acabou, Hitler se deleitava com a batalha, recusava-se a aceitar a derrota e mergulhou em um extremo descontentamento com o armistício. A guerra foi um ferro candente que marcou sua personalidade, um delírio incendiário, uma dança inesquecível com a morte.

No entanto, a Grande Guerra de Hitler não recebeu a devida atenção. Biógrafos tendem a marginalizá-la, a relegá-la à condição de rito de passagem, de aventura da juventude; ou a descrever o desempenho dele como soldado. Contudo, como o próprio Hitler declarou em muitas ocasiões, aquela guerra e suas consequências imediatas foram as experiências pessoais mais formativas de sua vida e exerceram um impacto imenso em tudo o que se seguiu.[2] Realmente, a "primeira guerra" de Hitler demanda uma reclassificação como o fator que ocasionou sua ascensão ao poder. Mas, para a maioria das pessoas, a participação dele no conflito, e no que a sucedeu, permanece curiosamente obscura.

Os censores e os mitômanos do nazismo não ajudaram. Após sua eleição como chanceler, Hitler despendeu esforços extraordinários para abafar os fatos sobre sua juventude — chegando até mesmo a exigir a execução de um "marchand" com quem fizera amizade quando era jovem e que ameaçou revelar detalhes incômodos do início da vida dele em Viena. Tão extremas foram as medidas adotadas por Hitler e pelos propagandistas do nazismo para preservar o mito do Führer que cabe perguntar: o que eles estavam escondendo e por quê?

Talvez um pouco de contexto possa ajudar a preparar o cenário para a história a seguir. O mundo em que Hitler nasceu, em 1889, estava vivendo o ápice de um período de imenso desenvolvimento econômico, expansão colonial e agitações sociais. Os anos 1890 foram os estertores finais da Era de Ouro, e para algumas pessoas foi uma década excepcionalmente dourada. Na Europa, em 1890, o decil mais rico (os 10% mais ricos) detinha quase 90% da riqueza total (situação que se manteria até 1914), conforme demonstrado pelo economista Thomas Piketty.[3] A maior parte do resto da população vivia em estado de imensa pobreza, baixa expectativa de vida e constante ansiedade.

As potências europeias se animavam não tanto pelas injustiças sociais internas quanto pela atração do Novo Imperialismo no exterior, sobretudo a disputa para controlar a vastidão de recursos dos territórios africanos ainda não dominados. O resultado da Corrida à África, que transcorreu entre 1870 e 1913, foi na prática um saque total conforme as nações europeias avançaram sobre o continente para capturar e trinchar essa antiga malha de terras tribais. Como disse Thomas Pakenham em seu clássico *The Scramble for Africa*: "A África foi partilhada feito um bolo, e as fatias foram devoradas por cinco nações rivais. Até o fim do século, as tensões geradas pela Corrida ajudaram a contaminar o clima político na Europa, deixaram a Inglaterra e a França na iminência da guerra e precipitaram um conflito com os bôeres, a guerra mais custosa, longa e sanguinária desde 1815".[4]

Com a Corrida, os dois maiores imperialistas — França e Inglaterra — acabaram disputando os espólios mais fartos, enquanto à Alemanha, derrotada e perigosamente amargurada, coube um punhado de restolho. Essas novas apreensões coloniais não reverteriam o lento declínio das maiores potências imperiais. Os britânicos e os franceses já pressentiam os sinais do eclipse. A economia da Alemanha e a dos Estados Unidos cresciam a um ritmo mais acelerado e logo iam se fortalecer o bastante para ameaçar a hegemonia da Inglaterra e da França, cuja dominação colonial cobria o mundo de rosa e azul.

Os trabalhadores também queriam uma parte da riqueza mundial. Inquietações internas corriam o risco de refrear a cobiça e o poder das classes detentoras do capital. Por toda a Europa, os movimentos operários rugiam com todas as forças, em meio à formação de novos partidos socialistas ou "trabalhistas": o Sozialistische Arbeiterpartei (SAPD) da Alemanha, em 1875; o Labour Party da Inglaterra, em 1900; e o Parti Socialiste de France, em 1902. O American Populist Party (ou People's Party), um partido de trabalhadores rurais, teve seu auge durante o pânico financeiro de meados da década de 1890 (antes de ser assimilado pelos democratas).

Concomitante a isso, a ascensão do nacionalismo econômico gerou um espírito de patriotismo agressivo e rivalidade racial. Povos inteiros — nações, religiões, tribos — foram classificados como "superiores" ou "inferiores" com base na teoria do "darwinismo social", em voga. Em suma, essa aplicação distorcida da ciência da evolução na sociedade humana estabelecia que a "raça mais apta" um dia governaria o planeta.

Quando o mundo adentrou o século XX, um novo conservadorismo social ganhou força na juventude europeia, caracterizado por uma fé ressurgente em Deus, no rei (ou cáiser ou tsar) e na pátria. Muitos estudantes franceses e alemães, especialmente, rejeitaram a decadência da geração de seus pais e ansiaram pelo regresso às Antigas Certezas.[5] O nacionalismo militante inflamou o preconceito europeu contra minorias étnicas. Os judeus, em particular, foram amplamente aviltados e perseguidos com regularidade. No fim do século XIX, os russos realizaram enormes pogroms, ataques violentos contra comunidades judaicas. O resultado foi que centenas de milhares de judeus do Leste Europeu fugiram para a Europa Ocidental, e muitos se estabeleceram na Alemanha e no Império Austro-Húngaro, principalmente em Viena.

Os franceses apresentaram uma modalidade menos sangrenta, mas não menos perniciosa, de discriminação dos judeus. O Caso Dreyfus (1894-1906), em que um oficial judeu foi acusado injustamente de traição, dividiu a nação e expôs as profundezas do antissemitismo na França.

As massas estavam menos interessadas na crueldade em colônias distantes contra uma minoria perseguida e mais nas invenções deslumbrantes da Era das Máquinas, que atingiu o auge entre 1890 e 1920: prédios colossais, máquinas voadoras fabulosas, automóveis luzidios, armas de poder destrutivo sem igual e ainda sopas enlatadas, radioatividade, o cinematógrafo (precursor do projetor de cinema) e os primeiros indícios científicos de que o CO_2 causa aquecimento global. A série impressionante de descobertas prefigurou a maneira como as pessoas viveriam pelos cem anos seguintes.

Era extasiante a vida na aurora do século XX para aqueles que tinham o poder e a riqueza de desfrutar dela. E um dos sóis que mais brilhavam no horizonte era uma entidade política jovem, recém-unificada e carregada de confiança: *Deutschland*.

Não podemos compreender a vida de Hitler sem entender a devoção que ele nutria pelo Estado alemão, a pátria de seus sonhos juvenis. Ia além de mero patriotismo. Era um desejo visceral por um futuro governado por uma Grande Alemanha, uma Pan-Alemanha. Nos anos que antecederam a Primeira Guerra Mundial, isso parecia factível, até mesmo inevitável, aos olhos dos poucos supremacistas alemães e militaristas prussianos que Hitler tanto admirava.

A base histórica para a paixão de Hitler era a criação do Império Alemão em 1871 — o resultado da unificação de 26 reinos, ducados e principados que haviam dominado a Europa Central desde a derrota de Napoleão em 1815. A mão firme de Otto von Bismarck, o Chanceler de Ferro, agregou esses constituintes em um Estado unificado, que passou a ser liderado pelos prussianos e pelos cáiseres da Casa de Hohenzollern após sua vitória enfática na Guerra Franco-Prussiana de 1870-1.

O novo Reich alemão viria a se beneficiar da união política e de uma zona interna de livre comércio (a *Zollverein*), que disseminaria os frutos do sucesso econômico da Prússia para a Baviera. Contudo, "raça" e "cultura" eram incentivos igualmente potentes para a unificação. A *Deutschland* se inspirava no pangermanismo — o reconhecimento de um Estado mútuo, unido por uma língua (92% da população falava alemão) e uma religião (a maioria se considerava luterana) comuns, e por um senso palpável de destino nacional, oriundo da crença na supremacia da cultura alemã e de uma forte noção do que significa ser "alemão": não tanto uma nacionalidade, mais como uma sensação ou um espírito que voltaria ao passado distante — para além do Sacro Império Romano-Germânico, remontando ao mundo ancestral de tribos teutônicas e mitologia wagneriana.

A unificação da Alemanha foi acompanhada de quatro décadas (1871-1913) de intenso crescimento econômico, abastecido por uma população que subiu de 41 milhões para 68 milhões no mesmo período. Em 1900, a Alemanha já havia suplantado a Inglaterra como a maior economia da Europa e possuía a segunda maior malha ferroviária do mundo, perdendo apenas para os Estados Unidos.[6] Em 1913, tornara-se a maior exportadora de aço da Europa ao superar a Inglaterra. A nova Alemanha também oferecia as políticas sociais mais progressistas do continente. Nos anos 1880, Bismarck havia introduzido o primeiro sistema de bem-estar social da Europa e promulgado leis que permitiam que operários tivessem plano de saúde e seguro contra acidentes, e que previam benefícios para mães e um plano de previdência nacional, tudo muito antes de qualquer outra nação desenvolvida.[7] Desde 1871, todos os homens alemães tinham direito a voto, uma liberdade que só alcançou toda a população britânica masculina em 1918 (o sufrágio universal foi concedido às mulheres alemãs em 1918, dez anos antes da concessão às mulheres inglesas).

Em suma, ao contrário do que a Inglaterra, a França e a Rússia (conhecidas como a Tríplice Entente) descreviam falsamente como uma tirania ameaçadora na década que precedeu o início da Primeira Guerra Mundial — alguns historiadores ainda comparam a Alemanha pré-1914 com o regime nazista —, a Alemanha era, na realidade, o país mais liberal da Europa, com um vibrante Partido Social Democrata.[8]

Na Prússia, por sua vez, as entranhas autoritárias desse Estado de liberalismo progressivo espreitavam. A classe militar prussiana ansiava expandir as fronteiras da Alemanha, proteger o Reich contra a ameaça da Rússia e adquirir um império colonial nos moldes do britânico e do francês. Nos primeiros anos do século XX, os comandantes prussianos não detinham a influência política necessária para atingir tal meta. Contudo, passavam uma imagem e um tom agressivo o bastante para inflamar a beligerância da Tríplice Entente, o que levou ao efeito perverso de enfraquecer o governo civil de Berlim e reforçar os generais prussianos, acelerando a marcha rumo à guerra.

Sentindo-se oprimidos pelo torno triplo constituído por Rússia, França e Inglaterra, os líderes militares da Alemanha elaboraram um plano fantástico de guerra "preventiva", uma "corrida à fortaleza", para se precaver contra um ataque dos supostos inimigos e proteger o jovem Reich.

Em julho de 1914, Berlim o acionou. Quando o chanceler Theobald von Bethmann-Hollweg entregou de fato o controle da nação às Forças Armadas, os generais prussianos *inventaram* uma causa para a guerra a partir de uma crise administrável nos Bálcãs. O assassinato do arquiduque Francisco Ferdinando não foi propriamente o *motivo* da Primeira Guerra Mundial, não mais do que a agitação das asas de uma borboleta: a morte do herdeiro ao trono austro--húngaro apenas proporcionou lenha para aqueles em Viena e Berlim que já estavam determinados a começar uma.[9]

Nenhum grupo ansiava mais pela guerra com os sérvios do que a minoria germanófona da Áustria, os "pangermânicos" extremamente leais, incluindo a família de Hitler, que se via parte de uma minoria inquieta dentro do poliglota Império Austro-Húngaro, uma relíquia étnica peculiar das convulsões históricas do século XIX.

Uma breve recapitulação dessas agitações ajudará a compreender por que o jovem Hitler, um austríaco, cresceu fascinado pela nação alemã, desprezando o regime austro-húngaro. Em 1815, o Congresso de Viena, formado para negociar a reconstrução pacífica da Europa após a derrota de Napoleão, criou uma vaga associação de 39 estados alemães, ou principados, conhecida como Confederação Alemã, a maior parte da qual viria a ser unificada por Bismarck mais tarde (como visto anteriormente). Ela foi concebida como o prelúdio de um Estado moderno que viria a substituir o decadente Sacro Império Romano-Germânico.

Dilacerada por conflitos internos e disputas de poder, a Confederação não conseguiu se consolidar, fraturou-se com as revoluções democráticas que se espalharam pela Europa em 1848 e acabou por se desintegrar quando a Prússia e a Áustria, seus dois integrantes mais poderosos, reuniram seus aliados e entraram em guerra em 1866. Esse clímax de hostilidades, que remontava à invasão da Silésia, sob o controle da Áustria, pelo prussiano Frederico, o Grande, em 1740, terminou com a derrota da Áustria.

Excluída da nova esfera alemã, a dinastia dos Habsburgo, que governava Viena, acabou por montar uma "monarquia dupla" com a Hungria, de acordo com o Compromisso Austro-Húngaro de 1867. Enquanto isso, a Prússia, sob o comando rigoroso de Bismarck, confirmou seu domínio sobre os principados alemães e, com a derrota da França na Guerra Franco-Prussiana de 1871, prosseguiu com a criação do Estado alemão unificado.

Como já vimos, uma característica que permeava a Alemanha de Bismarck era a sofisticada concepção que seus cidadãos tinham de si mesmos como "alemães", no sentido de partilhar uma afinidade nacional — e racial. A família de Hitler, assim como outros milhões de austríacos germanófonos, também se reconhecia nessa identidade alemã palpável, independentemente de morar em outro país. Era um vínculo quase místico que transcendia a política e a geografia.[10] No entanto, os austríacos germanófonos foram excluídos do recém-formado Reich alemão e se sentiam párias, exilados da terra de seus antepassados.

Das onze nacionalidades diferentes no Império Austro-Húngaro, os austríacos alemães representavam o bloco étnico mais poderoso, com 12,7 milhões de indivíduos, quase um quarto da população total de 52,8 milhões, seguidos pelos húngaros (20%), tchecos (13%) e poloneses (10%). Os alemães étnicos jamais perderiam o desejo de voltar à pátria, sempre sonhando com o dia em que uma Grande Alemanha assimilaria toda a Áustria (um sonho que Hitler realizaria com a Anschluss de março de 1938, quando anexou a Áustria ao Terceiro Reich). A contrapartida dessa germanofilia era o desdém que eles sentiam pela composição multirracial do território austríaco, em especial o Parlamento poliglota de Viena — sentimento que o jovem Hitler viria a absorver completamente.

Nas décadas de 1880 e 1890, esses pangermânicos tinham forte representação na região de Linz, onde Hitler cresceu. De fato, o Programa Linz, um manifesto político publicado em 1882 e intitulado em referência à capital da Alta Áustria, defendia a "germanização" do Império Austro-Húngaro e a ocupação dos territórios eslavos.[11] Mas foi em Viena que, como veremos, eles encontraram a voz mais enfática, em meio a um grupo de políticos da extrema direita, jornalistas fajutos e pregadores de rua tomados pela visão de um povo alemão que se ergue e assume o controle do senil Império Habsburgo.

Em 11 de novembro de 1918, após quatro anos de uma guerra mundial que deixou 37 milhões de mortos ou feridos, a Alemanha se rendeu.

Com a moeda totalmente desvalorizada, a nação humilhada, a monarquia extinta e a vida de seus cidadãos abalada pela morte de pais, filhos e maridos, o povo alemão desesperado recorreu a um "salvador" improvável: um herói de guerra austríaco desconhecido que possuía um estranho carisma, dotado de voz estrondosa e vontade de ferro, que se recusava a aceitar o acordo de paz e vociferava com fervor seu compromisso por uma Alemanha acima de tudo, cativou a imaginação de uma nação devastada pelo conflito mais sanguinário que o mundo já havia visto.

O jovem Hitler: Os anos de formação do Führer é mais do que uma história dos primeiros anos da vida dele. O objetivo aqui é revelar como suas experiências pessoais de guerra direcionaram uma mente já problemática rumo a um projeto de vingança genocida. Esta obra pretende demonstrar como o Führer — no sentido do que Hitler viria a se tornar *pessoalmente* — jamais teria sido possível sem a imersão dele na Primeira Guerra Mundial e suas consequências, experiências que consideraria as mais formativas de sua vida. Em um sentido mais amplo, *jovem Hitler* descreve como a sociedade brutalizada da Alemanha pós-guerra desempenhou o papel de dr. Frankenstein para inúmeros desequilibrados, extremistas e criminosos, proporcionando a um homem como Adolf Hitler uma plataforma e um campo fértil.

Um alerta: é notória a dificuldade de escrever sobre esse homem, porque Hitler e os nazistas tentaram apagar ou alterar o passado dele a fim de transformar sua vida em lenda. O biógrafo, portanto, se vê capturado por uma rede que o objeto de estudo lançou para preservar um mito. Para sobreviver à armadilha, precisamos destrinçá-la. O distanciamento histórico representa um perigo para a tarefa, pois tudo o que se escreve sobre Hitler é, conscientemente ou não, condicionado pelo Holocausto. Aspectos do início da vida dele que poderiam humanizá-lo — seu amor pela mãe, seus amigos judeus de Viena — parecem estranhos ou surpreendentes à luz do que se seguiu.

Deve-se tentar humanizá-lo? Algumas pessoas acreditam que é moralmente obsceno tentar imaginar Hitler como menino, rapaz, soldado, dotado de pensamentos e emoções; para elas, ele sempre será o monstro que ordenou o Holocausto (note a reação delas à aparente "humanização" do Führer no filme *A queda*). Não podemos descobrir nada novo com esse raciocínio. Como a ressurgência do neonazismo em nossa própria época deixa dolorosamente claro, Hitler não era estranho: sua carga de ódio aflige muita gente hoje. A mente dele foi uma manifestação extrema de pensamentos partilhados por muitas pessoas — naquela época e atualmente.

Rotular Hitler como monstro, como um assassino psicótico, como a encarnação do mal, e depois lavar as mãos e dar o trabalho como concluído sugere que ele foi um fenômeno raro e inexplicável, uma aberração da história que provavelmente jamais voltaremos a ver. Sem dúvida, Hitler possuía habilidades singulares: um talento excepcional para a oratória, uma memória formidável e um encanto frígido. Entretanto, a verdade perturbadora é que Hitler era profundamente humano: ele personificava o sentimento de milhões de pessoas, e ainda personifica.

Contudo, seu ódio assassino em relação aos judeus e a determinação de destruí-los, assim como suas teorias raciais que condenaram outras minorias indefesas (homossexuais, ciganos, pessoas com deficiência) aos campos de extermínio, ainda desafiam a compreensão convencional.

O jovem Hitler: Os anos de formação do Führer busca as respostas na juventude dele, resgatando os acontecimentos que o levaram a fugir da família e de seu país natal e a se lançar ao campo de batalha para então voltar à Alemanha devastada pela guerra e descobrir que o sonho de sua vida estava arruinado.

Nota: os títulos dos capítulos a seguir são as próprias palavras de Hitler, extraídas de Minha luta ou de sua obra posterior, Tischgespräche im Führerhauptquartier [Conversas à mesa no quartel-general do Führer].

1. "Na época, eu achava que tudo tinha que explodir"

No dia 20 de abril de 1889, Sábado de Aleluia, na pequena cidade de Braunau am Inn, na Alta Áustria, onde Alois e Klara Hitler moravam de aluguel em um apartamento em cima de uma taverna, nasceu uma criança que foi batizada de Adolf. O casal já havia gerado dois filhos, um menino chamado Gustav e uma menina chamada Ida, mas ambos morreram muito jovens, o que trouxe grande sofrimento aos pais. Portanto, Klara decidiu dedicar ao filho sobrevivente todas as energias do amor materno.

É impossível imaginar a ascensão de Hitler ao poder se ele tivesse mantido o sobrenome original do pai, Schicklgruber. A imagem de centenas de milhares de alemães erguendo o braço direito e gritando *"Heil Schicklgruber!"* não é apenas risível, mas inconcebível. Tamanho é o poder de um nome.

Alois nasceu em Döllersheim, na Baixa Áustria, em 1837, de uma filha de fazendeiro solteira chamada Maria (ou Marie) Anna Schicklgruber; a identidade do pai dele permanece até hoje uma incógnita. Cinco anos após o nascimento misterioso de Alois, Maria Anna se casou com Johann Georg Hiedler, um assistente de moleiro pobre de 55 anos. Após a morte prematura da mãe em 1847, a criação de Alois coube a Johann Nepomuk, irmão caçula e rico de Georg, que era um fazendeiro na cidade próxima de Spital e grafava o sobrenome como Hüttler (na época era comum sobrenomes aparecerem com grafias diferentes).

Em 1876, aos 39 anos, e com apoio da família, Alois descartou o sobrenome infeliz e adotou uma variação do nome do pai adotivo. Daí em diante ele passaria a ser conhecido como Alois Hitler, um nome cujas origens germanas e tchecas remontavam ao século XIV e que significava "pequeno proprietário". A decisão de Alois teve pouco a ver com suas ambições profissionais: até então, o nome Schicklgruber não havia prejudicado sua carreira como um respeitado agente aduaneiro. O mais provável é que ele tenha adotado o sobrenome para garantir legitimidade — e, portanto, a herança do pai adotivo — e se distanciar, junto com sua família, do passado de pobreza. Os Schicklgruber tinham sido fazendeiros pobres, e houve ocasiões em que a falta de dinheiro chegou a obrigar a mãe dele e Georg a dormir dentro de um cocho.

No início de 1879, Nepomuk e outras três testemunhas oficializaram a mentira de que Alois Hitler era filho legítimo de "Georg Hitler", tal como ficou registrado no cartório da paróquia de Döllersheim. E assim, quando o pai do menino foi declarado "legítimo", se expurgou dos autos o maior impedimento ao futuro de Adolf como político.

A identidade do pai verdadeiro de Alois (e do avô paterno de Adolf) permanece um mistério. Há quem acredite que Alois foi resultado de um caso entre Maria Anna e Johann Nepomuk, que, só para complicar a situação, era também avô de Klara. Se for verdade, isso faria com que a mãe de Hitler fosse parente de sangue de Alois, de modo que Adolf seria fruto de uma relação incestuosa. Outra crença comum afirma que o pai de Alois era um judeu itinerante que havia dormido com Maria Anna quando estava de passagem pela cidade. Apesar da falta de provas, o mito popular do "avô judeu" de Hitler persiste, e até hoje há quem insista em acreditar nisso.

Alois Hitler, um responsável funcionário público, era um daqueles austríacos germanófonos que tendiam a se considerar "mais alemães que os alemães" no caos étnico do Império Austro-Húngaro, com suas onze nacionalidades, nove línguas e várias religiões. Em público, ele era respeitável e até simpático, mas na vida privada era bruto e desagradável, um homem dedicado a governar sua ditadura doméstica quando não estava na taverna mais próxima. Era "um marido autoritário, dominador, agressivo", segundo Kershaw, e "um pai rigoroso, distante, impositivo e, muitas vezes, irascível".[1] No entanto, se aos olhos de hoje ele parece um tirano doméstico, seu comportamento era relativamente comum na época. Ele era também um provedor responsável, orgulhoso de sua posição, e nutria uma paixão por apicultura.

Incansável e itinerante, Alois estava sempre em movimento, mudando de casa e cidade e arrastando a família consigo. Em 1892, quando Adolf tinha três anos, Alois foi promovido a despachante aduaneiro sênior, um cargo de prestígio, e a família se mudou para Passau, na Baviera, do lado alemão da fronteira, o que imbuiu a fala de Adolf de um sotaque alemão. No mesmo ano, a família sofreu mais uma tragédia: nasceu outro filho, Otto, que morreu depois de apenas sete dias. Klara, uma mãe dedicada, ficou especialmente abalada.

Klara Hitler (cujo nome de solteira era Pölzl) era a terceira esposa de Alois, 23 anos mais nova que o marido. Ele tinha dois filhos do segundo casamento, Alois Jr. e Angela, que continuaram com a família na década de 1890, após a morte da mãe. Embora Klara fizesse o possível para incluí-los, eles se sentiam afastados e esquecidos, enquanto o pequeno Adolf recebia a maior parte do afeto. Em 1943, Patrick, filho de Alois Jr., reclamou que Adolf havia sido "mimado desde o amanhecer até tarde da noite, e os meios-irmãos eram obrigados a ouvir histórias intermináveis sobre a maravilha que Adolf era".[2] Alois Jr. saiu de casa aos catorze anos, e Angela se casou aos vinte.

Alois e Klara haviam se conhecido quando ela trabalhava como faxineira para ele. Camponesa modesta, Klara era uma mulher delicada e maltratada, com tranças castanhas bem-feitas, "belos e expressivos olhos azul-acinzentados" e uma persistência pacata, ainda que ineficaz.[3] Ela tentava defender o filho dos acessos de fúria do marido e tomava o partido de Adolf quando ele desobedecia aos decretos de Alois, algo que aconteceria com cada vez mais frequência com o passar dos anos, provocando de tempos em tempos surras e escândalos turbulentos. Muito já se disse da violência do pai de Hitler, mas não há indicativos de que as surras eram mais sérias do que aquelas que a maioria dos meninos recebia na época.

Nesse ambiente, o amor e a proteção da mãe proporcionavam ao filho um refúgio acolhedor e sufocante. O próprio Hitler lembraria, em *Minha luta*, que era o "queridinho da mamãe" e vivia em um "leito de penas macias".[4] Ele mais que retribuía o amor da mãe, segundo Eduard Bloch, o médico judeu da família. "Por fora, o amor dele pela mãe era a característica que mais chamava a atenção", escreveu o dr. Bloch mais tarde. "Nunca presenciei tamanho apego."[5] August Kubizek, o único amigo da juventude de Hitler, também faria uma observação semelhante: "Adolf amava muito a mãe [...]. Eu me lembro de muitas ocasiões em que ele demonstrou esse amor pela mãe, principalmente, e de forma mais comovente, durante a última doença dela; quando ele falava da mãe, era sempre com um profundo afeto [...]. Quando moramos juntos em Viena, ele sempre levava consigo um retrato dela".[6]

Em 1894, quando Adolf tinha cinco anos, Klara deu à luz outro filho, Edmund, e em 1896 veio uma menina, Paula. Privado da condição de filho favorito, o jovem Adolf se tornou temperamental e ressentido. Ele mergulhou nos livros de faroeste de Karl May. Adorava Mão de Ferro, o maior herói de May, e o índio americano Winnetou. Vivia entregue a brincadeiras de caubóis e índios, uma atividade que manteve até bem entrada a adolescência, muito depois de seus companheiros começarem a se interessar por esportes e meninas. Sem amigos da mesma idade, Adolf recrutava meninos mais novos para sua "tribo" e os compelia a brincar.

Hitler viria a invocar a memória de May por toda a vida. O famoso contador de histórias foi uma espécie de mentor para ele. "Quando se via diante de situações aparentemente perdidas", escreveu Albert Speer, mais tarde, "[o Hitler adulto] ainda recorria àquelas histórias porque elas lhe davam coragem da mesma maneira que as obras de filosofia serviam para outras pessoas e a Bíblia, para idosos."[7]

No final de 1898, a família se mudou para uma casa pequena ao lado do cemitério da cidadezinha de Leonding, nos arredores de Linz (que anos depois se tornaria um centro de peregrinação nazista). Um dos primeiros esboços dele, "Nosso quarto", sugere com o título que a família inteira se amontoava em duas camas. Na realidade, era o quarto de Adolf e Paula, onde a cada manhã ele se apavorava com a expectativa de receber um beijo da irmã, por insistência da mãe deles. Edmund, o irmão, dormia com os pais. O menino morreu de sarampo em 1900, aos seis anos, restabelecendo o status de Adolf como único filho homem de Klara.

Aos doze anos, Hitler se tornara um menino egocêntrico e mimado, com temperamento agressivo e nítido desprezo pela autoridade. Uma testemunha se lembrava de ser ele uma criança "imperiosa", "que se irritava com facilidade", "não dava ouvidos" a ninguém. "Ele tinha as ideias mais loucas e se safava. Se não fizessem do jeito que ele queria, ficava muito bravo [...]. Não tinha amigos, não se afeiçoava a ninguém e às vezes era muito cruel. Ele se enfurecia com qualquer trivialidade."[8]

A educação escolar de nível médio de Hitler ocorreu em duas instituições, e nenhuma delas conseguiu ajudar o rapaz teimoso e indolente que parecia determinado a repelir qualquer instrução. Embora tivesse se saído bem no *Volkschule*, o ensino fundamental, no vilarejo de Fischlham, perto de Linz, os anos de felicidade ali acabaram de repente em 1900, quando seu pai decidiu enviá-lo ao *Realschule* na cidade, que dava ênfase a disciplinas técnicas, em vez de ao *Gymnasium*, que seguia o currículo clássico. Ali, Hitler não apresentou desempenho adequado em nenhuma disciplina além de desenho. Considerado "caipira" e alvo de deboche, ele não fez amigos nem tentou fazer. Ia às aulas com uma expressão de desgosto. Ridicularizava toda autoridade. Foi reprovado em matemática e história natural, e repetiu o primeiro ano, no período letivo de 1901-2.

Hitler admirava apenas um professor, o dr. Leopold Poetsch, um alemão que lecionava história e enchia a cabeça do rapaz com histórias palpitantes sobre o passado heroico da Alemanha. "[Poetsch] penetrava as densas brumas de milhares de anos", escreveria Hitler mais tarde. "Quando o escutávamos, sentíamo-nos candentes de entusiasmo e às vezes chegávamos inclusive às lágrimas."[9] Hitler depois atribuiria às aulas dele sua transformação em um jovem "revolucionário" nacionalista, um exemplo clássico de poder seminal imbuído retroativamente de um relacionamento do passado. Hitler conferiu a Georg Ritter von Schönerer, o então aclamado líder do movimento pan-germânico, o mesmo poder de influenciar sua mente juvenil. Contudo, o estrondoso supremacismo alemão e antissemitismo de Schönerer estavam na distante Viena.

Ali em Linz, foi a personalidade impressionável do menino Hitler e sua intimidade com Poetsch, de quem ele se lembrava com carinho como um "senhor idoso eloquente e grisalho" e uma figura paterna, que ativaram o orgulho nascente dele por uma Grande Alemanha e semearam a ideia de que judeus e eslavos não eram apenas estrangeiros indesejáveis, mas *raças* inferiores. Poetsch era originário da região de língua alemã vizinha aos eslavos meridionais, onde sua experiência com conflitos raciais "o transformou em um nacionalista alemão fanático", segundo William Shirer.[10] É certo que Hitler jamais esqueceu o professor favorito. Muitos anos depois, em uma viagem pela Áustria ocupada em 1938, o Führer visitou Poetsch em Klagenfurt e se deleitou em saber que o mentor de sua infância havia sido membro da ss nazista clandestina na Áustria, que fora banida nos anos que antecederam à capitulação do país para a ocupação alemã.

Na escola, o único interesse genuíno de Hitler era por "arte", não história, como ele alegaria mais tarde, apesar de jamais obter o grau de "excelente" por nenhum de seus desenhos — a nota mais alta que ele recebeu na disciplina, durante seus quatro anos no *Realschule*, foi "bom". Um de seus esboços sobreviventes (que provavelmente não era um exercício do curso) retrata seu professor de arte se masturbando, uma imagem que psico-historiadores provavelmente deviam ignorar: quantos meninos já não caçoaram de seus professores de maneira parecida sem vir a se tornar ditadores?[11]

Apesar de suas investidas malogradas com o lápis, desde cedo Adolf declarou que queria ser um "grande artista". Alois considerou aquilo uma afronta pessoal, tratando os sonhos do filho como algo absurdo. Furioso com sua indolência, o pai instou Adolf a seguir seu exemplo e entrar para o funcionalismo público, e na disputa pelo futuro do jovem os fios do relacionamento tenso de ambos se romperam. "Ele achava simplesmente inconcebível", diria Hitler mais tarde sobre o pai, "que eu rejeitasse o que havia se tornado a razão de sua existência [...]. Com escassos onze anos, pela primeira vez na vida me vi obrigado a me opor." E concluiu: "Eu não queria ser funcionário público".[12]

Quando, aos treze anos, Hitler voltou a informar ao pai suas ambições, Alois ficou "sem palavras". "Pintor? Artista?", gritou ele, com desdém, segundo Hitler relataria mais tarde. "Ele duvidava da minha sanidade, ou talvez acreditasse que não tinha ouvido bem ou entendido o que eu dissera."[13] Os sonhos do menino evocavam tudo o que Alois mais detestava e temia: o futuro imprestável e a pobreza crônica de um boêmio preguiçoso — o extremo oposto do funcionário público provinciano e respeitável que Alois se esforçara para ser. "Artista, não, jamais enquanto eu estiver vivo!" Hitler se lembrava dos gritos do pai. Os dois nunca entrariam em acordo a respeito disso. "E assim a situação persistiu de ambos os lados", escreveu em *Minha luta*. "Meu pai não abandonou seu 'Jamais!'. E eu intensifiquei meu 'Sim!'."[14]

A rebeldia de Adolf era "uma rejeição de tudo o que o pai dele defendia e, portanto, uma rejeição do próprio pai".[15] "O pior insulto possível contra o pai seria ele se tornar pintor", diria August Kubizek, o amigo de adolescência de Hitler.[16] A partir daquele momento, o rapaz receberia uma "senhora surra todos os dias", diria sua irmã Paula, embora provavelmente as surras na verdade não fossem tão frequentes assim.

Para tentar proteger o filho, Klara esperava "obter com gentileza" o que o pai dele não conseguira realizar com crueldade.[17] A infância de Hitler, a partir de então, oscilou entre o sentimento de imensa afeição pela mãe e o medo, e muitas vezes ódio, do pai, o que ajuda a explicar os terríveis acessos de raiva que começaram mais ou menos na mesma época, adquirindo uma intensidade assustadora quando ele entrou na vida adulta.

Na manhã de 3 de janeiro de 1903, Alois caiu da cadeira no café que frequentava em Leonding e pouco depois foi declarado morto, em decorrência de hemorragia interna, aos 65 anos. As primeiras reações de Hitler foram de tristeza e lágrimas pela perda do pai que ele provavelmente mais temia que odiava; Kubizek decerto acreditava que Hitler nutria um respeito relutante por Alois, e muito mais tarde o próprio Hitler descreveria em *Minha luta* seu respeito pelo pai. No entanto, o luto da família foi temperado por uma dose de alívio. Eles agora estariam em boas condições financeiras, graças à pensão de viúva de Klara, e livres da presença sufocante de um homem que havia esgotado toda a capacidade de amar que seu filho poderia haver tido em algum momento.

Alguns rapazes se sentem inspirados a honrar a memória do pai por meio de imitação. Não foi o caso do jovem Hitler, que, como se desejasse contrariar o falecido pai, continuou fazendo jus às baixas expectativas que sua família tinha em relação a ele. Se possuía algum talento secreto, como acreditavam alguns de seus professores, disfarçava-o bem sob uma postura de indiferença despreocupada. O jovem Adolf era irremediavelmente preguiçoso quando lhe convinha. Seu desempenho acadêmico medíocre acentuou sua morosidade e seu gênio forte, bem como embotou sua autoestima. Em 1903-4, seus boletins do terceiro ano eram tão ruins que ele foi obrigado a sair do *Realschule* de Linz e ingressar em uma das escolas periféricas da província para avançar ao quarto ano e continuar os estudos. Na prática, ele foi expulso. "No momento, só havia uma certeza: minha evidente falta de sucesso na escola", admitiria Hitler mais tarde. "O que me dava prazer, eu aprendia, especialmente tudo o que acreditava que precisaria no futuro para ser pintor. O que me parecia irrelevante [...] ou pouco interessante, eu sabotava completamente."[18] O dr. Eduard Huemer, um de seus professores, lembraria que ele era teimoso, grosseiro, dogmático e temperamental, e que gostava de pregar peças em outros meninos.[19]

Na escola nova, em Steyr, perto de Linz, as notas caíram mais ainda, talvez em parte como resultado por ele ter saído de casa pela primeira vez para morar com outra família. Hitler sentia falta do afeto tranquilo da mãe e mais tarde reconheceria que sentia muita saudade de casa. "Ele ficou bastante carente e cheio de ressentimento quando a mãe o mandou para Steyr", comentaria mais tarde o dr. Josef Goebbels.[20] Em 1904-5, Hitler foi reprovado em alemão e matemática, matérias fundamentais para passar de ano.

Daquela vez, ele evitou a humilhação de ser rejeitado pela escola, decidindo largar de vez os estudos. No verão de 1905, aos dezesseis anos, abandonou a escola. Em seu último dia em Steyr, saiu para comemorar, aparentemente sozinho. Depois, alegou que havia perdido o último boletim escolar, dizendo à mãe que ele havia caído pela janela do trem, levado pelo vento. Na realidade, o diretor da instituição o encontrou mais tarde, sujo e amassado: o jovem Adolf usara o boletim como papel higiênico.

Hitler saiu do *Realschule* sentindo apenas ódio pela escola, pelos colegas e pelos professores. Era deles a culpa de seu fracasso, não dele próprio. Seu desprezo pelas autoridades também incluía a Igreja católica em que fora criado, provavelmente resultado da fúria que sentia por um padre da escola que o ofendera. A respeito da crisma de Hitler, na Catedral de Linz em 1904, o padrinho dele, Johann Prinz, diria que era o menino mais "bruto e obstinado". "Eu tinha a impressão de que ele sentia nojo de toda a crisma."[21] Em 1942, Hitler refletiu sobre a adolescência: "Aos treze, catorze, quinze anos, eu já não acreditava em mais nada, certamente nenhum dos meus amigos acreditava na suposta comunhão [...]. Na época, eu achava que tudo tinha que explodir".[22]

De onde veio essa fúria juvenil contra o mundo? Hitler não tivera uma "infância difícil". Não nasceu pobre, nem em uma família problemática ou pouco amorosa. A resposta tem escapado aos psiquiatras. "Até onde sabemos", conclui Volker Ullrich, seu biógrafo mais recente, "a infância de Hitler parece ter sido relativamente normal [...]. Não há nenhuma indicação nítida do desenvolvimento anormal de personalidade ao qual os futuros crimes dele poderiam ser atribuídos. Se Hitler tinha algum problema, era excesso de amor materno, não escassez."[23]

Hitler alegou doença para justificar sua decisão de abandonar os estudos. Ele convenceu a mãe a acreditar que, sendo o único "homem" da família, poderia ajudá-la a manter a casa. Klara cedeu, mas ele a enganou nos dois sentidos: não estava doente o bastante para interromper a educação e, nos dois anos seguintes, iria se revelar uma presença inútil como "homem da casa", vadiando, desenhando, saindo em longas caminhadas e realizando poucas tarefas domésticas. Ele considerava os serviços domésticos algo indigno do boêmio radical que desejava ser e se recusava a fazê-los.

Na época, a família morava em um apartamento pequeno no terceiro andar de um edifício residencial da Humboldtstrasse, nº 31, em Linz. Para suplementar a pensão, Klara alugava o quarto principal. Então ela e Paula dormiam na sala de estar enquanto Adolf ocupava o quarto de visitas (ou closet). O retrato grave de seu falecido pai assomava na parede, e alguns dos cachimbos de Alois eram mantidos cuidadosamente nas prateleiras. O fantasma do tirano mesquinho perdurava, destilando na mente do filho um fio de rebeldia. Hitler continuou perseguindo uma "vida de ócio", como ele dizia, ocupando-se com pintura, escrita e leitura — principalmente de histórias de mitologia alemã sobre os feitos heroicos das tribos teutônicas —, e mantendo uma indiferença afetada em relação ao futuro.

Todo mundo que o conhecera na época lembraria o quanto o rapaz de dezesseis anos se entregava ao desenho, geralmente de edifícios, museus ou pontes, com um fervor maníaco, até altas horas da noite, ignorando qualquer pessoa ou preocupação. Nesses rompantes criativos, Hitler costumava se retirar para uma fantasia em que reformulava Linz e criava cidades novas, imaginando-se um gênio com o poder de mudar o mundo (35 anos depois, ele encomendaria uma ponte nova sobre o Danúbio com base nos desenhos de sua juventude).[24] Qualquer mínima oposição à realização de tal sonho o fazia estourar em surtos de raiva e desespero, como quando ele não ganhou na loteria apesar de sua convicção de que estava destinado àquilo. O prêmio teria financiado seu projeto de um casarão à margem do Danúbio. Na cabeça de Hitler, o azar não tivera nenhum papel na história. Havia um complô obscuro. Ele atacou os organizadores da loteria e o governo, acusando-os de ter manipulado os resultados para prejudicá-lo.[25] Hitler se enfureceu com a credulidade dos pobres que haviam se arriscado na loteria, condenados a perder todas as economias para sempre. Era de todo mundo a culpa por não ter ganhado, exceto do adolescente raivoso que não tinha acertado os números sorteados.

2. "Em casa, não me lembro de ouvir a palavra [judeu]"

Em 1904, atrás das colunatas internas da Ópera de Linz, de onde era possível assistir ao espetáculo com um ingresso barato "sem cadeira", Hitler, aos quinze anos e ainda estudando no *Realschule* de Steyr, conheceu August Kubizek ("Gustl"), que era nove meses mais velho e estava destinado a ser seu único amigo de infância. Gustl era um rapaz tímido e pensativo, e um músico talentoso. A primeira impressão que teve de Adolf foi de que era "um garoto incrivelmente pálido e magro [...] que acompanhava o espetáculo com brilho nos olhos. Imaginei que fosse de uma família de classe mais alta, porque estava sempre vestido de forma meticulosa e era muito reservado".[1]

E assim começou a curiosa amizade deles, tal como Kubizek descreveu em 1951 em suas memórias *The Young Hitler I Knew*, um autêntico registro da infância do Führer.[2] Com certeza a obra comete erros em relação a fatos e ênfases, distorcida pela distância e pelo tempo, mas retrata com precisão esse relacionamento estranhamente desigual, em que Hitler sempre se impunha, criticando a falta de pontualidade de Gustl, reprimindo suas ideias convencionais de classe média e, de maneira geral, dominando o calmo e inofensivo jovem que adorava música e se submetia pacientemente às vontades do companheiro intenso.

O relacionamento funcionava porque cada um dos dois descobriu sua função e se ateve a ela: Hitler era ostensivo e petulante; Kubizek era o acólito discreto e o ouvinte pacato. A passividade e o senso de humor zombeteiro de

Gustl se revelaram perfeitos contrapesos para a imposição, a prepotência e a agressividade de Hitler. Eles formavam uma espécie de dueto. E, enquanto a gabarolice de Hitler compensava sua insuficiência acadêmica, a confiança reservada de Kubizek refletia uma habilidade genuína; quando os dois se conheceram, ele trabalhava na loja de estofamentos do pai e estudava música, e com o tempo ia se tornar um músico de sucesso e um regente.

Kubizek encarava Hitler não só como amigo, mas como uma curiosidade, um personagem a ser estudado; Hitler se deleitava com a deferência e a admiração do outro. Nenhum dos dois demonstrava grande interesse por meninas, ainda que a pompa de Hitler possa ter atraído olhares de algumas moças que frequentavam a Ópera. O relacionamento dos rapazes não era homossexual, ao contrário do que já se sugeriu. Eles partilhavam o amor pela ópera, sobretudo pelas obras de Richard Wagner, e assistiam a espetáculos com regularidade.

Na época, Hitler era de estatura média, magro, e tinha o rosto macilento. Já usava o cabelo preto alisado por cima da testa. Vestia-se com o estilo marcadamente boêmio que seu pai teria desprezado: chapéu de aba larga, luvas de pelica preta, camisa branca e sobretudo preto com forro de seda. Ele não praticava nem nutria nenhum interesse por esportes (só esquiava de tempos em tempos). Vagueava pelas ruas de Linz com seus sonhos de um dia reconstruir a cidade.

Muitos dos que o conheceram chamaram a atenção para seus olhos extraordinários. Eram "brilhantes", "vazios" e "cruéis", nas palavras da mãe de Kubizek.[3] "Nunca vi na vida", escreveu Kubizek, "ninguém cuja aparência era dominada tão completamente pelos olhos [...]. Na verdade, Adolf falava com os olhos, e até mesmo quando seus lábios estavam fechados dava para saber o que queria dizer."[4] Astutos e provocadores, os olhos de Hitler se sobrepujavam a seus traços faciais pouco agradáveis — boca fina, nariz reto com narinas largas e uma vaga insinuação de pelo facial (o bigode curto só apareceria após a guerra).

A comunicação entre Hitler e Kubizek era estritamente unilateral. Hitler demonstrava pouco interesse em outras pessoas além de si mesmo e de suas próprias ambições, e atacava furiosamente qualquer um que, em sua opinião, não conseguisse compreendê-lo ou atrapalhasse seus planos. Na verdade, ele tinha uma plateia de um homem só: Kubizek ouvia e acenava, e mais tarde comentaria, com certo enfado: "Meu trabalho [para Hitler] era apenas um estorvo cansativo em nosso relacionamento pessoal. Ele ficava girando, sem paciência, a bengala curta que levava para todos os lados" (uma precursora do chicote que portaria em Munique após a Primeira Guerra Mundial). Quando Adolf abandonou os estudos e Gustl perguntou, inocentemente, se ele arrumaria um emprego, o outro respondeu com rispidez: "Claro que não", como se empregos fossem para criaturas inferiores.[5]

Nas caminhadas diárias que eles faziam por Linz, Hitler desatava a pronunciar longos discursos raivosos acerca de qualquer assunto que lhe ocorresse. Ele apresentava aqueles rompantes tempestuosos com uma destreza verbal que impressionava Kubizek: eram prodigiosas rajadas de verborragia ininterrupta sobre arte, a malha urbana, a ponte sobre o Danúbio, um novo sistema ferroviário subterrâneo e, claro, o último espetáculo de Wagner. Ele inundava o companheiro com ondas de fúria crescente, como se imaginasse estar se dirigindo a uma grande multidão, e não a seu único amigo. Fascinado, Gustl decidiu que Adolf tinha uma necessidade primeva de gritar.

Aqueles discursos, geralmente proclamados em algum lugar a céu aberto, pareciam uma erupção vulcânica. Era como se brotasse de repente algo que não fazia parte do corpo dele. Até então, eu só havia presenciado esse arrebatamento no teatro, quando um ator precisava expressar alguma emoção violenta; e, no início, diante dessas erupções, só pude contemplar passivamente, boquiaberto, esquecendo-me de aplaudir. Mas logo percebi que não era interpretação. Não, não era fingimento nem exagero, era um sentimento sincero, e vi que ele falava muito sério [...]. O que mais me impressionou não foi o que ele dizia, mas como dizia. Isso para mim foi algo novo, magnífico. Eu nunca tinha imaginado que um homem seria capaz de produzir tamanho efeito com meras palavras. No entanto, de mim ele só desejava uma coisa: concordância.[6]

E se ele discordasse? "Coisinhas inofensivas, como um punhado de palavras impensadas, podiam fazê-lo explodir de raiva."[7]

Os principais assuntos de Hitler eram arquitetura, os Habsburgo e a grandeza alemã. Ele passava horas martelando os defeitos do projeto urbano de Linz e delineando como a cidade devia ser reconstruída (muitos anos depois, o homem de cinquenta anos tentaria executar de forma implacável o que o jovem de quinze havia concebido tão precocemente). Ecoando a retórica pangermânica típica da época, ele encarava com desdém o que considerava ser a ineficácia do governo Habsburgo, e via como impraticável a mistura racial do

Parlamento vienense, que, na ocasião, consistia em representantes de muitas das várias nacionalidades do império, incluindo alemães, tchecos, poloneses, húngaros e italianos. Hitler ansiava pelo dia em que a minoria alemã da Áustria se juntaria a seus semelhantes para criar um novo Reich alemão que dominaria a Europa. Kubizek, pouco interessado em política, jamais esqueceria o uso incessante que o amigo fazia da palavra "Reich". O desprezo de Hitler pelo regime austríaco se aprofundava de maneira diretamente proporcional à admiração que sentia por tudo o que era alemão, um deslumbramento que fora inculcado por uma infância vivida na comunidade alemã da Áustria e pelas histórias fascinantes de conquistas alemãs que havia lido na escola.

De todos os grandes alemães por quem ele se derramou em admiração — Martinho Lutero, Frederico, o Grande, Bismarck e Friedrich Nietzsche —, nenhum lhe era mais caro que seu adorado Wagner. Hitler se embebia dele, lendo tudo o que conseguisse encontrar sobre o compositor. Nas longas caminhadas que faziam, costumava agarrar Kubizek de repente e recitar um trecho de uma das cartas do ídolo ou solfejar uma ária. Sua preferida era *Lohengrin*, uma história de heroísmo das lendas alemãs. Ele queria um dia poder ir ao teatro de Bayreuth, a cidade em que o compositor havia morado.

Nesses rompantes de prolixidade, Hitler não demonstrava nenhuma compaixão, humildade ou inteligência — uma característica que persistiria em sua vida adulta. Aparentemente, outras pessoas só existiam para ele na medida em que pudessem ajudá-lo a realizar seus planos. E se os residentes de Linz o consideravam um falastrão e um desajustado, o paciente Kubizek suspendia a própria descrença em relação à elevada ambição do amigo, da qual Hitler falava como se a concretização fosse não apenas factível, mas fato inconteste.

É claro que não havia nada incomum ou especialmente agourento no rapaz medíocre e egocêntrico que se enfurecia se fosse contrariado. Porém, naquele momento de sua vida, quando uma mão firme e amorosa poderia tê-lo guiado por uma direção mais promissora, uma série de infelicidades, que havia começado com a morte do pai, acabaria por lançá-lo ao mundo como um fracassado malquisto e sem lar.

Naquela época, Hitler exibia poucos sinais de antissemitismo ou ódio racial, em parte porque não pensava muito no assunto. Seus discursos para Gustl quase não mencionavam os judeus. Ainda que os principais pangermânicos, como veremos, fossem ferozmente antissemitas, Hitler tinha sido educado em um ambiente de tolerância excepcional para aqueles tempos e distintamente não antissemita. O pai dele não admitia preconceito racial em casa, como Hitler relataria em *Minha luta*:

> Hoje acho difícil, senão impossível, dizer quando foi a primeira vez que a palavra "judeu" me suscitou consideração especial. Em casa, não me lembro de ouvir a palavra enquanto meu pai era vivo. Creio que o velho teria encarado qualquer ênfase especial no termo como um retrocesso cultural. Ao longo da vida, ele havia adquirido opiniões mais ou menos cosmopolitas, que, apesar de seu marcado sentimento nacional, não apenas permaneceram intactas, como até certo ponto me afetaram.[8]

Devemos situar isso junto ao fato de que o pai de Hitler se associava com extremistas do nacionalismo alemão, que eram conhecidos por suas visões antissemitas. Todo o teor da mentalidade pangermânica era de antissemitismo casual, assim como de antieslavismo. Kubizek lembrava que Hitler certo dia comentara, quando eles passaram por uma sinagoga: "Isto não combina com Linz". Não há muito o que se concluir a partir disso: eram poucos os judeus em Linz, e só havia um menino judeu no *Realschule* — Ludwig Wittgenstein, o futuro filósofo, que estava na turma um ano acima de sua faixa etária (Hitler estava um ano atrasado). Aparentemente, eles mal se conheciam.[9]

"Foi só aos catorze ou quinze anos que comecei a ouvir a palavra 'judeu' com alguma frequência", diria Hitler em *Minha luta*, "ocasionalmente associada a discussões sobre política. Isso me enchia de um ligeiro desconforto, e eu não conseguia evitar uma sensação desagradável que sempre me tomava quando presenciava qualquer bate-boca religioso. Na época, não tinha nenhuma outra opinião sobre a questão [judaica]."[10]

Na primavera de 1906, Hitler anunciou a Gustl que estava apaixonado. Seu objeto de desejo era uma moça ligeiramente mais velha, alta e loira chamada Stefanie Isak, que ele via caminhando com a mãe na Landstrasse, a principal rua de Linz. O sobrenome judaico dela reforça os sinais de que Hitler sentia pouca ou apenas uma vaga hostilidade em relação aos habitantes judeus de Linz. O amor a tudo venceria.[11] No entanto, a presunção de Hitler de que seus sentimentos por Stefanie eram correspondidos se viu diante de um obstáculo imediato: ele não conseguia se declarar a ela. O relacionamento existia apenas dentro de sua cabeça. Ela praticamente ignorava sua existência. Contudo, se Stefanie se dignasse a lançar um breve olhar para ele durante seus passeios diários, Hitler se entusiasmava imaginando que ela o adorava.

Todos os dias, carregando a reboque um estafado Gustl, Adolf se punha do outro lado da rua e contemplava ansiosamente o alvo de seus afetos. Ele ficava em êxtase ao vê-la se aproximar, e seu deslumbramento logo se tornou uma obsessão. Segundo Gustl, ele escrevia poesias e cartas para ela (nunca enviadas), inventava histórias elaboradas sobre o futuro dos dois juntos e até parecia achar que tinha um vínculo telepático com ela. Stefanie se tornou, aos olhos de Hitler, a clássica heroína wagneriana: era Elsa, e ele, Lohengrin, trazido por um cisne para resgatá-la. Diante desses delírios, Kubizek mantinha um silêncio diplomático. Caso se atrevesse a sugerir que Stefanie talvez não sentisse o mesmo, Hitler gritaria: "Você não entende o verdadeiro significado de um amor extraordinário!".[12]

Tímido demais para se apresentar, Adolf mandava Gustl espionar sua amada. Kubizek descobriu fatos perturbadores que poderiam aniquilar a esperança de Hitler de se casar com Stefanie: aparentemente, ela adorava valsar e tinha alguns pretendentes. "Você precisa fazer aula de dança, Adolf", sugeriu Kubizek, matreiro. Isso enfureceu Hitler, que odiava dançar e se recusou a fazê-lo por toda a vida ("A dança é uma ocupação que não convém a um estadista!", declararia ele mais tarde, descrevendo a valsa como algo "efeminado demais para um homem!").[13] "Nunca dançarei!", esbravejou Hitler para Gustl. "Entenda: Stefanie só dança porque é obrigada pela sociedade da qual infelizmente depende. Quando for minha mulher, não terá a menor vontade de dançar!"[14]

Um impedimento mais sério ao amor de Hitler era a existência de outros pretendentes. Com um intenso ciúme dos rapazes que supostamente a cercavam, Hitler considerou se suicidar se jogando no Danúbio. Ou isso ou ele iria sequestrá-la e obrigá-la a se casar.

Durante quase quatro anos, Hitler trataria seu amor por aquela menina inocente como "o sonho mais puro de sua vida" — anos em que os dois mal trocariam olhares e jamais uma palavra que fosse. De Viena, para onde ele logo se mudaria para perseguir a carreira de artista, Hitler lhe enviou um único cartão-postal, anônimo, em que declarou seu amor por ela. "Uma vez recebi uma carta", lembraria Stefanie mais tarde, "de alguém que me dizia que estava estudando na Academia de Artes, mas que eu devia esperar, pois voltaria para se casar comigo."[15] Foi apenas décadas mais tarde que ela descobriu a identidade do remetente.

Em 1908, a fantasia de Hitler chegou a um fim abrupto. Stefanie ficou noiva de Maximilian Rabatsch, um oficial postado em Linz, com quem se casou em 1910.

3. "Eu havia honrado meu pai, mas minha mãe eu amara"

A primeira vez que Hitler visitou Viena foi em maio de 1906, aos dezessete anos, supostamente para estudar os quadros no Kunsthistorisches Museum [Museu de Belas-Artes]. Ele passou quinze dias na cidade, extasiado com a Ópera, com o edifício do Parlamento, com as grandes mansões à beira da Ringstrasse e com a onipotência deslumbrante da Casa Habsburgo, cuja arquitetura ele estudaria e imitaria. O grande impacto do poder imperial era fascinante, mas pouco adiantou para refrear o desdém de Hitler pelo regime austro-húngaro; ele continuou desprezando os Habsburgo, considerando-os fracos e decadentes, incapazes de governar o reino racialmente poliglota.

Era isso que o jovem tinha de peculiar: ele parecia praticamente alheio à sua condição como só mais um de milhões de "ninguéns" excluídos da sociedade, cuja vida definhava nas várzeas do império. Hitler falava como se já tivesse adquirido o poder de reconstruir cidades e desafiar o poder austríaco: a grandeza da Viena dos Habsburgo, mesmo no ocaso do domínio do imperador, era apenas mais um problema que ele, a "não entidade" indolente de Linz, um dia resolveria.

A Ópera foi o ponto alto da rápida visita de Hitler. Ele assistiu a duas apresentações de Wagner, *Tristão e Isolda* e *O holandês voador*, regidas por Gustav Mahler e com cenografia de Alfred Roller, dois dos maiores nomes do universo da ópera. Hitler admirava ambos profundamente, e nesses primeiros anos ele defendia Mahler sempre que ouvia qualquer pessoa fazer algum comentário antissemita relacionado ao compositor. Embora tivesse nascido judeu, Mahler se convertera ao catolicismo, o que de pouco adiantou para disfarçar sua "raça" aos olhos dos antissemitas austríacos. (Os nazistas não reconheciam convertidos; como Mahler tinha "sangue judeu", mais tarde a música dele seria banida.)

Ao voltar a Linz, Adolf encheu os ouvidos de Gustl com os esplendores estéticos de Viena e a magnificência das óperas de Wagner. Sua paixão pelo compositor era irrestrita e jamais diminuiria. Embora sua preferida desde a juventude continuasse sendo *Lohengrin*, uma obra menos conhecida causou forte impressão nele: *Rienzi, o último dos tribunos*, uma ópera claustrofóbica que o compositor havia renegado. Na história, ambientada na Roma do século XIV, Rienzi é apresentado como a vítima de um complô malicioso "das superpotências, da Igreja e do imperador alemão".[1]

Hitler viu *Rienzi* pela primeira vez em Linz em 1906, com Kubizek. Ele se identificou muito com o herói cercado e saiu da ópera em êxtase, transportado para outro tempo e lugar. Gustl acabou sendo conduzido ao topo da colina Freinberg, na cidade, onde Hitler declamou um discurso de autoenaltecimento esplendoroso, dirigindo-se mais a si mesmo que ao perplexo amigo. "Com imagens grandiosas, cativantes", escreveu Gustl, "ele me contou de seu futuro e do futuro de seu povo. Falou de uma missão especial que um dia seria sua." Fascinado pelos planos que tinha para o povo alemão, Hitler fez um apelo emocionado a Gustl, disse que precisava ficar sozinho e saiu perambulando noite adentro. Gustl levaria décadas para "compreender o que essas horas de arrebatamento sobrenatural haviam significado para meu amigo [...]. Foi um rapaz desconhecido que falou comigo naquela hora estranha".[2]

Hitler jamais esqueceria aquela noite na Ópera e, em 1939, confidenciaria a Winifred Wagner, nora do compositor: "Foi naquela hora que tudo começou". Ele se referia ao início da missão de sua vida, a vingança do povo alemão contra os opressores. Era uma projeção retrógrada sobre um período em que ele não tinha uma missão reconhecível, educação ou trabalho, mas o episódio combinaria com o panteão heroico que a propaganda nazista construiria a respeito de sua vida.

Rienzi certamente provocou um impacto profundo em Hitler, mesmo que ignoremos os floreios de Kubizek e a mitomania nazista. Era quase como se ele acreditasse que Rienzi tivesse lhe enviado um recado psíquico para liderar o povo alemão para longe das trevas. Hitler recorreria à ópera durante toda a vida e, como Rienzi, viria a se apresentar no papel de herói vingador de sua nação. A abertura da ópera chegou até a se tornar o hino extraoficial do Terceiro Reich.[3]

Ciente desse amor pela ópera, Frau Wagner depois daria ao Führer as partituras originais. Por toda a sua longa vida, ela nutriria por ele uma devoção que jamais diminuiria, instigando boatos de que eram amantes. De forma coerente, o manuscrito acompanharia o Führer em seu bunker de Berlim em 1945 e desapareceria nas chamas de seu próprio *Götterdämerung*.[4]

Viena era o único assunto de que Hitler falava naquele momento. "Na cabeça dele", escreveu Kubizek, "já não estava em Linz, morava no centro de Viena."[5] Ao final de 1906, Hitler decidiu voltar à cidade para estudar desenho. Tinha plena certeza de que a Academia de Belas-Artes iria aceitá-lo. Sua mãe, Klara, aprovou o plano, na esperança de que desse um norte ao filho sem rumo. A tia dele, Johanna Pölzl ("Hanitante"), irmã mais nova de Klara que tinha deficiência, ofereceu-se para bancar seus estudos, com a condição de que ele fosse aprovado no exame de admissão, que seria realizado em outubro de 1907.

No começo daquele ano, a vida da única pessoa que realmente o amava estava em perigo. Em janeiro de 1907, Klara Hitler se queixou de muita dor no peito, e o dr. Bloch deu o diagnóstico de câncer de mama. Ele explicou à família que ela provavelmente não sobreviveria. Hitler chorou. "Aquele rosto comprido e pálido se retorceu", diria Bloch mais tarde. "Lágrimas brotaram em seus olhos. Ele perguntou se a mãe não tinha chance."[6]

Hitler imediatamente se dedicou aos cuidados com a mãe. Ele ficou sentado ao seu lado no hospital Barmherzige Schwestern de Linz, enquanto ela se recuperava de uma mastectomia dupla. De acordo com a fatura do hospital, "o filho" pagou a conta, de cem coroas (a família não tinha plano de saúde), supostamente com a ajuda da tia.[7] Klara melhorou, mas ela não tinha força para subir os três andares até o apartamento na Humboldtstrasse, então em maio a família se mudou para um apartamento elegante na pequena cidade de Urfahr, do outro lado do Danúbio. Embora fosse caro — o aluguel consumia metade da pensão de Klara —, o apartamento térreo era mais acessível para a mulher debilitada, e ela apreciava a vista impressionante do monte Postling.

Em setembro daquele ano, Hitler retomou o plano de prestar o exame de admissão para a Academia de Viena. Ele alugou um quarto pequeno em um pátio rebaixado, com banheiro compartilhado, em um edifício indistinto na Stumpergasse, nº 31, em Mariahilf, um bairro pobre onde residia o "povo humilde" da capital austríaca: estudantes, desempregados, mendigos e vadios. A senhoria do prédio era uma costureira tcheca chamada Maria Zakreys.

Com uma população de cerca de 2 milhões na época, Viena era a quarta maior cidade da Europa e a sexta maior do mundo, lar dos típicos excessos dos fabulosamente ricos e das privações dos terrivelmente pobres. A maior parte do centro já contava com iluminação pública elétrica, mas não aquela: lâmpadas a gás derramavam círculos melancólicos de luz nas ruas, e querosene bruxuleava nos pequenos apartamentos.

Com absoluta certeza do próprio sucesso, Hitler se convenceu de que seria fácil passar no exame. "Agora eu estava na formosa cidade pela segunda vez, aguardando com uma ardente impaciência, mas também com firme confiança, o resultado do exame de admissão."[8] Dos 112 candidatos, 33 (incluindo Hitler) passaram da primeira fase. Ele foi reprovado na segunda, que aceitou 28. "Prova de desenho insatisfatória" foi a avaliação abrupta a respeito dos seis esboços rudimentares que ele realizou sobre os temas solicitados: "Expulsão do Paraíso", "Caça", "Primavera", "Pedreiros", "Morte" e "Chuva".

Hitler ficou arrasado: "Quando fui rejeitado, foi como se tivesse sido atingido por um raio vindo do nada".[9] Ele reclamou ao reitor da academia, que o aconselhou a tentar a Escola de Arquitetura, pois seus desenhos demonstravam uma aptidão para desenho urbano. No entanto, Hitler não poderia se inscrever nela, pois não tinha o diploma de conclusão do ensino médio. Não é verdade que o extremo antissemitismo de Hitler tenha se originado quando ele foi rejeitado pela Academia de Belas-Artes; nenhum dos cinco professores da instituição que selecionaram os candidatos aprovados era judeu, o que refuta essa hipótese.

Todos os jovens enfrentam rejeição em algum momento da vida, mas, para Hitler, esse foi um ferimento fatal. Em *Minha luta*, ele confere ao episódio um espírito premonitório extraordinário, uma revelação da misteriosa "dualidade" de seu caráter:

Abatido, saí do edifício magnífico de Von Hansen [que abrigava a Academia de Belas-Artes] [...] pela primeira vez tomado de incertezas. Pois o que eu acabara de ouvir sobre minha capacidade foi como um relâmpago, revelando de repente um conflito que havia muito me afligia [...]. Em poucos dias, soube que algum dia deveria tornar-me arquiteto. Sem dúvida, foi uma jornada incrivelmente difícil, pois os estudos que eu negligenciara por implicância no *Realschule* iam me fazer uma tremenda falta.

Então ele simplesmente desistiu. "A concretização do meu sonho artístico parecia fisicamente impossível."[10]

Pouco depois dessa humilhação, Hitler recebeu a notícia de que o estado de sua mãe era grave. Na verdade, conforme o dr. Bloch informou ao jovem de dezoito anos quando ele voltou a Linz em outubro daquele ano, não havia a menor esperança. Klara estava morrendo. Desesperado diante da perda iminente da única pessoa que amava, Hitler fez de tudo para facilitar as últimas semanas dela. Sua devoção era "infatigável", segundo declarariam mais tarde tanto sua irmã, Paula, quanto o dr. Bloch.[11] Kubizek escreveu: "Adolf captava todos os desejos que ela expressava com os olhos e lhe prestava os cuidados mais ternos. Eu nunca o vira tão solícito ou gentil".[12]

Pouco se sabia sobre o câncer de mama na época. Mamografia, quimioterapia, analgésicos adequados, nada disso existia. A única forma de controlar a doença era por meio de cirurgia, um instrumento muito bruto. Com frequência, o câncer regressava em forma ulcerosa, como aconteceu com Klara Hitler: a massa cancerosa consumia a pele do peito dela.

O tratamento do dr. Bloch, comum naqueles tempos, era extremamente doloroso: as feridas eram banhadas com iodofórmio, um antisséptico muito usado na época. "O sofrimento das pacientes por causa dos depósitos tumorais hemorrágicos ora corroídos, ora dolorosos, pode ser uma imagem horrível de ver", segundo o professor Sandy Macleod, especialista em câncer, em um artigo de 2005 sobre o tratamento.[13] Klara suportou essa dor por seis semanas. "O filho agonizou durante cada segundo do sofrimento dela."[14]

Klara finalmente veio a falecer em 21 de dezembro de 1907, aos 47 anos de idade, na Blütenstrasse, nº 9, em Urfahr. Na manhã seguinte, Hitler foi encontrado ao seu lado, inconsolável. "Foi um golpe terrível", escreveu ele mais tarde, "especialmente para mim. Eu havia honrado meu pai, mas minha mãe eu amara."[15] Lembrando o impacto que o rapaz sofreu, o dr. Bloch escreveria em 1941: "Em toda a minha carreira, nunca vi ninguém tão prostrado de tristeza quanto Adolf Hitler".[16]

O cortejo fúnebre seguiu melancólico pelas ruas de Linz no dia 23 de dezembro até a igreja de Leonding, onde Alois estava enterrado, e a proximidade com as festas natalinas intensificou a perda da família. "Hitler, vestido de preto, pálido e esmaecido, levando uma cartola embaixo do braço, caminhava solenemente pelas ruas [...], à frente de um pequeno grupo de pessoas."[17] Quando o cortejo passou pela casa de Stefanie, a jovem foi à janela, o que fez Hitler achar que ela estava oferecendo seus pêsames; na realidade, nem imaginava por quem os sinos da igreja dobravam.

Hipóteses posteriores de que a incapacidade do dr. Bloch de salvar Klara instilaram em Hitler o violento antissemitismo que levou ao Holocausto não têm fundamento.[18] Não existe nenhum indício de que Bloch tenha envenenado a mãe de Hitler com a aplicação de doses excessivas de iodofórmio, conforme alegam Rudolph Binion e outros historiadores.[19] Na época, Hitler agradeceu profusamente ao médico por tentar ajudá-la: "Serei eternamente grato ao senhor, doutor", disse ele ao cirurgião judeu no dia do funeral de Klara.[20] Mais tarde, Hitler enviou ao médico cartões-postais pintados por ele mesmo e, em 1940, no que pode ser encarado, nas circunstâncias, como a concessão de um tirano, ofereceu proteção especial da Gestapo a Bloch e aprovou o salvo-conduto para que fosse com a família para os Estados Unidos.[21]

Em 1º de janeiro de 1908, Hitler visitou o túmulo dos pais em Leonding. Com a morte da mãe, ele havia perdido a única pessoa que amava. Não restava ninguém para ele em Linz. Não mantinha contato com os meios-irmãos mais velhos; Paula, que ele só voltaria a ver muitos anos depois, foi morar com Angela Raubal, meia-irmã deles. O jovem Hitler decidiu deixar a cidade de sua infância imediatamente e voltar a Viena.

4. "A academia toda devia ir pelos ares"

Com uma pensão de órfão de 25 coroas mensais e sua parte da pequena herança deixada pela mãe, Hitler seguiu para Viena em 12 de fevereiro de 1908, sem intenção de voltar a Linz. Ele moraria na capital austríaca por cinco anos, arremessado, segundo descreveria mais tarde, em um mundo de miséria e pobreza, "a escola mais difícil, porém mais completa, da minha vida".[1]

Essa imagem que tinha de si próprio — um eco de Rienzi, que se erguia das profundezas mais obscuras para conduzir o povo alemão à luz — teria utilidade para os mitologistas do nazismo. Mas estava longe da realidade. Sem dúvida, ele levava uma vida modesta, como muitos estudantes, e durante quase um ano, como veremos, em estado de grande pobreza. No entanto, suas circunstâncias iniciais eram muito melhores do que Hitler alegaria mais tarde. Ele e a irmã haviam dividido as 2 mil coroas herdadas (o equivalente hoje a cerca de 74 mil libras ou 94 400 dólares) — o que na época era o bastante para ele viver um ano em Viena sem trabalhar —, e quando ele fizesse 24 anos teria acesso a um fundo instituído pelo pai no valor de 625 coroas.

Ao chegar à cidade, Hitler voltou para o apartamento onde havia morado antes, cuja senhoria era a costureira Maria Zakreys, no pátio rebaixado da Stumpergasse, nº 31, em Mariahilf, e logo escreveu para Kubizek: "Toda Viena o aguarda. Então venha logo". Para a felicidade de Hitler, Gustl respondeu que chegaria em abril: os pais dele haviam aceitado deixá-lo prosseguir com os estudos em música no Conservatório de Viena (onde ele fora aceito para tocar na orquestra). Gustl alertou que levaria a viola. A resposta animada de Hitler, em 19 de abril de 1908, oferece um vislumbre do senso de humor despeitoso dele e uma nota de sensibilidade em relação ao sucesso de Gustl:

> Querido Gustl [...] Muito me alegra que traga sua viola. Na quinta-feira, comprarei dois *Kronen* de algodão e vinte *Kreuzer* de esparadrapos, para meus ouvidos, claro. O fato de que, ainda por cima, você está ficando cego me mergulhou em profunda depressão: vai tocar ainda mais notas erradas do que antes. Então você vai ficar cego, e eu vou acabar surdo. Que infelicidade! Até lá, desejo a você e a seus prezados pais pelo menos uma feliz Páscoa, e lhes envio minhas cordiais saudações, e a você também. Seu amigo.[2]

Quando Gustl chegou, os amigos passaram a morar juntos no mesmo quarto com um piano grande e quase mais nada de mobília. Eles estavam na cidade em meio a tudo o que admiravam: bons músicos, arquitetura clássica, grandes óperas. Eram dois jovens na flor da idade, com dinheiro e liberdade para aproveitar a vida no coração da Europa. Iam a óperas e concertos, e Hitler visitava com frequência o Parlamento, cuja mistura de raças, línguas e interesses especiais disputando influência aos brados intensificou seu desdém pela sociedade e pela política da Áustria. Enquanto algumas pessoas viam naquela sociedade poliglota uma comédia humana — a expressão mais engraçada da crise de identidade do império foi o clássico *As aventuras do bom soldado Švejk*, do escritor tcheco Jaroslav Hašek, cujo herói se sente absolutamente confuso quanto a que nação deveria defender na Primeira Guerra Mundial —, Adolf Hitler via apenas as ruínas de raças inferiores se debatendo pelo poder.[3] A miscigenação racial de Viena era uma afronta ao sonho dele por uma Grande Alemanha, uma hegemonia pangermânica sobre a Áustria e as nações sob sua influência. Hitler desprezava o Parlamento de Viena, a incapacidade daqueles políticos barulhentos de realizar qualquer coisa em nome da democracia, e a própria noção de democracia, tão primitiva na época.

> Quão rapidamente me indignaria diante da comédia lamentável que se desdobrava perante meus olhos! Os presentes eram algumas centenas de representantes populares que precisavam se posicionar a respeito de uma questão de vital importância econômica [...]. O conteúdo intelectual do que aqueles homens diziam

era depressivo ao extremo, desde que fosse possível compreender a tagarelice deles; pois alguns senhores não falavam alemão, e sim seus idiomas, ou melhor, dialetos eslavos nativos [...]. Uma turba selvagem gesticulando e gritando ao mesmo tempo em uma cacofonia completa, presidida por um velho senhor bondoso que suava para reviver a dignidade da casa, fazendo tinir violentamente seu sino e se alternando entre censuras brandas e repreensões sérias. Eu não conseguia parar de rir.[4]

A experiência o fez perder completamente qualquer interesse que pudesse ter por uma "democracia parlamentar".[5] Sentado na galeria reservada ao público, espantado pelo escândalo feio que se supunha ser um debate público no piso inferior, Hitler foi formando gradualmente a visão de uma Europa liderada por um governante forte e autoritário, um governante alemão, que não toleraria nenhuma das protelações, obrigações e decências de um Parlamento eleito.

Em contraste com sua obsessão pelo Parlamento, o jovem Hitler demonstrava pouco ou nenhum interesse pela grande quantidade de judeus na Viena pré-guerra. Muitos eram refugiados da perseguição russa, muitos haviam fugido da Hungria ou da Galícia (hoje Polônia) e se instalado nos bairros mais pobres, aliviados por chegar a uma cidade relativamente tolerante, livres do terror. Em 1910, havia 175 318 judeus em Viena, que representavam 8,6% da população (mais do que os 6 mil, ou 2%, de cinquenta anos antes), uma proporção maior do que a de qualquer outra cidade da Europa Central.[6] Em algumas regiões, os judeus representavam cerca de um terço da população, e 17% dos habitantes do bairro pobre de Brigittenau, onde Hitler passaria seus últimos anos em Viena, eram judeus.

Havia também divisões, étnicas e econômicas, entre os judeus da cidade. As antigas famílias judias de Viena tendiam a ser inseridas na sociedade e respeitadas. Os judeus ortodoxos do Leste Europeu, descendentes de refugiados dos pogroms russos, eram comerciantes pobres que residiam às margens da sociedade, "aceitos por ninguém, odiados por muitos", segundo Kershaw, vistos como forasteiros tanto pelos judeus vienenses ricos quanto pelo populacho gentio.[7] E, como em diversas cidades europeias, os judeus mais ricos eram muito influentes na vida cultural da capital, graças ao trabalho, ao nível educacional e às relações comerciais que possuíam, como demonstra o fabuloso estudo de Brigitte Hamann.[8] Eles geralmente tinham formação de nível superior e ocupavam uma parcela desproporcional dos postos importantes nas áreas de medicina, direito, arte, comércio e comunicação, o que fomentava a inveja e o ressentimento comuns de segmentos da população não judaica.

Na política, eles também eram proeminentes. Mas não correspondiam, nem jamais corresponderiam, a um bloco comunista, como Hitler viria a alegar histericamente mais tarde. Tinham participação de destaque em todos os partidos da Viena pré-guerra, e embora seja válido dizer que eram mais preponderantes na esquerda, a maioria era de socialistas moderados, não de marxistas violentos. Ao contrário do que afirmaria em *Minha luta*, Hitler tinha apenas uma vaga noção da presença judaica em Viena e estava longe de encará-los como uma ameaça monolítica; tampouco havia desenvolvido qualquer concepção racial ou "ariana" de seu sonho para uma Grande Alemanha.

Hitler dispensava as atrações com que os rapazes costumam se distrair em cidades grandes: sair com garotas, ganhar dinheiro, beber, ir a bailes e festas. Chegou até mesmo a ignorar um convite — intermediado por Magdalena Hanisch, antiga senhoria de sua mãe em Linz — para conhecer o grande cenógrafo Alfred Roller, cujas óperas havia visto no ano anterior. Hanisch fizera a generosidade de escrever uma carta de referência a uma amiga que conhecia Roller, em que descrevia Hitler como "um rapaz sério e ambicioso, muito maduro para um jovem de dezenove anos, e de uma família completamente respeitável".[9] O próprio Roller respondeu à carta: "O jovem Hitler devia me fazer uma visita e trazer amostras de seu trabalho para que eu possa vê-las". Hitler se debruçou sobre as palavras do reverenciado mestre, mas misteriosamente nunca respondeu. Mais tarde ele diria que era tímido demais para conhecer o grande Roller. A explicação mais provável é que sabia que seus trabalhos eram inadequados, então evitou a possibilidade de mais uma rejeição.

A intensa decepção dele com o fato de não ser admitido na Academia de Belas-Artes, que não havia comentado com Gustl, se agravava a cada sinal da evolução do amigo como estudante de música. A dupla discutia, e certa noite Hitler explodiu, admitindo que a academia o havia "rejeitado", conforme relato de Kubizek:

"Essa academia!", gritou Hitler. "Só um bando de lacaios artríticos, velhos e obsoletos do Estado, burocratas inúteis, criações imbecis do funcionalismo público! A academia toda devia ir pelos ares." O rosto dele estava pálido, e os lábios estavam tão comprimidos que perderam a cor. Os olhos brilhavam. Como eram impressionantes aqueles olhos! Era como se todo o ódio de que ele era capaz ardesse naqueles olhos.[10]

O desprezo de Hitler pela academia se estendeu para os egressos e para o movimento artístico mais amplo. Ele detestava os novos mestres do movimento modernista. Ele rejeitaria mais tarde a obra de artistas como Gustav Klimt, Oskar Kokoschka e Egon Schiele como "nada além de esguichos desfigurados". Sua repulsa também alcançava os modernistas da arquitetura e da música. Hitler simplesmente não conseguia compreender a revolução artística que acontecia à sua volta. Percorria Viena indiferente à música de Richard Strauss, à arquitetura de Josef Hoffman, Adolf Loos e Otto Wagner, e aos poemas de Rainer Maria Rilke. O compositor experimental Arnold Schoenberg, de origem judaica, seria alvo de especial repulsa e acabaria condenado pelos nazistas. Hitler percebia apenas os sons e as imagens de uma monstruosa decadência.

Nas artes visuais, seus heróis eram os pintores realistas e figurativos do século XIX, como Anselm Feuerbach, Carl Rottmann e Rudolf von Alt; e na arquitetura, os neoclássicos Gottfried Semper e Karl Friedrich Schinkel. Seu gosto artístico sempre se limitaria à segurança da respeitabilidade de classe média, às formas definidas e aos contornos sólidos de um mundo transitório. Ele fechava os olhos e os ouvidos à nova revolução da estética, que muitas vezes foi tachada de "modernismo judaico", apesar de poucos de seus principais luminares serem judeus. Na cabeça de Hitler, começavam a entrar as sementes de um amálgama bizarro.

E tampouco tinha disposição e inteligência para tolerar a elite intelectual de Viena, cujas estrelas em ascensão eram o psicólogo judeu Sigmund Freud e o filósofo judeu Ludwig Wittgenstein (que havia frequentado a mesma escola que ele em Linz). Hitler chegou a uma cidade muito diferente, uma Sodoma afligida pela inflação e por impostos crescentes, além de prostitutas, vagabundos e estudantes anarquistas; uma Gomorra de subversão violenta, opressão política e pobreza devastadora.

Furioso com a indiferença da sociedade em relação ao que ele considerava serem seus talentos evidentes, o jovem Adolf se dedicou a diversos projetos, nenhum dos quais rendeu frutos: produziu dezenas de desenhos e aquarelas, cobriu-se de planos de compor peças dramáticas baseadas em lendas alemãs e remodelou a arquitetura mais grandiosa da capital austríaca, dedicando dias inteiros só à Ringstrasse. A ópera o consumia — mais tarde, ele diria ter ouvido *Tristão* umas trinta ou quarenta vezes em Viena. Seu estado de espírito oscilava entre a fúria e o desespero, a letargia e a ansiedade. "Sem cessar, ele falava, planejava, esbravejava, possuído pelo afã de se justificar, de provar que era um gênio", escreveu o biógrafo e historiador Joachim Fest.[11]

Ao voltar do Conservatório para casa à noite, Kubizek perguntava, com cuidado, como havia sido o dia do amigo, com pavor de provocar alguma reação explosiva. Em uma ocasião, Adolf espantou Gustl ao anunciar que estava compondo uma ópera, cujo título seria "Wieland, o ferreiro" — apesar de nunca ter composto uma linha sequer de música ou aprendido a ler partituras, e mesmo sem possuir nenhuma experiência com o ofício de ferreiro. O projeto não deu em nada, por mais que Gustl o incentivasse. Em outro momento, quando o amigo perguntou sobre o dia a dia dele, Hitler anunciou solenemente: "Estou trabalhando em uma solução para a situação habitacional desastrosa de Viena e produzindo estudos para esse fim".[12]

Ciente da pobreza que o cercava, Hitler dirigiu sua insatisfação aos políticos que considerava responsáveis. Ele sentia pouca compaixão pelas vítimas e encarava sua condição com repulsa ou desdém, algo que precisava ser limpo; contudo, sabia escrever com eloquência sobre a miséria à sua volta:

> Riquezas deslumbrantes e pobreza desprezível se alternavam bruscamente [...]. As hostes de oficiais importantes, autoridades do governo, artistas e acadêmicos eram confrontadas por um exército ainda maior de trabalhadores, e lado a lado residiam a pobreza massacrante e a fortuna da aristocracia e do comércio. Diante dos palácios na Ring perambulavam milhares de desempregados, e sob essa Via Triumphalis da velha Áustria se recolhiam os desabrigados na penumbra e na lama dos canais.[13]

Hitler escreveu que, se estivesse no comando, removeria os pobres das ruas e colocaria todos a serviço do Estado, usando uniforme. Isso dizia o filho de funcionário público, achando que conseguiria resolver por decreto os problemas econômicos crônicos dos quais nada sabia. Na época, Hitler supostamente levava consigo uma foto do pai vestido de uniforme cerimonial e se referia a ele, com orgulho, como uma grande autoridade no "serviço adua-neiro de Sua Majestade Imperial". Era um indicativo do verdadeiro caráter de Hitler em Viena. Nada boêmio ou revolucionário, como pintaria a si mesmo mais tarde, ele era "cheio de admiração sentimental pelo mundo burguês. Desejava fazer parte [...]. O desdém social era-lhe muito mais doloroso do que a miséria social".[14]

Sua reação a uma manifestação imensa contra o desemprego que ocorreu em fevereiro de 1908 diante do Parlamento de Viena revelou uma mentali-dade completamente desprovida de qualquer resquício de compaixão pelos pobres. A certa altura, um homem se sentou em um trilho de bonde e gritou: "Que fome!". Hitler observou com uma altivez impassível, como se estivesse refletindo sobre como não se comportar caso quisesse começar uma revolução. "Ele absorveu tudo com muita frieza e atenção", escreveu Kubizek, "como se seu único interesse — da mesma forma que em suas visitas ao Parlamento — fosse estudar a mise en scène da situação toda, a execução técnica de uma manifestação, digamos."[15] Quando uma fila de trabalhadores passou por ele em uma rua de Viena, Hitler ficou "assistindo sem fôlego ao gigantesco dragão humano que seguia vagarosamente seu caminho sinuoso".[16]

Por mais que alegasse solidariedade para com o "povo humilde", Hitler se achava muito superior para participar de manifestações. Foi apenas mais tarde, naquela noite, que ele extravasou sua fúria — contra os políticos, isto é, os novos socialistas, que "organizavam manifestações como aquela". "Quem está à frente desse povo sofredor?", gritou ele para Kubizek. "Não homens que viveram as dificuldades das pessoas humildes, e sim políticos ambiciosos e ávidos pelo poder [...] que enriquecem com a miséria das massas."[17] Suas visitas ao Parlamento produziram uma reação incendiária semelhante: ele se levantava na galeria de visitantes e brandia os punhos, com "o rosto ardendo de emoção".[18]

Kubizek passou o verão de 1908 com a família em Linz. Quando voltou para Viena, em novembro, o apartamento estava vazio. Adolf havia desaparecido, sem deixar outro endereço para contato. Durante os meses anteriores, as correspondências entre ele e Gustl seguiram normalmente, sem nenhum sinal do sumiço iminente. Ele falava de solidão, bronquite e percevejos, e dizia que estava escrevendo muito. Em outubro, as cartas pararam de chegar.

Provavelmente, o desaparecimento de Hitler se explica pela vergonha que sentia da rejeição e da penúria iminente. Em setembro, ele havia tentado mais uma vez, sem sucesso, a Academia de Belas-Artes, o que intensificou sua sensação de fracasso pessoal. Enquanto isso, Kubizek progredia com seus estudos da música, despertando profundo ressentimento no amigo. (Após o sumiço do amigo, Kubizek só voltaria a vê-lo em 1938, quando, para seu espanto, Hitler visitaria Linz como chanceler. Nesse meio-tempo, Kubizek perseguiria a carreira de músico e se tornara regente da orquestra de Marburgo antes da Grande Guerra. Ferido na Frente Oriental em 1915, depois trabalharia na câmara municipal de Eferding, na Alta Áustria.)

Ainda por cima, Hitler passava por severas dificuldades financeiras. Ele quase havia esgotado as economias da mãe. A pobreza se aproximava.

Naquele momento ele entrou, como viria a descrever mais tarde, no ponto mais baixo de sua vida, um universo estígio de terrível fome e desespero. Em novembro, quando saiu do cômodo de Frau Zakreys, ele se mudou para um quarto mais barato na Felberstrasse, nº 22, no bairro vienense de Fünfhaus, uma área pobre perto do centro da cidade, onde ficaria até o dia 20 de agosto de 1909, seguido por um mês em outro quarto mais barato na Sechshauserstrasse, nº 58 (no mesmo bairro). Ele então sumiu de vista e provavelmente passou dois meses — de meados de setembro a novembro — morando na rua, dormindo ao relento e sobrevivendo em meio aos pobres e destituídos da cidade. Ele "mergulhou na mais sórdida miséria", segundo seu primeiro biógrafo, Konrad Heiden.[19] Dormia em bancos de praça e em cafés, até o princípio do inverno obrigá-lo a procurar abrigo.

Hitler não conseguiu, ou não procurou, emprego como trabalhador comum. O homem que seduziria a Alemanha com a ideia do "nacional-socialismo" não sentia afinidade pelos sindicatos. Em *Minha luta*, ele alegaria haver tido um desentendimento com a classe trabalhadora da cidade durante um breve período trabalhando com obras (fatos não confirmados), o que ele apresenta como uma experiência que reforçou sua insatisfação com o sindicalismo. Hitler se sentava perto mas não junto deles, no canteiro de obras, e "bebia minha garrafa de leite e comia meu pedaço de pão em um canto mais afastado, observando cuidadosamente meus novos colegas". Os outros trabalhadores, segundo Hitler, "rejeitavam tudo" e "me enfureciam ao máximo". Para eles, o Estado era uma invenção das classes "capitalísticas", e a pátria era "um instrumento da burguesia para explorar os trabalhadores". Para eles, a autoridade da lei era meramente "um meio de oprimir o proletariado"; a escola, "uma instituição que produz escravos e escravocratas"; a religião, "uma forma de embrutecer o povo e facilitar sua exploração"; e a moralidade, "um sintoma de uma paciência imbecil, dócil". Ao se familiarizarem com as opiniões desse novo e estranho companheiro, seus colegas ficaram tão irritados que ameaçaram jogá-lo de um andaime — ou foi o que ele alegou mais tarde, em *Minha luta*, numa história de valor duvidoso inventada ou exagerada para incrementar suas credenciais antimarxistas.[20]

Realmente, seria um erro concluir que o desprezo dele pelo marxismo teve origem em um canteiro de obras ou em algum outro emprego braçal em Viena. Como veremos, grande parte da autobiografia de Hitler é, na pior das hipóteses, pura invencionice, ou, na melhor, aplicação retroativa de emoções que só ocorreram anos depois, na Baviera pós-guerra.[21]

A situação de Hitler atingiu o fundo do poço no fim de 1909. Em novembro, aos vinte anos, ele fez fila diante de um abrigo para moradores de rua no bairro pobre de Meidling. Testemunhas relembram a imagem de um mendigo sujo, maltrapilho, que ninguém reconheceria como o refinado dândi de Linz. Ele tinha barba desgrenhada e cabelos que iam até os ombros, e forrava os sapatos com papel para substituir os solados gastos. Sua camisa era "notoriamente suja", até mesmo entre os despossuídos. "Ele chegou a correr risco de ser expulso do albergue por excesso de sujeira", comentaram testemunhas, que lembravam a figura do jovem "tímido, que não olhava nos olhos de ninguém. A única exceção era durante os momentos de êxtase em que ele falava de política".[22] O caráter volátil e a assertividade intensa despertaram zombarias, não respeito. O diretor do albergue o descreveu como "o residente mais peculiar", e os companheiros do abrigo riam e arremedavam aquele rapaz estranho e inflamável. Alguns residentes o respeitavam, a maioria ria dele, e "muitos o consideravam um fanático". "Ele não admitia contradição alguma, descontrolava-se e cobria de impropérios qualquer pessoa que tentasse discutir. Era incapaz de debater de forma razoável, assim como de manter um convívio normal. Se não conseguisse dominar uma discussão, sua ira vinha seguida de um silêncio revoltado. A irritabilidade e o ódio geravam um clima incômodo e até hostil à sua volta."[23]

Um mendigo chamado Reinhold Hanisch, com quem Hitler partilhava um beliche, descreveu o momento em que pôs os olhos pela primeira vez em um rapaz esmaecido, exausto, de pés ensanguentados e feridos de tanto viver nas ruas:

> Ele passou dias nos bancos do parque, onde muitas vezes seu sono era interrompido por policiais [...]. O terno xadrez azul tinha ficado lilás por causa da chuva [...]. Demos nosso pão para ele porque não tinha nada para comer. Um mendigo idoso que estava por perto sugeriu que ele fosse ao convento na Gumpendorferstrasse; lá, os pobres recebiam sopa todo dia entre as nove e as dez da manhã. A gente dizia que isso era "visitar a Kathie", provavelmente porque o nome da madre superiora era Katherine. O nome do meu vizinho era Adolf Hitler.
>
> Ele era estranho. O Asilo [abrigo] foi para ele um mundo totalmente novo, onde não conseguia se orientar, mas todos fizemos o possível para aconselhá-lo, e nosso bom humor melhorou um pouco o dele [...]. Disse-nos que era pintor, artista, e que tinha lido muito [...] tinha vindo para Viena na esperança de ganhar a vida aqui, pois já havia dedicado muito tempo à pintura em Linz, mas suas esperanças tinham sido frustradas. A senhoria dele o havia despejado, e ele se via na rua sem abrigo.[24]

Hitler estava falido, segundo Hanisch. "Uma noite, ele estava muito perturbado e implorou por alguns trocados a um senhor bêbado, porém o homem levantou a bengala e o insultou. Hitler ficou muito ofendido, mas eu debochei, falando: 'Ei, você não sabia que nunca devia pedir dinheiro para um bêbado?'".[25]

Hitler havia se reduzido à condição de pedinte, espreitando desajustados e bêbados, o extremo oposto do que seria de imaginar de um futuro líder da Alemanha. Uma testemunha, que se chamou de "Anônimo", conheceu Hitler naquela primavera e o descreveu assim:

A parte de cima do corpo dele ficava coberta quase até os joelhos por um casacão de cor indeterminada, talvez cinza ou amarelo. Ele tinha um chapéu velho, cinza e mole, sem a fita [...]. Quando perguntei por que nunca tirava o casaco, mesmo dentro de um espaço aquecido, ele confessou, constrangido, que infelizmente não tinha camisa. Os cotovelos do casaco e a parte de baixo das calças também estavam furados.[26]

Alguns depoimentos foram tendenciosos ou exagerados, ou foram revelados muitos anos depois, quando os primeiros aliados de Hitler tinham incentivos políticos ou financeiros para distorcer ou florear os relatos (Kubizek era exceção). Ainda assim, Hanisch forneceu uma impressão razoável do caráter incendiário e um tanto ou quanto patético de Hitler em Viena, uma imagem coerente com outros relatos — de tal modo que, já Führer, Hitler recorreria a métodos assassinos para eliminar qualquer registro de seus anos "perdidos", e, em 1936, encomendaria a perseguição e a morte de Hanisch (ele morreria no cárcere em Viena em fevereiro de 1937, supostamente de ataque cardíaco).

Contudo, em 1909, eles estabeleceram um relacionamento profissional. Trambiqueiro experiente, Hanisch não teve dificuldade de se insinuar na vida miserável de Hitler. Ao descobrir que o novo amigo era artista gráfico — não pintor de casas, como havia imaginado —, ele o convenceu a pintar uma série de cartões-postais que depois Hanisch venderia para turistas. Os dois dividiriam os lucros. Como não tinha muito mais o que fazer, Hitler aceitou e pediu dinheiro emprestado à tia para comprar tinta e pincéis.

Ele passou dias perambulando pela cidade, pintando cartões-postais de edifícios, monumentos e cenas urbanas, e seu novo agente os oferecia aos visitantes. Embora fossem desenhos tecnicamente bem-feitos, pessoas que os viram mais tarde os achariam curiosamente desprovidos de alma, mas talvez elas estivessem projetando o futuro homicida do artista em uma coleção de imagens inócuas. A parceria prosperou, e, com o tempo, Adolf recebeu encomendas de publicitários da cidade e passou a desenhar cartazes de produtos como tônicos capilares, recheios de colchão, sabonetes e um talco antitranspirante chamado "Teddy".[27]

5. "Isso é um alemão?"

Em fevereiro de 1910, Hitler e Hanisch se mudaram para um novo abrigo para homens na Meldemannstrasse, nº 27, no bairro popular de Brigittenau. O abrigo era uma espécie de modelo de assistência social, financiado parcialmente por instituições de caridade judaicas: recém-construído, limpo, com camas boas e três refeições diárias para mil homens. Tinha até uma sala de leitura, com uma pequena biblioteca, que foi cenário de vigorosas discussões. Ali, Hitler moraria por mais de dois anos. Ele havia sobrevivido ao período mais sombrio de sua juventude com notável resistência, e, apesar dos pulmões debilitados e dos dentes em péssimo estado, sua saúde estava melhorando.

Quando não estava às voltas pela cidade desenhando cartões-postais para Hanisch, Hitler se recolhia para "seu" canto na sala de leitura e ficava lendo e desenhando em silêncio. Sempre que discordava da discussão ambiente, ele se enfurecia, ficava de pé e desatava a proferir uma de suas longas pregações sobre a grandeza da Alemanha, a decadência de Viena ou qualquer assunto que lhe ocorresse, sacudindo as mãos no ar e gritando, para o espanto de seus camaradas sem-teto, até se acalmar e voltar para o canto.

"Propaganda, propaganda!", gritou ele em certa ocasião, em resposta à rejeição de seus companheiros a uma história sobre uma mulher que havia usado depoimentos falsos para vender tônico capilar. "É preciso insistir nela até criar uma fé e as pessoas não terem mais como saber o que é imaginação e o que é realidade [...]. Propaganda", exclamou ele, é a "essência de toda religião [...] quer seja sobre o paraíso ou sobre tônico capilar."[1]

Esse rompante, mesmo de procedência apócrifa, coincide com as ideias iniciais de Hitler a respeito do uso de propaganda para manipular as massas, conforme escreveria em *Minha luta*: destrua a verdade com ameaças ou violência, preencha o espaço vago com falsidades que cumpram o propósito e reitere essas falsidades repetidamente até as pessoas não só acreditarem, mas quererem acreditar.

Os novos companheiros logo se cansaram das interjeições furiosas e dos discursos bombásticos de Hitler e se limitaram a ignorá-lo. É compreensível que, naquelas circunstâncias humildes, não reconhecessem a natureza intransigente daquele homem nem contemplassem a determinação formidável que o alçaria dos becos de Viena ao cargo mais alto do Reich alemão. A resiliência e a arrogância autodidata de Hitler, além da própria natureza de seu modo de pensar, passaram despercebidas por muita gente. Incapazes de acompanhar o discurso turbulento e a mente ágil daquele sujeito jovem e estranho, muitos recorreram às risadas e troças.

Em 1910, Hanisch, que conseguira vender muitos quadros de Hitler, se rebelara contra o jovem protegido. Ele ficou furioso ao saber que Hitler também havia vendido cartões-postais por intermédio de Josef Neumann, um judeu húngaro que trabalhava polindo artigos de cobre e também morava no abrigo para homens. Em uma ocasião, Hitler e Neumann desapareceram juntos por cinco dias. Quando Hitler acusou Hanisch de enganá-lo após a venda de uma imagem do Parlamento de Viena, que o artista alegou valer cinquenta coroas, o relacionamento dos dois degringolou. Hitler chegou até a denunciar Hanisch como ladrão na delegacia local, o que fez seu antigo amigo passar uma semana na cadeia.

Assim, foi outro alemão, e não os companheiros judeus, que enganou e se aproveitou de Hitler em Viena. Na verdade, Neumann partilhava do amor de Hitler pela "Alemanha" e deu ao amigo um sobretudo preto velho, que se tornou uma espécie de marca registrada na pensão e preservou a saúde dele durante o inverno de 1910-1.

Ao que consta, não há registro nenhum de que o jovem Adolf tenha tido algum caso ou relacionamento sexual em Viena. Era rigorosamente proibido levar mulheres ao abrigo para homens, mas aquilo não fazia diferença para Hitler. Segundo os colegas, ele dispensava companhia feminina. Embora fosse suscetível à beleza das mulheres e fizesse comentários de longe sobre algumas, ele exibia, ou simulava, uma distinta *froideur* em relação ao sexo oposto nas poucas ocasiões em que tivera contato real com ele. Já as mulheres, aparentemente, prestavam atenção nele, em especial na ópera, onde Hitler costumava passar o tempo com ar indiferente, segundo Kubizek, que especulava que as mulheres queriam "testar aquela fonte masculina de resistência".[2]

Muitos anos mais tarde, em seus monólogos de *Tischgespräche im Führerhauptquartier* de 1942, Hitler alegou ter encontrado "muitas mulheres bonitas em Viena" e ter apreciado especialmente moças "grandes e loiras".[3] Contudo, de acordo com Ullrich, aparentemente não chegara a conhecer nenhuma. Ele certamente dava a impressão de ter medo delas; mais tarde, Hitler descreveria a mulher ideal como "uma coisinha simpática, carinhosa, ingênua — delicada, gentil e tola".[4] Tinha horror a sífilis, e a ideia de relação sexual ofendia seus critérios de higiene pessoal. Agora que podia tomar banho e se manter limpo, a lembrança dos tempos como mendigo imundo durante seus piores dias em Viena só lhe inspirava nojo.

Não foi por princípios religiosos ou questões de consciência que Hitler evitou relacionamentos sexuais pré-conjugais. Na realidade, parece que ele era adepto de noções conservadoras sobre masculinidade, comuns na época, segundo as quais o celibato era visto como um teste de autocontrole masculino, de abnegação estoica. Era uma forma de amor-próprio e destacava o poder de sua força de vontade.

Sua escolha de não fazer sexo parecia saída do "código moral" do líder radical Georg Ritter von Schönerer — manter o celibato até os 25 anos, não fazer sexo com raças "inferiores" ou "impuras", não consumir carne nem álcool. Schönerer alegava que o "celibato prolongado" era muito benéfico para os jovens. O celibato "acelera o raciocínio, renova a memória, inspira a imaginação e fortalece a vontade", escreveu Schönerer — tudo besteira, claro, professada por um homem sem nenhum conhecimento médico, em quem muitas pessoas acreditaram. Isso permitiu que Hitler transformasse em virtude sua abstinência e o ódio da "decadência": prostituição e homossexualidade o revoltavam; ele nem sequer se masturbava, segundo Kubizek.[5]

Em suma, o código masculino de Schönerer serviu como um instrumento conveniente para disfarçar o medo de insatisfação sexual de Hitler, algo provavelmente comum para os rapazes da época. Anos mais tarde, ele chegou a investir com disposição em alguns relacionamentos com mulheres, mas só se casaria com Eva Braun, sua companheira de longa data, quarenta horas antes de ambos consumarem o pacto suicida no dia 30 de abril de 1945, dentro de seu bunker em Berlim.

Se Hitler manteve o celibato em Berlim, o que parece provável, ele chegou aos 24 anos de idade virgem.[6] Em 1912, passou a dedicar tempo e energia à sua "educação" política, em um esforço para se definir com base em tudo o que ele mais desprezava — sobretudo marxismo, eslavos, arte moderna e os Habsburgo — e para sonhar com o que mais desejava: um mundo governado pela Alemanha.

A fé de Hitler na "Alemanha" e nos "alemães" permanecera indevassável desde sua infância. Sendo parte da minoria alemã na Áustria, ele sempre nutrira um intenso sentimento de exílio histórico, inspirado pelo pangermanismo de seus professores e da família, e manifestado por um desejo de retorno à terra natal. Os ideais de uma Alemanha salvadora da Europa e do destino do povo alemão de governá-la foram bem formados em sua juventude. O poderio militar prussiano o impressionava: o único livro que ele tinha nesse período era uma história da vitória prussiana sobre a França em 1870-1.

O maior ícone em seu panteão de heróis alemães era o conde Otto von Bismarck, responsável pela realização colossal de unificar a Alemanha em 1871. O Chanceler de Ferro foi um dos poucos homens que Hitler admirou sem reservas a vida inteira, sobretudo por sua liderança "a ferro e sangue", por seu ódio à democracia social e aos não alemães e pelas políticas de *Kulturkampf*, a supremacia do domínio secular contra a Igreja católica. Tudo isso ganharia uma nova expressão da forma mais brutal durante a dominação nazista.

No início do século XX, a nova Alemanha avançava a passos largos, anunciando ao mundo a chegada de uma força econômica e cultural. No entanto, o sucesso econômico e político do país tinha um lado sinistro. O orgulho pela conquista do novo império inspirou um patriotismo fervoroso e até fanático, uma lealdade absoluta à pátria. Por extensão, e com intensidade variada nos anos seguintes, essa nova sensibilidade excluía os não alemães ou as raças não teutônicas, usando o termo racista da era do darwinismo social.

De acordo com essa hipótese, os eslavos e os judeus eram raças explicitamente inferiores e não tinham direito de existir na primeira fila das nações, que tinha a *Deutschland* como modelo deslumbrante. Nesse sentido, a criação da Alemanha expressava uma nova consciência *racial*, uma plena consciência "alemã". A consolidação da *Deutschland* tinha sido o fato político e econômico mais impactante da Europa na primeira década do século XX. Hitler absorveu aquilo tudo da forma mais virulenta. O órfão perturbado via na Alemanha sua salvadora, sua única esperança. Não é exagero sugerir que projetava a saudade da mãe falecida na *Deutschland*, sua terra materna teutônica.

Em Viena, o amor de Hitler pela Alemanha se intensificou na mesma medida que seu desprezo pelo Parlamento austríaco e pela farsa da democracia. Ele era mais afeito aos usos autoritários do poder político, seguindo o exemplo de Bismarck, em um momento em que o Parlamento austríaco enfrentava dificuldades para fornecer condições de vida adequadas, empregos e esperança. Os políticos locais não haviam conseguido descobrir uma solução para a miséria e, de tempos em tempos, tentavam transferir a responsabilidade pelo fracasso aos bodes expiatórios preferidos: minorias como judeus, ciganos, sérvios, tchecos, italianos, húngaros ou romenos.

Tudo isso tendia a frustrar os austríacos alemães, muitos dos quais se opunham firmemente aos métodos antiquados e apáticos dos Habsburgo. Como Hitler, eles queriam que ameaças externas fossem combatidas na ponta da espada e exigiam ações decisivas nos Bálcãs. No fim do século XIX, os Habsburgo tentaram expandir o império para a península balcânica (principalmente porque o país precisava de acesso ao mar), primeiro ocupando a Bósnia-Herzegóvina em 1878, e por fim a anexando em 1908. No entanto, táticas de imposição pela força e por ações decisivas não faziam parte do estilo do regime, cujo espírito norteador se caracterizava por empurrar com a barriga, não entrar de sola. Afinal, os Habsburgo eram, na prática, senhorios, não governantes, e manipulavam os elementos que constituíam o império em um jogo constante de divisão e conquista. "As terras dos Habsburgo não eram unidas pela geografia nem pela nacionalidade", observou A. J. P. Taylor.[7]

Durante séculos, os turcos otomanos haviam sido tradicionalmente a maior ameaça contra o domínio Habsburgo. Isso acabou em 1912, com a expulsão da Turquia dos Bálcãs na Primeira Guerra Balcânica. Com isso, o povo eslavo assumiu o lugar dos muçulmanos como o inimigo "necessário" do Império Austro-Húngaro. Viena dirigiu seus olhos cobiçosos ao recrudescimento eslavo na península, em especial ao grupo mais forte e ameaçador: os sérvios, que contavam com apoio da Rússia. Francisco José e sua corte fervorosamente antieslava — com exceção do sobrinho e herdeiro dele, o arquiduque Francisco Ferdinando, que, em uma das ironias mais trágicas da história, defendia uma política moderada em relação aos eslavos — estavam determinados a controlar o território balcânico deixado pelos turcos e, com apoio da Alemanha, impedir o acesso da Rússia à península.

O jovem Hitler partilhava dessa meta de forma extremamente agressiva. Ele se opunha com violência à dominação eslava nos Bálcãs. Acreditava que a política austríaca de lenta assimilação da península era muito insuficiente: a anexação da Bósnia-Herzegóvina devia ter iniciado um processo de conquista total da Sérvia e de outros territórios sujeitos à influência da Rússia. Hitler desprezava a nobreza atabalhoada da Áustria, assim como a da Alemanha. Detestava Francisco Ferdinando e seus seguidores moderados. Via com desgosto o titubeante cáiser Guilherme II. O único cortesão aristocrata que ele admirava era o belicoso conde Conrad von Hötzendorf, chefe do Estado-Maior das Forças Armadas da Áustria, que fizera constante pressão para que o governo vienense esmagasse a Sérvia.

Para Hitler, que aos poucos ia desenvolvendo sua sensibilidade política, apenas o poder de uma "Alemanha" unida, uma Pan-Alemanha, seria capaz de produzir uma solução coerente com a ruína racial da Europa Central e controlar os eslavos ao sul. Daí seu forte apego aos demagogos e aos teóricos raciais alemães que proliferavam em Viena na época, de quem partilhava algumas ideias — sem adotar nenhuma. As teorias de preservação racial e os métodos de manipulação política que eles defendiam o impressionavam mais do que o antissemitismo explícito, que de tão difundido Hitler simplesmente assumia como fato.

Nessa época de sua vida em Viena, os hábitos de leitura de Hitler eram assistemáticos, arbitrários e impulsivos. Segundo Kubizek, ele raras vezes consumia literatura por lazer, sem contar seu antigo amor pelos mitos germânicos e pelas sagas de heroísmo teutônico. É extremamente improvável que tenha chegado a ler algum livro inteiro de filosofia de Arthur Schopenhauer ou Friedrich Nietzsche, apesar de Kubizek alegar que Hitler vivia cercado de obras desses autores no apartamento dos dois.[8] O jovem de 21 anos preferia a imprensa popular e pequenos panfletos políticos. Numa época anterior a emissoras de rádio e canais de televisão, os jornais tinham um poder imenso. Os diários de Viena eram divididos entre "imprensa judaica" e "imprensa antijudeus"; a última defendia ideias pangermânicas e "pureza" racial. Para acompanhar as notícias, Hitler lia os tabloides, principalmente o panfletário e antissemita *Deutsches Volksblatt*.

Ele juntava fragmentos de teoria política, religiosa e racial que reforçavam suas próprias opiniões, colecionando conhecimento da mesma forma que alguns pássaros colecionam objetos coloridos. O "ninho" mental de Hitler era uma maçaroca de fatos, opiniões e simples mentiras que sustentavam a "filosofia" pessoal que ele começava a desenvolver e os preconceitos correspondentes. Reunia tudo o que concordava com essa excrescência mental e ignorava o resto, como se estivesse seguindo algum plano preconcebido.

Aos leitores de *Minha luta*, Hitler revelou considerar esse método uma vantagem intelectual: a "arte" de ler corretamente, explicou ele, era "separar em um livro o que tivesse valor para eles do que não tivesse, reter o primeiro para sempre e, se possível, nem ver o resto, mas, de qualquer forma, não ficar arrastando essas partes como um peso morto".[9] Ou, em outra tradução: "A arte de ler e estudar consiste em lembrar o essencial e esquecer o que não é essencial".[10]

Os termos "fatos essenciais" e "peso morto" se aplicavam ao que Hitler quisesse. A leitura, para ele, era apreender informações que reforçassem seus preconceitos e facilitassem a "obra" de sua vida. Provas concretas que desmentissem suas ideias ele simplesmente rejeitava ou ignorava, por serem inúteis. Hitler não queria saber de contexto adequado, de avaliação de prós e contras, muito menos de métodos dialéticos ou hipotéticos na busca pela verdade. Não tinha interesse em "especialistas" e "intelectuais", obviamente. Para alimentar sua *Weltanschauung*, sua "filosofia de vida", ele se abastecia de tiradas de tabloides, retóricas políticas raivosas e pinceladas de filosofia. Sua excelente memória colhia citações e fragmentos que faziam seus companheiros sem instrução acharem que ele era um mendigo filósofo, um intelectual perdido.

Nessa época, Hitler exercitava muito a mente com tópicos relacionados à grandeza alemã, à ascensão da pátria e ao direito hegemônico do povo alemão, o que deixava sua visão de mundo pangermânica cada vez mais forte. Mais tarde, ele faria a afirmação plausível de que sua perspectiva na época era "plena e exclusivamente a favor do movimento pangermânico". Foi aí que o conceito de raça "ariana" começou a se insinuar em sua mente: parecia que um povo ancestral de origem indo-iraniana com míticos poderes mentais e físicos tinha sido o precursor do herói nórdico alto e loiro que animava a literatura de extrema direita. Contudo, não se deve supor que esses *Übermenschen* exerceram alguma grande influência na cabeça dele na época: em Viena, Hitler estava longe de formular a "teoria de raça" que transformaria o Partido Nazista em genocida. No entanto, ele certamente era receptivo a qualquer ideia que cimentasse conceitos de supremacia alemã.

Na Viena pré-guerra, tais ideais proliferavam. Hitler ia a palestras e lia panfletos sobre supremacia racial alemã oferecidos por diversos pregadores de rua, pangermânicos incendiários, teóricos raciais e pseudocientistas. Entre eles se incluíam Guido von List, o pangermânico charlatão, "visionário" e místico que cobrava a "desmiscigenação" (ou seja, a limpeza) da população e que apontava a suástica como sinal do "invencível" e "forte ser superior"; Josef Adolf Lanz von Liebenfels, ex-monge e editor do *Ostara*, um periódico dedicado a cultivar a "raça suprema", que adotava a suástica como símbolo de sua sociedade "racialmente pura" de novos templários e propunha colônias de "puros-sangues" para proteger o perfeito sangue ariano contra raças inferiores (ironicamente, o próprio Liebenfels tinha ascendência judaica); Hans Goldzier, um "cientista" autodidata que tachou a teoria da gravidade de Newton de "falsa" e que pregava uma forma especialmente grosseira de darwinismo social; o pangermânico Franz Stein, cujo desdém pelo Parlamento ensinaria Hitler a fragilizar a democracia; Karl Hermann Wolf, líder do Alemanha Livre, o partido pangermânico mais radical de todos; e Houston Stewart Chamberlain, o escritor inglês que adquiriu cidadania alemã e cuja imensa obra de história pseudocientífica, *Die Grundlagen des Neunzehnten Jahrhunderts* [As bases do século XIX], concebia toda a história da humanidade como uma luta racial entre os povos nórdicos, teutônicos e anglo-saxões e o resto, destacando os judeus como um tumor parasita na conquista ariana (ele comparou as tribos góticas que dizimaram Roma aos prussianos modernos).[11]

Duas influências intrigantes na mente jovem de Hitler foram "intelectuais" de origem judaica que haviam rejeitado a religião, os quais ele provavelmente lia nos jornais: Arthur Trebitsch, um escritor e "teórico racial" austríaco paranoico que, apesar de ser filho de um magnata judeu da indústria, se voltou contra o judaísmo e se convenceu da existência de uma "conspiração internacional de judeus do mundo todo" contra o povo alemão e que acreditava que os judeus estavam tentando "envenená-lo com raios elétricos";[12] e Otto Weininger, acadêmico precoce e talentoso e cristão convertido que, talvez como compensação por não ter conseguido erradicar seu "judeu interior", condenou o povo escolhido como uma "raça" de "mestiços" e "negros", o que acabou por anular sua própria conversão: se os judeus eram uma raça, como Weininger sugeria, então ele próprio jamais deixaria de ser judeu. Incapaz de se libertar daquela lógica autoaniquiladora, Weininger acabou se matando. Tinha 23 anos. (Depois, os nazistas usariam seu exemplo contra os apelos dos judeus que tivessem se convertido ao cristianismo: era a "raça", não a religião, que determinaria em última instância se a pessoa viveria ou morreria.)

Em Viena, Hitler também foi exposto à teoria degenerada do darwinismo social, muito disseminada na Europa, segundo a qual era possível acelerar e aplicar essa "seleção natural" a uma sociedade viva, que seria dominada pela raça "mais apta". Sem o jargão pseudocientífico, tal ideia era uma simples repetição da lei da selva na civilização europeia. Para Hitler, fazia todo o sentido, pois amparava sua crença de que os arianos eram a raça "mais apta".

As noções de pureza racial e poder alemão faziam parte de uma narrativa comum na Viena pré-guerra — e em toda a Europa —, em cujas rodas de conversa sentimentos racistas eram presença constante. Nesse ambiente, uma postura de desdém por judeus ou "raças inferiores" — eslavos, poloneses etc. — era "normal", uma linha de raciocínio típica. Nenhum dos supremacistas raciais pangermânicos que Hitler acompanhava, lia ou ouvia durante seu período em Viena considerava tais ideias algo idiota, intolerante ou incivilizado, pois todos pensavam o mesmo.

Em Minha luta, Hitler alega que saiu de Viena com um ódio violento contra o povo judeu, e que seu projeto racial já estava completo.[13] Em Viena, insiste ele, "passei pela maior revolução interna da minha vida. Deixei de ser um cosmopolita fraco e me tornei um antissemita fanático".[14] Isso é pura invencionice. Em Viena, e depois em Munique, Hitler não exibia nenhum ódio sistêmico em relação a judeus ou outras minorias, apesar do contato com toda uma galeria de influências e pensadores racistas. Aquelas ideias apenas reforçaram sua crença de que os alemães eram a raça suprema, mas ainda não chegaram a inspirar nele um ódio intenso e específico contra determinadas "raças".

Seu antissemitismo nesse período ia pouco além da hostilidade geral da cidade, onde tais opiniões eram senso comum: como muitas outras pessoas, ele se limitava a juntar os judeus com tudo o que costumava ser descartado como detrito étnico no caldo que era Viena. "Hitler não viveu nenhuma epifania antissemita em Viena", conclui Volker Ullrich. A verdade, como ele e outros informam, era muito mais turva.[15] No entanto, é fato que as sementes haviam sido plantadas e repousavam na mente de Hitler, e que germinariam anos depois, fertilizadas por sua intensa experiência na Grande Guerra e suas consequências.

De fato, a experiência de Hitler com os judeus de Viena pinta um quadro diferente, muito mais complicado. O primeiro contato dele com judeus ortodoxos, vestidos com seus tradicionais cafetãs pretos, chapéus de abas largas, barba e *tzitzits*, provocou uma curiosidade mórbida, não um ódio assassino, como ele relata em *Minha luta*:

> Uma vez, quando eu estava caminhando pela região central da cidade, encontrei de repente uma aparição de caftã [sic] preto e cachos de cabelo preto. Meu primeiro pensamento foi: isso é um judeu? Pois, sem dúvida alguma, eles não eram daquele jeito em Linz. Observei furtiva e cuidadosamente o sujeito, mas, quanto mais eu encarava aquele rosto estranho, analisando cada traço, mais minha pergunta inicial assumia uma nova forma: Isso é um alemão?[16]

Ele alegou que essa experiência o inspirou a "estudar" o povo judeu e o movimento político sionista: "Com alguns *hellers* [meio *pfennig*], comprei os primeiros panfletos antissemitas da minha vida". E não tardou até que, aparentemente, fosse impossível ele andar sem esbarrar com algum outro sujeito de cafetã preto. "De repente, encontrei-o em um lugar onde jamais imaginei que o veria. Quando reconheci o judeu como líder da social-democracia, meus olhos se abriram. Uma antiga luta em minha alma havia chegado ao fim."[17] O rosto de seu verdadeiro inimigo fora revelado, diria ele mais tarde: os judeus eram uma "pestilência espiritual, pior que a peste negra".[18]

Essa é outra invenção ex post facto. Hitler não passou por nenhuma "conversão" súbita ao antissemitismo violento em Viena ou em qualquer outro lugar. Como veremos, o processo seria gradual, combinando oportunismo político e ódio genuíno. Ele concebeu essa aparente revolução psicológica muitos anos depois, para incrementar suas ambições políticas e estabelecer o "contínuo" de homem destinado. Na realidade, seu primeiro contato com judeus em Viena causara pouco impacto em seus pensamentos. Ele deixara a questão de lado. Para Hitler, "os judeus" eram mais uma curiosidade transitória, outro carbúnculo social, além da abundância de "forasteiros", pobreza e prostituição.

Na realidade, dois de seus principais amigos na época eram judeus, segundo a pesquisa forense de Brigitte Hamann para o livro *Hitlers Wien* [Viena de Hitler]: Josef Neumann, o judeu húngaro que trabalhava polindo artigos de cobre e com quem ele formou parceria, e Simon Robinson, um chaveiro caolho. E os judeus eram alguns dos maiores compradores dos cartões-postais de Hitler, que um amigo judeu de Neumann, Siegfried Loffner, e dois judeus fabricantes de molduras, Jakob Altenberg e Samuel Morgenstern, promoviam e vendiam em suas comunidades. Foi graças à ajuda deles que Hitler não recaiu na pobreza absoluta.

Na sala de leitura do albergue, segundo Hanisch, Hitler às vezes teria defendido os judeus, elogiando a caridade deles e dando exemplos de grandes músicos e artistas judeus.[19] É claro que Hanisch escreveu no começo da década de 1930, depois de ter se desentendido com Hitler, e estava tentando desacreditar o velho sócio.[20] As declarações dele não podem ser descartadas completamente quando comparadas a outras testemunhas cujos relatos às vezes também eram tendenciosos ou tinham motivações pessoais ou políticas; contudo, o conjunto como um todo forma um retrato coerente, ainda que limitado, do jovem companheiro perturbado e amargurado. "Naqueles tempos, Hitler não odiava judeus de forma alguma", escreveu Hanisch em um artigo publicado postumamente na *New Republic*, em 1939. "Ele passou a odiar depois. Já naquela época dizia que o fim justifica os meios, então incorporou o antissemitismo ao projeto para servir como um slogan poderoso."[21]

Na verdade, Hitler falava com frequência em tom de admiração a respeito do povo judaico, segundo Hanisch, com quem ele conversava sobre o assunto durante as caminhadas noturnas dos dois.

Ele admirava os judeus pela resistência diante de todas as perseguições. Comentou que Rothschild poderia ter tido o direito de ser admitido na corte, mas recusou porque para tal teria que mudar de religião. Hitler achou que foi um gesto decente e que todos os judeus deviam agir da mesma forma. Durante nossa caminhada noturna, conversamos sobre Moisés e os Dez Mandamentos. Hitler achava possível que Moisés tivesse inspirado os mandamentos em outras nações, mas, se fossem realmente criação dos judeus, eles como nação haviam produzido uma das maiores maravilhas da história, já que nossa civilização toda se baseou nos Dez Mandamentos.[22]

Outros relatos atestam a admiração que Hitler nutria pela resiliência dos judeus e a capacidade que aquele povo tinha de sobreviver e preservar a fé apesar de séculos de opressão. Segundo "Anônimo", o companheiro de albergue de identidade ainda desconhecida, mas cujos comentários têm sido tratados como confiáveis, Hitler "se dava bem com judeus. Uma vez ele disse que era um povo esperto que se mantinha mais unido que os alemães".[23] Realmente, o ódio assassino posterior de Hitler em relação ao povo judaico se desenvolveu, em parte, a partir do medo que ele tinha de que a "pureza" e o sucesso dessa "raça" representassem uma ameaça séria à sua fantasia ariana.

Em suma, Hitler não exibia nenhum sinal de antissemitismo cruel ou ódio "racial" em relação aos judeus de Viena. Ele mesmo declarou em *Minha luta* que praticamente nem havia reparado nos judeus da cidade no início e que, quando reparou, estudou-os como se fossem uma ligeira peculiaridade. "Ainda que naqueles tempos Viena tivesse quase 200 mil judeus na população de 2 milhões de pessoas, eu não os via [...]. Pois para mim o único fator que caracterizava um judeu ainda era a religião, e assim, em nome da tolerância humana, mantive minha rejeição a ataques religiosos nesse caso tanto quanto em outros." Ele considerava o tom agressivo da imprensa antissemita da cidade "inferior à tradição cultural de uma grande nação".[24]

Anos depois, seus companheiros da juventude, desabrigados, desempregados, vendedores ambulantes, "agentes" e estudantes — incluindo Hanisch, o informante "Anônimo", colegas de albergue como Karl Honisch e Rudolf Häusler e, claro, Kubizek — confirmaram esse fato. Foi motivo de espanto para os conhecidos de Hitler no abrigo masculino quando se revelou que aquele companheiro sério e pudico, que nunca bebia, não se interessava por mulheres e aparentemente nunca se divertia era o mesmo antissemita violento que foi eleito chanceler do Reich. Nada do que Hitler fez ou disse entre 1908 e 1914 dera qualquer indicação de que ele seria o futuro líder da Alemanha, conquistador da Europa e exterminador de judeus.

Dois políticos vienenses provocaram em Hitler um impacto maior do que discursos apocalípticos e teóricos panfletários, e exerceram poderosa influência em sua futura carreira política: o feroz antissemita Georg Ritter von Schönerer e o prefeito da cidade, o dr. Karl Lueger. Schönerer e Lueger serviram de modelo para ele, que em *Minha luta* descreveria ambos como admiráveis fracassos.

Quando Hitler chegou a Viena, Schönerer, o já não tão popular líder do movimento pangermânico, era uma força praticamente exaurida, furioso anti-católico, anti-Habsburgo, antiliberal e irredutível antissemita, definido apenas por tudo o que ele odiava. Apesar do fim de sua carreira política, suas ideias se proliferaram, e inúmeros demagogos oportunistas brandiram a bandeira do schönererismo ou alguns elementos dela. Schönerer havia exigido constantemente a eliminação da influência judaica em todas as áreas da vida pública. O extremismo e a excentricidade dele — que se intitulou "Führer" e insistia na saudação "*Heil*" — não comoveram ninguém além do conjunto cada vez menor de seguidores imediatos, e ele recebeu míseros vinte votos nas eleições de 1911. Hitler mais tarde concluiria que Schönerer errara principalmente ao ignorar a importância do interesse das massas e ao confundir e dividir seus seguidores por não oferecer nenhum grupo específico em quem concentrar o ódio. E o projeto "Longe de Roma" de Schönerer simplesmente alienava a grande comunidade católica de Viena.

Anos depois, como Führer, Hitler se aproveitou dessas "lições", mobilizando uma poderosa máquina de propaganda, atenuando seu anticatolicismo quando conveniente e dirigindo toda a ira dos nazistas contra um único alvo. No entanto, a essa altura, ele possuía um balaio de ideias incoerentes sobre raça e política, que aos poucos iam se transformando em algo definido e intransigente.

O dr. Lueger, prefeito de Viena entre 1897 e 1910, líder do Partido Social Cristão e chamado de "Senhor de Viena", exerceu uma influência profunda e prática no jovem Hitler. Não há dúvida de que Lueger foi um excelente advogado e um bom prefeito no sentido tradicional: construiu hospitais, escolas e igrejas, reformou a rede de transportes e o sistema de abastecimento de água (e todas essas iniciativas impressionaram a noção de orgulho civil e responsabilidade municipal de Hitler). O prefeito era também plenamente pangermânico e desejava preservar o caráter alemão da cidade em um mar de caos racial.

A oratória extraordinária de Lueger, junto com seus bordões simples, comoveu e impressionou Hitler. Ele gostava de dizer: "Viena é alemã e precisa se manter alemã!", diante do imenso afluxo de eslavos que chegavam à cidade em busca de trabalho e para fugir dos problemas nos Bálcãs. Ou: "A Grande Viena não pode se transformar na Grande Jerusalém!". Quando a mídia o atacava por se negar a permitir o sufrágio aos judeus de Viena, o que teria fortalecido os sociais-democratas, de liderança judaica, Lueger se limitava a condenar a "imprensa judia", o que fazia a alegria de seus seguidores e solidificava sua influência.[25]

A culpabilização dos judeus pelo prefeito era devastadora. "Lueger soube concentrar todas as imagens negativas de seus eleitores em um movimento poderoso: o antissemitismo", diz Brigitte Hamann. "Ele reduziu tudo o que era contraditório a uma fórmula simples: a culpa é dos judeus."[26] Lueger declarava estar lutando para defender o cristianismo de "uma nova Palestina" e invocava regularmente o antigo ódio católico aos "assassinos de Cristo". Suas arengas racistas chafurdavam no lodaçal de clichês antissemitas. Ele unia seu eleitorado contra os "judeus da imprensa" e os "judeus de tinta" (intelectuais), "judeus da Bolsa de Valores" e "judeus mendigos" (imigrantes do Leste Europeu).[27] Transformou o ódio aos judeus em um espetáculo, um jogo de revolta, para ganhar pontos políticos. "Eu falei decapitados!", gritou quando o acusaram de dizer que para ele não fazia diferença se judeus fossem enforcados ou fuzilados.[28]

Essas declarações inflamadas aconteciam em momentos específicos, escolhidos a dedo (em época de eleição), o que sugeria que o posicionamento antissemita dele era pouco mais que oportunismo político. Lueger decerto sabia aproveitar a intolerância daquela cidade terrivelmente preconceituosa. Para o pesquisador Ewart Turner, ele escolheu os judeus "como uma espécie de cola política que uniria príncipe e plebeu, academia e criadagem, em um movimento social sem classes".[29]

Para Lueger, era tudo um jogo político. Ele nunca foi "longe demais": tinha amigos judeus poderosos e não ameaçava empresas de judeus. Seu antissemitismo nitidamente era concebido para arrebanhar apoio entre católicos e trabalhadores. Com Lueger, Hitler teve uma aula valiosa sobre a arte da persuasão política e o poder da oratória e da propaganda. Mais tarde, em um prenúncio sinistro, ele acusaria o antissemitismo do prefeito de ser uma farsa irresoluta.

Embora tais políticos e radicais tenham contribuído para o pensamento de Hitler nesses primeiros anos, eles não o dominaram (nenhum deles chegara a conhecer aquele rapaz estranho que frequentava as reuniões e devorava os panfletos). Hitler decidiu cedo que não seria discípulo de ninguém. Não entrou para o partido deles e não concordava com tudo o que diziam. Estudava suas políticas. Lia suas obras, ouvia seus discursos e extraía os elementos que o agradavam ou que condicionavam seus preconceitos incipientes. Embora os admirasse abertamente, não adotou nenhum como "exemplo" ou mentor. Contribuíram com Hitler com fragmentos que ele absorveria para usar mais tarde. O futuro Führer pilhava as entranhas dos ideais políticos de outras pessoas.

Um ingrediente crucial distinguia a visão pangermânica incipiente de Hitler de todas as demais: o controle de massas. Apenas um movimento de massa catapultaria a Alemanha ao poder. Mais tarde, ele defenderia que pouco seria realizado enquanto a moderação burguesa contaminasse a população alemã na Áustria. Diletantes intelectuais e parlamentares frouxos seriam inúteis na iminente "luta revolucionária":

> É possível mover as vastas massas de gente apenas com o poder da fala. E todos os grandes movimentos são movimentos populares, erupções vulcânicas de paixões humanas e sentimentos emocionais, atiçados pela cruel Deusa da Perturbação ou pelo ferro incandescente da palavra arremessada às massas; não são as refrescantes emissões de estetas literários e heróis de sofá. Apenas uma tormenta de paixões intensas é capaz de transformar o destino dos povos, e apenas quem traz a paixão dentro de si é capaz de despertá-la.[30]

Pelo contrário, palavras de estímulo que caíam na poeira do bar não bastavam para sustentar uma revolução duradoura. Um levante das massas e uma revolução precisavam de ideias *moralmente* poderosas para se manter, não apenas da inspiração de um orador — ideias como as de "revolucionários intelectuais" geniais e eruditos como Danton, Robespierre ou Marx (que Hitler admirava pela força de suas crenças, ainda que detestasse sua política). Essas ideias careciam do que, àquela altura, era a fantasia de Hitler movida pelas massas.

Hitler depois alegaria que seus anos em Viena formaram a "fundação de granito" de sua luta política contra o marxismo e o mundo judeu. Essa declaração em *Minha luta* é nitidamente uma mentira deliberada, uma tentativa de validação retroativa de sua vida como uma linha contínua e heroica que transformou o artista pobre em pensador político até criar o líder revolucionário. Como tantas outras partes de sua autobiografia, isso atendia à sua mitologia pessoal: recriava seu passado como a concretização de um líder nato.

A realidade era muito diferente. Hitler saiu de Viena em 1913 sem nenhuma ambição política, sem planos, sem trabalho e com pouca esperança. Tinha algum dinheiro, tendo recebido a herança do pai. E havia compilado um conjunto irregular de ideias e teorias sobre raça e darwinismo social. O historiador e biógrafo Werner Maser observou que Hitler aprendeu em Viena "que a vida é apenas uma luta constante e feroz entre os fracos e os fortes, que nessa luta o mais forte e apto sempre vencerá, e que a vida não é regida por princípios de humanidade, apenas por vitória e derrota".[31]

Não havia nada de novo ou atípico nisso. Antes da Primeira Guerra Mundial, milhões de europeus partilhavam da noção de Hitler sobre a sobrevivência do mais apto. A limpeza racial por meio do conceito de "eugenia" formulado por Francis Galton — cruzamento de linhagens para produzir uma raça "superior" em concomitância com a esterilização forçada das "inferiores" — era uma ideia popular em todas as vertentes políticas. Liberais simpáticos e membros acolhedores do clero se incluíam entre os principais defensores da eugenia. Contudo, a noção que Hitler tinha de "pureza" racial possuía um elemento preocupante que o distinguia da média: segundo sua visão de mundo, apenas o poder alemão tinha força e consciência para procriar uma raça suprema ariana: "alemão" e "ariano" eram conceitos inseparáveis e complementares. Foi em Viena que as sementes dessas ideias foram plantadas em Hitler; o monstro plenamente desenvolvido só viria à tona muito tempo depois, quando o terreno político já tivesse sido contaminado por uma guerra mundial.

O que a personalidade de Hitler ainda não projetava, embora certo aspecto já ardesse dentro dele, era o traço que definia seu caráter maduro: ódio, puro e absoluto, com uma intensidade que só poderia ter sido forjada e alimentada por alguma intervenção cataclísmica no decorrer de sua vida, a tal ponto que o faria gritar diante de uma multidão em 1921: "Existem apenas rebelião e ódio, ódio e mais ódio!". A vida, berrou ele, ensinava uma única lição: "ódio e insensibilidade [...] uma lição desprovida de amor".[32] Porém, ele não aprendeu essa lição em Viena.

Seu percurso agora o levaria a Munique, para onde arrastou seu estoque de ideias sobre a grandeza alemã, a fraqueza dos Habsburgo e a supremacia ariana, assim como seu medo e pavor do "gigantesco dragão humano" do socialismo. A Baviera intensificaria esse sentimento e criaria algo mais perigoso, mais monolítico. Porém, seria preciso uma guerra de escala e horror sem precedentes para que a *Weltanschauung* de Hitler se desenvolvesse de vez. E, antes disso, ele encontraria, pela primeira vez na vida, uma âncora, uma sensação de pertencimento, algo muito próximo de um lar, em seu amado regimento.

6. "Prostrei-me de joelhos e dei graças aos céus"

A explicação que Hitler ofereceu para justificar sua mudança repentina para Munique, em 25 de maio de 1913, tinha escassa relação com a verdade. No futuro, ele alegaria ter partido por causa da diversidade e da degradação racial de Viena. "Fui expulso", escreveu ele em *Minha luta*, "por toda uma mistura de tchecos, polacos, húngaros, rutênios, sérvios e croatas, e, por todos os lados, o eterno cogumelo da humanidade — judeus e mais judeus. Para mim, a cidade gigante parecia a encarnação da profanidade racial [...]. Por todos esses motivos, nasceu e cresceu em mim um desejo de finalmente ir ao local para onde meus desejos secretos e meu amor secreto desde a infância haviam me chamado."[1]

Na realidade, não foi nada disso que tirou Hitler de Viena. A verdade é que ele estava escapando do alistamento nas Forças Armadas austríacas, obrigatório por lei. Ele era um "desertor". Mas não foi por objeção consciente, medo ou princípios religiosos que Hitler o fez: havia decidido que não entraria para o Exército austríaco porque, em caso de guerra, isso faria com que fosse enviado para a Galícia ou algum lugar na Frente Oriental com a Rússia. Ele estava determinado a combater com uniforme alemão, se a guerra chegasse.

Havia também fatores de "atração". Ele se interessava pela capital bávara, em parte porque ainda sonhava em se tornar um artista, em usar sua habilidade de projetista em algum emprego útil. "Eu tinha esperança de algum dia me desenvolver como arquiteto e assim [...] dedicar meus serviços sinceros à nação."[2] Em outra ocasião, ele escreveu: "Fui a Munique com o coração cheio de alegria. Pretendia passar mais três anos aprendendo e então, quando fizesse 28, me tornar projetista em [uma empreiteira local]".[3]

Ele não faria nada para realizar essas ambições. Na verdade, foi a Munique para mergulhar em seu sonho de infância: "Eu quer[ia] apreciar a felicidade de viver e trabalhar no lugar que certamente viria a permitir a concretização de meu desenho mais ardente e sincero: a união da minha amada terra natal com a pátria comum, o Reich alemão".[4]

Hitler ia se lembrar daquele primeiro ano em Munique, de maio de 1913 a agosto de 1914, como "de longe o período mais feliz e agradável da minha vida". A cidade era o coração pulsante de sua adorada pátria.

> Fui tomado por um amor sincero por essa cidade mais do que por qualquer outro lugar que eu conhecia quase desde a primeira hora de minha estada ali. Uma cidade alemã! Que diferença de Viena! Eu passava mal sempre que pensava naquela Babilônia de raças. Além do mais, o dialeto, muito mais próximo de mim, o qual, especialmente em meu contato com o povo da Baixa Baviera, me lembrava da antiga infância.[5]

Para o jovem Hitler, a Baviera parecia um segundo lar. "Mas, acima de tudo", diria ele, "eu me sentia atraído por esse casamento maravilhoso entre o poder primordial e o refinado espírito artístico, essa linha contínua que unia a Hofbräuhaus e o Odeon, a Oktoberfest e a Pinakothek..."[6]

Ele chegou a Munique com 24 anos, acompanhado de Rudolf Häusler, um colega de vinte anos do albergue de Viena que fora expulso da casa da família rica por causa de um delito e agora também se dirigia à cidade para começar uma vida nova. Eles alugaram um apartamento pequeno em um edifício na Schleissheimerstrasse, nº 34, cujo proprietário era Joseph Popp, um alfaiate.

Hitler admirava a beleza limpa da cidade, com praças amplas e movimentadas, ruas arborizadas, catedrais e palácios. À noite, ele se juntava à corrente de calças curtas, suspensórios e chapéus emplumados que frequentava as cervejarias, onde a atmosfera tumultuosa proporcionava um contraste suado e escandaloso em relação à sociedade contida e rígida do lado de fora.

Munique, antes da guerra, era uma das cidades europeias mais inovadoras e culturalmente confiantes, apesar de ser a capital do conservador estado bávaro. Era um ponto de trânsito entre o antigo e o moderno, o radical e a tradição, o seguro e o experimental. E assim Hitler se viu em uma cidade que realmente pulsava com espírito artístico, mas não exatamente na direção que ele aprovava: na época, Munique era o centro de diversas correntes de modernismo e expressionismo, movimentos artísticos radicais que Hitler logo tachou de degenerados. Wassily Kandinsky, Paul Klee, Alexej von Jawlensky e August Macke eram alguns dos luminares artísticos que moravam na cidade ou foram associados a ela. Richard Strauss e Thomas Mann também moraram ali na mesma época, e Vladímir Ilútch Lênin havia saído recentemente de lá. Nenhum produziu grandes marcas na mente de Hitler, além de terem sido rejeitados por ele.

Diante desse rol, os cartões-postais em tons pastel de Hitler mal passavam de efemeridades. Não que ele pretendesse exibir suas obras; seu breve contato com a eflorescência artística de Munique apenas reforçou seu desprezo generalizado pela "arte degenerada", que ele mais tarde viria a proibir. Seus interesses permaneceram definitivamente "fixos no século XIX".[7] Ele amava os velhos mestres da Alte Pinakothek. Era um grande admirador de Anselm Feuerbach, Arnold Böcklin e do pintor realista alemão Adolph von Menzel, cuja obra os nazistas usariam depois em suas propagandas.

E foi assim que esse rapaz furioso e inquieto se juntou outra vez aos vadios, pródigos e revolucionários que ocupavam as cervejarias, os cabarés e os cafés, principalmente no bairro boêmio popular de Schwabing, onde passava o tempo bebendo café e comendo doces açucarados, debruçando-se sobre seus jornais e extravasando suas opiniões em altos brados para quem quisesse escutar — uma atividade que depois ele caracterizou com o nobre termo "despertar político". Sua taverna preferida era o Café Stefanie, que o lembrava de sua paixonite da juventude; o local também tinha o apelido Café Megalomania, por causa dos estudantes radicais que o frequentavam. Em outros momentos, Hitler ocupava os dias produzindo quadros de pontos turísticos, copiados a partir de cartões-postais — a Theatinerkirche, a Hofbräuhaus, a Altes Rathaus, o Sendlinger Tor e muitos outros —, que então ele vendia em cafés e cervejarias. Os quadros tinham boa saída, e mais tarde Hitler estimou que sua renda anual era de cerca de 1200 marcos (por volta de 4500 libras ou 6100 dólares em valores absolutos hoje).

Ele pintava e "estudava" — seu principal interesse, diria mais tarde, eram "as relações entre o marxismo e o judaísmo", embora não haja nada que indique que tenha passado muito tempo lendo as obras de Marx. Hitler fez poucos amigos e, segundo a proprietária do apartamento em que morava, Frau Anna Popp, não recebeu um visitante sequer nos dois anos em que foi seu inquilino.[8]

Em 18 de janeiro de 1914, a polícia de Linz finalmente encontrou Hitler na Schleissheimerstrasse, nº 34. A citação que exigia sua presença em Linz dali a dois dias o preocupou: esquivar-se do serviço militar podia ser punido com cadeia e uma multa pesada. No dia 19, a polícia o acompanhou ao consulado austro-húngaro de Munique, onde ele descobriu a gravidade da situação.

O medo da infâmia infundiu Hitler da energia necessária para tentar se explicar diante da magistratura de Linz e justificar sua ausência. Ele contratou um advogado, Ernst Hepp, que recomendou que pedisse desculpas à magistratura por deixar de se alistar e explicasse que estivera morando em Viena e não recebera os documentos. Hepp insistiu ainda que o jovem cliente pedisse compaixão ao tribunal: ele era um órfão com sérios problemas financeiros e "merecia consideração especial".[9] A carta às autoridades militares que ele enviou em 21 de janeiro é um registro impressionante de seus primeiros anos, recheado de arrogância melíflua, traços de autopiedade e a expressividade astuta de um incipiente mestre da manipulação:

Na citação, sou chamado de artista. Embora seja correta a designação desse título, ela só se aplica condicionalmente. É verdade que obtenho meu ganha-pão como pintor autônomo, mas apenas, visto que não detenho propriedade alguma (meu pai era funcionário do governo), a fim de aprofundar minha educação. Só posso dedicar uma fração do meu tempo a essa atividade, pois ainda estou treinando para me tornar um pintor-arquiteto. Portanto, minha renda é muito modesta, só o bastante para permitir que eu me sustente.

Apresento como prova minha declaração de imposto de renda e solicito cordialmente que o documento me seja devolvido. Minha renda estimada é de 1200 marcos, uma estimativa mais otimista que pessimista, e isso não significa que obtenho exatos cem marcos por mês. Ah, não. Minha renda mensal é extremamente variável, mas definitivamente agora anda muito ruim, pois o ofício artístico entra mais ou menos em hibernação por volta desta época em Munique...

Quanto ao meu pecado de omissão no outono de 1909 [isto é, a ausência no alistamento militar na Áustria], foi um período terrível para mim. Eu era um jovem imaturo, sem nenhuma condição financeira, orgulhoso demais para aceitar ajuda de outras pessoas, quanto mais para pedi-la. Sem apoio, dependendo apenas de mim mesmo, as escassas moedas que eu recebia por minhas criações mal bastavam para eu arcar com uma cama onde dormir. Durante dois anos, meus únicos amigos foram a carência e a necessidade, e minha única companheira foi a aflição constante da fome. Nunca conheci a bela palavra "juventude". Hoje, cinco anos depois, ainda levo comigo lembretes da época na forma de feridas de frieira nos dedos, nas mãos e nos pés. E, no entanto, não consigo deixar de pensar nesse período com certa satisfação, agora que já superei o pior. Apesar da intensa miséria, em meio a um ambiente que muitas vezes era mais do que duvidoso, sempre preservei meu nome imaculado, sou absolutamente idôneo perante a lei e puro perante minha própria consciência...[10]

Depois de quinze dias de adiamentos e telegramas desencontrados, em 5 de fevereiro de 1914 Hitler compareceu diante da seção de alistamento de Salzburgo e deu diversas desculpas — pobreza, ausência e o fato de que ele havia perdido o prazo para se alistar. O tribunal o tratou com compaixão. O Exército o examinou em 23 de fevereiro e o declarou clinicamente "inapto para o serviço militar" — resultado de cinco anos de privação —, "inadequado para ações de combate e apoio, fraco demais, incapaz de disparar armas".[11] O caso estava encerrado.

Hitler mais tarde tentaria esconder a verdade, por motivos óbvios: um registro de tentativa de evitar o serviço militar, por qualquer razão que fosse, dificilmente combinaria com o tom marcial do regime nazista; seria um presente para seus inimigos e devastador para ele. Foi apenas em 1950 que viria à tona a prova de que Hitler havia mentido a respeito de suas motivações e do momento escolhido para se mudar para Munique.

Nenhum exemplo ilustra melhor a reinvenção de Hitler como Führer e profeta do que o que ele escreveu sobre a deflagração da Primeira Guerra

Mundial. Em *Minha luta*, escrito uma década após o início da guerra, ele infundiria a si mesmo, retroativamente, a antevisão de um oráculo político. Hitler alegaria que em 1913, em Munique, havia sentido o cheiro de guerra no ar "melhor que os supostos 'diplomatas' oficiais, que corriam em desabalada às cegas, como quase sempre, rumo à catástrofe".[12]

O jovem profeta havia visto o futuro com mais clareza que qualquer político ou "especialista". Em sua descrição sobre o conflito iminente, usaria as analogias meteorológicas típicas de que abusavam políticos presunçosos e videntes seculares:

Desde meu período em Viena, os Bálcãs sempre estiveram imersos naquela atmosfera opressiva e furiosa que costuma anunciar o furacão, e de tempos em tempos um raio de luz mais intenso irrompia, para então voltar a desaparecer na escuridão espectral. Mas então veio a Guerra Balcânica, trazendo consigo a primeira rajada de vento que percorreu uma Europa mais aflita. O período que se seguiria apertava o peito dos homens como um pesadelo pesado, opressor como o calor febril dos trópicos, a tal ponto que, devido à ansiedade constante, a sensação da catástrofe que se aproximava finalmente se tornou desejo: que os céus finalmente libertem o destino que não podia mais ser evitado. E então o primeiro relâmpago portentoso atingiu a terra; a tormenta se deflagrou, e ao trovão dos céus se misturou o rugido das baterias da Guerra Mundial.[13]

Esse relâmpago foi o assassinato do arquiduque Francisco Ferdinando, herdeiro do trono austríaco, por Gavrilo Princip, um sérvio da Bósnia, em Sarajevo, capital da Bósnia-Herzegóvina, em 28 de junho de 1914. O Império Austro-Húngaro quis retaliar, considerando a Sérvia responsável pela orquestração do crime. O governo austríaco, com apoio irrestrito da Alemanha, usou o assassinato para exigir retribuição imediata, o que transformou uma crise que poderia ter sido contida em um *casus belli*. Em outras palavras, a decisão de entrar em guerra em 1914 foi mais um caso humano — humano demais — de paranoia, incompetência e abuso desastroso de poder; não foi, como a mente de Hitler imaginou, um acontecimento determinado pelo céu ou desejado pelas massas, grande parte da qual, salvo uma minoria estridente, não queria a guerra.

A guerra não teve nada de inevitável ou acidental: àquela altura, a Alemanha e a Áustria haviam *decidido* entrar em guerra, pelo menos nos Bálcãs. Os países usaram a morte do pobre Francisco Ferdinando, de quem ninguém na corte austríaca gostava muito, como o catalisador perfeito. Qualquer outra ocorrência poderia ter desencadeado o processo — mobilização da Rússia, provocação colonial francesa —, considerando o entusiasmo político pela guerra. Naqueles dias delirantes de julho, o único fator imprevisível, o rosto que ninguém conhecia, era a Inglaterra: o país permaneceria neutro ou iria se aliar à França e à Rússia, os parceiros da Tríplice Entente, em uma guerra contra a Alemanha?

Apesar de Hitler mais tarde alegar que havia previsto o conflito, a verdade é que, quando o Império Austro-Húngaro declarou guerra contra a Sérvia em 28 de julho, o jovem Adolf ficou tão surpreso e fascinado quanto milhares de outros rapazes. Ele sabia pouco das causas subjacentes. Tendo lido sobre o caso no jornal em um café, depois viria a infundir sua ignorância juvenil de uma percepção retrospectiva sobre o estado de espírito nacional: "As pessoas havia muito queriam dar um fim à incerteza generalizada. É a única forma de compreender como mais de 2 milhões de homens e meninos alemães afluíram às armas, preparados para defender a bandeira até a última gota de sangue".[14]

Todos os sonhos de Hitler de uma grande Alemanha se solidificaram em torno daquele momento, todas as suas fantasias juvenis finalmente pareceram se realizar:

> Para mim, aquelas horas foram como se eu me libertasse dos sentimentos doloro-sos da juventude. Ainda hoje não me constrange admitir que, dominado por um entusiasmo tempestuoso, prostrei-me de joelhos e dei graças aos céus de coração cheio por me permitir a felicidade de estar vivo naquele momento.
>
> Uma luta pela liberdade havia começado, tão poderosa quanto a terra jamais vira; pois, uma vez que o destino dera início a seu caminho, até mesmo nas grandes massas floresceu a convicção de que, daquela vez, não era a sina da Sérvia ou da Áustria em jogo, e sim se a nação alemã deveria ou não existir.[15]

O "entusiasmo tempestuoso" pela guerra não foi um fenômeno passageiro, insistiu Hitler mais tarde. Continha um "subtom grave necessário", o que fez do "levante nacional mais do que mero fogo de palha". Ele se regozijou com a certeza de um "conflito gigantesco": "finalmente a guerra seria inevitável".[16] O talento para reduzir conflitos históricos profundos a uma mensagem extremamente simples — por exemplo, o "espírito popular" que levou o mundo à guerra — definiria o pensamento e o estilo político de Hitler por toda a sua carreira.

Os líderes europeus eram mesmo tão impressionáveis? O "espírito popular" havia forçado os governos da Alemanha, da França, da Rússia e da Inglaterra a declarar guerra, como afirmou Hitler? Na verdade, alguns milhares de nacionalistas extremistas e uma mídia cúmplice faziam muito barulho, mas dificilmente representariam o ânimo geral da Europa. A maioria dos alemães, franceses, britânicos e russos não queria a guerra, mas ninguém teve condições de impedi-la. "O militarismo estava longe de ser a força dominante na política europeia às vésperas da Grande Guerra", observou o historiador Niall Ferguson. "Pelo contrário, estava em declínio [...]. As provas são claras: os europeus não marchavam rumo à guerra, estavam dando as costas ao militarismo."[17] A beligerância demonstrada naquele julho em Munique, Berlim, Viena e Paris não refletia o sentimento de milhões de famílias caladas e não consultadas, que temiam perder filhos, irmãos e maridos na conflagração iminente.

A febre da guerra definitivamente cativou a minoria jingoísta na Baviera em julho de 1914. Personagens destemperados e marginalizados como Hitler estavam fascinados pela agitação da época. A guerra deu sentido à vida deles. E poucos se embeberam de forma tão absoluta da exuberância daqueles dias quentes de julho quanto aquele jovem solitário de apenas 24 anos, sem amigos, pais ou emprego, a cuja vida a declaração de guerra proporcionou uma nova e sagrada direção. A guerra resgataria Hitler da rotina de fracassos, rejeições e solidão.

Nos dias que antecederam e se seguiram à declaração de guerra contra a Rússia — que havia se mobilizado em apoio à Sérvia — em 1º de agosto (a Alemanha declararia guerra contra a França dois dias depois), a principal praça de Munique, a Odeonsplatz, foi tomada pelas multidões. Hitler aparece na famosa foto de Heinrich Hoffmann, enfiado entre as pessoas, deliciado, boquiaberto, ávido de ansiedade. Ele cantou o hino nacionalista alemão, *Die Wacht am Rhein* ["A vigília no Reno", o hino patriótico não oficial] até perder a voz. A cena de júbilo disfarçava o fato de que apenas uma fração dos 600 mil habitantes de Munique havia comparecido, e as pessoas tendiam a celebrar sempre que sabiam que a câmera estava registrando.[18] Fora isso, o clima era sombrio, ansioso, o oposto da noção popular de que a maioria dos alemães comuns se apressou para demonstrar apoio à guerra.

A opinião de Hitler a favor da guerra era "simples e nítida", escreveu ele mais tarde. A Alemanha se via diante de uma ameaça existencial:

> Para mim, não era a Áustria que combatia para tirar satisfação de algum sérvio, e sim a Alemanha que combatia pela própria existência, a nação alemã pela vida ou pela morte, em nome da liberdade e do futuro. Era chegada a hora de a obra de Bismarck ir à luta; o que os pais haviam conquistado nas batalhas desde Weissenburg até Sedan e Paris [todas batalhas da Guerra Franco-Prussiana], a jovem Alemanha agora teria que reconquistar. Se o conflito fosse mantido até a vitória, nossa nação entraria no círculo das grandes nações...[19]

7. "Eu amava intensamente a vida de soldado"

Em 3 de agosto, Edward Grey, o secretário do Exterior do governo britânico, deu um ultimato à Alemanha para se retirar da Bélgica se não quisesse guerra. Ninguém em posição de poder em Berlim deu a mínima atenção. A primeira fase do Plano Schlieffen, o vasto movimento de cerco que pretendia envolver e conquistar Paris a partir do norte e do noroeste em seis semanas, já estava em curso: as colunas iniciais de 750 mil soldados alemães haviam começado a invasão da Bélgica.

Os líderes civis da Inglaterra, alguns dos quais, incluindo o futuro primeiro-ministro David Lloyd George, haviam se oposto à guerra até aquele momento, ficaram chocados com a magnitude do que estava acontecendo. A barragem inglesa começara a rachar. A calma resoluta do Foreign Office, o Ministério das Relações Exteriores britânico, e a meticulosidade rigorosa de Whitehall cederam aos prantos de homens velhos que tinham consciência de sua participação na tragédia do mundo. A invasão alemã da Bélgica fez com que os "neutros" do governo apoiassem a guerra.

Margot Asquith se juntou ao marido, Herbert "H.H." Asquith, o primeiro-ministro, no gabinete dele na Câmara dos Comuns. "Então é isso?", perguntou ela. "Sim, isso", respondeu ele, sem olhar para a esposa. Asquith estava sentado à escrivaninha, com a caneta na mão. Ela apoiou a cabeça na do marido. Mais tarde, Margot Asquith escreveria: "Não conseguíamos falar por causa das lágrimas".[1]

Naquela noite, observando por uma janela em Whitehall o sol se pôr atrás do St. James Park enquanto os postes eram acesos na Mall, Edward Grey disse para um amigo: "As lâmpadas estão se apagando por toda a Europa; não as veremos acesas novamente nesta vida".[2]

No alvorecer do dia 4 de agosto de 1914, o chanceler Theobald von Bethmann-Hollweg se dirigiu ao Parlamento alemão, o Reichstag:

> Um destino estupendo está se abatendo sobre a Europa [...]. Queríamos prosseguir com nossa obra de paz, [mas] como um voto em silêncio o sentimento que animou a todos, desde o imperador até o soldado mais jovem, foi este: apenas na defesa de uma causa justa nossa espada emergirá da bainha. É chegado o dia em que devemos empunhá-la, a contragosto, e apesar de nossos sinceros esforços. A Rússia ateou fogo ao edifício. Estamos em guerra com a Rússia e a França — uma guerra que nos foi imposta à força...[3]

Em seguida, Bethmann-Hollweg apresentou uma versão extremamente truncada da crise de julho que havia precipitado a conflagração da guerra, distorcida por inverdades e omissões, e sempre voltando às intenções honradas da Alemanha em meio à perfídia de seus vizinhos. Sem querer, ele expôs a mentalidade de cerco de um povo eternamente vitimado, jamais vitimador.

Bethmann-Hollweg dispensou as advertências do tsar Nicolau de que a Rússia não permaneceria passiva caso o Império Austro-Húngaro esmagasse a Sérvia, ignorando o fato de que todo mundo em posição de poder sabia que essa "Terceira Guerra Balcânica", que fora provocada pela Alemanha, não se restringiria à península. Ele não falou nada da atuação da Alemanha como arquiteta da situação, de ter oferecido um cheque em branco para Viena fazer o que quisesse com a Sérvia, certa do apoio do vizinho. Suprimiu do texto a recusa de Berlim a realizar esforços construtivos de mediação. Tirou grande proveito da decisão imprudente da Rússia de realizar uma mobilização parcial, o que foi reconhecidamente o maior erro cometido pela Tríplice Entente.

Na parte final do discurso, Bethmann-Hollweg declarou: "Senhores, estamos agora em estado de necessidade, e a necessidade não admite a lei".[4] O comentário deixou as embaixadas europeias horrorizadas: o mundo civilizado deveria regredir ao barbarismo indiscriminado? Depois, o chanceler atribuiria suas palavras a Helmuth von Moltke, chefe do Estado-Maior Geral da Alemanha, que acreditava que, em uma guerra travada em suas frentes, a invasão da Bélgica era um caso de "absoluta necessidade militar". As palavras escorregadias do chanceler foram: "Tive que conciliar meu ponto de vista com o dele".[5]

A partir daí, o governo alemão descartou todas as regras habituais que existem entre as nações em tempos de guerra ou de paz. Desse momento em diante, a Alemanha iria se portar como se os séculos de desenvolvimento da diplomacia e do direito internacional, desde o Tratado de Vestfália em 1648, que pôs fim às guerras religiosas na Europa, não fossem nada e regrediria ao pacto de sangue de um bando de visigodos. Ao promover a guerra na Europa, o Reich renegaria todas as normas estabelecidas pelas Convenções de Haia. E as potências da Entente responderiam na mesma moeda.

Com expressões que acrescentavam desonra à ignomínia, Bethmann-Hollweg admitiu em seguida que a Alemanha já havia cometido dois atos ilícitos "necessários" — as invasões de Luxemburgo e da Bélgica:

> Nossas tropas ocuparam Luxemburgo e talvez já tenham entrado em território belga. Senhores, isto é uma infração de leis internacionais [...]. Mas fomos obrigados a ignorar os protestos legítimos dos governos de Luxemburgo e da Bélgica. Tentaremos — e o digo com franqueza — compensar o pecado que cometemos em função disso assim que alcançarmos nossos objetivos militares. Aquele que, como nós, se vê sob ameaça e combate em nome de sua posse mais vital só pode ponderar como abrir caminho com a espada [durchhauen].

As palavras dele provocaram "grandes e extensos aplausos".[6]

A Bélgica tremeu diante da percepção do que estava prestes a sofrer: o poderio completo do Exército alemão, sem restrição alguma dos compromissos firmados com seus vizinhos. Por incrível que pareça, Bethmann-Hollweg ainda aparentava acreditar que a neutralidade da Inglaterra era negociável, apesar de sua defesa dos atos ilícitos da Alemanha:

> Informamos o governo britânico de que, desde que a Inglaterra permaneça neutra, nossa frota não atacará o litoral norte da França, e não violaremos a integridade territorial e a independência da Bélgica [uma declaração bizarra, após admitir que

a Alemanha já havia feito precisamente aquilo]. Essas garantias repito agora diante do mundo e acrescento ainda que, desde que a Inglaterra permaneça neutra, também estaremos dispostos, mediante compromisso de reciprocidade, a não adotar medidas de guerra contra o transporte marítimo comercial da França...

Senhores, eis os fatos. Repito as palavras do imperador: "Com consciência tranquila, entramos na justa". [...] Agora é chegado o grande momento da verdade para nosso povo. Mas é com a consciência tranquila que avançamos para confrontá-lo. Nosso Exército se encontra em campo, nossa Marinha está pronta para a batalha — atrás deles está toda a nação alemã, toda a nação alemã, unida até o último homem...[7]

Se os comentários do chanceler escandalizaram milhões de vizinhos da Alemanha, o jovem Hitler, que aprovava o esmagamento de todos os países neutros pequenos, ficou extasiado. Para ele, nada poderia se colocar no caminho da Alemanha ao poder, muito menos leis internacionais ou tratados antigos. O ódio que tinha por advogados intrometidos e burocratas bisbilhoteiros havia sido bastante apurado em Viena e se fundamentava no desprezo que sentia pelo paciente serviço civil de seu pai.

Às vésperas da guerra, o chanceler e o cáiser bradavam incentivos públicos, mas os bastidores eram assoberbados pela dimensão absurda do curso que haviam obrigado seu país a seguir. Aos olhos do almirante Alfred von Tirpitz, secretário de Estado da Marinha Imperial, Bethmann-Hollweg parecia um "homem que se afogava"; e o cáiser, segundo um amigo, exibia "um rosto trágico e abalado".[8] Com o afã da mobilização, os líderes civis alemães sabiam que haviam esgotado qualquer esperança de solução diplomática, e cederam o poder aos generais prussianos. A diplomacia desnorteada de Bethmann-Hollweg fora lamentavelmente incapaz de evitar o declínio rumo ao conflito, e em grande parte ajudara a começá-lo. O destino do país, e da Europa, agora estava na mira da classe militar prussiana.

O golpe final aconteceu no mesmo dia, 4 de agosto, quando a Inglaterra revelou sua posição. Ao não receber resposta ao ultimato oferecido, declarou guerra à Alemanha no mesmo dia, aniquilando a última esperança de Bethmann-Hollweg de que a maior potência marítima do mundo se mantivesse neutra. O jovem Hitler mal conseguia conter o entusiasmo.

No dia seguinte, Hitler se alistou ansiosamente no Exército alemão. Foi rejeitado. Ele tentou de novo em 16 de agosto, e dessa vez foi aceito como recruta de infantaria em um batalhão da Baviera. Em *Minha luta*, ele declararia o disparate de que, como austríaco, tinha precisado solicitar ao rei Ludwig III da Baviera uma permissão especial para se alistar no Exército alemão. Era uma ostentação absurda. Com a pressa, um descuido burocrático no processo de alistamento deixara passar despercebida a nacionalidade de Hitler e o alocara em uma unidade bávara por engano. No dia 16 de setembro, ele foi designado para o 16º Regimento de Reserva de Infantaria da Baviera, na Sexta Divisão de Reserva da Baviera; era conhecido como "Regimento List, por causa de seu primeiro comandante, o coronel Julius List.

Hitler finalmente havia encontrado um lar. Pela primeira vez na vida, tinha uma causa, um emprego estável e companheirismo. "Eu amava intensamente a vida de soldado", diria mais tarde.[9] A guerra seria "o melhor e mais inesquecível período de toda a minha existência terrena".[10] O regimento logo se tornou sua família, e ele se recusou a abandoná-lo até mesmo quando foi ferido ou teve perspectiva de ser promovido a uma unidade mais eficaz.

Muito diferente da imagem de uma máquina de combate bem lubrificada, os 3500 soldados do Regimento List formavam um "conjunto incongruente de jovens imaturos, alguns não tão jovens nem saudáveis, saídos de circunstâncias variadas".[11] O regimento continha desajustados sem lar, estudantes românticos, trabalhadores desempregados e, claro, idealistas e pangermânicos como Hitler (havia também 59 judeus, que serviam majoritariamente como soldados rasos ou sargentos).[12] O Regimento List se situava bem abaixo na cadeia alimentar do Exército alemão e precisava treinar com carabinas antigas, não as armas que seriam usadas em combate.[13]

Com pouco treinamento e equipamentos ruins, os recrutas desajeitados do alistamento obrigatório (apenas 15% do regimento era composto de voluntários como Hitler[14]) foram dispostos em formações novas e, no dia 10 de outubro, enviados para os campos de treinamento de Lechfeld, perto de Ausburgo.[15] Hitler descreveu os primeiros cinco dias de treinamento em combate como "os mais difíceis da minha vida". "Todos os dias", escreveu ele para Anna Popp, sua senhoria em Munique, em 20 de outubro, "fazemos uma marcha longa, exercícios pesados e uma marcha noturna de até 42 quilômetros, seguida de manobras de brigada intensas."[16]

Eles treinaram por dez dias e então saíram para a França e a Frente Ocidental. "Talvez os voluntários do Regimento List não tenham aprendido a lutar direito", diria Hitler sobre seus companheiros, mais tarde, "mas eles sabiam morrer como soldados veteranos."

Valentia certamente tinham. Combatiam com uma bravura cega, servindo de buchas de canhão obedientes para o massacre iminente. Entre 1914 e 1918, cerca de 16 mil homens passariam pelo regimento, uma rotatividade horrível, mas não tão extrema considerando a dimensão das perdas do país. A frente alemã precisava desesperadamente desses jovens recrutas nos primeiros confrontos devastadores. Quando o regimento de Hitler chegou à Frente Ocidental, no fim de outubro, as forças francesas e britânicas haviam comprometido o Plano Schlieffen na grande Batalha do Marne, entre 5 e 12 de setembro, repelindo os invasores diante dos portões de Paris e destruindo a expectativa prussiana de uma vitória rápida.

Em outubro, os alemães transferiram a atenção para Flandres, tida como um elo importante na defesa dos Aliados: estrategicamente próxima dos portos de Dunquerque e Calais, no canal da Mancha, e vital para a preservação da linha de abastecimento britânica na França. O objetivo era atravessar as defesas britânicas e francesas e capturar a cidade de Ypres, incapacitando o auxílio britânico. Hitler e seus companheiros seriam lançados ao ataque. Mas, antes, ele teria que viajar até Lille, o novo quartel-general alemão no Norte da França, passando pelos resultados da invasão da Bélgica.

8. "[Louvain era] um monte de entulho"

Ninguém esperava que a pequena Bélgica impusesse resistência, e certamente não os alemães. A "fúria de cordeiros adormecidos", foi assim que um estadista prussiano descreveu a disposição dos belgas de se defenderem. "Vou atravessar a Bélgica *assim*!", dissera o cáiser, indiscreto e fazendo um gesto brusco com a mão, em confidência a um oficial britânico antes da guerra.[1]

Às 8h02 de 4 de agosto, as primeiras linhas cinza da infantaria alemã cruzaram a fronteira com a Bélgica em Gemmenich. Sentinelas belgas abriram fogo imediatamente, sem saber que haviam disparado contra a ponta de lança de três exércitos alemães — quase 800 mil homens —, cuja vanguarda estava agora ansiosa para invadir o território francês. A patrulha de reconhecimento se dispersou por um instante, mas os alemães voltaram em seguida, reforçados. Não estavam esperando nenhum atraso. A previsão era de que a ocupação da Bélgica fosse apenas a primeira fase rápida do Plano Schlieffen.

Em uma hora, o grosso da invasão alemã — a cavalaria — dera cabo da resistência na fronteira e entrara em território belga, içando o estandarte da águia negra em todos os povoados e declarando que a destruição de estradas e pontes pelos nativos seria considerada um ato de guerra. Conforme adentravam cada comunidade, os alemães pareciam, a princípio, quase arrependidos: haviam violado o território belga "com pesar" e não queriam prejudicar ninguém, desde que os belgas não interferissem.

Percorrendo a Bélgica naquela manhã estavam o Primeiro Exército do general Alexander von Kluck na ala direita, o Segundo Exército do general Karl von Bülow ao centro e o Terceiro Exército do general Max von Hausen na ala esquerda. Fileiras e fileiras de soldados, com seus uniformes cinza, encheram todas as estradas e vias, em colunas de cinquenta a sessenta quilômetros de comprimento, acompanhadas por motociclistas de reconhecimento, oficiais em automóveis, cozinhas de campanha, unidades médicas, engenheiros, cavalos com carroças de provisões, carretas de munição e peças e mais peças de artilharia puxada por cavalos. Ainda não se viam os imensos obuseiros Krupp e Skoda — incluindo os obuseiros superpesados Big Bertha, de 42 centímetros, os maiores do tipo, projetados especificamente para demolir fortalezas modernas com seus projéteis destruidores de concreto. Eles logo destruiriam a cidade de Liège em uma devastação agonizante.

Um a um, os povoados belgas se agitaram, murmurando "ulanos" e "hunos" diante da aproximação dos alemães. O povo se afastou em silêncio conforme milhares de uniformes cinza passavam portando uma floresta de bandeiras. Só se ouviam o prodigioso ruído das botas no calçamento e o coro crescente do hino alemão e de canções patrióticas. Uma das mais populares dizia:

Um mundo inteiro nos ameaça — e daí?
Temos bom ânimo
E se alguém tentar ficar na nossa frente
Venham nossas armas! Temos boa pontaria.
Irmãos, avancem! Ao Vístula, ao Reno!
Querida pátria, não tema!
Justa e boa é a nossa guerra!
Lidere-nos, imperador, à batalha e à vitória![2]

O soldado Hitler cantava a mesma música à medida que seu regimento se aproximava da frente, mas ele e seus companheiros só entrariam em território belga em outubro, quando contemplariam o resultado de uma das atrocidades menos conhecidas da Primeira Guerra Mundial. A maneira como a Alemanha lidou com a Bélgica provocaria um forte impacto na mente do futuro ditador. Para compreender o motivo, precisamos mergulhar no turbilhão daquelas primeiras semanas de conflito.

* * *

O Martírio da Bélgica começou nos vilarejos e nas fazendas, contra paredes de igrejas e nas chamas das residências do povo.[3] Para o general Von Kluck, o "fuzilamento de indivíduos e o incêndio de casas" eram "punições de acordo com a lei marcial", o que, segundo escreveria mais tarde, "não eram eficazes para remediar o mal".[4] Outros generais partilhavam da opinião dele de que pessoas inocentes precisavam ser massacradas como castigo pelos atos de alguns franco-atiradores, a resistência civil.

A retribuição alemã foi implacável e sanguinária. Expressava uma visão que atribuía à Bélgica a culpa por qualquer contratempo de seu Exército, parte de um "sistema geral de terror" dirigido contra comunidades inocentes. As notícias do massacre de civis belgas — idosos, mulheres e crianças — e o estupro em massa de mulheres logo deixariam o mundo em choque. Cidades inteiras foram escolhidas para ser destruídas sem nenhum sinal de que tivesse havido resistência por parte dos habitantes à força de ocupação. Uma explosão isolada, uma ponte quebrada, uma estrada destruída, o grito *Vive la France* — como bradariam alguns franco-belgas, cientes do objetivo final da invasão — já bastavam para despertar a ira dos ulanos, a temida cavalaria prussiana.

O povo de Namur, no Sul da Bélgica, não se atreveu a resistir às linhas alemãs, mas não escaparia a um castigo severo, *pour encourager les autres*. O assassinato dos habitantes e o incêndio de suas casas começaram às 21h de 24 de agosto. "Seis moradores da Rue Rogier, que estavam [fugindo] de suas residências em chamas, foram abatidos a tiros na porta da própria casa", observou a Comissão de Inquérito Oficial belga, com base no depoimento de centenas de testemunhas (e fonte dos relatos seguintes, salvo indicação em contrário).[5] A cidade entrou em pânico. As pessoas saíram correndo de suas casas, muitas vestidas com a roupa de dormir. Setenta cinco morreram alvejadas ou queimadas.

Em 20 de agosto, as tropas alemãs escutaram um único disparo e uma explosão em sua marcha pela cidade de Andenne a caminho de Charleroi, perto da fronteira com a França. Ninguém foi atingido. Os alemães pararam e atiraram de volta de forma caótica. Montaram uma metralhadora. As pessoas fugiram, escondendo-se em porões, trancando portas e janelas. A destruição da ponte e de um túnel nas redondezas também despertou a fúria dos alemães. Começou o saque: janelas e venezianas foram arrebentadas, casas foram incendiadas. No dia seguinte, os cidadãos foram conduzidos pelas ruas com as mãos para o alto, sob a mira de armas. Um homem que tentou ajudar o pai de oitenta anos, que não conseguia levantar os braços, levou uma machadada no pescoço. Qualquer pessoa que resistisse era fuzilada; de quarenta a cinquenta pessoas foram escolhidas aleatoriamente e fuziladas. Algumas foram mortas a golpes de machado. Mais de trezentos civis foram assassinados em Andenne: "Nenhuma outra cidade belga foi cenário de tantas cenas de ferocidade e crueldade". Os sobreviventes depois diriam que "Andenne foi sacrificada meramente para estabelecer um reinado de terror".[6]

O horror continuou em Tamines, no rio Sambre. Em 22 de agosto, os alemães conduziram cerca de quatrocentos, 450 homens diante da igreja do povoado e abriram fogo — em castigo por resistir à ocupação e gritar "*Vive la France!*". O Inquérito Oficial registrou: "Como o fuzilamento demorava, os oficiais deram ordem para que montassem a metralhadora, que derrubou todos os camponeses insatisfeitos ainda de pé".[7] Os feridos se levantaram com esforço e foram fuzilados de novo. No dia seguinte, domingo, os habitantes foram obrigados a enterrar uma pilha de cadáveres na praça da cidade: "Pais enterraram o corpo de seus filhos, e filhos, o corpo de seus pais", enquanto os oficiais alemães observavam, "bebendo champanhe".[8] Um morador declarou ter enterrado de 350 a quatrocentos cadáveres. Quando saíram de Tamines, os alemães incendiaram 264 casas. O Inquérito Oficial estima que foram 650 mortos; estudos posteriores calculam 385.

Muitas comunidades belgas foram vítimas das mesmas atrocidades — a um custo terrível, por exemplo, para Dinant, no distrito de Philippeville, e os povoados de Hastière e Surice, segundo o Inquérito Oficial. Nesses lugares, e em outros, a população foi aterrorizada ou morta, e as cidades foram totalmente destruídas. Em Dinant, centenas de corpos, incluindo o de um bebê de três semanas, foram identificados como vítimas de dois pelotões de fuzilamento. O Inquérito listou setecentos mortos. Estudos posteriores encontraram indícios de duplicação e atualizaram a quantidade para 410.

Nessas comunidades, padres locais eram fuzilados com regularidade, e o massacre dos paroquianos costumava vir depois. Mulheres eram perseguidas e estupradas por soldados bêbados e alucinados, e os oficiais não faziam nada para impedi-los. Nada era poupado: em um vilarejo, um regimento de infantaria alemão interrompeu um culto na igreja, mandou os fiéis irem à rua e matou cinquenta homens. Em outro massacre, mulheres e crianças foram obrigadas a assistir à execução de seus maridos e pais. No povoado de Surice, uma multidão de mulheres gritava aos prantos: "Me matem também, me matem com meu marido!". Os soldados alemães atenderam ao pedido e depois saquearam os corpos, roubando "relógios, alianças, bolsas e carteiras".[9]

Um ato de barbárie que sempre contribuiria para a vergonha da Alemanha ocorreu na cidade belga de Louvain entre os dias 25 e 31 de agosto. Ao longo de seis dias, o Exército alemão incendiou a catedral e a universidade de Louvain, assassinou muitos habitantes da cidade e destruiu um dos melhores tesouros culturais do mundo: a inigualável Biblioteca de Louvain, prestigiado lar de 230 mil volumes antigos, incluindo 750 manuscritos medievais. Foi tudo incinerado. O saque de Louvain, relatado pela imprensa mundial, provocou repulsa universal. "Vocês são descendentes de Goethe ou de Átila, o Huno?", indagou o escritor Romain Rolland, em uma carta de protesto.[10]

Até o fim de agosto, a Bélgica havia sofrido os horrores de "uma guerra medieval". O detalhe crucial é que os massacres, os estupros e o saque de cidades inteiras não constituíam atos de vingança arbitrários. Tinham sido organizados. Faziam parte de uma estratégia de coação de civis descrita no Código Militar Alemão de 1902, o *Kriegsbrauch im Landkriege*, ou "costume de guerra". Ele afirmava explicitamente que "uma guerra conduzida de forma enérgica" precisa incluir "a destruição de recursos materiais e morais" (ou seja, propriedades e a vida de civis, incluindo mulheres e crianças). Atos "humanitários" entravam em conflito com o *Kriegsbrauch*.[11] Em outras palavras, as atrocidades alemãs na Bélgica foram planejadas e *recomendadas*, e o corolário foi o abandono das normas estabelecidas pela Convenção de Haia e a suspensão deliberada de consciência e compaixão por parte das tropas.

O homem responsável por aplicar o *Kriegsbrauch* foi o marechal de campo Colmar Freiherr von der Goltz, nomeado governador militar da Bélgica no início da ocupação (depois ele viria a morrer de tifo ou, segundo dizem alguns, envenenado por assassinos turcos). Von der Goltz, um sujeito austero e impiedoso, seguia friamente sua cartilha. "É pela rigorosa necessidade da guerra", determinou ele no início de setembro, "que as punições contra atos de hostilidade devem ser aplicadas não só aos culpados, mas também aos inocentes." Ele esclareceu essa posição em 5 de outubro, em uma ordem assinada, pouco antes que o regimento de Hitler passasse:

No futuro, os vilarejos nos arredores de locais onde ferrovias e cabos de telégrafo forem destruídos serão castigados sem dó (quer sejam culpados ou inocentes dos atos em questão). Tendo isso em vista, reféns foram capturados em todos os vilarejos próximos a ferrovias que sofrem a ameaça desses ataques. À primeira tentativa de destruir estradas de ferro ou linhas de transmissão de telégrafo ou telefone, eles serão fuzilados imediatamente.[12]

O resultado foi o caos absoluto, pois os oficiais alemães perderam o controle sobre seus homens. Ao final de agosto, a quantidade de civis mortos na Bélgica era maior que a de baixas do Exército alemão. Nesses atos, concluía o relatório sobre o Martírio da Bélgica, a Alemanha revelou ao mundo "um fenômeno moral monstruoso e desconcertante".[13]

Na madrugada de 21 de outubro, o regimento de Hitler embarcou para a linha de frente — eles não sabiam seu destino, apenas que estavam a caminho da Frente Ocidental. "Estou imensamente ansioso", escreveu Hitler para Joseph Popp, seu senhorio, conforme o trem tomava o rumo da Bélgica, via Colônia e Aachen.[14] Os soldados tinham a esperança de lutar contra os britânicos.

Em cada estação alemã, multidões de simpatizantes apareciam para presentear o regimento com comida e fumo. O povo das margens do Reno causou uma forte impressão nele: "Eles nos receberam e nos celebraram, e foi tudo muito comovente". Cantavam refrãos emocionantes de *Die Wacht am Rhein*.[15] "Jamais esquecerei os sentimentos que se acumularam dentro de mim quando vislumbrei pela primeira vez esse rio histórico", disse Hitler mais tarde.[16]

Com o júbilo alemão pela queda de Bruxelas no fim de agosto, o principal receio de Hitler era chegar tarde demais para lutar no front. As cenas da rota alemã pela Bélgica logo aplacaram sua impaciência. Ele e seus companheiros contemplaram um rastro de destruição e ouviram relatos de estupros e chacinas de civis belgas que deixariam horrorizada qualquer testemunha dotada de juízo moral. No entanto, a propaganda alemã abafou a reação deles: a imprensa da Baviera retaliou com histórias de oficiais alemães mutilados e cegos pela ação de *francs-tireurs*. Hitler certamente havia lido, assim como a maioria dos soldados que entravam na Bélgica, sobre um soldado de cavalaria de Württemberg de quem "arrancaram os olhos, deceparam as mãos e cortaram a língua fora".[17]

Em uma carta com data de 5 de fevereiro de 1915, ele escreveu a Ernst Hepp, o advogado que o ajudara em Munique:

Após uma belíssima viagem ao longo do Reno, chegamos a Lille no dia 23 de outubro. Já víamos os efeitos da guerra em nosso trajeto pela Bélgica. Vimos as conflagrações da guerra e ouvimos seus ventos poderosos. Nossa viagem seguiu em razoável segurança e tranquilidade até Douai. E depois foi choque atrás de choque [...]. Passamos a encontrar com frequência pontes detonadas e locomotivas destruídas. Embora o trem seguisse avançando a passo de lesma, observamos mais e mais horrores: túmulos. E, ao longe, começamos a ouvir nossas metralhadoras.[18]

Durante a viagem, Hitler presenciou, inabalado, as ruínas de Liège, castigada pelos tiros de artilharia. Em uma carta a Joseph Popp, com data de 3 de dezembro de 1914, ele desdenhou da cidade incendiada e de sua bela biblioteca, chamando-a de um "monte de entulho".[19] O massacre de 248 cidadãos de Louvain e a perda de 230 mil livros, incluindo muitas obras inestimáveis e insubstituíveis, não inspiraram nenhum comentário em suas cartas ou memórias.

Hitler aprendeu uma lição com o estupro da Bélgica que mais tarde aplicaria como Führer: aterrorizar civis era uma tática de guerra, vital para a ocupação eficaz de um país inimigo. Na condição de governador militar alemão da Bélgica, Von der Goltz autorizou pessoalmente as atrocidades e encheu a Bélgica de terror durante toda a guerra. Seus "métodos" impressionaram o jovem Hitler, que mais tarde iria empregá-los em uma escala muito maior durante a invasão da Polônia, da França, da Rússia, da Ucrânia e de muitos outros países na Segunda Guerra Mundial. Os nazistas não pensariam duas vezes antes de varrer cidades inteiras do mapa e assassinar os habitantes como castigo por atos de resistência em outros lugares. Na Primeira Guerra Mundial, essa política foi aplicada para acelerar o avanço do Exército alemão rumo à França; na Segunda, para destruir a resistência civil e identificar os inimigos raciais do Terceiro Reich (e, no infame caso do vilarejo tcheco de Lídice, para destruir completamente a cidade e massacrar 184 homens por ordem de Hitler como castigo pelo assassinato de Reinhard Heydrich, protetor do Reich, na primavera de 1942).

Na noite de 23 de outubro, o Regimento List desembarcou na estação de Lille, em meio às ruínas de um bombardeio. A guerra havia marcado severamente a população civil da cidade: bombas tinham destruído 1200 residências, e "mulheres e crianças aos prantos e súplicas" vagavam pelos destroços.[20] As forças alemãs receberam uma licença de três dias, durante a qual a maioria dos homens bebeu e farreou com as francesas. Hitler passou o tempo lendo.

Três dias depois a Reserva do Sexto Exército desfilou diante do rei Ludwig III e do príncipe herdeiro Rupprecht, da Baviera, antes de preparar às pressas o ataque às linhas britânicas ao leste de Ypres. O alarme soou no acampamento alemão de Lille à uma da madrugada de 27 de outubro. O regimento de Hitler se reuniu na Place de Concert, onde o príncipe herdeiro proferiu um chamado às armas inspirador contra "os ingleses [que] há tantos anos trabalham para nos cercar com um círculo de inimigos e nos estrangular".[21] E então eles saíram para a marcha de quarenta quilômetros rumo ao som e aos lampejos dos canhões no horizonte ocidental, nos campos de Flandres.

Eles marcharam noite adentro e durante todo o dia seguinte, acampando no entardecer do dia 28. "A quatro passos do meu punhado de palha", escreveu Hitler, na mesma carta para Hepp, "jazia um cavalo morto. O animal já estava parcialmente decomposto." Eles dormiram pouco, pois a artilharia alemã disparou projétil atrás de projétil a noite inteira: "Eles uivavam e chiavam pelo ar, e depois, de longe, ouvíamos dois baques surdos. Cada um de nós ouviu. Nunca tínhamos escutado esse som antes".[22]

Tarde da noite, o regimento recebeu ordem para marchar. "Amanhã vamos atacar os ingleses!", anunciou um oficial. "Finalmente!", escreveu Hitler. "Cada um de nós estava em êxtase."[23] Eles se levantaram ao amanhecer do dia 29 de outubro e, sob uma densa neblina, se prepararam para avançar contra as linhas britânicas perto dos vilarejos de Becelaere e Gheluvelt. "Lá fora, os primeiros estilhaços voavam acima de nós", registrou Hitler, "irrompendo dos bosques e devastando as árvores como se fossem gravetos. Observamos cheios de curiosidade. Não tínhamos noção real do perigo. Ninguém de nós estava com medo. Cada homem aguardava com impaciência a ordem: 'Avante!'."[24]

9. "Eu estava bem adiante, na frente de todo mundo"

Antes da guerra, Flandres tinha mais ou menos a mesma aparência que tivera durante séculos: uma terra fria e chuvosa de colinas e planaltos suaves, pontilhada por bosques de freixos, castanheiras e carvalhos, repousada no pesado e azulado "barro de Ypres". Era uma terra de monotonia e brumas, "com um ar de tristeza melancólica que se fundia de forma quase imperceptível às águas cinza do mar do Norte".[1] O general Ferdinand Foch, futuro comandante supremo dos Aliados, contemplou do alto da torre do Lakenhalle de Ypres um "mar de verde, onde ilhotas brancas marcavam a posição dos lindos vilarejos com suas belas igrejas e elegantes campanários. Era impossível ver terreno aberto em qualquer direção".[2]

Os campos estavam carregados de papoulas que floresciam no solo revolvido pelo arado e, em breve, por fogo de artilharia. Em dias, essa soturna terra rural seria martelada pelas metralhadoras e botas de quatro exércitos nacionais. Em semanas, os campos de Flandres seriam achatados até se tornar um deserto sem vida. Em quatro anos, os exércitos da Alemanha e dos Aliados repetiriam algumas vezes a carnificina, culminando no horror inenarrável da Terceira Batalha de Ypres, em Passchendaele, 1917, na qual mais de 500 mil pessoas seriam mortas ou feridas em um dos confrontos mais sangrentos da guerra. Hitler participaria de algumas dessas batalhas.

A cidade de Ypres tinha uma longa história de conflitos e cercos. Ela fora atacada pelos romanos. E por forças sucessivas de franceses, holandeses e ingleses no sangrento desfile de poder ao longo do tempo. Em 1383, Henrique le Despenser, bispo de Norwich, liderou um exército inglês para ocupar Ypres, "uma bela cidade antiga, com ruas estreitas e calçadas", e a sitiou durante quatro meses, até a chegada dos reforços franceses.[3] Quando um exército francês capturou a cidade em 1678, o engenheiro Sébastien le Prestre de Vauban instalou uma série de bastiões para impedir futuras invasões.

Em outubro de 1914, os exércitos da Alemanha e da Inglaterra se encararam por cima da terra de ninguém, entranhados em trincheiras que se estendiam por centenas de quilômetros de cada lado, algumas separadas por menos de cinquenta metros. Quando os alemães não conseguiram, ainda que por pouco, conquistar a França no prazo de seis semanas, começou uma grande corrida ao mar — um esforço desesperado para flanquear o inimigo, que instalou uma faixa de trincheiras até o litoral da Bélgica. Uma cicatriz de terra escura descia em zigue-zague dos Alpes suíços ao canal da Mancha, em uma Frente Ocidental onde o confronto mundial seria decidido. No setor de Flandres, a cidade de Ypres tinha importância estratégica: para os alemães, proporcionaria uma base de onde seria possível impedir a chegada de reforços britânicos pelo canal; para os Aliados, seria um ponto de partida para dentro da Bélgica, a fim de interromper a linha de abastecimento alemã em Flandres.

Assim, em outubro, as forças britânicas e francesas se concentraram ali, para defender a bolha de territórios controlados pelos Aliados ao leste da bela cidade medieval. No mapa, essa "saliência" na linha de frente lembrava uma semioval que adentrava as linhas alemãs. Na imaginação dos homens, ela iria se tornar a Saliência Sangrenta, uma terra tomada por gritos de obus e silvos de gás, trincheiras encharcadas e ratos sorrateiros. Logo conquistou a reputação de lugar mais desprezível da Frente Ocidental.

Ypres já fora submetida à apresentação mais sangrenta à guerra. Em 3 de outubro, as tropas alemães superaram os números das britânicas e as obrigaram a recuar aos limites da cidade. No dia 18, os britânicos retomaram o controle. No dia 20, os alemães lançaram uma nova ofensiva por toda a frente, desde Nieuport, ao norte, até Armentières, ao sul. Dos dois lados, as condições das tropas haviam se deteriorado gravemente desde o início da campanha. Com estoque insuficiente de comida, em especial pão, nada de quente para comer, e apenas água esverdeada e poluída para beber, o Exército alemão fora reduzido, segundo um diário encontrado no corpo de um oficial, "ao estado de animais".[4]

Perto do fim de outubro, enquanto o Regimento List de Hitler se preparava para atacar, três corpos da Força Expedicionária Britânica ocuparam os antigos bastiões de Ypres em um arco que se estendia por alguns quilômetros ao leste, perto dos povoados de Passchendaele, Broodseinde, Messines e Gheluvelt. Nos dez dias anteriores, os alemães haviam recebido reforços. O Quarto e o Sexto Exército da Alemanha, sob o comando respectivamente de Albrecht, duque de Württemberg, e do príncipe herdeiro Rupprecht, da Baviera, prepararam uma nova ofensiva, para lançar contra a obstinada defesa britânica da cidade todos os homens capazes de usar um fuzil.

Sir John French, comandante da Força Expedicionária Britânica, não sabia, mas os Tommies estavam em imensa desvantagem numérica: catorze divisões de infantaria alemã haviam chegado a Flandres, contra sete britânicas e francesas (três das quais eram de cavalaria combatendo como infantaria). Os alemães tinham o dobro de metralhadoras e, depois, dez vezes mais peças de artilharia. Os dois lados tinham duas metralhadoras por batalhão. Porém, o Exército britânico profissional superava as forças alemãs formadas por alistamento obrigatório em um aspecto crucial: seus fuzileiros excelentes eram capazes de disparar os famosos "quinze tiros mirados por minuto" — um índice muito maior do que o dos adversários —, e com mais precisão.[5]

Os regimentos alemães despejaram ataques sucessivos em Ypres, em massas enormes e densas — alvo fácil para os tiros de fuzil dos ingleses, que lançaram disparo atrás de disparo contra o mar de cinza que se aproximava. Tão intenso era esse fogo em retaliação que alguns oficiais alemães imaginaram estar avançando contra metralhadoras. Contudo, apesar das terríveis baixas, os alemães usaram a vasta vantagem numérica para envolver a cidade em uma prensa que se apertava lentamente.

Na manhã de 29 de outubro, alguns regimentos alemães da reserva, compostos de milhares de jovens estudantes — rapazes de classe média que pareciam saídos da cena de abertura do filme *Nada de novo no front* — prepararam-se para atacar as linhas britânicas perto de Langemarck, Zonnebeke e Gheluvelt. Havia entre eles alguns voluntários mais velhos, como um soldado magrelo de 25 anos com bigode caído e uniforme folgado chamado Adolf Hitler.

Em um trecho extremamente dramatizado de *Minha luta*, Hitler descreveu o que aconteceu naquele primeiro ataque:

[...] quando o dia começou a emergir das brumas, de repente uma saudação de ferro chegou sibilante sobre nossa cabeça e, com um estrondo súbito, lançou as pedrinhas por entre nossas fileiras, arrasando o chão úmido; mas, antes mesmo que a pequena nuvem passasse, duzentas gargantas entoaram o primeiro brado para enfrentar o primeiro mensageiro da Morte.

Vieram então um estouro e um rugido, um canto e um uivo, e com olhos febris cada um de nós se sentiu atraído para adiante, mais e mais rápido, até que para além das plantações de nabo e das sebes o combate começou, o combate entre homens. E, de longe, os fragmentos de uma música alcançaram nossos ouvidos, mais e mais próximos, saltando de companhia em companhia, e ao mesmo tempo que a Morte mergulhava sua mão ativa em nossas fileiras, a canção também nos alcançou, e a passamos adiante: "*Deutschland, Deutschland über Alles, über Alles in der Welt*" [Alemanha, Alemanha acima de tudo, acima de tudo no mundo].[6]

Segundo testemunhas, na verdade o regimento de Hitler não estava cantando o "*Deutschlandlied*", a extraordinária melodia de Haydn que mais tarde se tornaria o hino nacional; os soldados entoavam "*Die Wacht am Rhein*" para identificar suas posições na neblina matinal com a esperança de evitar "fogo amigo" de seus próprios artilheiros da retaguarda.[7] "Quatro dias depois, nós voltamos", continuou Hitler. "Até mesmo nossos passos haviam mudado. Rapazes de dezessete anos agora pareciam homens."[8]

Esse foi o início de uma série terrível de batalhas em Gheluvelt e Langemarck. Uma testemunha viu Hitler se preparar para o ataque: abaixado para a frente, perto da dianteira, com um sorriso nos lábios, como um atleta no começo de uma corrida.[9] Ele mesmo afirmou ter avançado sem nenhuma consideração pela própria vida, direto para as metralhadoras britânicas. Em uma carta extraordinária para o amigo Hepp, Hitler fez parecer que tinha liderado um novo ataque:

Aquilo tudo estava ficando cada vez mais quente [...]. Cinco ou seis homens marrons feito barro eram liderados pela esquerda, e todos começamos a comemorar: seis ingleses com uma metralhadora! Gritamos para nossos homens que marchavam orgulhosos atrás de seus prisioneiros. O resto só esperou. Mal conseguíamos enxergar no caudeirão [sic] fervilhante e fumegante de bruxa à nossa frente. E finalmente ressoou a ordem: "Avante!".

Saímos de nossas posições e corremos pelos campos até uma pequena fazenda. Estilhaços voavam por todos os lados, e balas inglesas silvavam por entre os estilhaços; mas não demos nenhuma atenção a isso [...]. Eu estava bem adiante, na frente de todo mundo do meu pelotão. Stoever, o líder do pelotão, foi atingido. Meu Deus! Praticamente não tive tempo de pensar; o combate estava começando de verdade! [...] Nossos primeiros homens haviam começado a cair. Os ingleses tinham instalado metralhadoras. Nós nos jogamos no chão e rastejamos devagar por uma vala [...] depois saímos a campo aberto de novo.[10]

Hitler e seus companheiros seguiram correndo por um brejo e entraram em uma floresta:

A essa altura, só havia um segundo-sargento no comando, um camarada corpulento e alto chamado Schmidt. Rastejamos até a margem da floresta, enquanto a artilharia passava por cima chiando e silvando; retalhando troncos e galhos de árvores [...] cobrindo tudo com um vapor verde-amarelado insuportável e asqueroso. Pensamos que não poderíamos ficar deitados ali para sempre e que, se era para morrermos, melhor seria morrer ao ar livre...

Fiquei de pé de um salto e corri o mais rápido possível pelas campinas e plantações de beterraba, pulando por cima de trincheiras, sebes e emaranhados de arame farpado, então escutei alguém gritar à minha frente: "Para cá! Todo mundo para cá!". Havia uma trincheira comprida adiante, e em um instante me joguei para dentro dela; e havia outras à minha frente, logo atrás, e para a esquerda e a direita. Perto de mim havia homens de Württemberg e, debaixo, ingleses mortos e feridos...

Uma tormenta incessante de ferro voou aos gritos sobre nossa trincheira. Por fim, às dez horas, nossa artilharia abriu fogo no setor. Um — dois — três — cinco — e por aí foi. Repetidas vezes, granada após granada explodiu nas trincheiras inglesas à nossa frente. Os coitados saíram correndo feito formigas em um formigueiro, e avançamos contra eles. Em um instante, atravessamos os campos diante de nós, e depois de sangrentas lutas corpo a corpo em alguns lugares expulsamos [o inimigo] de uma trincheira por vez. A maioria levantou as mãos para o alto. Qualquer um que se negasse a se render era abatido. E assim fomos liberando trincheira após trincheira...[11]

Naquele dia e naquela noite, segundo Hitler, sua unidade atacou quatro vezes, "e a cada vez éramos obrigados a recuar. Da minha companhia, só restou um homem além de mim, que depois também caiu. Um tiro arrancou toda a manga esquerda da minha túnica, mas, por milagre, continuei ileso". A batalha prosseguiu sem fim durante quatro dias, disse Hitler. "Mas estávamos cheios de orgulho por ter derrotado os ingleses!"[12]

A carta que Hitler mandou para casa não parece diferente da que qualquer rapaz escreveria, ansioso para exibir sua coragem. E não há dúvida de que os ataques alemães em Gheluvelt e Langemarck em outubro de 1914 foram algumas das ofensivas mais brutais da guerra inteira. Como Hitler sugere, era como se os homens que avançaram contra as trincheiras britânicas tivessem sido consumidos por uma coragem cega e irracional. Eles avançaram praticamente sem nenhuma consideração pela própria vida, enfrentando a morte com uma determinação suicida. Tudo pela pátria! Destruíram vilarejos, igrejas, fazendas — tudo o que viam pela frente. Os céus ficaram negros e vermelhos com as chamas de construções incendiadas, e os campos, recobertos de cadáveres. A doutrinação alemã desses rapazes fora feita com implacável eficiência: eles foram programados para marchar bem na direção das fileiras de fuzis britânicos.

Porém a carta de Hitler é atípica no seguinte aspecto: ao chamar a atenção para seu desempenho na linha de frente, seu deleite com a batalha e a proximidade com a morte, ele escreve com o entusiasmo infantil de um dos contos de faroeste de Karl May. Mas em nenhum momento afirma ter matado o inimigo ou capturado prisioneiros. Se tivesse liderado a ofensiva, como alegou, certamente haveria tido contato próximo com os ingleses. A omissão não se explica pela modéstia — seria incongruente com o retrato vanglorioso que ele pinta de si mesmo em outros momentos. A resposta é que Hitler exagerou sua atuação. Ele estava longe dos ataques iniciais na Primeira Batalha de Ypres.

Outros regimentos haviam atacado antes e sofrido as piores baixas. Em Langemarck, a lista de mortos incluía milhares de estudantes voluntários cuja perda revestiu a lenda do *Kindermord bei Ypern* [Massacre dos Inocentes em Ypres], que hoje é lembrado em pequenas cerimônias em cemitérios de guerra e na Alemanha. Muitos soldados tinham apenas dezessete anos, eram garotos sonhadores recém-saídos da escola que acreditavam na glória da pátria e tinham sido presas fáceis para os propagandistas da guerra. Muitos outros eram produto das *Burschenschaften* [fraternidades universitárias] — rapazes patriotas, de olhos azuis e cabelo loiro, que mais tarde se juntariam às brigadas da Juventude Hitlerista do Führer.[13] Seu heroísmo abnegado evocava um ideal romântico de cavalheirismo do século XIX. Eles não tiveram a menor chance diante da mira dos fuzis ingleses.

Embora o Regimento List não tivesse combatido na batalha de Langemarck, sua experiência em outra parte do campo na Primeira Batalha de Ypres não foi menos sangrenta. Na verdade, Hitler não teria sobrevivido se estivesse à frente da ofensiva, considerando as pesadas baixas do regimento. Ele tampouco tem o direito de afirmar que "os britânicos levaram uma surra": o ataque alemão não conseguiu penetrar as linhas inimigas para além do vilarejo de Gheluvelt, que uma ofensiva inglesa renovada logo recuperou.[14]

Apesar das ondas de ataques alemães, os ingleses mantiveram Ypres e a margem oriental da saliência. Foi uma demonstração impressionante de resistência. Os soldados britânicos, afinal, eram profissionais, Tommies duros de roer, como registrou John Keegan: "Soldados de carreira da classe operária, homens sem berço e com parca instrução, com renda de um xelim por dia".[15] Eles não davam a mínima para o patriotismo místico do jovem inimigo alemão. Tinham sido treinados para matar, vencer a guerra e voltar para casa.

Os ingleses ficaram chocados com o que enfrentaram naquelas batalhas de fins de outubro. O capitão Harry Dillon, da Segunda Infantaria Leve Oxford & Bucks, contemplou "uma vasta massa cinza de humanidade [...] avançando, correndo com todas as forças que Deus lhes dera direto para nós, a menos de cinquenta metros de distância". Ele havia alertado seus homens quanto ao que esperar, mas ninguém imaginara aquilo. Nunca "atirara tanto em tão pouco tempo". Viu os alemães tombarem, desviarem, caírem trôpegos, até que apenas "um grande gemido" ecoou pela noite e homens "sem braços e pernas" tentavam se arrastar para longe.[16]

O soldado H. J. Milton também presenciou massas de alemães correndo para a morte: "Eles gritaram um bocado quando começaram a correr, mas muito poucos voltaram. Os gritos foram terríveis". Algumas companhias britânicas dispararam em média quinhentos tiros diários por homem. "Nunca mais vamos esquecer essa investida."[17]

Em quatro dias, o Regimento List tinha sido praticamente aniquilado, conforme escreveu Hitler em uma carta para Popp: 611 homens de seus 3600 haviam sobrevivido à batalha; o restante acabara morto, ferido ou capturado, num total de 83% de baixas. "No regimento todo sobraram só trinta oficiais. Quatro companhias tiveram que ser extintas."[18] No regimento de Hitler, 349 morreram só em 29 de outubro, e cerca de quatro vezes esse número de homens foram feridos ou capturados ou desapareceram no mesmo dia. Hitler relatou tudo isso "sem nenhum sinal de pesar": seu regimento, escreveu, fora reduzido a seiscentos, como se eles fossem gado enviado para o abate.[19] Mais tarde Hitler exibiria um luto teatral pelas perdas, com a distância dos anos; na época, encarou tudo como um sacrifício necessário para a pátria.

Seus companheiros souberam expressar melhor a verdadeira tristeza que se abateu sobre o regimento. A resistência britânica na Primeira Batalha de Ypres espantou os sobreviventes alemães. "Só um punhado de regimentos teve que pagar um custo tão alto de sangue no primeiro confronto", escreveu Adolf Meyer.[20] A carnificina produziu uma marca indelével em Oscar Daumiller, capelão da Sexta Divisão de Reserva da Baviera. "É horrível ver as angústias, os ferimentos indescritíveis", escreveu ele, "é horrível ver como a luta [...] destroçou o coração [dos soldados]."[21]

Hitler presenciou esse horror no rosto de seus companheiros, como relatou em *Minha luta*: "Eu me lembro bem do olhar de espanto de meus companheiros quando enfrentamos os Tommies pessoalmente em Flandres" — mas ele passava a impressão de não sentir o mesmo medo.[22] Havia algo juvenil, estranho, na maneira como se deleitava com a agitação da guerra, como se os mortos e os feridos estivessem desempenhando um papel em um grande drama humano encenado para ele.

O massacre do Exército alemão na Primeira Batalha de Ypres logo adquiriu a aura de sacrifício heroico. O *Kindermord* inspirou a Lenda de Langemarck. Embora a maior parte da ação tenha ocorrido mais perto de Bixschoote, o som mais alemão do nome agradou o povo germânico. Diz a lenda que dezenas de milhares desses rapazes foram massacrados enquanto marchavam para a batalha cantando *Deutschlandlied* e outras melodias patrióticas alemãs — uma história que apareceria na primeira página de todos os jornais alemães e que, como já vimos, Hitler assimilaria em sua versão sobre o ataque do Regimento List na Primeira Batalha de Ypres a fim de se identificar com esse sacrifício lendário na mente de seus leitores.

Mais tarde se revelou que muitos dos jovens provavelmente haviam morrido por fogo amigo, abatidos por sua própria artilharia. E eles cantaram não por patriotismo cego, mas — como o Regimento List ao entrar em ação — por um esforço desesperado para indicar sua localização aos artilheiros da retaguarda, segundo o general Horst von Metzsch, do Estado-Maior do XXVII Corpo de Reserva, que presenciou o "pânico generalizado" quando as fileiras se desintegraram sob fogo que vinha da frente e de trás. Os sobreviventes ficariam "mentalmente devastados para sempre".[23]

O resultado dessa carnificina é visível hoje, no cemitério alemão perto de Langemarck, um lugar desolado onde fileiras de placas pretas lisas marcam os mortos identificáveis. Os restos de 24 917 soldados alemães jazem em uma cova coletiva, e nas paredes estão registrados seus nomes, incluindo cerca de 3 mil estudantes que tombaram no *Kindermord*.

Hitler jamais perdoaria ou esqueceria o massacre na Primeira Batalha de Ypres, em especial o conflito em Langemarck. Embora não tivesse participado diretamente dele, a lenda se gravou de tal modo em sua mente que ele se convenceu de que *havia* combatido lá. Aquilo iria assombrá-lo e afligi-lo pela vida inteira. Para Hitler, Langemarck seria para sempre terreno sagrado, cenário do maior sacrifício dos jovens heróis do Reich.[24] No panteão de heroísmo alemão, o lugar estaria no mesmo patamar da Batalha de Tannenberg, que ocorrera dois meses antes na Frente Oriental. Anos depois, os mitologistas do nazismo organizariam celebrações anuais extraordinárias em homenagem à batalha e representariam o Führer como "Herói de Langemarck".[25]

Muitos anos mais tarde, na condição de conquistador da França e da Bélgica, Hitler voltou a Ypres para erigir um memorial e depositar coroas de flores no túmulo dos "Inocentes". Nesse ínterim, antes de sua ascensão ao poder, sua fúria pelo massacre em Langemarck atiçaria seu ódio por aqueles que ele considerava responsáveis pela derrota da Alemanha. Como veremos, um vasto plano de vingança tomou forma em sua mente muito antes de Hitler executá-lo.

10. "Vocês ainda vão ouvir muito sobre mim"

Hitler serviu durante quatro dias como soldado de infantaria. Após a Primeira Batalha de Ypres, foi transferido para o Estado-Maior do regimento como mensageiro (*Meldegänger*, literalmente "transportador de mensagens"). Havia dez em seu regimento, e ele era responsável por levar ordens datilografadas do quartel-general aos comandantes de batalhões e companhias mais próximos da linha de frente. Os mensageiros viajavam a pé ou de bicicleta, e raramente iam até as trincheiras avançadas, mas era comum atravessarem campos arrasados por tiros. Como o único meio de comunicação quando as linhas telefônicas eram destruídas pela artilharia, eram, portanto, vitais.

Hitler logo se viu desfrutando de uma guerra confortável, em comparação com os soldados de infantaria da linha de frente. Os mensageiros dispunham de longos períodos de tempo livre e condições muito melhores nas áreas da retaguarda do que os companheiros nas trincheiras. Ele nunca passou semanas em um buraco lamacento e infestado de ratos sob bombardeio constante ao lado de homens sofrendo de níveis variados de colapso nervoso. Na cabeça do soldado de infantaria, Hitler e os outros mensageiros levavam uma vida fácil; os homens debochavam da equipe de apoio, chamando-os de "porcos da retaguarda" (ou "bambambãs da base", como os ingleses costumavam criticar os que atuavam muito afastados da ação).

No entanto, ao contrário dos que insinuam que Hitler era covarde, ele realizava um trabalho muito perigoso. Correr através de terreno aberto, em um campo exposto a artilharia pesada, demandava bastante coragem. Os mensageiros muitas vezes eram obrigados a "sair em desabalada no meio de estilhaços, enquanto a maioria dos soldados se encolhia em abrigos subterrâneos".[1] Com alguma frequência, a mesma comunicação era entregue na mão de alguns mensageiros, às vezes até seis, com a esperança de que pelo menos um conseguisse chegar ao destino. No primeiro dia de combate em Wytschaete, durante a Batalha de Messines, em 31 de outubro de 1914, três mensageiros morreram e um sofreu ferimentos graves. Quando chegou o outono de 1915, Hitler era o único mensageiro sobrevivente de sua unidade original.[2] Uma série de escapadas por pouco lhe rendeu o apelido de "Sortudo de Linz".

Hitler logo se destacou na função. Seus comandantes e companheiros elogiaram a determinação e a coragem dele na época, quando não tinham nenhum motivo político para tal. Em 1932, já durante a ascensão do futuro Führer, o sindicalista e social-democrata Michel Schlehuber, que fazia forte oposição à política de Hitler, descreveu o antigo companheiro de regimento como um bom soldado que nunca se esquivava de suas obrigações nem evitava o perigo. Ainda que Hitler tenha continuado a florear seu desempenho nas cartas à família Popp — "De certo modo, arrisco a vida todos os dias, olho a morte de frente" —, seus relatos estavam começando a parecer mais fidedignos em relação à sua atuação, embora ele definitivamente não tivesse que entregar mensagens todos os dias.[3] De qualquer forma, não é típico de soldados jovens o esforço de passar uma boa imagem tanto para si mesmos quanto para amigos e familiares?

No entanto, para o espanto de seus companheiros, parecia que Hitler se deleitava em realizar serviços, quaisquer que fossem os riscos. "Eu era exposto constantemente a fogo pesado de artilharia", escreveu ele mais tarde, "mesmo que só fosse preciso entregar um cartão-postal."[4] Outros relatos confirmam isso. Ele nunca deixava de aceitar uma missão e muitas vezes se oferecia para ir no lugar de homens casados. "Não se preocupe com Hitler", disse outro soldado, "ele sempre chega lá, mesmo que tenha que ir rastejando feito um rato até a trincheira."[5]

O que nos interessa — considerando o que aconteceu depois — não é se Hitler foi um soldado corajoso ou responsável (é óbvio que foi), mas a maneira como ele reagiu à guerra e como ela o afetou. Até então, as primeiras batalhas aparentemente o deixaram inebriado, extasiado. Seus companheiros perplexos tendiam a interpretar de forma equivocada os motivos por trás do entusiasmo estranho e muitas vezes irritante dele. Hitler acreditava na causa. Enquanto os outros cediam ao cinismo ou perdiam a fé, ele jamais abandonou a crença no sacrifício pela glória do Exército alemão e pelo futuro do Reich, uma meta pela qual todos os homens deviam estar dispostos a dar a própria vida. Para Hitler, o dever para com a pátria era algo real e palpável, não apenas propaganda. Em sua cabeça, a vitória da Alemanha seria uma confirmação de tudo o que ele defendia: grandeza alemã, pureza racial, triunfo teutônico. Para o espanto de seus companheiros de regimento, Hitler até dizia que estava oferecendo uma contribuição pessoal e decisiva para esse resultado triunfante.

Porém, no momento, ele era apenas mais um mensageiro, ainda que consideravelmente excêntrico. Em novembro de 1914, foi promovido a *Gefreiter*, uma graduação sem equivalente direto nas Forças Armadas aliadas. A equivalência mais próxima é com a graduação de "cabo", uma posição acima de soldado, marcando o segundo em comando em uma seção de dez homens de um pelotão. No entanto, a nova posição de Hitler não lhe dava poder de comando sobre outros soldados. Sua condição era mais comparável à de um "soldado superior": "Hitler apenas havia sido reconhecido como um soldado confiável e seguro", escreveu Carruthers.[6] Sua excentricidade o impedia de ser levado a sério como um futuro oficial. E, na realidade, ele tampouco parecia interessado em uma promoção de fato. Gostava do que fazia.

Para seus companheiros, no relativo conforto do QG do regimento, Hitler se revelou um *Gefreiter* confiável, ainda que atípico. Ele tinha o hábito irritante de nunca resmungar ou concordar com as queixas dos soldados. Evitava tirar licença. Era solitário, pudico e arrogante, obcecado pela higiene pessoal. Não bebia nem cortejava mulheres. Vivia à base de pão, marmelada e chá ralo, mais um bolinho ou uma fatia de bacon (ele ainda não era um vegetariano convicto). Lia jornais avidamente e acompanhava a panfletagem inflamatória que emanava de sua terra, como o artigo "Unsere Feinde" [Nossos inimigos], do economista Werner Sombart, que teve grande circulação. Publicado em jornais alemães em novembro de 1914, o texto formou a base para o livro *Händler und Helden* [Comerciantes e heróis] de Sombart, de 1915, e proferia o tipo de hostilidade racial pueril que Hitler apreciava (por exemplo, os sérvios eram "vendedores de ratoeira", e os japoneses, "símios espertos").[7]

No dia 2 de dezembro de 1914, Hitler foi condecorado com a Cruz de Ferro de segunda classe por sua participação no esforço de salvar a vida do novo comandante de seu regimento, o tenente-coronel Philipp Engelhardt, que havia saído para terreno exposto durante um ataque perto de Wytschaete. Dois mensageiros teriam corrido a fim de proteger o oficial e levá-lo a um lugar seguro. Um foi Hitler. No entanto, não se sabe ao certo qual foi sua contribuição: um relatório de 1915 deu a maior parte do crédito ao mensageiro Anton Bachmann; um relatório de 1932, divulgado um ano antes de sua ascensão ao poder, evidentemente deu o mesmo crédito ao jovem Hitler.

Não há motivo para negar a veracidade da declaração de Engelhardt, feita na época da condecoração, apesar de ter sido abafada pelos nazistas para reforçar a folha de serviço de Hitler na guerra. "Quero destacar", declarou Engelhardt, "que, quando deixei a proteção das árvores perto de Wytschaete para observar melhor o ataque na parte da floresta em forma de machado [chamada mais tarde de Floresta da Baviera], Hitler e outro mensageiro [...], o voluntário Bachmann, se puseram na minha frente para me proteger dos tiros de metralhadora com o próprio corpo."[8]

A testemunha mais convincente foi Michel Schlehuber, o futuro social-democrata que rejeitaria os nazistas. Chamado para depor pelos opositores de Hitler no inquérito de 1932 a respeito da ficha de serviço dele na guerra, que tinha a intenção de desacreditar o líder nazista, Schlehuber destruiu o caso. Após descrever Hitler como um bom soldado e companheiro idôneo, ele concluiu:

> Conheço Hitler desde a partida rumo à frente do 16º RIR da Baviera. Vim a conhecê-lo como um bom soldado e companheiro idôneo. Nunca o vi tentar evitar qualquer obrigação ou perigo. Fiz parte da divisão do começo ao fim e nunca ouvi nada ruim a respeito de Hitler, na época ou mais tarde. Fiquei chocado ao ler depois nos jornais relatos desfavoráveis sobre o serviço dele como soldado. Discordo completamente de Hitler em questões de política e faço esta declaração apenas porque tenho grande respeito por ele como companheiro de guerra.[9]

É evidente que Hitler e Bachmann colaboraram, assim como outros dois mensageiros que também foram condecorados. A medalha de Hitler certamente foi merecida, não ajuda de "amigos" influentes, como afirmam alguns críticos. Ele não tinha amigos influentes. Ficou encantado: "Foi o dia mais feliz da minha vida". Ignaz Westenkirchner, outro mensageiro, observou: "Ele tinha encontrado algo que vinha procurando havia muitos anos: um lar de verdade e reconhecimento".[10]

A condecoração também levaria a um dos "piores momentos" da vida dele, com consequências letais para os oficiais que o indicaram. Em uma carta para Ernst Hepp, Hitler descreveu o momento terrível em que a condecoração "salvou nossa vida":

> Enquanto preparavam a lista de homens indicados para a Cruz de Ferro, quatro comandantes de companhia entraram na barraca, ou melhor, no buraco. Para abrir espaço, tivemos que sair por um tempo. Estávamos do lado de fora por no máximo cinco minutos quando um obus atingiu a barraca, deixando o tenente-coronel Engelhardt gravemente ferido e matando ou ferindo o resto do Estado-Maior do quartel-general. Foi o pior momento da minha vida. Nós adorávamos o coronel Engelhardt.

O coronel perdeu a vida ao recomendar uma medalha para o homem que ajudara a salvá-la.

As trincheiras perto de Ypres estavam separadas, em alguns pontos, por menos de cinquenta metros, e na véspera de Natal de 1914 os soldados alemães e britânicos decidiram partilhar do espírito festivo. Os alemães gritaram "Feliz Natal, Tommy!" para a terra de ninguém. Os ingleses responderam: "Feliz Natal, Jerry!". E então do lado alemão apareceu um vulto, e outro, e outro, andando na direção das trincheiras britânicas. Os ingleses abaixaram as armas e saíram também para encontrar o inimigo. Eles trocaram rum e schnaps e compartilharam fotos de seus entes queridos. Alguém tocou um acordeão.

Assim começou a famosa trégua de Natal, uma das lendas mais comoventes da Primeira Guerra Mundial. O sargento David Lloyd-Burch, que serviu com a Força Expedicionária Britânica na Ambulância de Campanha 10, viu os alemães e os ingleses "enterrando os mortos entre as trincheiras. Trocaram cigarros e charutos. Foi tão emocionante [...] sair das trincheiras à luz do dia. Em tempos comuns, era morte súbita".[11]

Ao longo da saliência de Ypres, os alemães e os ingleses cantaram "Noite feliz" juntos naquela noite, enquanto em outros lugares a batalha seguia. Os generais não aceitavam, e depois proibiram, qualquer fraternização com o inimigo. Certo mensageiro alemão partilhava da opinião dos comandantes: na verdade, Hitler ficou injuriado com a trégua de Natal, sentado nas ruínas do povoado de Messines, ansioso para voltar ao combate. Heinrich Lugauer, outro mensageiro, o descreveu como um "opositor amargurado da fraternização com os ingleses".[12] Hitler preferiu passar o Natal debaixo de uma árvore decorada, cantando "Noite feliz" enfaticamente em alemão com alguns companheiros e demonstrando um interesse macabro por dois cadáveres que jaziam perto do acampamento, "onde o mato estava crescendo", como ele diria a Hans Mend, outro soldado.[13]

Hitler nunca recebeu cartas ou pacotes de casa. Ele alegava que não queria presentes e que não permitia que sua família enviasse qualquer coisa, uma farsa melancólica para disfarçar o fato de que não tinha ninguém. Na verdade, seus parentes não sabiam ou, aparentemente, não se importavam em saber onde estava; sua irmã, Paula, achava que ele tinha morrido. (Na época, ela morava com a tia deles, Johanna Pölzl. Iria se mudar para Viena no início da década de 1920, para trabalhar como auxiliar de escritório em uma seguradora. Seu diário pessoal, descoberto em 2005, revelou que o irmão batia nela na infância e depois a proibiu de se casar com o dr. Erwin Jekelius, um médico nazista austríaco responsável por enviar 4 mil pacientes, muitos com deficiência, às câmaras de gás.)[14]

Hitler, portanto, cultivou a imagem de figura solitária e obstinada, um órfão abandonado que inspirava compaixão: "O coitado se envolve com tanta coisa", escreveu Hans Mend, "mas nem imagina por quem na Alemanha está arriscando a saúde e colocando a própria vida em risco".[15]

"Você não tem ninguém em casa?", perguntou Mend, certa vez. "Não tem ninguém para lhe mandar coisas?"

"Não", respondeu Hitler. "Bom, tenho uma irmã, e só Deus sabe onde ela está esses dias."

Mend lembrou que Hitler "simplesmente virou o rosto e começou a tirar a lama dos coturnos e fazer o possível para limpar a camisa".[16]

O senso de humor dele era mais pastelão do que mordaz. Via graça em pegadinhas, como quando seus companheiros erguiam um capacete na ponta de uma baioneta para cima do parapeito da trincheira a fim de atrair disparos inimigos. "Até Hitler, que geralmente era muito sério, achava aquilo engraçado", lembrou Ignaz Westenkirchner. "Ele se dobrava de rir."[17]

Em janeiro de 1915, Hitler se deu de presente um fox terrier que havia escapado das linhas britânicas. Ele cobria Foxl, como o chamava, de cuidados e iria se lembrar dele com carinho em *Minha luta* e em monólogos posteriores. "Era uma loucura como eu gostava da criatura", relatou Hitler em 1942, com genuína afeição:[18]

> Eu o fiz se acostumar a mim gradualmente. No começo, dava só biscoitos e chocolates para ele comer [...]. Depois comecei a treiná-lo. Nunca se afastava um centímetro de mim [...]. Eu não só gostava da criatura, mas também achava interessante estudar suas reações. Acabei ensinando-lhe tudo: pular obstáculos, subir e descer escadas. O mais importante é que um cachorro deve dormir sempre ao lado do dono.

Geralmente Hitler prendia Foxl quando saía em missão. Ao voltar, "ele me reconhecia já de longe. Que entusiasmo mostrava em minha homenagem!".[19]

O carinho de Hitler pelo cão faz um contraste agudo com a carência de emoções afetuosas por seus velhos companheiros, verbalmente ou por escrito. Em *Minha luta*, ele não se lembraria com afeto de nenhum dos mortos ou feridos. A história de Foxl foi contada para alguns membros da elite nazista no fim de janeiro de 1942, em seus "monólogos secretos", *Tischgespräche im Führerhauptquartier*, quando Hitler passou horas com o alto escalão e compartilhou suas opiniões a respeito de qualquer assunto que o interessasse, desde filosofia e cultura até a guerra, judeus e religião.[20] Na época da rememoração de Foxl e outras histórias simpáticas, a Alemanha ingressava na fase mais destrutiva da Segunda Guerra Mundial; na Conferência de Wannsee de 20 de janeiro de 1942, Hitler e as principais autoridades nazistas haviam acabado de ordenar a Solução Final.[21]

No início de 1915, a guerra já havia provocado transformações perceptíveis em cada combatente, de ambos os lados. A quantidade colossal de mortes, os massacres indiscriminados e a incapacidade de rechaçar o inimigo obrigaram todos os homens a encarar uma verdade terrível dia após dia: o corpo deles estava sendo usado em um confronto exclusivamente de atrito, para tampar lacunas nas linhas. Eles morriam às centenas de milhares a troco de nada ou muito pouco. Em uma guerra mecanizada de devastação indiscriminada que reduzia as baixas a "desgaste normal", o termo que os britânicos usaram para descrever suas perdas, os conceitos de heroísmo e sacrifício começaram a não fazer mais sentido.[22] Os alemães, assim como os adversários ingleses e franceses, se viam diariamente diante de cadáveres amontoados, ferimentos tenebrosos e cenas inenarráveis em uma rotina normalizante.

A reação de Hitler a tudo isso foi atípica. Enquanto seus companheiros começaram a lamuriar a guerra e a torcer para que um ferimento leve permitisse que voltassem para casa, Hitler se enfurecia diante desse derrotismo, desprezando a covardia e a falta de caráter. As cenas pavorosas de morte e destruição não abalaram em nada sua resolução. Ao mesmo tempo, ele começou a culpar inimigos "internos" obscuros pela incapacidade alemã de derrotar a França e a Inglaterra, e a desenterrar as teorias paranoicas que havia absorvido nos tempos de Viena.

Em uma carta longa para Hepp em 5 de fevereiro de 1915, ele se referiu pela primeira vez por escrito a esses inimigos internos:

> [...] aqueles de nós que tivermos a sorte de voltar à pátria encontrarão um lugar mais puro, menos afligido por influências externas, de modo que os sacrifícios e sofrimentos diários de centenas de milhares de nós e a torrente de sangue que flui sem parar aqui, dia após dia, contra um mundo internacional de inimigos, não apenas ajudarão a destruir as forças hostis do exterior como também farão ruir nosso internacionalismo interno.[23]

Por inimigos "internos", Hitler se referia aos sociais-democratas e aos marxistas, cujos nomes sugeriam, mas ainda não chegavam a representar totalmente, os judeus. Aí reside a gênese do mito da *Dolchstoss*, a "punhalada pelas costas" do Exército alemão, que mais tarde seria defendida por muitas pessoas e que durante anos dominaria os pensamentos de Hitler.

As atividades desses "inimigos" na frente doméstica o ofendiam pessoalmente. O que quer que estivessem fazendo, era contra ele e o Exército alemão, e Hitler tomou para si a missão de chamar a atenção para aqueles esforços prejudiciais. Repreendia seriamente qualquer companheiro derrotista que começava a perder o ardor pela batalha. A Alemanha, afirmava ele, precisava vencer a guerra a qualquer custo.

Com o tempo, a cada revés, Hitler direcionou sua fúria a esses negligentes em casa, aos marxistas, aos socialistas e, cada vez mais, aos judeus. Esbravejava com os companheiros que negavam que houvesse forças internas tentando refrear a vitória da pátria.[24] Ocasionalmente, teria dito que a culpa dos problemas da Alemanha era um "sistema explorador de banqueiros judeus". Segundo Hans Mend, Hitler jurou que, se tivesse o poder, "libertaria a raça germânica desses parasitas judeus e mandaria esses saqueadores raciais [...] à Palestina".[25]

Mend foi criticado, devidamente, por ser uma testemunha pouco confiável e oportunista e por tender à hipérbole. Contudo, esses trechos, escritos em 1931, coincidem com alguns outros vislumbres da mentalidade de Hitler em 1915 e, conforme John F. Williams demonstra, foram alguns dos primeiros exemplos registrados de uma cepa mais intensa de antissemitismo em Hitler.[26] Mas, na época, eram rompantes breves, e não incomuns, e definitivamente estavam longe do ódio sistemático e obsessivo que surgiu mais tarde. Durante a maior parte da guerra, como outros companheiros declarariam, Hitler não demonstrou nenhum ódio explícito aos judeus.

"Seus companheiros no front nunca o ouviram falar desse jeito", escreve Toland. "Ele não parecia mais antissemita do que os outros. De vez em quando fazia comentários inócuos como 'Se todos os judeus tivessem a inteligência de Stein [o telefonista deles], então não haveria problema algum'." Sempre que falava de Viena e da influência dos judeus, era "sem desprezo".[27] E ele tampouco expressava hostilidade aberta contra os judeus do regimento. Como veremos, seria necessária a confluência de circunstâncias colossais e da fúria implacável de Hitler para transformar esse jovem intolerante e amargurado no idealizador do Holocausto.

Na primeira metade de 1915, talvez inspirado pela própria sobrevivência milagrosa, Hitler começou a se mostrar para os outros soldados como um indivíduo acima da humanidade regular, um "homem destinado". Após sobreviver a diversas missões perigosas, ele sentia uma estranha onipotência, como se uma mão metafísica tivesse descido dos céus para garantir sua sobrevivência. Nas cartas que escrevia, ele dava graças ao milagre, ou à sequência de milagres, que salvara sua vida enquanto tantos outros à sua volta tombavam. Ele sugeriu até que "gozava de proteção especial da Providência".[28]

Mesmo com uma aparência péssima, Hitler insistia em se oferecer para missões. Sua saúde se deteriorou rapidamente. Ele padecia de uma tosse seca, mas nunca tirou licença nem alegou doença. "Ninguém conseguiu convencê-lo a ir ver o médico", lembrou Mend.[29] Era como se estivesse se submetendo a um batismo de força, testando a si mesmo para alguma função futura.

Nessas condições terríveis, Hitler aludiu, no início de 1915, ao chamado que o destino lhe reservara, cuja realização dependeria de sua sobrevivência. Ele insinuava que aquele era o motivo pelo qual tinha o corpo fechado no campo de batalha. "Vocês ainda vão ouvir muito sobre mim mais tarde", avisou ele aos companheiros. "Esperem só até minha hora chegar." Eles deram risada, mas Hitler se limitou a balançar a cabeça.[30] Falaria muitas vezes do dia em que "sua hora" chegaria.

Sempre em busca de alguém para responsabilizar pelos infortúnios da Alemanha, Hitler começou a se imaginar como um inquisidor-chefe após o fim da guerra. Ele passava o tempo sentado, quieto, com a cabeça apoiada nas mãos, tal como nos albergues e cafés de Viena e Munique, e de repente se levantava de um salto e gritava que, se a Alemanha fosse privada da vitória, "os inimigos invisíveis do povo alemão iriam se tornar mais perigosos que os piores canhões inimigos".[31] Hitler revelou aos companheiros perplexos que, para se vingar, obrigaria os líderes alemães a assumirem a "responsabilidade pelos homens que tombaram".[32]

Esses foram os primeiros impulsos de um espírito que se debatia para se libertar de seu aparente destino, como um mensageiro obscuro na base do Exército alemão, e se lançar a uma vocação mais elevada. Foram os primeiros sinais de que Hitler começava a se perceber de outra forma, como um homem diferente, um líder em ascensão, como Rienzi, o salvador do país que ele havia adotado para si.

11. "Finalmente minha determinação era absoluta"

Hitler se ofereceu para várias missões perigosas entre março e maio de 1915 e testemunhou o impacto mutilador de armas novas — artilharia pesada e metralhadoras — sobre fileiras de soldados em ataque. Quando a Batalha de Neuve Chapelle se aproximava do fim, em março, ele atravessou uma tormenta estarrecedora de fogo de artilharia entre o QG do regimento em Halpegarbe e o de seu batalhão na Bois du Biez. O oficial superior dele expressou espanto pelo fato de que os mensageiros haviam sobrevivido ao ataque. Hitler depois escreveu que havia saltado de cratera em cratera sob o fogo infernal para entregar as mensagens.[1]

Em 18 de março, ele se ofereceu para mais uma entrega arriscada, que o faria se arrastar por terreno aberto, exposto aos atiradores de elite ingleses. Segundo a história do regimento, os mensageiros do Regimento List também se expuseram a fogo aberto durante a Batalha de Aubers em maio daquele ano.[2]

Balthasar Brandmayer, originário de Götting, perto de Rosenheim, e na época um aprendiz de pedreiro de 23 anos, entrou para a unidade de mensageiros de Hitler naquele mês. Brandmayer jamais esqueceria o primeiro contato que teve com Hitler: "Ele tinha voltado esgotado depois de uma entrega [...]. Parecia um esqueleto, com o rosto pálido e descorado. Viam-se dois olhos escuros penetrantes, que me chamaram especialmente a atenção, em cima de olheiras profundas. O bigode proeminente dele estava bagunçado. A testa e a expressão no rosto sugeriam grande inteligência...".[3]

A dupla se deu bem, e o livro de memórias de Brandmayer, com o título *Meldegänger Hitler* [Hitler, o mensageiro], publicado em 1933, admira a "natureza de ferro" daquele homem e sua disposição perturbadora de se oferecer para todas as missões. Embora exale bajulação — Brandmayer tinha muitos motivos para tentar impressionar o antigo companheiro que se tornara um político poderoso —, o livro se sustenta em parte, quando comparado às declarações de outras testemunhas. Depois de uma missão, Hitler parecia ser um "homem sem nervos", segundo Brandmayer:

> Um cansaço paralisante pesava feito chumbo nos meus braços e pernas doloridos. Larguei meu capacete e os equipamentos e me joguei, exausto, na cama. Imaginei que Adolf faria o mesmo, mas como me enganei! Quando me virei, vi que ele estava sentado perto da cama, de capacete na cabeça, fivelas presas, esperando a próxima ordem. "Você é maluco!", gritei, irritado. "Como sabe?", foi a rápida resposta. Não era um homem que estava dentro daquele uniforme, só um esqueleto [...]. Ele tinha uma natureza de ferro.[4]

Outros soldados confirmaram a cena. Hitler costumava andar para lá e para cá, de arma na mão, como uma fera selvagem, impaciente para entrar em ação. Eles achavam a coragem impetuosa e a ansiedade para ir em mais uma missão muito perturbadoras. "O austríaco nunca relaxa", disse um soldado a seu respeito. "Sempre age como se fôssemos perder a guerra se ele não estiver de prontidão a cada instante."[5]

Hitler não participou da Batalha de Loos (25 de setembro a 13 de outubro de 1915). Mas soube do destino do Exército britânico em uma das ofensivas mais desastrosas deles na guerra. Loos foi um esforço anglo-francês de destruir as trincheiras alemãs em Artois e Champanhe e partir para a guerra de movimento. As cenas inenarráveis que ocorreram talvez tenham enterrado de vez a ideia de que ataques frontais massivos poderiam romper as linhas alemãs. O que aconteceu em Loos revelou uma espécie de homem, o Tommy britânico, cuja coragem, cuja noção inquestionável de dever e cujo medo de fracasso iriam convencê-lo a marchar diretamente rumo às metralhadoras do inimigo. Uma testemunha alemã — o historiador do 26º Regimento de Infantaria — fez uma famosa descrição do resultado:

> Nunca antes as metralhadoras tiveram um trabalho tão simples para cumprir [...], os canos incandescentes cobertos de lubrificante oscilavam de um lado para outro sem cessar pelas fileiras [dos britânicos]; só uma metralhadora disparou 12 500 cartuchos naquela tarde. O efeito foi devastador. Dava para ver o inimigo caindo literalmente às centenas, mas eles continuaram a marcha em ordem e sem interrupção. As fileiras estendidas de homens começaram a ficar confusas com esse incrível castigo, mas eles persistiram, e alguns chegaram até a alcançar o emaranhado de arames farpados na frente da linha de reserva [...]. Confrontados por esse obstáculo impenetrável, os sobreviventes deram meia-volta e começaram a recuar.[6]

Tanto o marechal de campo Sir John French, comandante cronicamente inepto da Força Expedicionária Britânica, quanto o então general de divisão Sir Douglas Haig foram responsáveis por esse desastre.[7] Sir John recebeu a maior parte da culpa por não enviar reservas a tempo de sustentar os avanços dos ingleses, o que expôs sua vanguarda a contra-ataques alemães devastadores. O saldo foi 59 247 soldados britânicos mortos, feridos ou desaparecidos nos dois ataques, incluindo três generais de brigada e o jovem John Kipling, de dezoito anos, único filho do poeta Rudyard Kipling. Muitos ingleses aspiraram seu próprio gás venenoso, soprado para suas trincheiras quando o vento mudou de direção, causando mortes e incapacitações. (Foi a primeira vez que eles usaram gás, o que os alemães já haviam aplicado no dia 22 de abril daquele ano, na Segunda Batalha de Ypres.) Sir John foi exonerado e voltou, ressentido e amargurado, para a Inglaterra a fim de comandar as Forças Domésticas. Haig o substituiu. A lição foi clara: artilharia, gás e fileiras massivas de homens não seriam o suficiente para romper as linhas alemãs.

Na segurança da retaguarda, Hitler e os demais mensageiros apreciavam um ano relativamente pacífico. Na segunda metade de outubro, mantinham uma rotina relaxada de três dias de serviço e três de folga. Hitler, acantonado em uma casa de fazenda acolhedora no povoado tranquilo de Fournes-en-
-Weppes, passava o tempo livre lendo e esboçando paisagens melancólicas de abrigos subterrâneos e vilarejos franceses. Em alguns dias, saía para caminhar até Fromelles, cujas ruínas continham o centro de comando e o hospital de

campanha alemães na linha de frente, onde ele viu em primeira mão os efeitos da artilharia moderna no corpo humano: carne mutilada, várias amputações, soldados com rosto e crânio estourados.

Hitler passaria mais de um ano em Fournes e arredores. Tinha muito tempo para ler e comprou um exemplar de *Berlim*, um guia sobre a arquitetura da cidade escrito por Max Osborn, o principal crítico de arte alemão, que era judeu e depois fugiria da perseguição nazista.[8] Hitler nutria grande admiração pelo livro e o levaria consigo até o fim da guerra.[9] Seu respeito por Osborn era comparável à sua admiração por Mahler: exemplos marcantes de sua capacidade — na época — de admirar realizações específicas de judeus ao mesmo tempo que desenvolvia gradualmente o ódio pela "raça" judaica.

Com as chuvas de inverno, disseminaram-se ratos e doenças. Hitler, que nunca havia tirado um dia de licença, contraiu uma enfermidade brônquica severa, mas se negou a consultar o médico. Ele passou o Natal de 1915 com um humor "ranzinza", sozinho de novo, sem receber notícia de ninguém de casa. Não mandou nem recebeu nenhum cartão de Natal.

Mesmo nesse ambiente frígido, com a saúde deteriorada, a noção que ele fazia de si mesmo de "homem destinado" não o abandonara. "No inverno de 1915-6", escreveria em *Minha luta*, "esse conflito já havia sido decidido por mim. Finalmente minha determinação era absoluta. Se nos primeiros dias eu me excedia de júbilo e risos, agora estava calmo e determinado. E isso perdurou. Agora o destino poderia apresentar os testes definitivos sem que meus nervos ruíssem ou minha mente fraquejasse. O jovem voluntário havia se tornado um velho soldado. E essa transformação ocorrera no Exército inteiro."[10]

É impossível sabermos se Hitler realmente chegou a viver esse conflito interno que ele descreve na época. Mas o próprio fato de que, em retrospecto, estivesse determinado a situar nos anos da guerra esses momentos decisivos de sua vida — o domínio da vontade, a superação pessoal perante as dificuldades — atesta o poder da experiência.

Foi mais ou menos nessa época que Hitler conheceu Max Amann, o agressivo segundo-sargento que viria a se tornar o que Hitler tinha de mais próximo a um "amigo". Amann depois assumiria a direção da editora nazista Eher, que publicou *Minha luta*, e viria a se encarregar da censura à imprensa, fechando jornais e fazendo fortuna ao concentrar a imprensa em suas próprias mãos. Era claramente do interesse dele elogiar seu velho companheiro de armas no inquérito de 1932 a respeito da folha de serviço de Hitler na guerra. Porém, seus comentários reforçam a devoção constante e extraordinária pelo esforço de guerra que outras pessoas haviam visto em Hitler. O Führer, segundo Amann, "não hesitava de forma alguma em cumprir até mesmo a ordem mais difícil, e com grande frequência assumia as responsabilidades mais perigosas de seus companheiros".[11] Hitler era um soldado solitário e abnegado, acrescentou Amann, se recusava a receber aumento de soldo e parecia ser sempre um dos primeiros a se oferecer para missões.[12]

O ano de 1916 presenciaria o maior triunfo do Regimento List — em Fromelles, contra as forças australianas (Anzac) — e a pior derrota — no Somme, experiência que arrasaria o moral e acabaria por destruir o aprestamento operacional da unidade. Com o degelo da primavera, o Regimento List se reagrupou, e os bávaros, junto com o Sortudo de Linz, se prepararam para reiniciar as hostilidades. As fileiras estavam agora tomadas por um espírito de realismo brutal. Para a maioria dos soldados, a ansiedade juvenil de sobressair, tão temerária e inocente no ano anterior, dera lugar a uma determinação fria e bestial de matar e sobreviver.

Nos dias 19 e 20 de julho, a Sexta Divisão de Reserva da Baviera enfrentou em Fromelles, setenta quilômetros ao norte do Somme, um inimigo composto principalmente da Quinta Divisão Australiana, a unidade menos experiente das forças dos domínios britânicos estacionadas na França. No confronto que se seguiu, os australianos fizeram sucessivos ataques às trincheiras alemãs, em demonstrações imprudentes de ousadia que constituíram completos fracassos. Eles foram rechaçados e sofreram baixas estarrecedoras, com a morte, o ferimento ou a captura de 5553 homens, na maior perda de vidas australianas a ocorrer em um período de 24 horas.

Hitler participou ativamente da batalha, entregando ordens, "escapando de granadas" e pulando de cratera em cratera, segundo o relato exagerado de Brandmayer.[13] Fromelles foi a vitória mais decisiva do Regimento List — e uma das derrotas mais severas da Austrália — na guerra. Anos depois, ao saberem que Hitler estivera entre os alemães que os enfrentaram, veteranos australianos que haviam participado da batalha lamentariam o fato de não terem conseguido matá-lo.

E então veio o Somme. A batalha começou em 1º de julho, que acabou sendo o dia mais sangrento de toda a história do Exército britânico, com 57 470 baixas até o anoitecer, incluindo 19 mil mortes; os alemães perderam 40 mil homens ao longo dos primeiros dez dias. As batalhas seguintes em Albert, Delville, Pozières, Thiepval, Ancre e vários outros locais transbordaram pelas planícies de Picardy, causando baixas entre os Aliados ao ritmo de 2943 mortos ou feridos por dia.[14]

As reservas bávaras não tardaram a passar pelo inferno também. Entre 2 e 3 de outubro, com o moral alto, a unidade de Hitler avançou para os campos ligeiramente elevados do vale do Somme. Àquela altura, a batalha havia se degenerado a um embate de atrito puro, derramando centenas de milhares de vidas e envolvendo toda unidade disponível em cada exército. Histórias sobre a carnificina espalhavam terror no coração dos soldados quando eles saíam para a linha de frente.

O Regimento List foi prontamente abatido, lançado à Batalha de Le Transloy, no setor de Le Barque-Bapaume, conforme as ordens inúteis do tenente-coronel Emil Spatny, o novo comandante inepto e geralmente bêbado. Em dez dias, as baixas no regimento de Hitler somavam trezentos mortos, 844 feridos e 88 desaparecidos. Profundamente desmoralizados, os sobreviventes aguardaram sentados na lama encharcada sob bombardeio diário até que "homens antes pacíficos e racionais se tornaram irracionais", escreveu Fritz Wiedemann, o ajudante do regimento, que viria a recomendar Hitler para receber a Cruz de Ferro de primeira classe algumas vezes, e mais tarde serviria como ajudante pessoal do Führer no Partido Nazista:

> O desespero produziu covas profundas no rosto deles e se infiltrou no coração de homens valentes. Dia após dia viam companheiros morrendo por todos os lados, tropeçavam em seus corpos durante o combate, contavam nos dedos das mãos quantos dias levaria até o último homem da companhia ser devorado pela batalha e pela morte.[15]

Brandmayer perdeu a coragem durante um ataque e depois atribuiu sua sobrevivência ao incentivo de Hitler: "Minha coragem fraquejou. Eu só queria ficar deitado no lugar. Mergulhei perdidamente em uma apatia insuportável. E então Hitler falou comigo com delicadeza, ofereceu-me palavras de incentivo, disse que algum dia nosso heroísmo seria recompensado mil vezes na pátria [...]. Voltamos [...] ilesos. Nossos rostos estavam irreconhecíveis".[16]

Hitler foi poupado do pior do Somme graças a um fragmento de obus que o atingiu na virilha ou no alto da coxa esquerda quando ele estava em missão, em 12 de outubro, perto da cidade de Bapaume. "Não é tão ruim, é, capitão?", ele teria dito a Wiedemann. "Vou continuar com o senhor, com o regimento?" Wiedemann relembrou o incidente mais tarde:

> Lá estava ele, o homem que tanto queria ser artista, que adorava todos os jornais, que filosofava sobre questões políticas e ideológicas na maneira primitiva das pessoas comuns. Lá estava ele, ferido, e seu único desejo era ter permissão para continuar com seu regimento. Ele não tinha família e, pode-se dizer, tampouco casa. Para o *Gefreiter* Hitler, o Regimento List era seu lar.[17]

Hitler foi enviado a uma clínica de campanha em Hermies para receber tratamento imediato pelo ferimento, depois foi para um hospital militar alemão em Beelitz-Heilstätten, em Brandemburgo, não muito longe de Berlim. Ali ele encontrou, para seu desgosto, alguns "canalhas miseráveis", um dos quais se gabou de ter "enfiado a própria mão em um emaranhado de arame farpado para poder ser mandado para o hospital". Outros esbravejavam contra a guerra, "usando todos os recursos de sua eloquência desprezível para ridicularizar as noções de soldados decentes e descrever como exemplares os frouxos e os covardes". Hitler desdenhava de todos esses "sujeitos venenosos" que condenavam a guerra e duvidavam da vitória alemã.[18]

Em recuperação, e determinado a escapar de seus colegas derrotistas no hospital, ele obteve permissão para ficar em Berlim por algumas semanas e depois foi transferido para Munique em dezembro. Nas duas cidades, presenciou as chagas da guerra e do inverno na população civil, cujo sofrimento com a pobreza e a fome classificou como fraqueza. Em *Minha luta*, mais tarde, ele tratou dessa justaposição contrastante entre suas experiências no campo de batalha e os "hipócritas" na frente doméstica, e, como veremos, atribuiu retroativamente aos "negligentes" judeus a culpa pelo enfraquecimento do espírito alemão.

Na Alemanha, o *Kohlrübenwinter*, o "inverno dos nabos", foi o mais rigoroso em trinta anos. As geadas prematuras e as chuvas fortes haviam reduzido à metade a safra de batatas do país. O povo alemão vivia à base de nabos ou rutabagas, as detestadas couves-nabos. Ao final de 1916, a escassez de alimentos levou a uma desnutrição endêmica. As reservas de comida estavam em 40% do nível de antes da guerra devido às estradas intransitáveis e ao bloqueio naval da Inglaterra, que figurava desde 1914, quando a guerra começara, e que Berlim descrevia como o Bloqueio da Fome dos ingleses. Os preços dos alimentos subiram sem controle no mercado negro. Revoltas e saques indiscriminados superavam a lealdade da Alemanha ao esforço de guerra. As cidades eram assoladas por casos de desnutrição e doenças correlatas — disenteria, escorbuto e tuberculose. Edemas de inanição, caracterizados pelo inchaço excessivo dos membros, proliferaram entre a população pobre, e longas filas de mulheres e crianças famintas eram uma cena cotidiana na frente de sopões comunitários. O escritor Ernst Glaeser viu crianças roubando comida umas das outras e ouviu mulheres nas filas dos centros de distribuição de comida falando "mais sobre a fome dos filhos do que sobre a morte dos maridos".[19] Cozinhas de campanha móveis, que receberam o apelido de "canhões de rango", tentavam alimentar os mais famintos, mas de pouco adiantavam para atenuar a fúria das mães alemãs, que formaram uma "nova linha de frente" contra as autoridades: em 1916, as mulheres cometeram 1224 atos de violência contra a polícia da Alemanha.[20] Milhares de pessoas morriam, segundo um correspondente americano em Berlim, perto do fim daquele ano:

> Em certa ocasião, decidi procurar nessas filas de distribuição de comida algum rosto que não exibisse as chagas da fome. Inspecionei quatro filas longas com absoluta minúcia. Mas, entre os trezentos solicitantes, não havia um sequer que tivesse se alimentado adequadamente nas últimas semanas. No caso das mulheres mais jovens e das crianças, a pele estava muito repuxada sobre os ossos e exangue. Os olhos estavam afundados nas covas. Nos lábios não havia cor alguma, e os tufos de cabelo que caíam por sobre os rostos empalidecidos pareciam baços e famintos — sinal de que o vigor nervoso do corpo estava desaparecendo junto com a força física.[21]

A maior parte da comida ia, necessariamente, para as Forças Armadas. Segundo um estudo do historiador Holger Herwig, um único corpo de infantaria devorava cerca de 450 toneladas de carne e 660 mil pães por mês, e seus cavalos precisavam de mais de 3 mil toneladas de aveia e 2 mil de feno.[22]

Porém nunca era o bastante. Para preservar o estoque de alimentos, o governo alemão impôs dias "sem carne" e "sem gordura". Um conjunto engenhoso de ingredientes substituiu a tradicional dieta de pão, leite, linguiça e açúcar. A dieta semanal típica passou a se constituir de pão preto, linguiça, um ovo e um punhado de batatas e nabos. Muitos alemães chegaram até mesmo a consumir besouros moídos. No entanto, essas medidas apenas postergaram a disseminação de doenças relacionadas à fome. A ingestão diária de calorias havia se reduzido em um terço desde o início da guerra, e a taxa de mortalidade civil aumentara 37%. O impacto mais forte foi nos mais fracos — crianças pequenas, doentes e idosos —, cuja taxa de mortalidade chegou a 50%.

Conforme a primavera se aproximava, a escassez de alimentos e a inflação elevada levaram ao colapso da ordem civil. A produção anual de trigo no país havia caído quase pela metade, até cerca de 2,5 milhões de toneladas, e a porção de carne fora reduzida a 225 gramas por semana, em razão da morte de 1 milhão de vacas. Faminto e farto da guerra, o povo alemão recorreu a ações sociais e manifestações em massa contra a alta de preços. Em abril, houve greves de fome em cerca de trezentas fábricas alemãs; em Berlim cerca de 150 mil operários em indústrias vitais para a guerra pararam de trabalhar em protesto contra a falta de comida e, em outras cidades, milhares de trabalhadores exigiram o fim da guerra.[23] Para combater a onda de greves, o governo de Berlim impôs a lei marcial a todas as fábricas e setores da indústria. Qualquer pessoa capaz de trabalhar era obrigada a fazê-lo. Desajustados sociais, homossexuais, prostitutas e pessoas com doença mental foram forçados a servir em fábricas, hospitais e fazendas.

Hitler presenciou tudo isso de perto, mas as cenas miseráveis de mulheres e crianças passando fome não inspiraram uma gota de compaixão nele, nem nenhum senso de participação no sofrimento. Sentiu apenas desprezo pelo que considerava civis covardes no país, cujas dificuldades nem se comparavam às dos homens na linha de frente. Como escreveu em *Minha luta*, em Berlim "havia miséria terrível por toda parte. A cidade grande sofria de fome [...]. Na casa de vários soldados, o clima se assemelhava a um hospital. A impressão era a de que esses canalhas frequentavam deliberadamente esses lugares para disseminar suas opiniões".[24]

* * *

A repulsa de Hitler pelo que ele considerava derrotismo e covardia no país se intensificava em Munique, onde as condições eram "muito, muito piores [...]. Raiva, insatisfação, impropérios em todo canto!". Munique não tinha nada a ver com o local de suas lembranças mais felizes: "A cidade estava irreconhecível para mim". Na população civil, "o clima geral era péssimo: a preguiça era tratada quase como sinal de grande sabedoria, enquanto determinação e lealdade eram consideradas sintomas de debilidade interior e estreiteza de pensamento".[25] Começou a crescer na mente dele uma ideia de monstruosa injustiça, misturada com imagens de corpos amontoados de soldados... e com uma chama que ardia constantemente dentro de Hitler: de quem era a culpa?

Ele passaria a maior parte do inverno de 1916-7 em Munique, convalescente, em um batalhão de reserva. Em dezembro, enviou um cartão-postal (descoberto em 2012) para um soldado chamado Karl Lanzhammer, em que escreveu: "Agora estou em Munique, no Bat. Ersatz. No momento, estou sob tratamento dental... Saudações, A. Hitler".[26]

Se a pobreza na cidade não despertava nele nenhuma compaixão, o colapso do moral e a imagem dos ricos celebrando nos salões provocavam sua fúria. Ao mesmo tempo, uma corrente tenebrosa de antissemitismo se alastrava pela Baviera: os judeus estavam sendo acusados de lucrar com o conflito, de fugir à sua obrigação para com o esforço de guerra. E não só lá, mas por todo o país. O antissemitismo durante a guerra alcançou níveis cacofônicos em 1916-7, "quando aumentaram nos centros urbanos da Alemanha as vozes que atribuíam a oportunistas judeus a culpa pela escassez de alimentos".[27]

Em um trecho notório de *Minha luta*, Hitler alegou que teria sido tomado pelo sentimento de antissemitismo violento durante esse período em Munique:

> Os escritórios estavam abarrotados de judeus. Quase todo funcionário era judeu, e quase todo judeu era funcionário. Fiquei espantado diante dessa abundância de guerreiros do povo escolhido e não pude deixar de compará-los com seus raros representantes no front. Em relação à vida econômica, a situação era pior ainda. Nisso, o povo judaico tinha se tornado definitivamente "indispensável". A aranha começava lentamente a sugar o sangue da população.[28]

Essa diatribe, escrita quase uma década depois, deturpava profundamente a dedicação dos judeus alemães ao esforço de guerra e a própria postura de Hitler em relação aos judeus durante o conflito. Em ambas as situações, ele projetava no passado o ódio extremado que passou a sentir pelos judeus após a guerra, a fim de promover sua nova carreira política. Na realidade, o estado de espírito de Hitler nesse período em Munique era o de um soldado em recuperação, exausto e desiludido, vagando desolado pela cidade. E, de fato, suas cartas durante a guerra não revelavam declaração alguma de antissemitismo furioso; tampouco seus companheiros depois se lembrariam de que tivesse dirigido qualquer ódio especial aos judeus em 1916 e 1917.

De qualquer forma, a acusação de que os judeus tinham faltado ao serviço militar e eram raros no Exército alemão era uma mentira grotesca: um relatório especial de 1916 comprovava que a pequena população judaica de Munique tinha uma representação mais do que razoável no front.[29] Depois da guerra, revelou-se que 12 mil soldados judeus alemães haviam morrido em defesa da pátria.

No início de 1917, aos 28 anos, Hitler já estava um pouco mais próximo, em espírito, do indivíduo que surge em *Minha luta*. Mas ele ainda não havia sequer considerado uma carreira na política, que dirá desenvolvido políticas ou projetos de opressão. Era apenas um mensageiro cujas "ideias estapafúrdias" e imprecações contra uma miscelânea de inimigos (a "ameaça interna" da Alemanha, marxistas, judeus, eslavos, as classes dominantes, os ingleses, os franceses etc.) não passavam de rompantes de ira. O movimento político fundado em racismo violento, proposto em *Minha luta*, ainda levaria seis anos para tomar forma.[30]

Por enquanto, esse soldado estranho, sem nenhuma habilidade evidente de liderança, tinha que se limitar a remoer a própria raiva. Se Hitler sentia o chamado de um destino grandioso, em que se realizaria seu sonho do pangermanismo, ainda não fazia a menor ideia de como alcançá-lo nem de que papel desempenharia nele.

12. "Pela última vez, a graça do Senhor sorriu para Seus filhos ingratos"

O regimento de Hitler entrou no ano de 1917 com a grave consciência de que sua única distinção em ofensiva havia sido o breve ataque em Fromelles. Em Ypres, em 1914, e no Somme, em 1916, havia sofrido uma indiscutível "punhalada na barriga". Dali em diante, as atividades da tropa em combate iriam se limitar a "perambular por regiões tranquilas".[1] O moral desabou: nos últimos meses de 1916, foram registrados 29 casos de indisciplina séria, por ausência não autorizada, deserção, desobediência, automutilação e covardia, em homens que até então apresentavam um bom histórico de combate.[2] E a situação ainda pioraria.

Hitler não viu o princípio desse colapso nervoso. Em janeiro, ainda em Munique, ele recebeu a notícia de que seria transferido para o Segundo Regimento de Infantaria, uma unidade mais agressiva para atuação nas linhas de frente, em reconhecimento por seus méritos como soldado. Ele recusou. Escreveu com urgência para o capitão Fritz Wiedemann, o ajudante de seu regimento: "É meu desejo premente permanecer com meu antigo regimento e com meus camaradas".[3] Seu pedido foi atendido. Assim que reingressou ao List, em 5 de março, Hitler logo retomou suas funções como mensageiro. Parecia não ter nenhuma ambição de ser promovido nem de aprimorar a carreira no Exército. Na verdade, quando lhe perguntaram por que Hitler nunca tinha sido promovido, Wiedemann (que mais tarde se desentenderia com o Führer) declarou no julgamento de Nuremberg, para espanto geral, que ele "não possuía qualidades de liderança". Mais tarde, o segundo-sargento Amann afirmou que Hitler recusou a oferta de promoção a suboficial, "horrorizado" com a ideia.[4]

Depois de cinco meses sem ver os companheiros, Hitler sofreu um choque enorme ao voltar. Ele foi recepcionado com um moral arrasado e profunda insatisfação com a guerra. A Batalha do Somme havia devassado os bávaros. As melhores partes da divisão estavam sendo enviadas para outros lugares, e os melhores soldados (incluindo os condecorados com a Cruz de Ferro, como Hitler) receberam a chance de se transferir para unidades mais prestigiosas. O refugo se afligia nas regiões de retaguarda, esperando ordens languidamente. O único ponto alto tinha sido o afastamento do coronel Emil Spatny, o comandante alcoólatra do regimento, que fora enviado de volta para casa com uma ficha de serviço impecável. Ele havia sido substituído pelo major Anton Freiherr von Tubeuf, um oficial jovem e agressivo que estava determinado a melhorar o ânimo dos homens. Mas o estrago já estava feito, e o regimento definharia em uma incerteza desmoralizada.

Não por muito tempo. Os períodos prolongados de inatividade logo seriam interrompidos por convulsões sangrentas. Em abril, o Regimento List foi lançado para as colinas de Vimy na Batalha de Arras (9 de abril a 16 de maio), que pouco depois viria a ser lembrada como um dos confrontos mais sangrentos da Frente Ocidental. Foi em Arras que o Exército britânico teve seu pior índice de baixas diárias na guerra, com 4067 homens mortos ou feridos por dia.

Os soldados do Regimento List resistiram a diversos ataques horrendos das forças britânicas durante o massacre. Eles mantiveram a linha, e a provação aprimorou o moral: costumavam mostrar seu valor quando agiam na defensiva. Como sempre, Hitler estava ansioso para entregar mensagens, mas eles foram retirados de Vimy na segunda semana de abril, dias antes que a região fosse tomada por uma impressionante ofensiva canadense — e despachados de volta para o cenário de suas piores baixas: a saliência sangrenta a leste de Ypres, em Flandres.

Ao chegar ao local detestado, os companheiros de Hitler desfrutaram de um momento de lazer: cerveja de graça, corridas de saco, disputas de cabo de guerra e arremesso de granada. Abstêmio, Hitler não bebia cerveja. E é razoável supor que não participou da corrida de saco. Ele desejava voltar ao combate. Sua impaciência não tardou a ser recompensada.

Em meados de julho, Hitler e seus companheiros ficaram sabendo que se juntariam a um novo ataque contra as forças britânicas entrincheiradas a oeste do planalto Gheluvelt — estariam de volta ao cenário do *Kindermord*. Na realidade, o ataque deu lugar a uma ordem de prepararem as defesas, pois chegou a notícia de uma imensa e iminente ofensiva britânica.

Nas trincheiras, a infantaria começou a amargar uma espera angustiante, respirando com máscaras de gás. O novo comandante, Tubeuf, um oficial que estava se revelando uma pessoa arrogante e desagradável, relatou que seus homens na linha de frente estavam "exaustos de nervosismo e constante fadiga física, desgastados pela inalação de ar impregnado de gás".[5] Hitler e os outros mensageiros tiveram participação limitada na ação que se seguiria — fizeram um punhado de entregas ao longo de dez dias. Mas ele veria o resultado chocante por todo o campo de batalha e nos hospitais.

A grande ofensiva britânica em Flandres, conhecida popularmente como Passchendaele ou Terceira Batalha de Ypres, pretendia capturar a colina de Passchendaele, cerca de oito quilômetros a nordeste de Ypres, virar para o norte rumo ao litoral da Bélgica e destruir as bases alemãs de submarinos nos portos de Ostend e Zeebrugge, de onde os *U-Boots* promoviam uma guerra total contra embarcações dos Aliados e de qualquer nação neutra que as auxiliasse. Esse foi o plano inicial que Haig, promovido a marechal de campo, havia apresentado ao Ministério da Guerra britânico. A tomada das bases de submarinos seria o prelúdio da expulsão total das forças alemãs da Bélgica, um cenário que poderia levar ao fim de guerra, dependendo de uma sequência de vitórias incríveis e excepcionalmente ambiciosas mesmo contando com liderança genial, clima excelente e muita sorte (e não havia oferta nem garantia de nada disso). O grande marechal francês Ferdinand Foch não foi o único comandante a não colocar muita fé no que chamou de "marcha de pato" pelos lamaçais de Flandres.

Haig devia ter atentado para o alerta de Foch. Em primeiro lugar, as fileiras alemãs não estavam desmoralizadas como Haig e seu chefe de inteligência haviam imaginado. Àquela altura, os russos já estavam em colapso. A abdicação forçada do tsar em 15 de março tinha dado novo ânimo aos bolcheviques, que se opunham violentamente à participação da Rússia na guerra e cujos ideais revolucionários começaram a se alastrar pelas praças. Diante da deserção em massa no Exército russo, as vastas forças orientais da Alemanha foram liberadas para atuar na Frente Ocidental. A partir de meados de 1917, dezenas de milhares de novos soldados alemães no Norte da Europa embarcaram rumo a Flandres.

Enquanto isso, as cansadas forças francesas — muitas das quais haviam se rebelado no começo do ano contra suas condições e o que consideravam serem táticas suicidas dos generais — eram mantidas em função defensiva, e ficariam assim até pelo menos agosto de 1917. E se o marechal Philippe Pétain, o novo comandante francês, tinha exagerado o nível de deterioração, Haig não protestou: aquilo reforçava seu argumento de que era preciso atacar e atacar, manter os alemães presos em Flandres e ganhar tempo para a recuperação dos franceses. Ao mesmo tempo, embora os americanos tivessem entrado na guerra no começo de abril daquele ano, ainda não estavam lá: os primeiros ianques preparados para lutar só chegariam em meados de 1918.

Então a Terceira Batalha de Ypres (meados de julho a 10 de novembro de 1917) seria majoritariamente uma campanha da Commonwealth, em que centenas de milhares de soldados britânicos, junto de aliados australianos, neozelandeses e canadenses (com apoio de pequenas unidades da França, da África do Sul e da Bélgica), seriam lançadas, onda após onda, contra a concentração mais poderosa de forças alemãs na Frente Ocidental.

O bombardeio britânico inicial atingiu as fileiras alemãs na madrugada de 15 de julho — uma semana antes de David Lloyd George, o primeiro-ministro britânico, fornecer a aprovação oficial para Haig. A artilharia total da Inglaterra revelava agora seu imenso poderio: 752 canhões pesados, 324 morteiros de 4,5 polegadas e 1098 canhões de dezoito libras despejaram o bombardeio mais poderoso de que se tinha notícia até então na história da guerra. Durante duas semanas, seriam disparados 4,5 milhões de projéteis nas trincheiras alemãs da planície sob as colinas de Passchendaele, mais do que o dobro de cartuchos que haviam precedido a Batalha do Somme.

Quando a unidade de Hitler chegou ao campo de batalha, por volta do dia 25 de julho, o bombardeio de Haig já se encontrava na última fase esmagadora. O sargento Wellhausen lembrou que uma chuva de granadas, "muito pior do que tudo o que tínhamos vivido no Somme", se abateu sobre as fileiras alemãs. "Granadas, balins e seus estojos desabavam em cima de nós."[6] O "amaciamento" se estendeu por todas as posições alemãs, arrasando, demolindo, fragmentando tudo o que era obstáculo, vilarejo, casa, árvore, pessoa e animal situado em uma faixa de 1800 a 2700 metros na frente britânica. A saraivada de explosivos era intercalada por nuvens de gases dos ingleses, sufocando a movimentação dos soldados alemães e restringindo a entrega de reforço, rações e munição com um vapor letal branco e amarelo.

A guerra aérea ganhava vida nos intervalos da tormenta de granadas e gases. O fuzileiro da Guarda Häbel relatou que dezenas de aeronaves britânicas "contornavam nossas posições" em voo baixo:

> Onde quer que houvesse alguém, os aviadores britânicos estavam prontos para apontar suas armas. Uma sentinela ficava completamente imóvel, oculta debaixo de uma lona na frente de cada abrigo para não ser vista do alto. De vez em quando alguém gritava para ver se o homem ainda estava vivo [...]. Os ingleses estavam tentando eliminar todos os sinais de vida.[7]

O armamento dos alemães era limitado demais para realizar um contrabombardeio. Eles então dirigiram fogo de inquietação contra as concentrações de forças britânicas: pontes, seções de abastecimento, ferrovias, acantonamentos e paióis, despejando 533 mil cartuchos durante a semana do dia 13 de julho e mais 870 mil na semana seguinte.[8] Os artilheiros alemães utilizaram muito gás mostarda, que lhes deu algum "alívio": entre 12 e 27 de julho, os ingleses perderam 13 284 homens, entre mortos, feridos e desaparecidos, para os ataques com gás, artilharia e aeronaves do inimigo.[9]

Às vésperas da hora H — quando a infantaria avançaria —, a intensidade do bombardeio chegou a níveis estridentes, estrondosos, explosivos. Granadas incendiárias, gases, projéteis de fumaça, morteiros pesados, explosivos pesados e balins foram arremessados contra as fileiras alemãs no que os sobreviventes mais tarde descreveriam como "um furacão infernal".[10] Segundo o general Hermann von Kuhl, aquilo "superava a experiência de qualquer um":

> Todo o chão em Flandres se sacudia e parecia em chamas. Não era só uma barragem de artilharia; era como se o próprio inferno tivesse escapado de seus grilhões. O que eram os terrores de Verdun e do Somme diante daquela descarga grotescamente colossal de poder bruto? Os estouros violentos da batalha alcançavam os

confins da Bélgica. Era como se o inimigo anunciasse ao mundo: lá vamos nós, e venceremos![11]

O ataque terrestre britânico começou cheio de expectativas, em 31 de julho de 1917. Os artilheiros de Haig haviam aperfeiçoado a barragem, com o lento avanço de uma muralha de granadas explosivas disparadas por milhares de canhões. Tomando o arco interno dessa configuração diabólica, dezenas de milhares de soldados das tropas aliadas invadiram o campo, uma técnica com que os canadenses haviam produzido efeitos devastadores durante a captura das colinas de Vimy.

No primeiro dia, começou a chover, e a chuva continuou por grande parte dos dois meses e meio seguintes, em pancadas torrenciais, interrompida por algumas semanas de tempo seco no fim de setembro. O dilúvio mais intenso em setenta anos reduziu o campo de batalha a um atoleiro fétido, onde as crateras abertas pelas explosões eram inundadas por lama líquida e se tornavam armadilhas mortíferas. A chuva virou a batalha a favor da Alemanha: suas tropas, entrincheiradas ao longo das colinas e abrigadas em casamatas de concreto, puderam atirar à vontade em um exército que estava literalmente chafurdando na lama, impotente sem uma artilharia firme.

O que ocorreu então foi algo que ia além do que até então se entendia como "batalha". Seguiram-se cenas perturbadoras de homens e cavalos se afogando nas crateras cheias de lama abertas pelas granadas, de milhares de soldados abatidos pelas metralhadoras alemãs; os exércitos de Haig foram literalmente barrados sob as colinas ao leste de Ypres. A situação se prolongou por três meses. Haig enviava levas e levas de jovens para o triturador, para serem mortos ou mutilados, em nome de sua estratégia de "desgaste" do inimigo.

Outubro foi o mês mais cruel. A decisão de Haig de não dar tempo para que as unidades da Austrália e da Nova Zelândia preparassem suas peças de artilharia permitiu que as metralhadoras alemãs abatessem milhares de soldados desses países em um mar de lama e arame farpado, e muitos deles foram estraçalhados, atingidos várias vezes em um pântano sangrento que, mais tarde, revelou conter um corpo ou pedaço por metro quadrado.[12]

Em 10 de novembro, alguns canadenses sobreviventes avançaram com muito custo para tomar as colinas de Passchendaele, após quase meio milhão de baixas — de Aliados e alemães —, incluindo mortos, feridos e desaparecidos.

Acima, à esq.: Alois, pai de Hitler, se enfureceu perante a ambição do filho de se tornar um artista, mas não era um pai mais rigoroso que a média da época.

Acima, à dir.: Klara, mãe de Hitler, era a única pessoa que ele dizia amar genuinamente.

À esq.: Judeus ortodoxos em Viena despertavam a curiosidade de Hitler. Ele só se tornaria um antissemita violento após a Primeira Guerra Mundial.

Abaixo: Karl Lueger (à esq.), prefeito de Viena, e o político de extrema direita Georg Ritter von Schönerer eram populistas "pangermânicos" que culpabilizavam ferozmente as minorias e exerceram forte influência sobre o jovem Hitler antes de 1914.

Acima: Hitler se deleita junto à multidão em Munique após a declaração de guerra em 1914. Uma minoria comemorou; a maioria não queria guerra.

Abaixo: Uma aquarela de Hitler representando as ruínas da igreja de Messines, em Flandres, em 1914. A Academia de Belas-Artes de Viena não havia reconhecido seu talento, e ele jamais esqueceria a rejeição.

À esq.: Hitler (de bigode) como jovem "mensageiro" na Frente Ocidental, com seu adorado cão Foxl; e (acima), com um capacete prussiano emprestado. Condecorado duas vezes por bravura, Hitler jamais foi promovido além da graduação de cabo.

Acima: Soldados alemães sob ataque a gás em 1917 usam um pombo para testar a potência do gás. Hitler sofreu um ataque com gás mostarda logo antes do fim da guerra.

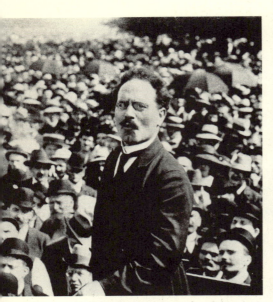 

Acima: Karl Liebknecht (à esq.) e Rosa Luxemburgo (à dir.), líderes da Liga Espartaquista comunista, estavam entre os que Hitler responsabilizou pela "punhalada pelas costas". No entanto, em 1919, Hitler serviu em um Conselho de Soldados no "soviete" bávaro, que não durou muito.

Acima: Escassez de comida e inflação desenfreada levaram a revoltas em cidades alemãs durante e após a guerra. Hitler repudiou o que considerava falta de coragem na frente doméstica.

Acima: A burguesia, especialmente os financistas judeus, eram alvo da propaganda nazista no início da década de 1920.

À dir.: A SA, a milícia pessoal de Hitler cujos membros ficaram conhecidos como camisas pardas, foi formada no começo dos anos 1920 para proteger os comícios dele e perseguir os opositores dos nazistas.

Acima: Os discursos de Hitler inflamavam o público contra os judeus e não alemães que ele considerava responsáveis pela "punhalada pelas costas" do país.

À dir.: *Minha luta*, em uma rara edição encadernada, reforçava a mensagem de Hitler, mas a maioria das pessoas não o levou a sério.

Acima: Hitler (à esq.) com Hess (segundo a partir da dir.) na prisã de Landsberg, em 1925. Os trajes típicos da Baviera eram um dos m privilégios dos detentos nazistas.

Três nazistas da primeira hora influentes (a partir da esq., em se anti-horário): o chaveiro Anton Drexler, fundador do partido; o p e colunista social Dietrich Eckart e o pornógrafo e propagandista antissemita Julius Streicher.

À esq.: Ilustrações do final da década de 1920 deixavam claro o que os nazistas pretendiam fazer com os judeus.

Abaixo: Hitler relaxa com a meia-sobrinha, Angela "Geli" Raubal, com quem se dizia que ele tinha um relacionamento sexual. Ela se matou depois que ele a impediu de se casar com um pretendente.

Abaixo, à esq.: Depois de conhecer Hitler em meados dos anos 1920, Joseph Goebbels escreveu: "Seria possível conquistar o mundo com esse homem".

Abaixo, à dir.: Hitler com Hermann Göring, um de seus seguidores mais leais, em 1933, ano em que os nazistas chegaram ao poder.

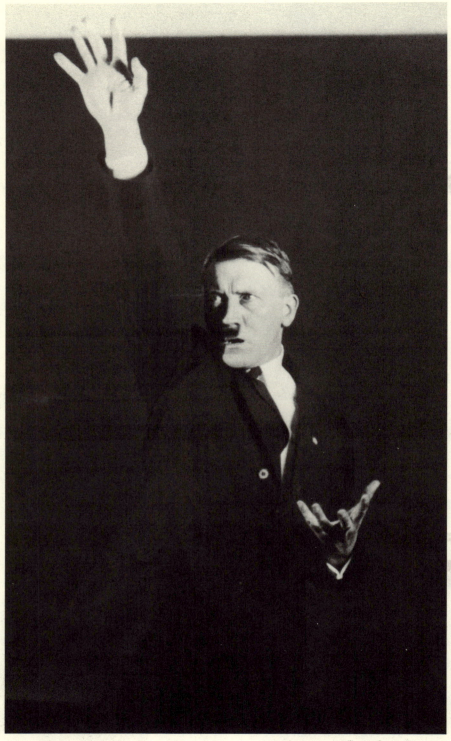

As palavras de Hitler não eram eloquentes, astutas ou memoráveis. Mas sua voz estrondosa e os gestos violentos com as mãos produziam um espetáculo visual impressionante, cuidadosamente ensaiado, como demonstrado aqui.

A colina não possuía nenhum valor estratégico intrínseco, e o vilarejo permaneceu algumas semanas em poder de uma pequena força britânica até cair de novo nas mãos dos alemães.

Ao final, a ofensiva de Flandres em 1917 seria lembrada como o matadouro mais denso da história, em que se enfrentaram cinquenta divisões da Commonwealth e seis da França contra 77 a 83 divisões alemãs. Nos quase quatro meses de carnificina, Haig havia conquistado oito quilômetros e uma colina sem nenhum valor estratégico, para a fúria do primeiro-ministro David Lloyd George, que no fim de 1916 havia jurado que outro Somme jamais aconteceria.

As estimativas variam, mas as contas mais precisas registram 271 mil baixas (incluindo mortos e feridos) entre os Aliados contra 217 mil entre os alemães.[13] A força defensiva da Alemanha conseguiu impedir a ofensiva de Flandres, exaurindo completamente os homens de Haig e precipitando o fim da campanha. Os alemães venceram a guerra de atrito na Terceira Batalha de Ypres em relação à quantidade de baixas — a capacidade de consumir o inimigo e destruir seu moral —, o mesmíssimo critério que Haig tentaria usar como justificativa para quatro anos de carnificina, como se tudo tivesse sido planejado.[14]

Os homens do Regimento List viveram apenas os impactos iniciais de Passchendaele. Mas viram os resultados. A impressionante barragem de canhões dos ingleses precedeu o primeiro confronto, e foi seguida pelo surgimento extremamente desmoralizante dos tanques britânicos. Era a primeira vez que Hitler e seus companheiros presenciavam aqueles monstros primitivos em combate. Parece provável que o medo dos tanques tenha sido uma das causas para o colapso total do regimento em Passchendaele.[15]

A posição recuada de Hitler no QG do regimento não estava diretamente exposta aos veículos volumosos e deformados, com lagartas imensas, mas a visão deixou marcas nele. Em 1941, Hitler afirmaria que "apenas os tanques mais pesados e com a blindagem mais espessa tinham valor", e em outras ocasiões lamentou a falta de tanques alemães em Flandres em 1917, uma carência que persistiria no ano seguinte. "Se tivéssemos quatrocentos tanques no verão de 1918, teríamos vencido a guerra", disse ele, em um raro reconhecimento de que a Alemanha havia sido derrotada no campo de batalha.[16]

O Regimento List foi substituído no começo de agosto; uma participação mais prolongada em Passchendaele teria representado aniquilação certa. Apesar dessas tribulações, o regimento sofreu relativamente poucas baixas. Durante todo o ano de 1917, foram 478 mortos, ou 13,6% do efetivo total; entre 13 e 23 de julho, segundo Tubeuf, eles sofreram oitocentas baixas, entre mortos, feridos e capturados. Dos 3754 homens do Regimento List que perderam a vida nos quatro anos de guerra, a maioria morreu nas poucas semanas da Primeira Batalha de Ypres, em 1914, e na Batalha do Somme, em 1916 — bombardeados, sufocados ou abatidos sem sequer avistar um soldado inglês.

Depois de Passchendaele, o regimento de Hitler foi relegado a uma região inativa na Alsácia alemã, acompanhado de unidades de reserva enfraquecidas e consideradas inaptas para o combate, onde os homens se recuperariam até setembro de 1917. Para Hitler, foi uma humilhação; para seus companheiros, um alívio. Ele também estava deprimido pela perda de Foxl, seu cachorro de estimação, que havia sobrevivido por milagre nas batalhas no Somme e em Flandres, mas depois desaparecera. "O canalha que o roubou de mim não sabe o que fez comigo", diria Hitler em janeiro de 1941 em seu *Tischgespräche im Führerhauptquartier*.[17]

No fim de setembro de 1917, Hitler saiu de licença voluntária, junto com o soldado Ernst Schmidt. Foi a primeira vez na guerra que ele solicitou um período de folga. A dupla visitou Bruxelas, Colônia, Dresden e Leipzig, e então Hitler, recusando-se terminantemente a voltar a Munique, viajou sozinho para Berlim, onde ficou até 17 de outubro. Pela segunda vez na guerra, ele se viu perambulando pela capital alemã, àquela altura uma cidade mergulhada em absoluto desespero. O sofrimento e a fome no rosto das pessoas no Tiergarten, as crianças descalças nas ruas e o espírito melancólico nas cervejarias revelavam a completa ruína do moral entre a população civil naquele período, os estertores finais do Império Alemão.

O bloqueio britânico havia reduzido a Alemanha, que quatro anos antes fora a locomotiva econômica da Europa, à condição de nação miserável. O comércio exterior havia desabado, indo de 5,9 bilhões de dólares em 1913 para 800 milhões em 1917.[18] O Tesouro estava tecnicamente falido: a arrecadação mal dava conta de cobrir os juros da enorme dívida pública. No fim de 1917, o pior ano, o custo da guerra excedeu os 52 bilhões de marcos, enquanto a arrecadação total tinha sido de escassos 7,8 bilhões, gerando um déficit de cerca de 44 bilhões.[19]

Os alemães não podiam contar com a ajuda de seu principal aliado, o Império Austro-Húngaro: a monarquia dual não fizera preparativos para uma guerra prolongada, e no outono de 1917 já se encontrava prostrada de joelhos. Os estoques de manteiga, banha, farinha, batata e grãos tinham se exaurido ou estavam muito baixos. As batatas disponíveis eram "inadequadas para consumo humano".[20] Assim como na Alemanha e na Rússia, a inflação disparou, seguida de miséria e revoltas pela escassez de alimentos. Segundo a polícia, formavam-se diariamente cerca de oitocentas filas com 250 mil pessoas nas portas dos mercados, e 54 mil pessoas recorriam a sopões comunitários.[21] A burguesia (incluindo Sigmund Freud) adquiria charutos e bebidas no mercado negro a preços exorbitantes.

Muitos residentes, tanto de Viena quanto de Berlim, rumaram para o interior nas chamadas "viagens de camundongos" para roubar comida, ocasionando repressão policial. Diante da escassez, Berlim e outras cidades alemãs confiscaram alimentos e diferentes recursos dos territórios ocupados: da Romênia veio petróleo; da Sérvia, gado bovino, ovino e suíno; da Polônia, grãos, batata, carvão, ovos, cavalos e lenha; e da Albânia, cerca de 50 mil tartarugas — muitas das quais foram parar no mercado negro ou na mesa dos ricos.

Ao final da Terceira Batalha de Ypres, a maioria dos civis alemães e austríacos sobreviventes se encontrava abaixo da linha da pobreza e sofria de fome extrema e doenças associadas à desnutrição. Reservas escondidas de produtos rurais e pilhagem dos depósitos eram constantes. As donas de casa alemãs enfrentavam bate-bocas furiosos nas filas, e muitas vezes "pegavam com brutalidade" batatas e frutas nas barracas das feiras. As mães atacavam um alvo óbvio: os proprietários das lojas de departamento berlinenses caras e bem abastecidas, muitos dos quais eram judeus ricos. Essas alemãs "humildes" eram "uma bomba-relógio em potencial" para as autoridades prussianas.[22]

Milhares estavam morrendo. Depois da guerra, dados oficiais da Inglaterra e da Alemanha estimavam pelo menos 424 mil e talvez até 762 796 mortos na população civil alemã como resultado do Bloqueio da Fome (e de doenças associadas).[23] Esses números não incluem outras 150 mil vítimas alemãs da pandemia de gripe de 1918, que "causou um sofrimento desmedido àqueles que já estavam debilitados por desnutrição e outras doenças". No fim da guerra, a perda de 1 milhão de fetos também seria atribuída diretamente a condições clínicas causadas ou agravadas pelo bloqueio britânico, tornando-o uma das primeiras atrocidades de guerra do século XX.[24]

Com filhos e maridos mortos, feridos ou em combate, e com filhos desnutridos e doentes, milhões de alemães que ficaram em casa estavam vulneráveis à exploração por extremistas e demagogos. Contudo, se o tivessem conhecido naquela época, não teriam visto um salvador naquele soldado austríaco magrelo e enfermiço que passou por Berlim observando, cheio de desdém, o estado de espírito nacional, e ao mesmo tempo considerando quem deveria levar a culpa.

De novo, Hitler testemunhou o sofrimento sem nenhum resquício de compaixão. Para o soldado de 28 anos, as queixas dos civis alemães revelavam um povo fraco e mimado, incapaz de suportar o que as tropas viviam todos os dias. Ele era insensível às angústias de terceiros. Carecia de qualquer capacidade de empatia. Suas opiniões estavam se endurecendo, misturando-se com as linhas de darwinismo social que conhecera em Viena: os outros seres humanos ou eram fracos, e assim prescindíveis, ou fortes, e assim exploráveis.

Hitler desfrutou do passeio o máximo que pôde, frequentando museus e galerias, andando nos bondes amarelos da Unter den Linden, enviando postais para amigos. Sabemos de três endereçados a Max Amann, seu segundo-sargento, e um a Schmidt, em que o tom de Hitler era animado e feliz, como um turista de férias. "A cidade é magnífica, uma verdadeira metrópole", disse ele ao último. "O trânsito é incrível, até mesmo agora. Passo quase o dia todo na rua. Finalmente tenho a chance de conhecer um pouco melhor os museus. Em suma: não me falta nada."[25]

Ao regressar da licença, no fim de outubro, Hitler reencontrou o regimento em Picardy, aonde tinha voltado para um breve período de atividade no vale do Aisne, que logo viria a se tornar palco de mais uma carnificina despropositada. A guerra havia completado um ciclo. Em setembro de 1914, os alemães haviam cavado as primeiras trincheiras ali, na margem norte do rio Aisne. Agora, o arrasado Regimento List montava guarda sobre o canal Oise-Aisne, onde os soldados passariam um Natal tranquilo à espera de 1918.

A unidade de Hitler estava descansada e o moral tinha melhorado ligeiramente, mas o mesmo não podia ser dito dos reforços que chegaram da Frente Oriental, cuja desolação era tão severa que chamou a atenção do alto-comando.

"De dois trens carregados com forças de reposição prussianas que saíram do Leste", registrou o príncipe herdeiro Rupprecht em seu diário em 3 de novembro de 1917, "10% se ausentaram sem permissão durante a viagem."[26] Muitos dos recém-chegados iriam se juntar à divisão de Hitler, homens mais velhos, contrariados, com pouca ou nenhuma experiência de combate; outros eram relíquias amarguradas da gélida Frente Oriental, aliviados por irem para o Oeste. Todo mundo tinha ouvido relatos do Somme e de Flandres, e muitos acreditavam que estavam fadados à morte certa ou a ferimentos graves. É compreensível que eles tenham aproveitado um último instante de vida enquanto achavam que ainda era possível.

Trens e mais trens carregados de soldados como esses apitavam e guinchavam ao chegar a Valenciennes, perto da fronteira da França com a Bélgica. Havia um clima de revolta local, mas ainda nenhum traço de colapso moral absoluto e deserções em massa no nível da Rússia ou da França. Mais para o fim de novembro de 1917, a maior parte do Exército alemão recebeu ordem de descansar e se recuperar, em preparação para a Ofensiva da Primavera de Ludendorff, o primeiro ataque em massa da Alemanha em três anos, previsto para começar em março de 1918.

No início de 1918, mais de 1 milhão de soldados alemães já haviam viajado do teatro oriental para a Frente Ocidental a fim de se juntar à nova ofensiva planejada pelos generais Paul von Hindenburg e Erich Ludendorff. O tamanho do contingente reavivou os ânimos abatidos: finalmente, lá estava o Exército alemão com força total, concentrado em um só lugar para o massacre definitivo. Os dois comandantes estavam determinados a dar um último golpe esmagador nos Aliados, esperando que assim pudessem vencer a guerra. Para o obstinado Ludendorff, era uma questão de orgulho nacional (e pessoal): milhões de alemães haviam morrido a troco de nada? Não haveria recompensa alguma por um sacrifício tão absoluto?

Nem Hindenburg nem Ludendorff — ambos heróis da Frente Oriental — haviam avaliado devidamente a superioridade dos Aliados no Ocidente — em aeronaves, tanques e, com a vinda iminente das forças americanas e a recuperação dos franceses, uma reserva aparentemente ilimitada de homens descansados e mais bem equipados. Apesar dessas debilidades, os comandantes alemães viram a chance de sucesso entre a desmoralização das tropas britânicas e da Commonwealth em Passchendaele e a chegada dos reforços americanos e franceses no começo do verão de 1918. Era uma janela, apenas isso, mas por ela os alemães esperavam arremessar todo o seu poderio e esmagar os inimigos. Marte havia se alinhado a favor de Berlim no começo de 1918, ou pelo menos era o que parecia, incentivando Ludendorff a arriscar tudo em um contragolpe extraordinário que desintegraria os homens de Haig antes que os americanos e os franceses pudessem desequilibrar o jogo.

E assim, em 11 de novembro de 1917, um dia após o fim da Terceira Batalha de Ypres, Ludendorff e Hindenburg se reuniram com seus generais para começar os planos da primeira grande ofensiva da Alemanha desde 1915. A Ofensiva da Primavera — apelidada de *Kaiserschlacht*, ou Batalha do Imperador — prometia lançar até o último homem na boca da guerra. O início foi marcado para março de 1918, quando a Alemanha teria concentrado 192 divisões na Frente Ocidental contra 156 divisões dos Aliados. Pela primeira vez desde outubro de 1914, os Aliados seriam obrigados a travar uma batalha defensiva, com muito menos homens e armas que a Alemanha — uma inversão total da situação no começo de 1917.

Quando Hitler ficou sabendo do plano, nos confins do quartel-general de seu regimento, a esperança da vitória alemã se espalhou por seu corpo feito uma droga inebriante. Ele mais tarde escreveu que se sentia extasiado. Classificaria sua experiência de guerra — desde a participação nas primeiras ofensivas de 1914 até a última, em 1918 — como "as impressões mais impactantes da minha vida", e o lançamento do golpe final de Ludendorff era a mais eletrizante. Pela primeira vez em três anos, seu adorado Exército alemão estava na ofensiva, preparado para despejar tudo na Frente Ocidental. Mais tarde, Hitler descreveu uma sensação de abençoada salvação divina:

> Um suspiro de alívio se espalhou pelas trincheiras e pelos abrigos subterrâneos do Exército alemão quando enfim, após mais de três anos de resistência no inferno do inimigo, chegou o dia da desforra. Mais uma vez, os batalhões vitoriosos comemoraram e penduraram as últimas coroas de louros imortais em seus estandartes [...]. Mais uma vez as canções da pátria subiram aos brados até o céu acima das infindas colunas mortais, e pela última vez a graça do Senhor sorriu para Seus filhos ingratos.[27]

13. "Desde aquele dia sobre o túmulo de minha mãe eu não chorava"

No dia 21 de março, durante a Operação Michael, a etapa inicial da Ofensiva da Primavera, o poderoso arsenal de Ludendorff avançou pela França em uma reencenação espetacular de agosto de 1914. As conquistas dos Aliados nos dois anos anteriores, no Somme e em Arras, foram dominadas pelo rolo compressor da Alemanha conforme os alemães os forçavam a adentrar pelo território francês e recuperavam posições que haviam perdido a partir de 1914.

Desprovidas do contingente necessário para resistir à tormenta, as tropas da Inglaterra e da Commonwealth recuaram, sofrendo baixas que, segundo uma fonte, "superavam o 'açougue' de Passchendaele".[1] Não exatamente: a Operação Michael deixou cerca de 254740 soldados britânicos e franceses mortos, feridos ou desaparecidos, quase 20 mil menos do que as baixas dos Aliados na Terceira Batalha de Ypres.[2] As forças alemãs sofreram quase a mesma quantidade de baixas.

O Quinto Exército do general Sir Hubert Gough quase quebrou: na maior capitulação em massa da história do Reino Unido, 21 mil das 90882 baixas sofridas constituíam prisioneiros capturados. Gough foi demitido, na ironia mais peculiar de toda a sua carreira: seu nome estava associado a muitas ações que poderiam ter resultado em demissão, mas março de 1918 não devia ser uma delas. As formações sobreviventes do Quinto Exército resistiram com bravura. Um historiador destacou que, se tivessem cedido, "os alemães provavelmente teriam vencido a Primeira Guerra Mundial".[3]

Em abril, os Aliados já haviam recuado até Amiens. Na Operação Georgette, a fase seguinte da *Kaiserschlacht*, Passchendaele caiu em três dias. Contudo, incrivelmente, os britânicos mantiveram o controle de Ypres — na *Quarta Batalha de Ypres*. Pela segunda vez em quatro anos, Paris estremeceu com a ameaça de uma ocupação alemã. Os exércitos da Inglaterra, da Commonwealth e da França, que agora lutavam sob o comando supremo do marechal Ferdinand Foch, se viram diante da possibilidade de derrota.

No dia 11 de abril, em um desvio emocionado da habitual tranquilidade pétrea, Haig proferiu sua famosa ordem "de costas para a parede":

ORDEM ESPECIAL DO DIA
Por MARECHAL DE CAMPO SIR DOUGLAS HAIG
K.T., G.C.B., G.C.V.O., K.C.I.E.
Comandante em chefe, exércitos britânicos na França
Para TODAS AS FILEIRAS DO EXÉRCITO BRITÂNICO
NA FRANÇA E EM FLANDRES

Há três semanas, o inimigo começou seu extraordinário ataque contra nós em uma linha de frente de oitenta quilômetros. Seu objetivo é nos separar dos franceses, tomar os portos do Canal e destruir o Exército britânico...

Não nos resta alternativa a não ser resistir. Toda posição deve ser defendida até o último homem: não haverá retirada. De costas para a parede e confiantes na justiça de nossa causa, cada um de nós deverá lutar até o fim. A segurança de nosso lar e a liberdade da raça humana dependem da conduta de cada um de nós neste momento de crise.[4]

Recorrendo a todas as reservas de energia, as tropas britânicas e da Commonwealth se organizaram — e então contra-atacaram com todas as forças. A ofensiva alemã custou a ser rechaçada, no curso de uma retirada tortuosa que durou meses. Táticas fracassadas, treinamento apressado, desmoralização, falta de comida e munição e linhas de abastecimento insuficientes acabaram levando ao colapso da força alemã — agravado pela recuperação impressionante das tropas britânicas, australianas, neozelandesas e francesas, e pela chegada das primeiras unidades do Exército americano, composto de 500 mil homens. A sequência tática que havia frustrado os Exércitos da Inglaterra e da Commonwealth durante quase três anos — ataque, breve sucesso, resistência, contra-ataque, então impasse ou derrota — agora derrubou e destruiu o contragolpe de Ludendorff.

Em março e abril, o regimento de Hitler se envolveu em diversas batalhas em Picardy e Champanhe, atuando principalmente como unidade de apoio e combatendo mais para defender novos territórios conquistados. Contudo, ocorreu uma quantidade enorme de baixas, sobretudo na cidade de Montdidier. Ao final de abril de 1918, o regimento já havia perdido metade do contingente (e a divisão sofreu um volume semelhante de baixas) — entre mortos, feridos e doentes (incluindo muitos casos de gripe espanhola). Como sempre, foi a pobre e sofrida infantaria que recebeu o impacto mais forte. Na noite de 16 de abril, Justin Fleischmann, um novo recruta de dezoito anos (e, por acaso, judeu), havia registrado uma "artilharia terrível" e "muito bombardeio de gás" com "baixas graves". "No fim da tarde, marchamos para a linha mais avançada com só quarenta homens", e no percurso eles se perderam e enfrentaram uma pesada barragem de granadas. O próprio Fleischmann, um soldado valente, foi atingido na cabeça com estilhaços.[5] A comida estava em falta, o moral despencou de novo e as baixas foram às alturas.

No entanto, eles seguiram na luta, unindo-se ao esforço desesperado de Ludendorff em Chemin des Dames, no vale do Aisne — cenário de alguns dos embates mais sangrentos da guerra. Na primeira semana de junho, o Regimento List foi reduzido a um quarto do contingente original, com cerca de vinte a 25 homens por companhia.[6]

Em um dos confrontos mais terríveis desses últimos meses da guerra, a Segunda Batalha do Marne — uma repetição humilhante de setembro de 1914 —, os alemães literalmente enfrentaram resistência ao ponto do impasse naquela que seria sua última ofensiva na guerra. Os Aliados utilizaram centenas de tanques e aeronaves; as fileiras se encheram de soldados americanos novos. Contemplando o impossível, muitos soldados da infantaria alemã simplesmente deram meia-volta e fugiram. Mais tarde, Hitler expressaria fúria e desgosto pela capitulação em massa de seu adorado exército e viria a se recusar a aceitar a verdade do que presenciara.

A essa altura, o Exército alemão já estava esgotado. A Ofensiva da Primavera o fizera reconquistar muito território, mas ao custo de milhares de homens que não poderiam ser repostos. Em 8 de agosto, os Aliados lançaram o que viria a ser sua última ofensiva, conhecida hoje como a Ofensiva dos Cem Dias (8 de agosto a 11 de novembro de 1918), uma série de vitórias rápidas que infligiram um golpe fatal na guerra alemã. Finalmente os americanos entravam na França: 39 divisões chegariam até o fim de setembro. E a fênix da Commonwealth, endurecida pela batalha, se erguera das cinzas de Flandres: os australianos agora combatiam como parte de um único exército nacional, injetando nas fileiras um fervor patriótico revigorado. O recém-formado Corpo Australiano, sob o comando do general Sir John Monash, estava prestes a superar algo que ninguém teria imaginado possível um ano antes, quando suas tropas estiveram imobilizadas nos pântanos sob Passchendaele. (Um vislumbre de sua recuperação fora a captura do vilarejo de Hamel em 4 de julho, prelúdio de enorme valor simbólico para o que os aguardava.)

Em 8 de agosto de 1918, ingleses, australianos, neozelandeses e canadenses irromperam de Amiens e, junto com os franceses logo ao sul, destroçaram as fileiras alemãs, capturaram 12 mil prisioneiros e 450 canhões, provocaram outras 15 mil baixas e avançaram treze quilômetros, a maior conquista jamais realizada na Frente Ocidental em um único dia (a Terceira Batalha de Ypres levou três meses e meio para conquistar uma distância menor, de oito quilômetros). Nos cinco dias que se seguiram, o Corpo Canadense derrotou ou afugentou dez divisões alemãs completas, capturando 9131 prisioneiros e 190 peças de artilharia, avançando 22 quilômetros e liberando uma área de mais de 173 quilômetros quadrados.

Hitler e os outros mensageiros ficaram relativamente ociosos durante esses últimos meses turbulentos, exceto por alguns momentos de muita atividade e uma ocasião de distinção pessoal. Ele havia passado a maior parte de 1918 dentro do quartel-general do regimento, na retaguarda, esperando ordens. Algum tempo antes, no mesmo ano, o regimento recuara para Comines, para descansar de novo. Na ocasião, Hitler por acaso viu uma carta enviada pela namorada de seu companheiro Balthasar Brandmayer e perguntou, com bom humor:

"Brandmoari [sic], Trutschnelda escreveu de novo?"
"Acertou", respondeu Brandmayer. "Você nunca quis uma garota?"

"Olha", disse Hitler, "nunca tive tempo para essas coisas. E não quero."

"Você é estranho, Adi! Nunca vou entender! Você não tem jeito."

Um soldado interveio: "E se eu achasse uma *mam'selle* para nós?".

Nesse momento, Hitler se levantou de um salto e exclamou: "Eu me mataria de vergonha antes de fazer amor com uma mulher francesa".

O comentário foi recebido com gargalhadas. "Olha só o monge!", gritou um soldado.

A expressão no rosto de Hitler ficou séria, e ele perguntou aos companheiros: "Vocês não sentem mais a honra de ser alemão?".[7]

Hitler continuava mais arrogante do que nunca, mesmo com a guerra a ponto de acabar. Enquanto isso, seus companheiros achavam que podiam relaxar: estavam longe do perigo, bem afastados das tribulações que ainda aconteciam com os soldados na linha de frente.

Entretanto, os homens da infantaria alemã que voltavam do combate tinham sido reduzidos a carcaças insensíveis, marcados por uma "indiferença embrutecida" ao sofrimento, segundo a descrição de um historiador alemão: "A morte perdeu o terror, já que ela permanece ao nosso lado constantemente a cada hora do dia e da noite. O campo mais fértil para o instinto das linhas de frente é o espírito de 'não dou a mínima'".[8]

Os quatro anos de guerra haviam criado um "tipo novo de soldado alemão", que voltava aos tropeços para a retaguarda — um soldado que, conformado ou indiferente ao que haveria de ser dele, dava pouco ou nenhum valor à vida, a medalhas ou elogios. Esses soldados rasos receberam o carinhoso apelido de *Frontschweine* [porcos da linha de frente]. Para começar, eles rejeitavam a disciplina militar, faziam amizade com os comandantes de pelotão e companhia que estavam junto com eles na lama e desprezavam todo soldado da retaguarda. Hitler sentiu a acidez da postura deles. Partilhava dos confortos dos porcos da retaguarda, mas suas aparições regulares como mensageiro ajudaram a atenuar as críticas dos *Frontschweine*: afinal, ele ainda servia de contato com o front quando as linhas telefônicas caíam.

Em meados de 1918, o típico porco da linha de frente já estava em estado de "choque mental" e se limitava a seguir mecanicamente o embalo do combate. A maioria deles havia abandonado todas as esperanças, e o epítome disso foi um prisioneiro alemão ferido que se sentou ao lado do jornalista britânico

Philip Gibbs. "Estamos perdidos", disse ele a Gibbs. "Minha divisão já era. Todos os meus amigos morreram." Quando Gibbs perguntou ao prisioneiro o que os oficiais dele achavam, o homem fez um gesto de deboche com o dedo embaixo do nariz: "Eles também acham que estamos *kaput*; só querem saber do fim da guerra".[9]

No fim de julho, o regimento de Hitler foi para Le Cateau, no Somme, cenário de quase quatro anos de massacres. Ali, a sorte dele estava prestes a virar uma ação que daria enorme impulso à sua ascensão ao poder e estabeleceria sua reputação como herói de guerra. Debaixo de fogo excepcionalmente pesado, Hitler e outro soldado arriscaram a vida para entregar mensagens. Por tal ato, os dois foram condecorados com a Cruz de Ferro de primeira classe, em 31 de julho de 1918. O certificado de Hitler dizia:

> Como mensageiro, demonstrou fria coragem e exemplar ousadia tanto em guerra de posição quanto em guerra de movimento, e sempre se ofereceu para arriscar a própria vida a fim de levar mensagens nas situações mais difíceis. Em condições de imenso perigo, quando todas as linhas de comunicação se encontravam interrompidas, a atividade incansável e destemida de Hitler permitiu a transmissão de despachos importantes.[10]

Mais tarde na carreira de Hitler, os inimigos políticos dele alegariam que a comenda teria sido apenas por favoritismo do comando por um "porco da retaguarda", e o recente livro *Hitler's First War*, de Thomas Weber, dedica-se a argumentar que ele era um absoluto covarde.[11] Está na hora de pôr um fim à polêmica quanto à bravura de Hitler como soldado. A verdade se contaminou com as alegações, por parte da propaganda nazista, de que Hitler teria realizado feitos sobre-humanos na guerra, como capturar prisioneiros sozinho e liderar ataques (quando ele não fez nada disso).

No entanto, seus oficiais forneciam a avaliação mais clara do desempenho de Hitler em combate, e, embora alguns tivessem se influenciado por suas opiniões políticas posteriores, soldados costumam seguir um código tácito: falar de outros soldados com franqueza ou não falar nada. O tenente-coronel Friedrich Petz, que substituiu Engelhardt no comando do regimento de Hitler até março de 1916, viria a descrevê-lo em fevereiro de 1922 como um soldado de "ousadia pessoal" e "coragem destemida", cuja "calma de aço e frieza jamais o abandonaram". "Nas situações mais perigosas, ele sempre se oferecia para levar despachos à linha de frente e os entregava com sucesso."[12] Um relato com mais credibilidade seria o do capitão Fritz Wiedemann, ajudante do regimento que mais tarde se desentenderia com o Führer. Em 1945, ele afirmaria que Hitler havia sido "o paradigma do soldado desconhecido".[13]

O fato é que Hitler era um daqueles exemplos excepcionais, que havia nos dois lados, de soldado que não desistia nunca, que se deleitava com a guerra, o combate, as conquistas, a ação. Para tal tipo de homem, a guerra era a sublimação do espírito, o sacrifício mais nobre e elevado. Afirmação constante dessa certeza, a coragem deles era ditada pela imprudência e pela obstinação. Hitler era esse tipo de homem; assim como o futuro escritor Ernst Jünger, muito condecorado. A comparação é intrigante: ambos foram feridos (Jünger, algumas vezes; Hitler, duas); ambos voltaram duas vezes a batalhas em Flandres, um dos piores setores da Frente Ocidental; ambos receberam a Cruz de Ferro duas vezes (de primeira e segunda classe). Jünger também receberia a *Pour le Mérite*, a maior condecoração possível para soldados alemães de sua graduação. E ali terminava a comparação: depois da guerra, Jünger se recusou repetidas vezes a ingressar no Partido Nazista, fornecer apoio ou incluir seu nome em qualquer obra deles, para a fúria de Hitler e de seus seguidores.

Voltando à nova comenda de Hitler: poucos soldados comuns recebiam a Cruz de Ferro, e os que recebiam duas eram muito raros. Então, ou Hitler contava com o apoio de amigos poderosos (não há nada que indique isso) ou ele havia demonstrado grande coragem.

A resposta se encontrava com o oficial que o indicara para a condecoração: o primeiro-tenente Hugo Gutmann. Ele de modo algum era um burocrata que tinha inclinação a inventar medalhas para seus amigos. Era um oficial corajoso e muito condecorado, com larga experiência de liderança durante combates em sua unidade. Em janeiro de 1916, o próprio Gutmann havia recebido a Cruz de Ferro de primeira classe por, segundo o certificado, "ação enérgica e destemida" e "discernimento excepcional e grande coragem" na Batalha do Somme.[14] Por essas e outras distinções, era muito admirado por outros soldados.

Ele havia prometido recomendar a Cruz de Ferro de primeira classe a Hitler e outro mensageiro se eles conseguissem cumprir uma missão muito difícil, o que ambos fizeram. Contudo, ainda que valente, a ação não foi "extraordinariamente excepcional", e Gutmann levou semanas para convencer o comandante do regimento a confirmar a comenda.[15] Apesar disso, restam poucas dúvidas de que a condecoração reconhecia a coragem de Hitler.

Havia mais um motivo para a segunda Cruz de Ferro de Hitler ter chamado a atenção: Gutmann por acaso era o judeu de patente mais alta no Regimento List. O episódio demonstra a extensão que Hitler ainda teria que percorrer para se tornar o autor de *Minha luta*. Se ele tivesse sido um antissemita tão decidido e feroz nos anos da guerra, como alegaria mais tarde, Gutmann decerto saberia e provavelmente jamais teria se esforçado para garantir uma condecoração tão elevada ao antissemita mais notório do regimento.

A verdade é que, na época da condecoração, Hitler não exibia nenhuma hostilidade ostensiva em relação a Gutmann, fosse por sua religião ou qualquer outro pretexto, pelo simples motivo de que não nutria na ocasião nenhum ódio declarado pelos judeus. Parece que, se havia algum rancor crescente, ele o guardou para si.

Essa história constitui uma nota de rodapé sinistra em sua ascensão ao poder. Como chanceler e Führer, Hitler afirmava que só portava a Cruz de Ferro de segunda classe, seu maior objeto de orgulho pessoal e confiança política; recusava-se, misteriosamente, a usar a comenda de primeira classe. Mais tarde ele explicou em *Tischgespräche im Führerhauptquartier*, em uma conversa de 15 de maio de 1942, que usava a medalha inferior em "protesto" contra o processo que também havia condecorado um judeu: "Na Primeira Guerra Mundial, eu não usava minha Cruz de Ferro de primeira classe porque sabia como ela era concedida. Meu regimento tinha um judeu chamado Guttmann [sic], que era um covarde horrível. Ele tinha a Cruz de Ferro de primeira classe. Era revoltante".[16]

Hitler, claro, estava mentindo: Gutmann havia sido um soldado de coragem excepcional. Tampouco era coerente em sua motivação para usar a comenda inferior. Antes de subir ao poder, era comum ele usar a Cruz de Ferro de primeira classe com orgulho — por exemplo, durante o Putsch de Munique —, quando a participação de Gutmann ainda não era conhecida e a medalha superior servia às ambições políticas de Hitler.

Mais tarde, a propaganda nazista removeu o nome de Gutmann da história: era inadmissível que um judeu tivesse desempenhado um papel tão crucial na ascensão do Führer. O certificado não foi preservado. Os nazistas distorceram o desempenho de Hitler na guerra a um nível sobre-humano: por exemplo, em uma das histórias ridículas que o partido inseriu nos livros didáticos da era nazista, Hitler havia capturado um grupo inteiro de soldados ingleses (ou às vezes eram *poilus* franceses), sozinho e armado apenas com uma pistola.

Em agosto, canadenses, australianos e neozelandeses pulverizaram o Exército alemão em Albert e Arras. A divisão bávara de Hitler participou da defesa e manteve arduamente sua posição sob intenso ataque até ser obrigada a recuar. Com o tempo, os homens foram substituídos e enviados à fronteira da Bélgica com a Holanda, onde descansaram e visitaram Ostend. Hitler aceitou um convite para passear em um submarino. No fim de setembro, os bávaros receberam ordem para voltar à luta e vivenciar um pouco dos últimos confrontos — na *Quinta* Batalha de Ypres. O soldado Ignaz Westenkirchner, mensageiro junto com Hitler, descreveu os eventos que conduziram ao último e terrível episódio de combate do futuro Führer — um episódio com profundas consequências para a posteridade:

> Pela terceira vez voltamos ao mesmo terreno, disputado em 1914. Tínhamos que defendê-lo centímetro a centímetro, tudo de novo [...]. Na noite de 13 para 14 de outubro de 1918, os estouros, os silvos e os rugidos dos canhões foram acompanhados de algo ainda mais mortífero do que o normal [...]. De repente, o bombardeio arrefeceu, e no lugar das granadas veio um cheiro acre peculiar.
>
> Correu pelas trincheiras a notícia de que os ingleses estavam atacando com gás cloro. O Regimento List ainda não havia tido contato com aquele tipo de gás, mas recebemos ali uma dose completa. Quando botei a cabeça para fora da trincheira, para dar uma olhada rápida, vi-me diante de uma massa pavorosa de monstros. Os homens deram lugar a criaturas com máscaras de absoluto horror. Na hora vesti minha máscara de gás! Passamos horas ali, enquanto aquela substância maligna envenenava todo o ar que aspirávamos.
>
> De repente, um dos rapazes não conseguiu aguentar mais. Ele se levantou, arrancou a máscara da cabeça e do rosto, arfante, e se viu no meio do veneno branco-esverdeado. Aquilo o pegou pela garganta e o jogou para trás, sufocando, engasgando, matando...

Westenkirchner relatou que o bombardeio de gás prosseguiu até a alvorada, intercalado por explosivos pesados:

Nós nos agarramos ao chão arrasado e destruído, caídos, volumes irreconhecíveis de sujeira e terra, abrigados dentro das crateras cheias d'água abertas por explosões anteriores. Estávamos praticamente aniquilados. Só sobravam alguns de nós. A maioria estava lá, massas enegrecidas, para sempre imóveis...

Por volta das sete da manhã, Hitler foi enviado com uma ordem para nossa retaguarda. Caindo de exaustão, ele saiu aos tropeços [...]. Seus olhos ardiam, doíam, queimavam — gás, imaginou ele, ou mero cansaço. Fosse o que fosse, piorou rapidamente. A dor era horrível, e logo ele não conseguia enxergar nada além de fumaça. Tropeçando, e caindo repetidas vezes, ele avançou até onde podia. Sempre que caía ao chão, era cada vez mais difícil fazê-lo se levantar. Na última vez, seus resquícios de energia foram gastos para remover do rosto a máscara [...] ele não conseguia lutar mais [...] seus olhos eram carvões acesos [...]. Hitler tombou. Só Deus sabe quanto tempo os maqueiros levaram para encontrá-lo.[17]

Isso foi na manhã de 14 de outubro, um dia depois de Hitler voltar de licença. Os homens do List haviam sofrido ataque continuado das forças britânicas perto de Comines, a sudeste da saliência de Ypres. Hitler e dois outros mensageiros foram atingidos com gás mostarda, não gás cloro, que é mais letal. Em *Minha luta*, ele relatou que seus olhos "queimavam", "e às sete da manhã voltei aos tropeços [...] levando junto meu último despacho da guerra. Algumas horas depois, meus olhos pareciam carvão em brasa; tudo à minha volta eram trevas".[18]

Ele sofreu de exposição ligeira ao gás mostarda, cujos sintomas podem levar horas para aparecer: bolhas na pele, inchaço e lacrimação dolorosa nos olhos, seguidos de cegueira temporária que pode durar até dez dias.[19] Em outras palavras, Hitler sabia que não tardaria a sucumbir aos efeitos do gás, então usou as poucas horas entre o envenenamento e o início dos sintomas para cumprir sua última missão.

Segundo um relatório de inteligência americano, inicialmente se suspeitava que Hitler estaria sofrendo de "histeria de guerra", e ele foi transferido para uma ala psiquiátrica.[20] Se for verdade, os médicos nitidamente se enganaram no diagnóstico. É consenso entre documentos da época e a imensa maioria dos historiadores que Hitler tenha sofrido um ataque a gás; o próprio Hitler o disse, e ele não tinha motivo para mentir. Contudo, ainda que aceitemos que ele foi acometido ao mesmo tempo de alguma forma de histeria (e as fontes que sustentam essa hipótese são "especulativas"), seria possível a bizarra coincidência de que uma espécie de cegueira psicossomática tenha substituído ou acompanhado os sintomas de exposição ao gás mostarda?[21]

O tratamento que Hitler teria recebido para "cegueira histérica" é uma história mais estranha ainda. Segundo uma hipótese formulada por Rudolph Binion, o falecido "pai da psico-história", Hitler experimentou uma profunda transformação de personalidade no hospital sob os cuidados de um cirurgião chamado professor Edmund Forster. O tratamento de Forster consistiria em submeter o paciente a um transe hipnótico, do qual Hitler aparentemente não teria saído. A ideia de um Hitler hipnotizado, vagando eternamente enfeitiçado pela Terra para disseminar o caos, foi descartada com firmeza.[22] A verdade é menos pitoresca: Hitler sofria dos sintomas clássicos de um ataque brando com gás mostarda. Ele foi colocado em um vagão hospitalar de trem com destino a uma clínica em Pasewalk, na Pomerânia, ao norte de Berlim. Ainda que muito agitado, se não histérico, sabia que sua condição era temporária.

Enquanto isso, em outubro de 1918, os Aliados haviam obrigado os alemães a recuar para o ponto de onde havia partido a Ofensiva da Primavera. Ainda no mesmo mês, forças britânicas ocuparam o litoral da Bélgica e tomaram as bases de submarino alemãs, cumprindo a meta original da Terceira Batalha de Ypres no ano anterior. Golpe após golpe, os alemães foram rechaçados da França e da Bélgica. Em novembro, com perdas prodigiosas dos dois lados, os Aliados haviam reconquistado todo o terreno perdido para os alemães desde o início do ano.

Ludendorff jamais se recuperaria do pesadelo. Ele havia apelidado o dia 8 de agosto, o primeiro da Batalha de Amiens, de Dia Negro do Exército Alemão, mas nos Cem Dias que se seguiram houve muitos outros dias negros, em que algumas de suas melhores unidades foram destruídas ou completamente devastadas, no golpe humilhante que pôs fim à sua guerra. As forças alemãs se renderam em massa ou foram aniquiladas. O Exército alemão havia sofrido uma sonora derrota onde mais doía: no campo de batalha.

Dentro do país, os socialistas, os comunistas e outros grupos de oposição lideravam os protestos contra a guerra. Em Berlim, políticos de esquerda exigiam o início das negociações pela paz. Vários deles acusavam os comandantes militares de cometerem suicídio nacional: entre março e julho de 1918,[23] tinham sido mortos, feridos ou capturados cerca de 880 mil soldados alemães, e mais tarde seria revelado que 1 621 035 soldados alemães haviam perdido a vida naquele ano.[24] Os protestos eram gritos de desespero de um país arrasado.

No centésimo dia, os homens de Haig — os exércitos da Inglaterra e da Commonwealth — haviam triunfado, capturando 188 700 prisioneiros e 2840 canhões, quase o mesmo que o total somado dos exércitos muito maiores dos Estados Unidos e da França. Nesse sentido, a grande contraofensiva dos Aliados em 1918 "foi, de longe, a maior vitória militar da história da Inglaterra", segundo o historiador Gary Sheffield.[25]

O impacto esmagador das conquistas dos Aliados convenceu Hindenburg e Ludendorff a pedirem a paz. A Alemanha assinou o armistício em 11 de novembro de 1918.

Imerso em trevas, temporariamente cego por causa do gás, Hitler recebeu a notícia. Em 12 de novembro, o capelão do hospital reuniu os pacientes: ontem, disse ele, a Alemanha se rendeu.

O impacto psicológico intensificou o sofrimento de Hitler. Para ele, era um dia de infâmia. A Alemanha não tinha sido derrotada! A Alemanha jamais se renderia! A população civil tinha matado o exército! Tais pensamentos alimentaram um rio de negação por parte de um povo humilhado que se recusava a aceitar a derrota militar da Alemanha e ansiava por um registro alternativo que restaurasse o orgulho nacional.

O peso colossal desses pensamentos, o horror da derrota e as imensas repercussões para a amada pátria abalaram a mente do jovem cabo que se contorcia no leito em Pasewalk. Dominado pela tristeza, Hitler ruiu:

Eu [...] me debati na cama, enfiei a cabeça febril no cobertor e no travesseiro. Desde aquele dia sobre o túmulo de minha mãe eu não chorava [...]. Quando nos longos anos de guerra a morte ceifara tantos caros companheiros e amigos de nossas fileiras, queixar-me teria parecido quase um pecado — afinal, não estavam eles morrendo pela Alemanha? E quando enfim o gás sorrateiro dos últimos dias da luta terrível me atacou também e começou a corroer meus olhos, e sob o medo de para sempre ficar cego, quase perdi a esperança por um instante, a voz da minha consciência bradou comigo: Verme miserável, vai chorar quando há milhares que sofreram cem vezes mais que você? Mas agora eu não conseguia evitar.[26]

14. "O que era toda a dor nos meus olhos diante daquele tormento?"

As faixas no rosto de Hitler foram removidas. Aos poucos, os olhos do cabo, afetados pelo gás, reencontraram a luz. Ele contemplou um novo mundo: uma Alemanha derrotada, um povo humilhado, seu adorado Exército rendido e arrasado.

Enquanto jazia no leito de Pasewalk, no inverno de 1918, impotente e desolado, Hitler recebeu mais notícias, sobre a capitulação em massa do Exército, a fuga do cáiser e uma revolução marxista no país. Ele ficou revoltado. Tremeu de raiva. Recusou-se a aceitar a derrota. Jurou vingança.

Mais tarde, Hitler retrataria aquele momento no hospital de Pasewalk como um despertar terrível, em que sua vida inteira se aglutinou em torno de uma única ideia urgente: vingar o Exército alemão de seus inimigos domésticos, que viriam a se tornar conhecidos como os "criminosos de novembro" — sobretudo, comunistas, socialistas e judeus —, a quem ele culpava pela derrota da Alemanha. Hitler acreditava, do fundo de sua alma, na ideia de uma conspiração monstruosa e traiçoeira, a famosa "punhalada pelas costas" do Exército alemão. A expressão, usada originalmente pelo general britânico Sir Neill Malcolm, chefe da Missão Militar Britânica em Berlim no outono de 1919, foi apropriada por Ludendorff assim que ele a ouviu na época.[1] Alguns anos depois, o partido de Hitler iria adotá-la como um de seus temas políticos característicos.

Winston Churchill colaborou muito para reforçar o "momento de Pasewalk" de Hitler. No primeiro volume de *Memórias da Segunda Guerra*

Mundial, sua história do conflito, o líder britânico associa a transformação do "soldadinho" Hitler em fonte de ódio político à recuperação da vista no leito hospitalar:

> Prostrado no leito, cego e impotente [...], parecia que seu próprio fracasso pessoal se fundia ao desastre de todo o povo alemão. O choque da derrota, o colapso da lei e da ordem, o triunfo dos franceses causaram nesse ordenança de regimento em convalescença uma agonia que lhe consumia o ser e gerou aquelas portentosas e desmesuradas forças de espírito que podem constituir a salvação ou a ruína da humanidade. A queda da Alemanha lhe parecia inexplicável por processos comuns. Houvera em algum ponto uma gigantesca e monstruosa traição. Solitário e isolado, o soldadinho ponderava e especulava as possíveis causas para a catástrofe, orientado apenas por suas limitadas experiências pessoais. Em Viena, ele havia se misturado a grupos de ultranacionalistas alemães, e ali ele ouvira relatos de atividades sinistras e nocivas de outra raça, inimigos e exploradores do mundo nórdico — os judeus. Sua ira patriótica se fundiu à sua inveja dos ricos e bem--sucedidos para criar um ódio avassalador.[2]

Em *Minha luta*, Hitler descreveria Pasewalk como uma experiência religiosa, na qual *ele* fora escolhido pela Providência Divina como salvador do povo alemão, destinado a liderar a nação, tal qual Rienzi, para longe das trevas e rumo à luz. Uma vida nova dançava diante de seus olhos inúteis, e nas sombras turvas ele sentiu o primeiro impulso agudo de entrar para a política — ou seria isso que alegaria mais tarde.

Em um trecho de desespero crescente e ódio calcinante, Hitler reviveu seus dias cego como uma epifania tremenda, em que emergia como o vingador da Alemanha, a personificação do *Übermensch*. Repare nas repetidas menções às experiências de guerra como elemento motivador — principalmente as batalhas em Ypres em 1914 e o Massacre dos Inocentes em Langemarck:

> E tudo fora em vão. Em vão todos os sacrifícios, todas as privações [...] em vão as horas em que, mesmo com o coração nas garras de um medo mortal, cumprimos com nosso dever; e em vão a morte de 2 milhões. [...]
>
> Não se abririam os túmulos de todas as centenas de milhares [...] para enviar de volta os silentes heróis, cobertos de lodo e sangue, como espíritos vingadores

à pátria que os traíra com tamanho escárnio do máximo sacrifício que um homem pode fazer por seu povo no mundo?

Eles haviam morrido por aquilo, os soldados de agosto e setembro de 1914? Fora por aquilo que, no outono daquele mesmo ano, os regimentos de voluntários tinham marchado até seus antigos companheiros? Fora para aquilo que rapazes de dezessete anos tinham afundado na terra de Flandres? Era aquele o sentido do sacrifício que a mãe alemã fizera pela pátria quando, com o coração aflito, deixara que seus amados filhos marchassem para nunca mais voltar? Aquilo tudo acontecera apenas para que um bando de criminosos sórdidos pusesse as mãos na pátria? [...]

Bandidos miseráveis e degenerados!

Quanto mais eu tentava naquela hora alcançar uma iluminação sobre o evento monstruoso, mais o vexame da indignação e da desgraça queimava minha face. O que era toda a dor nos meus olhos diante daquele tormento?

Nos dias terríveis que se seguiram [após a rendição da Alemanha], e nas noites piores ainda, percebi que estava tudo perdido. Apenas idiotas, mentirosos e bandidos podiam contar com a misericórdia do inimigo. Naquelas noites, o ódio cresceu em mim, ódio por todos os responsáveis por tal ato.

Nos dias que se seguiram, meu próprio destino se revelou a mim [...]. O cáiser Guilherme II foi o primeiro imperador alemão a estender a mão em conciliação aos líderes do marxismo, sem desconfiar que canalhas não têm honra. Ao mesmo tempo que apertavam a mão imperial, com a outra puxavam a faca.

Não há acordo a se fazer com os judeus; a única opção é a força: "se não".

Quanto a mim, decidi entrar para a política.[3]

Sem dúvida era sincero o sentimento que Hitler expressa aqui de humilhação pela derrota e de fúria por seus companheiros. Contudo, o restante desse trecho de *Minha luta*, escrito seis anos após Pasewalk, é uma grande distorção realizada para fins políticos. Em 1918, ele não visava à ação política ou à vingança; era um soldado ferido sem futuro. Em *Minha luta*, infundiu retroativamente um poder transformador a seu período de convalescência, brandindo uma varinha de condão na gênese do "Führer". É o político Hitler quem projeta em sua cegueira no leito um instante de "iluminação" que dava impulso ao crescimento da lenda e às ambições políticas dos nazistas. Como veremos, essa é a voz do líder jactancioso do golpe fracassado em Munique, preso por "traição" e desesperado para tentar reconstruir sua carreira política.

Kershaw aponta que a coincidência da cegueira e da derrota alemã foi "um passo crucial na jornada de Hitler rumo à racionalização de seus preconceitos".[4] Mais que isso, Hitler depois caracterizaria a disputa de poder do Partido Nazista como uma reação às "revelações" que tivera em Pasewalk — muitas das quais ainda viriam a ocorrer. Em suma, ele idealizou em *Minha luta* o instante "messiânico" em nome de uma unificação.

É possível que o momento da "conversão" de Hitler à revolução política regida por um antissemitismo brutal permaneça para sempre um mistério, mas não foi Pasewalk. Algumas semanas de repouso em um leito militar não criaram o "Führer", por mais que os mitos inventados por Hitler e pela fábrica nazista de lendas tentem nos fazer crer. O líder recém-forjado da Alemanha não emergiu das brumas para governar o mundo. O Führer surgiu gradativamente, como veremos, em uma série de fracassos desajeitados e sucessos impressionantes e da aplicação de talentos políticos que ele ainda não sabia que tinha.

Isso não significa que não aconteceu nada com Hitler no hospital de Pasewalk: a notícia da derrota da Alemanha o fez concentrar sua memória nos milhares de soldados mortos e feridos — em Ypres, no Somme e em outras batalhas. Sua ira se debateu em busca de culpados, clamando por vingança contra um grupo de inimigos ainda indeterminado: os que haviam entregado a pátria.

Liberado do hospital em 21 de novembro de 1918, Hitler voltou a Munique depois de passar um mês em Traunstein, no sudeste da Baviera, onde serviu como guarda em um campo de prisioneiros. Ao contrário da ideia de sua "conversão" à política durante a convalescência, ele não perseguiu nenhuma atividade política na ocasião nem considerava a política uma carreira viável, pelo menos por mais um ano. Ele permaneceu no Exército, em parte por motivos financeiros. Entrou para um batalhão de reposição, com a esperança de ficar nas Forças Armadas pelo máximo de tempo possível. Ali, encontrou vários antigos companheiros, alguns dos quais viriam a se tornar nazistas proeminentes.

Hitler se viu diante de uma sociedade corrompida, rachada pela guerra e pela miséria: soldados contra civis; a extrema direita contra a extrema esquerda; milícias vagando pelas ruas; um antissemitismo virulento disseminando-se pelas cidades. Em 7 de novembro, o rei Ludwig III fugiu para Salzburg, enquanto o cáiser Guilherme II era instado a abdicar. Depois de fugir para o exílio na Holanda, ele formalizaria sua abdicação, encerrando setecentos anos da dinastia Hohenzollern no poder. Em Munique, a ala marxista do Sozialdemokratische Partei Deutschlands (SPD), liderada pelo jornalista Kurt Eisner, invadiria as guarnições militares e assumiria o controle, declarando que a Baviera era um "Estado livre" e uma república.

Antes de mergulharmos na política da Baviera e na participação de Hitler nela, vamos primeiro recuar rapidamente e examinar as condições do Reich pós-guerra como um todo. A Alemanha era um país arrasado, em absoluto caos político, econômico e social. Já vimos o impacto da guerra nos estoques de alimentos e na economia. Agora, o aparato e os símbolos do Estado alemão estavam a ponto de ruir: a bandeira e o brasão de armas foram removidos e trocados; o Exército, a Marinha e a Força Aérea Imperial foram dissolvidos após a rebelião dos marinheiros na caserna de Kiel entre o fim de outubro e o começo de novembro; e o governo imperial implodiu.

A dita Revolução de Novembro de 1918 agitou o país, conforme dois partidos da esquerda recém-fortalecida disputavam a supremacia: o radical Partido Social-Democrata Independente (Unabhängige Sozialdemokratische Partei Deutschlands, ou USPD), que queria uma economia de comando inspirada no modelo soviético, e o Partido Social-Democrata (SPD), também conhecido como Maioria SPD (Mehrheits-SPD, ou MSPD), que propunha uma democracia parlamentar.

Em 9 de novembro de 1918, Philipp Scheidemann, uma figura de liderança no MSPD, declarou a formação da República Alemã no edifício do Reichstag em Berlim, mas, algumas horas depois, seu momento de glória foi abalroado pela proclamação concorrente de uma República Socialista Livre no Stadt-schloss [palácio municipal] de Berlim por Karl Liebknecht, líder da comunista Spartakusbund, a Liga Espartaquista, que também tinha como líder Rosa Luxemburgo e era formada por centenas de pessoas favoráveis à Revolução Russa que haviam se aliado à USPD em 1917.

Nas coxias desse teatro de caos se ocultava o moderado Friedrich Ebert, líder do MSPD, que, furioso com a declaração peremptória de poder por parte de Scheidemann em nome do partido que ele (Ebert) controlava, insistia que o futuro do país fosse decidido por uma assembleia nacional, a qual, se o povo desejasse, poderia até restaurar outro monarca. O cáiser formalizaria sua abdicação em 28 de novembro de 1918, deixando o país sem chefe de Estado.

Na ocasião, Ebert foi levado a assumir o poder à frente de um governo chamado Conselho dos Representantes do Povo (*Rat der Volksbeauftragten*), que obrigaria o MSPD a dividir o poder com seus inimigos espartaquistas e independentes na esquerda radical e absorver centenas de conselhos soviéticos de operários e soldados que haviam sido estabelecidos durante a revolução para implementar o socialismo e derrubar o antigo regime.

Ebert fez isso em meio a um clima de perigo extremo, expressado de forma brutal pelo assassinato, na prática por ordem dele, de Liebknecht e Luxemburgo pelo *Freikorps* — a nova força paramilitar nacional, integrada sobretudo por veteranos de guerra —, que Ebert utilizou para destruir a revolução comunista. Capturados em Berlim no dia 15 de janeiro de 1919 pela Divisão de Fuzileiros da Guarda de Cavalaria do *Freikorps*, Luxemburgo e Liebknecht foram interrogados sob tortura e fuzilados separadamente. O corpo de Luxemburgo foi desovado no canal Landwehr.

Os tremores revolucionários de Berlim logo alcançaram outras cidades alemãs. Em Munique, após destronar o rei bávaro, Kurt Eisner se tornou o primeiro premiê republicano do Estado socialista da Baviera. Em termos bolcheviques, Eisner instalaria uma "ditadura do proletariado" moderada. Ele fez reformas liberais, como estabelecer a jornada de trabalho de oito horas. A princípio, seu governo não foi violento: a "revolução" marxista na Baviera se destacou por um cenário de festas exuberantes, histeria, dança nas ruas, indulgência sexual — todos os prazeres boêmios apreciados pela sociedade alemã do pós-guerra e desprezados pelo veterano abstêmio e conservador social Adolf Hitler. Mas a revolução de Eisner não duraria muito. Ele, judeu alemão, tinha poucos amigos e muitos inimigos violentos. Em 23 de novembro, cometeu o erro de admitir a culpa da Alemanha ao deixar vazar provas da influência do país na declaração de guerra do Império Austro-Húngaro contra a Sérvia, o que ele acreditava demonstrar que "um pequeno bando de militares prussianos loucos", aliados a industrialistas, capitalistas, políticos e príncipes, havia iniciado o conflito.[5]

A partir de então, aos olhos dos patriotas alemães da direita, Eisner se tornou um homem condenado, um "traidor" da Alemanha. Ele foi assassinado em 21 de fevereiro de 1919 pelo conde Anton Arco auf Valley, um tenente de 22 anos e nacionalista alemão que defendeu assim suas ações: "Eisner é bolchevista e judeu. Não é alemão [...]. É um traidor da pátria".[6] O assassinato inflamou a esquerda: os soldados que apoiavam a revolução organizaram a criação de um soviete (ou conselho) bávaro, regido por um governo provisório de características soviéticas.

O espectro de uma dominação russa da Baviera deixou a bancada conservadora horrorizada, e seu impacto foi sentido em Berlim, de onde o Conselho de Representantes enviou imediatamente fundos para ajudar partidos moderados a resistir ao levante comunista que se seguiu ao assassinato de Eisner. O centrista Partido Popular Católico da Baviera e um punhado de grupos de extrema direita trataram de esmagar o monstro marxista que por um instante conseguira assumir o controle do Estado.

Para "liberar" Munique dos marxistas, as autoridades da Baviera recorreram principalmente ao *Freikorps*. Se a princípio ele atuava tanto em nome de líderes da esquerda quanto da direita, adquiriu a reputação de um grupo de justiceiros radicais de direita já no começo, sob o comando de homens como Ernst Röhm, que pouco depois viria a chefiar a *Sturmabteilung* (SA), exército particular de Hitler, composto dos camisas pardas. Ao destruir o breve governo comunista da Baviera, o *Freikorps* agiu com extraordinária selvageria — em vingança pelo assassinato de dez reféns por parte da esquerda (incluindo membros da Sociedade Thule, de extrema direita) em 30 de abril de 1919. Em retaliação, cerca de seiscentos líderes da esquerda (e muitos civis comuns) foram reunidos e executados em um frenesi doméstico sangrento sem precedentes na história da Alemanha moderna.

Hitler não participou da repressão à Revolução Bávara. Nas casernas, ele passou grande parte do tempo submetendo outros veteranos a ladainhas raivosas e indiscriminadas contra uma série de "negligentes" e covardes que ele listava, sem nenhuma ordem especial de vileza: parlamentares, socialistas, judeus, eslavos, católicos, marxistas, internacionalistas, capitalistas. Ele jogava todos no mesmo caldeirão com o rótulo de "criminosos de novembro".

Hitler culpou a imprensa de esquerda e os líderes socialistas por incitar greves em fábricas de munição de toda a Alemanha, o que mais tarde ele classificou de "enorme traição contra o país". Culpou os capitalistas por se aproveitarem, feito parasitas, do esforço de guerra. Se ele pudesse ser ministro de Guerra por um dia, "em 24 horas os criminosos seriam postos contra a parede".[7] No início de 1919, Hitler era apenas mais um veterano jovem e furioso, sem emprego, sem raízes, despejando sua raiva e sua frustração contra alvos indistintos.

Na época, na cabeça de uma minoria crescente de extremistas, os rótulos "socialista" e "marxista" tendiam a ser sinônimos de "judeu", simplesmente porque os judeus haviam subido à liderança da esquerda. Kurt Eisner e Rosa Luxemburgo tinham sido líderes marxistas judeus que haviam feito ferrenha oposição à guerra e promovido a revolução, tornando-se assim duas das figuras mais odiadas pela extrema direita. Hitler se refere com desdém a Kurt Eisner como um "judeu internacional" e nem sequer cita o nome de Luxemburgo em *Minha luta*, uma omissão extraordinária considerando a proeminência de ambos na revolução e o ódio que inspiraram na direita.

Contudo, os alvos iniciais de Hitler não eram judeus, em parte porque os políticos que negociaram o armistício e agora controlavam o que viria a se tornar (para ele) a detestada República de Weimar não eram judeus. As pessoas que Hitler mais odiava na época, apontadas em *Minha luta*, eram não judeus do lado menos radical do movimento social-democrata: Ebert, por exemplo, que em fevereiro de 1919 se tornou presidente da República de Weimar e que, na realidade, embarcou na teoria da "punhalada pelas costas" quando foi politicamente útil, dizendo aos veteranos que regressavam da guerra que "nenhum inimigo os derrotou"; Scheidemann, que a partir de fevereiro de 1919 seria o chanceler da nova república; e Emil Barth, um líder sindical e social--democrata independente que desempenhou um papel crucial na Revolução Alemã. Hitler diria mais tarde que todos eles "mereciam a forca". "Eu odiava ao extremo aquele bando de canalhas políticos sórdidos e traidores do povo [...] o bando todo não tinha nenhum interesse pelo bem da nação, só em encher bolsos vazios. Por isso, eles estavam dispostos a sacrificar toda a nação e, se necessário, permitir que a Alemanha fosse destruída."[8]

No alto da lista negra de Hitler de "criminosos de novembro" estavam também católicos proeminentes como Matthias Erzberger, líder do moderado Partido Centrista Católico, que em 6 de julho acusara o alto-comando alemão de conduzir o país ao desastre. Para Hitler, Erzberger e Scheidemann haviam cometido o crime imperdoável de promover uma "iniciativa de paz" em 18 de julho de 1918, que recebeu apoio da maioria do Parlamento e do povo alemão. Hitler e células de extrema direita tachariam Erzberger de traidor por assinar o armistício de 11 de novembro. Ele foi morto com um tiro por um assassino em 26 de agosto de 1921 durante uma caminhada pela Floresta Negra.

A "conversão" do próprio Hitler à política foi uma combinação confusa de oportunismo, hipocrisia, talento e franco desespero. No começo de 1919, ele estava investindo em uma trajetória fortemente contrastante com seu relato posterior em *Minha luta*. Foi eleito representante do batalhão no Conselho de Soldados, uma espécie de soviete militar que havia apoiado a revolução, e sua primeira atividade política foi falar em nome dos soldados em um comitê socialista.

Apesar de todas as imprecações posteriores contra o SPD e os marxistas, na época Hitler se recusou a ingressar no *Freikorps*, a milícia que pretendia destruí-los. Tampouco se opunha publicamente àqueles que mais tarde condenaria em *Minha luta*. Sua atuação no Conselho de Soldados indicava que, por um breve momento, ele nadou *a favor* da corrente esquerdista antiguerra, não contra. Seu flerte com a revolução incluiu até mesmo acompanhar o cortejo fúnebre de Eisner, o revolucionário judeu que tinha sido assassinado. Hitler removeria esses episódios de sua autobiografia, claro, porque maculavam a pureza da lenda nazista e contradiziam sua afirmação de que se tornara um antissemita violento em Viena ou Pasewalk.

O fato de que Hitler tenha se ligado brevemente aos comunistas revolucionários em 1919 não devia nos surpreender. Exigimos retidão linear na vida dos políticos e dos líderes enquanto nossas próprias atitudes são inconsistentes e contraditórias. Na época, Hitler queria ter emprego, influência e voz. Sua eleição para o Conselho de Soldados lhe proporcionava as três coisas. Suas associações no início da carreira "política" — ele ainda não a qualificara assim — eram confusas e caóticas, como a de qualquer neófito se esforçando para encontrar espaço nos círculos inferiores do poder.

Nesse sentido, Hitler testava a temperatura da água, experimentava. Era um animal político em essência, disposto a usar o traje que melhor lhe conviesse. "Parecia um cachorro de rua procurando um dono", observou o capitão Karl Mayr, que era o mais próximo de um mentor que Hitler tinha na época, "preparado para se juntar com qualquer um que demonstrasse simpatia por ele."[9]

Logo Hitler mudaria seu discurso. Em 9 de maio de 1919, após a queda do Soviete Bávaro, ele debandou de repente para a extrema direita contrarrevolucionária, sobretudo porque o movimento lhe ofereceu um espaço. Ao ouvir Hitler discursar para os veteranos, em seu cargo no Conselho de Soldados da Primeira Companhia de Desmobilização, para o qual ele fora reeleito em 15 de abril, o capitão Mayr sentiu a verdadeira vocação do jovem e tratou de iniciá-lo na política — da ultradireita. Na época, Mayr era oficial de inteligência no Reichswehr, o recém-formado e muito reduzido Exército de Weimar, uma horda de soldados indisciplinados e trágica sombra do antigo poderio militar alemão. Parte do trabalho de Mayr era eliminar simpatias bolcheviques nas forças, e ele decidiu usar Hitler como uma espécie de "cão farejador". Hitler tinha duas vantagens: havia se envolvido com os sovietes de soldados e conhecia seus membros; e tinha a avidez dos vira-casacas, a disposição de mudar de lado para atender o amo. Como qualquer político novato procurando uma chance, uma partícula de poder, ele aceitaria qualquer proposta. Ainda era um zé-ninguém político, sem nada a perder. Mais tarde, quando seu flerte com os comunistas e sua lealdade maleável poderiam representar uma mancha em sua reputação, Hitler simplesmente ignoraria os fatos ou apagaria aquilo de *Minha luta* — escrito quando já tinha muito a perder.

15. "Eu podia falar!"

Em maio de 1919, fiel à sua palavra, Karl Mayr encarregou Hitler de atuar em uma "comissão investigativa" do Reichswehr, para examinar as causas e os delinquentes da revolução comunista. Nessa função, Hitler experimentaria pela primeira vez uma genuína autoridade política: parte do trabalho seria investigar as associações políticas de seu batalhão durante a revolução, atuando, na prática, como um informante pago contra seus antigos companheiros ou qualquer soldado que tivesse apoiado o levante marxista.

Em outras palavras, o que Hitler chamou de sua "primeira atividade política" consistia em denunciar outros soldados que tivessem se atrevido a apoiar o levante antiguerra da esquerda. Ele era pouco mais que um traidor para os homens com quem servira. Por exemplo, acusaria Georg Dufter, seu antigo colega no Conselho de Soldados da Primeira Companhia de Desmobilização, de disseminar propaganda sobre a República Soviética. Dufter, na opinião de Hitler, era "o pior e mais radical agitador no regimento".[1] Era o fim da solidariedade entre soldados.

Na época, após a repressão sangrenta do comunistas, a administração da Baviera era controlada pelas Forças Armadas. O governo social-democrata voltaria em agosto, e o intervalo proporcionou a ocasião perfeita para que a extrema direita se agarrasse a um filamento de poder, ou pelo menos reforçasse seu controle sobre o Estado. Eles logo tiraram proveito dessa oportunidade atípica, ocupando o vácuo de poder com obsceno deleite: arruaceiros, vândalos, gangues paramilitares e extremistas de toda sorte foram à ação, reunindo apoiadores e assediando a oposição. Células políticas de ultradireita se disseminaram por Munique em um período muito perigoso para comunistas ou liberais.

Reconhecendo a energia e a personalidade cativante de Hitler, Mayr, que agora chefiava a unidade de inteligência do Reichswehr bávaro, incentivou o protegido sem rumo a se educar, a sedimentar a mente colérica nos cursos de "pensamento nacional" oferecidos na *Reichswehrlager* [base do exército] em Lechfeld, perto de Ausburgo. As aulas prometiam ampliar o conhecimento de Hitler sobre capitalismo e economia. Porém, partiam de uma perspectiva extremamente deturpada: o objetivo era alimentar teorias conspiratórias e fomentar o ódio, em especial contra judeus e eslavos, em vez de ensinar economia básica aos alunos.

Hitler assimilou as partes que amparavam a crescente noção que ele tinha de si mesmo como agitador político. Se lhe faltava competência crítica para analisar o que lhe diziam, digeria o que imaginava que devia pensar, ou tudo o que reforçasse seus preconceitos. Ele engolia os bordões de que os judeus controlavam o mercado financeiro e disseminavam o bolchevismo. Os judeus, disseram-lhe, estavam por toda parte, manipulando os trabalhadores, dominando os mercados, envenenando a política — e sempre agindo contra os interesses da Alemanha. Eram "o inimigo do povo". Era puro Alfred Rosenberg, o escritor paranoico que odiava judeus e era o máximo que se podia chamar de intelectual no início do movimento nacional-socialista. Com grande afã, Hitler se deixou levar por tudo aquilo, como se tratasse de cristalizar uma teoria monstruosa.

Não houve um momento de revelação, claro. Hitler vinha sendo exposto desde seus dias em Viena a demagogos que alertavam contra poderes hebraicos secretos que pretendiam conquistar a pátria. No entanto, naqueles anos após a guerra, ele estava muito mais suscetível ao canto da sereia. Agora, em Munique, havia em ação uma série obscura de movimentos radicais que promoviam vastas teorias conspiratórias que condicionavam o pensamento e o estado de espírito dos segmentos extremistas. Um deles era a *Aufbau Vereinigung* [Organização de Reconstrução], um grupo contrarrevolucionário com sede em Munique formado por imigrantes russos e protonacional-socialistas, que visavam derrubar os governos da Alemanha e da União Soviética e instalar regimes autocráticos de ultradireita. A *Aufbau Vereinigung* influenciou profundamente o desenvolvimento inicial da ideologia do nacional-socialismo e, com o auxílio de Henry Ford, o fabricante de carros americano, ajudou a financiar o movimento incipiente. Segundo o historiador Michael Kellogg, a ideologia da *Aufbau* ajudou a convencer Hitler de que uma conspiração judaica que envolvia uma aliança entre o mercado financeiro mundial e o bolchevismo estava determinada a destruir a Alemanha e a dominar a humanidade.[2]

Todas essas influências determinaram a maneira como Hitler percebia a sociedade à sua volta. Convencido de que a Alemanha estava nas garras dessa conspiração, ele começou a ver judeus no poder em todos os lados. Passou a acreditar que não havia praticamente espaço algum "livre de judeus" na Alemanha. Em todos os cantos, lá estavam membros proeminentes do "povo escolhido", manipulando e corrompendo sua amada pátria. Mais tarde ele culparia "os judeus" por organizar as enormes greves do início de 1918 que ajudaram a estabelecer a derrota da Alemanha, ignorando o fato de que a maioria dos operários alemães que participaram delas não era formada por judeus ou comunistas.[3] Tratava-se apenas de funcionários cujas famílias passavam fome e que tinham perdido a paciência.

Tomado pela convicção de que havia uma conspiração de capitalistas judeus e bolcheviques em ação contra o Reich alemão, Hitler mal conseguia reprimir o anseio de se pronunciar. Ele se sentia obrigado a propagar sua nova "consciência" de uma sociedade integralmente corrompida pela "raça hebraica". Em julho de 1919, chegou sua chance. Durante um curso de treinamento na Universidade de Munique, ele assistiu a uma palestra de Gottfried Feder, um engenheiro de Murnau que condenava a "usura judia" e acusava "os judeus" de controlar o capital internacional. Feder retratou os judeus como guardiões do capitalismo global, um ponto de vista que constituiria a base da ideologia nazista (além da teoria conspiratória paralela de que os judeus estavam por trás da ascensão do comunismo global).

Após o discurso de Feder, parte do público que saía parou diante de um jovem com bigode curto, um punhado de cabelo preto e olhos que alguém descreveu como "luzidios, incrivelmente grandes, azul-claros, fanaticamente frios".[4] Entretanto, não foi a aparência de Hitler que as pessoas acharam hipnótica, e sim sua voz extraordinária: belicosa, acalorada, implacável. O jovem Adolf estava a toda, esbravejando contra seus inimigos. Aparentemente, a fala de Feder havia inflamado sua mente tal qual uma tocha na lenha.

* * *

O dom da oratória de Hitler logo se fez reconhecer. Karl Alexander von Müller, cunhado de Feder e também palestrante, mencionou para Mayr depois da ocasião: "Sabia que um dos seus pupilos é um orador nato?".[5] O capitão Mayr encarou com novos olhos o furioso jovem protegido e, pelo "bom trabalho" de Hitler como delator de seus companheiros e por sua reputação cada vez maior como defensor apaixonado da Alemanha, promoveu-o a uma nova função "política" na Companhia de Desmobilização do regimento, onde seus dotes de oratória poderiam ser aproveitados. Era uma vaga em uma Unidade de Esclarecimento na base do Exército de Lechfeld.[6] Naquela função, Hitler atuaria como um dos 26 instrutores que informavam as condições econômicas e políticas do país aos militares que estavam voltando.

Iguais a Feder em termos de substância e estilisticamente muito mais corrosivas, suas apresentações logo deram o que falar em Lechfeld. Era o orador, não o conteúdo dos discursos, que impressionava todos os ouvintes: era *a maneira como ele falava*, de tópicos conhecidos e frequentes, que os fascinava. Hitler recorria às emoções mais básicas — medo, inveja, condenação, ódio — e instava as pessoas a atacarem judeus e comunistas, os quais ele acusava *ad nauseam* de responsáveis pela humilhação da Alemanha. Suas plateias logo cresceram. Hitler não tardou a perceber que a mensagem de antissemitismo agressivo sensibilizava muitos alemães, especialmente os de classe média baixa que mais haviam perdido com a crise econômica após a guerra. Ao concentrar tal ressentimento, como a luz do sol atravessando uma lupa, em um único alvo detestado, Hitler viu que poderia descarregar a fúria reprimida de um povo que desejava pôr em alguém a culpa pelo sofrimento da Alemanha depois do conflito.

Nesse sentido, os "judeus" eram os bodes expiatórios ideais para o pretenso doutrinador populista. Tinham péssima popularidade, sua participação eleitoral era insignificante e eram execrados pelos luteranos de tendências direitistas. Ao atiçar o antissemitismo latente da Baviera até se transformar em ódio pleno, Hitler constatou que podia atrair acólitos para si e estabelecer uma nova vida como propagandista, organizador e talvez político. Não era oportunismo puro: tratava-se de uma mistura poderosa do visceralmente pessoal com o explicitamente populista, um processo pelo qual as ambições políticas de Hitler e o ódio da sociedade escoraram-se um no outro.

"Tal qual uma esponja, Hitler absorveu o sentimento antijudeu que estava em voga", escreveu Volker Ullrich, seu biógrafo. "Sua guinada para o antissemitismo fanático, que mais tarde ele diria ter se originado em Viena, na realidade aconteceu no contexto da revolução e da contrarrevolução em Munique."[7]

A verdade é que a "conversão" de Hitler ao antissemitismo extremo se fundamentava em impulsos mais profundos do que a exposição aos tumultos pós-guerra. Os ânimos antissemitas na Baviera, que na ocasião havia se tornado um Estado autônomo dentro da República de Weimar, inflamou as lembranças da "exposição" dele a judeus em Viena e Munique antes e ao longo da guerra. E essas lembranças adquiriram uma característica distorcida e tóxica em uma mente que logo passaria a identificar os judeus como uma "raça" de parasitas que representava uma ameaça existencial à Alemanha.

Atribuir os males da Alemanha a uma minoria indefesa desviava a atenção da causa verdadeira — uma guerra mundial que produzira destruição em um nível sem precedentes e o impacto do bloqueio naval britânico, que só fora encerrado de vez em junho de 1919. O "bode expiatório" era a tática política mais vulgar, tão antiga quanto a organização da humanidade, e se fundamentava em mentiras, desinformação e um apelo primitivo aos instintos mais básicos: ódio, xenofobia, medo.

Para que tivesse sucesso, era preciso um líder, um demagogo, alguém com carisma e poder de persuasão que expressasse fúria arraigada e perturbação social. Também era preciso um momento decisivo, um evento catalisador, que atraísse as massas para tal líder como limalha para um ímã.

Para Hitler, o momento chegou quando a Alemanha e os Aliados assinaram o Tratado de Versalhes em 28 de junho de 1919. O acordo de paz enfureceu a Alemanha, em especial pelo artigo 231 — a notória "cláusula de culpa da guerra" —, que exigia que o país aceitasse "a responsabilidade da Alemanha e de seus aliados por todas as perdas e danos" da guerra, a qual tinha sido uma consequência direta de atos de agressão alemães.[8]

Todas as colônias alemãs seriam confiscadas, o Exército seria reduzido a 100 mil indivíduos, a Marinha, a 36 navios (incluindo seis *dreadnoughts*), a Força Aérea, abolida, e as ambições imperiais seriam destruídas. Partes do território do país seriam distribuídas para outras nações: a França recebeu as minas de carvão de Saar e recuperou a Alsácia-Lorena. Ao leste, a Alemanha reconheceria a independência da Tchecoslováquia e da Polônia e cederia partes da Alta Silésia e de Posen à Polônia, entre outras concessões territoriais.

A região do Reno seria desmilitarizada, uma medida que não satisfazia a demanda do primeiro-ministro francês, George Clemenceau, por um Estado intermediário sob o controle da França que servisse de proteção contra futuras agressões da Alemanha. "A América está longe, protegida por um oceano", disse ele ao presidente americano, Woodrow Wilson. "Nem sequer Napoleão foi capaz de tocar na Inglaterra. Vocês estão abrigados; nós não."[9]

Comprometendo os sonhos de pangermânicos como Hitler, o tratado proibia por tempo indeterminado a fusão da Alemanha com a Áustria. Para piorar, os representantes alemães em Versalhes, sem direito algum a opinião nas negociações, ficaram chocados ao descobrir que a Alemanha não partilharia plenamente dos princípios de "autodeterminação" de Wilson. Tais princípios garantiam aos povos de uma mesma nacionalidade o direito de escolher livremente a própria soberania e de se governar, e estabeleciam que uma nacionalidade não teria o direito de governar outra. Isso daria fim ao Reich alemão? Estrangeiros poderiam determinar a forma de governo na Alemanha?

Uma nação acorrentada, um Estado escravizado: esse era o clamor popular da Alemanha contra Versalhes. Das cervejarias bávaras às mansões da aristocracia prussiana, o povo rugia contra um documento que se temia que fosse transformar a Alemanha em um vassalo da Inglaterra e da França. "Que mão não definharia quando aferrasse a si e a nós com tais grilhões?", respondeu Philipp Scheidemann, o chanceler alemão.[10] O jornal *Völkischer Beobachter*, ferozmente antissemita e pangermânico (e que mais tarde os nazistas adquiririam e transformariam em publicação oficial do partido), condenou o tratado como uma "paz sifilítica [...] originada de um breve momento de luxúria proibida, começando com uma pequena ardência aguda, aos poucos ataca os membros e as articulações, e até mesmo toda a musculatura, até o coração e o cérebro do pecador".[11]

Na realidade, o Tratado de Versalhes era relativamente moderado. Ia muito aquém dos termos drásticos que a Alemanha impusera à Rússia no Tratado de Brest-Litovsk (3 de março de 1918), que obrigou a última a abandonar toda obrigação para com a Tríplice Entente e ceder os Estados bálticos à Alemanha, e ainda a privou de uma grande porção de seus recursos. Tampouco Versalhes determinaria a morte do Reich: a Alemanha teria liberdade para eleger o próprio governo e perseguir seu destino político. Não haveria nenhuma "força de ocupação" como a que se abateria sobre o país dividido em 1945. Entretanto, como conclui o historiador Michael Burleigh, alemães de toda linhagem política eram unânimes em sua visão de Versalhes como "o triunfo de uma conspiração aliada para emaranhar a Alemanha em uma rede perpétua de restrições e obrigações, pois a preocupante fatura de indenização permaneceu em aberto".[12]

A fatura de indenização acabou totalizando 132 bilhões de marcos de ouro, ou cerca de 30 bilhões de dólares (400 bilhões em valores atuais). A expectativa de que a Alemanha pagasse essa quantia astronômica se baseava no conceito galante de que "promessa é dívida", em uma era que supostamente havia dispensado a noção de que tratados deviam ser gravados em cera para que não fossem infringidos, ignorados ou usados para ganhar tempo. "A nova postura", escreveu o historiador A. J. P. Taylor, "corresponde à 'sacralidade do contrato', elemento fundamental da civilização burguesa. Reis e aristocratas não pagam suas dívidas e raramente cumprem com sua palavra. O sistema capitalista ruiria, a menos que seus praticantes honrassem, sem questionar, toda mínima sutileza; e agora se esperava que os alemães seguissem a mesma ética."[13]

Alemães orgulhosos e moderados recusaram-se a aceitar tais condições. A centro-direita ressurgente acreditava que a Alemanha merecia a magnanimidade e o respeito de um adversário digno, não a vingança punitiva dos vitoriosos escolhendo os espólios. Essa revolta derivava do fato de que muitos alemães se recusavam a aceitar que haviam "perdido" a guerra.

Motivados pelo desejo de castigar o antigo inimigo, a França e a Inglaterra subestimaram gravemente a conjuntura social e econômica na Alemanha pós--guerra. O povo alemão estava ressentido, exausto, arrasado: dos 13 milhões que haviam servido o Exército durante os anos da guerra, mais de 2 milhões estavam mortos e 4 milhões, feridos, produzindo cicatrizes irreversíveis em pais, esposas, famílias e amigos. E agora isto: o fardo da culpa e uma conta pesada.

E as discussões acaloradas em Versalhes tampouco se distraíram com os efeitos perniciosos que o tratado exerceria sobre a mente dos extremistas que proliferavam pela Alemanha, como a figura então obscura de Adolf Hitler. A fúria deles contra Versalhes atiçou seus anseios de vingança e deixou o mundo em trajetória para futuros conflitos. Em vez de assegurar a paz, o tratado preparou o cenário para mais uma guerra.

O ressentimento em relação a Versalhes tornou-se campo fértil para o político Hitler. Ele era uma criatura bem diferente do soldado Hitler, ainda que ambos bebessem do mesmo manancial de fúria e revolta. Enquanto o soldado se contentara em desempenhar suas obrigações em uma função que apreciava, o político descobriu-se tomado por ambição e sede de poder. Ele espumou de raiva com o documento desprezível. Pela primeira vez na vida, sentiu que a plateia cada vez maior que acompanhava suas palestras recebia bem suas vociferações. Se Versalhes enfureceu o povo alemão, Hitler logo daria voz àquela fúria.

Ele começava a se revelar um indivíduo astuto, implacável e estratégico: o político Hitler não tardou a compreender o apelo popular de pôr a culpa de Versalhes nos judeus. Ele reviveu as lembranças de Viena, principalmente o alarmante fundamento "racial" da supremacia pangermânica e a lição aprendida com a queda de Schönerer: jamais divida seus inimigos, para não confundir seus seguidores; encontre um único contra quem as massas instigadas possam dirigir sua ferocidade.

Os discursos de Hitler até então haviam sido arengas raivosas sobre a grandeza alemã, infundidos de ódio contra judeus e comunistas, que agradavam suas plateias formadas por soldados e trabalhadores. Ele ainda não havia articulado ou redigido um projeto político de antissemitismo violento.

No entanto, sua fúria em relação a Versalhes era inesgotável. Nada se colocaria entre Hitler e aqueles que ele considerava os responsáveis. Sua primeira manifestação de antissemitismo por escrito apareceu em 16 de setembro de 1919, em sua longa resposta a um soldado chamado Adolf Gemlich, que lhe enviara uma carta para perguntar se os judeus representavam uma ameaça nacional e, em caso afirmativo, o que devia ser feito com eles. A carta de Hitler pode ser lida como uma espécie de parada psicológica na estrada rumo à expressão plena de seu credo racial: foi, segundo Ullrich, "o documento crucial" em sua vida política após a guerra.[14] E marcou o momento em que ele distinguiu o antissemitismo "racional" do "emocional" e tachou "os judeus" de cúmplices de um plano para destruir a Alemanha.

Se a carta nos parece "branda" considerando o que estava por vir, foi na verdade a primeira condenação por escrito de *qualquer um* que professasse a fé judaica, ou "raça", como ele insistia em chamar uma religião com tamanha diversidade étnica a ponto de abranger sefardis, asquenazes, *mizrahim* e etíopes. Outros fatos inconvenientes não se prendiam à sua mente, como o detalhe de que a comunidade judaica correspondia a menos de 1% da população total da Alemanha; que a maior parte dos judeus não era rica, poderosa nem envolvida em política; e que uma quantidade proporcional de judeus alemães havia combatido na guerra. Sem dúvida os judeus tinham, de modo geral, um grau de instrução e prosperidade acima da média, mas isso no máximo significa que eles contribuíam com mais tributos per capita ao Tesouro alemão — um benefício para a sociedade, não um estorvo.

"Caro Herr Gemlich", escreveu Hitler:

O perigo que nosso povo enfrenta ante o judaísmo se expressa na aversão inegável de amplos segmentos de nosso povo. A causa para essa aversão não se dá em um reconhecimento nítido do efeito sistemático e pernicioso, consciente ou não, dos judeus em termos de totalidade sobre nossa nação. Antes, ela surge sobretudo do contato pessoal e da impressão pessoal que cada indivíduo judeu produz — quase sempre desfavorável. Por esse motivo, é muito fácil caracterizar o antissemitismo como um fenômeno meramente emocional. Contudo, não é o caso. O antissemitismo, como movimento político, não deve, nem pode, ser definido por impulsos emocionais, mas pelo reconhecimento dos fatos. E os fatos são estes: primeiro, o judaísmo é definitivamente uma raça, não uma associação religiosa [...]. Não existe praticamente nenhuma raça cujos membros pertençam exclusivamente a apenas uma religião definida.

Após milhares de anos de rigorosíssima endogamia, os judeus em geral mantiveram a raça e as peculiaridades de modo muito mais distinto do que grande parte dos povos entre os quais viveram. E daí ocorre que vive entre nós uma raça estrangeira, não alemã, que não pretende nem consegue sacrificar seu caráter racial ou negar seus sentimentos, seu raciocínio, suas ambições.

Não obstante, ela possui os mesmos direitos políticos que nós. Se a natureza dos judeus se revela no domínio puramente material, é mais nítida ainda no pensamento e nas ambições deles. A dança que fazem em torno do bezerro de ouro está se tornando uma disputa impiedosa por todas aquelas propriedades que mais apreciamos no mundo.

O valor do indivíduo já não é determinado por seu caráter ou pela importância de suas realizações em nome da totalidade, e sim apenas pelo tamanho de sua fortuna, por seu dinheiro. A galhardia de uma nação já não se mede pela soma de seus poderes morais e espirituais, mas pela riqueza de suas posses materiais.

Esse pensamento, essa ambição por dinheiro e poder, e os sentimentos que os acompanham, atendeu aos propósitos do judeu que não possui escrúpulos para escolher métodos nem remorso para aplicá-los. Em Estados de governos autocráticos, ele rasteja para cair nas graças de "Sua Majestade" e abusa delas tal qual uma sanguessuga colada às nações. [...]

Ele destrói o caráter dos príncipes com bajulação bizantina, o orgulho nacional (a força do povo) com escárnio e escandalosa procriação depravada. [...]

O poder dele é o do dinheiro, que se multiplica em suas mãos sem esforço nem fim por meio dos juros, e que submete o povo às mais perigosas amarras. O brilho dourado, tão atraente no princípio, oculta as consequências que acabam em tragédia. Tudo o que os homens almejam como meta superior, seja religião, socialismo, democracia, é para o judeu apenas um instrumento para outro propósito, uma força de saciar sua ânsia por ouro e dominação. [...]

Em seus efeitos e consequências, ele é uma tuberculose racial para as nações.

O que se deduz a partir de tudo isso é o seguinte: um antissemitismo baseado em critérios estritamente emocionais encontrará expressão máxima na forma do pogrom. Contudo, um antissemitismo baseado em razão levará ao combate legal sistemático e à eliminação dos privilégios dos judeus, tudo o que os distingue dos outros estrangeiros que vivem entre nós (uma lei para estrangeiros). O objetivo máximo [dessa legislação], no entanto, há de ser a remoção irrevogável dos judeus em geral. [...]

Para ambos esses fins, faz-se necessário um governo de força nacional, não de fraqueza nacional. [...]

Com respeito,

Adolf Hitler[15]

A essa altura, Anton Drexler e Dietrich Eckart, um mecânico e chaveiro austero e um poeta, dramaturgo e jornalista exibido das colunas sociais, entraram em cena, prestes a desempenhar papéis cruciais na aceleração da carreira de Hitler.

Em 5 de janeiro de 1919, junto com Gottfried Feder e o jornalista esportivo Karl Harrer, os dois haviam fundado um pequeno partido político chamado Deutsche Arbeiterpartei (DAP, o Partido dos Trabalhadores Alemães). A organização emergiu da *Alldeutscher Verband* (Liga Pangermânica), que havia desabrochado nos anos da guerra e funcionava mais ou menos como uma associação maçônica. Entre os membros do DAP se incluíam alguns bávaros notáveis e os estudantes Hans Frank e Alfred Rosenberg, que mais tarde se tornariam nazistas proeminentes.

Em 12 de setembro de 1919, Hitler compareceu pela primeira vez a uma reunião desse partido na condição de observador (houve quem confundisse sua função ali com a de "espião"), por ordem de Mayr e da unidade de elite de Lechfeld. Na época, o DAP não passava muito de um grupelho de mercadores, editores, estudantes e pequenos empresários. Mas as convicções políticas deles se distinguiam por duas características: forte ligação à Sociedade Thule (uma espécie de Rotary Club antissemita de extrema direita com princípios de supremacia branca que usava o símbolo da suástica) e uma devoção ao ideal de "nacional-socialismo" — a defesa do trabalhador em nome da Alemanha.

Na penumbra da taverna Sterneckerbräu, mais tarde consagrada como berço do Partido Nazista, Hitler encontrou 41 trabalhadores que conversavam vagamente sobre a formação de um partido nacional de trabalhadores que fosse leal à pátria. O assunto: "Como e por quais métodos podemos nos livrar do capitalismo?". Perto do fim da discussão, Hitler não conseguiu resistir ao impulso de apresentar sua própria visão mais extrema do futuro político da Alemanha, o que teria instado Drexler, o presidente do partido, a dizer: "Aquele ali tem uma boca e tanto! Ele seria ótimo para nós!".[16] E então Drexler teria enfiado nas mãos de Hitler um panfleto que ele havia escrito com o título "Meu despertar político".

O "despertar" de Drexler harmonizava com o de Hitler: a Alemanha precisava de um movimento político que fundisse o nacionalismo e o socialismo — um movimento dos trabalhadores *alemães*, unido intrinsecamente à pátria, não ao marxismo ou ao canto da sereia do bolchevismo que havia destruído o soviete bávaro. Hitler foi dominado imediatamente pelo magnetismo da ideia: um levante dos trabalhadores em nome da *Deutschland*!

A noção não era nenhuma novidade: Friedrich Naumann, um pastor de esquerda, havia organizado um movimento semelhante na década de 1890 chamado Associação Social-Nacional, dedicado a persuadir trabalhadores a se afastarem da guerra de classes e a infundir neles uma crença no Estado alemão. O movimento fracassou no início dos anos 1900, uma época em que divisões sociais extremas fizeram os trabalhadores sentirem mais lealdade à classe que ao Estado.

No entanto, o mundo pós-guerra fora tomado por um espírito muito diferente, e as teorias políticas de Drexler pareciam mais interessantes para as classes médias baixas — o movimento *völkisch* [populista] de comerciantes, artesãos, ex-soldados, agricultores e funcionários de escritório, os que mais haviam perdido com a guerra e a crise econômica — do que para a classe operária tradicional.

Muitas organizações políticas da extrema direita alemã, principalmente a Liga Pangermânica, a Sociedade Thule e associações de veteranos de guerra, viram também a salvação da Alemanha no poder das massas do *Volk* [povo], do qual grande parte ansiava reafirmar sua influência econômica. O Partido Socialista Alemão (Deutschsozialistsche Partei, ou DSP) partilhava muitos elementos da mesma plataforma — ódio ao capitalismo "judaico" e ao Tratado de Versalhes — e mais tarde tentaria, sem sucesso, se fundir no Partido Nazista.

Alguns dias depois, Hitler aceitou o convite de entrar para o DAP, como membro nº 55 — não membro nº 7, como mais tarde ele alegaria (na verdade, o registro dele era como membro nº 555, já que a numeração começava no 501 para disfarçar o tamanho diminuto do partido) —, e concordou em participar de uma assembleia do partido uma semana depois, em uma taverna na Herrnstrasse. A reunião não causou nele uma impressão favorável: o DAP era desorganizado e não possuía slogans, panfletos ou carteirinhas de filiação. Era, na opinião de Hitler, uma panelinha de mentalidade limitada, mera demonstração de fé e boa vontade sem nenhuma ordem interna ou projeto.

Embora Hitler, com trinta anos, se sentisse repelido pelo estado lamentável daquele embrião político, seus ideais pangermânicos lhe pareciam atraentes. Ele aplaudia o ideal de partido "nacional-socialista", que atendia aos seus anseios mais íntimos por um movimento que atropelasse os marxistas ao mesmo tempo que elevasse o povo alemão. Além do mais, a estrutura rudimentar do DAP oferecia a Hitler uma tela em branco onde ele poderia traçar seu próprio projeto. "Ele jamais seria capaz", escreveu o historiador americano Ronald Phelps, "devido à 'falta de escolaridade', de entrar em um dos partidos maiores para enfrentar a condescendência dos líderes cultos e a tarefa impossível de alterar os ideais deles, mas, no DAP, 'essa criaturinha ridícula', ele conseguiria fazer transformações e brilhar em meio a pessoas inferiores."[17]

Acima de tudo, o DAP oferecia a estrutura na qual Hitler poderia expressar sua fúria política, principalmente seu desejo de castigar os "criminosos de novembro", que haviam entregado a Alemanha. Os membros do partido nutriam o mesmo ódio fervoroso contra esses inimigos "internos": os marxistas e os judeus. E o partido conferia a tais crenças o selo de oficialidade, o peso da autoridade, algo a que os alemães em busca de um líder logo reagiriam favoravelmente.

No DAP, Hitler encontrou para si uma nova família, um novo lar, uma sociedade política que lhe permitia dirigir as rédeas da vingança contra seus inimigos, fossem eles reais ou imaginários: os que o haviam rejeitado ou empobrecido, os que entregaram a Alemanha às potências estrangeiras, os que corroeram a pureza da raça alemã (judeus e não alemães) e assinaram o Tratado de Versalhes.

Os líderes do DAP acolheram imediatamente as ideias de Hitler e reconheceram seus talentos para a propaganda; poucas semanas após ingressar no partido, ele foi convidado para seu comitê executivo. Hitler não perdeu tempo para reformulá-lo. Foram instalados um escritório e uma máquina de escrever na Sterneckerbräu; a linha de produção transbordou de filipetas e panfletos; voluntários estamparam as novas ideias pela cidade toda. O número de membros cresceu rapidamente, assim como a reputação de Hitler. Ele logo se tornou indispensável, como organizador e orador.

Em 16 de outubro de 1919, o novo membro do Partido dos Trabalhadores Alemães foi à frente de 111 pessoas na cervejaria Hofbräukeller, em Munique. Hitler pretendia usar seu primeiro grande discurso político como uma plataforma de vingança. E não decepcionou seus discípulos, açoitando os "criminosos de novembro" com a intensidade de uma cruzada pessoal. "Durante trinta minutos", segundo a descrição vívida do biógrafo Joachim Fest, "com a verborragia de uma fúria crescente, despejou os ódios que desde seus dias na pensão para rapazes haviam se acumulado dentro dele ou sido extravasados apenas em monólogos inconsequentes. Como se irrompessem do silêncio e das barreiras humanas de muitos anos, as sentenças, os delírios, as acusações emergiram aos borbotões."[18]

Ao terminar o discurso, Hitler não havia apenas se aferrado à função de líder do DAP: ele deslanchara uma nova força política. Mais tarde, gabou-se de que os presentes "estavam eletrizados". "Eu podia falar!"[19]

O partido concordava. Drexler e Eckart viram naquele agitador inflamado uma arma política de incomum poder emocional. Hitler devia ser solto na cidade. Sua mensagem peculiar — condenando Versalhes, vingando a honra alemã e atacando o capital internacional, os judeus, os comunistas etc. — explodiu em um mundo carente de esperança e sedento por vingança.

Mais tarde, Max Amann, o futuro magnata editorial do Partido Nazista, comentaria, espantado pela maneira como Hitler se transformou ao se ver diante de uma multidão: "Uma chama estranha ardia dentro dele [...]. Ele gritava e fazia um escarcéu [...]. Estava encharcado de suor, completamente molhado, era inacreditável".[20] Hitler apurava o roteiro e a apresentação. Seus discursos não tinham nada de improvisado: eram todos cuidadosamente ensaiados. Vê-lo no palanque, sacudindo os punhos, gritando, esbravejando, sentir o poder sedutor daquele perfeito populista produzia em suas plateias uma espécie de epifania, despertava-as para uma nova fonte de esperança e poder — uma nova Alemanha, um Reich poderoso, uma pátria orgulhosa. Até mesmo o cético mais resistente cedia ao apelo da crença que ele tinha em si mesmo: ali estava um homem capaz de expressar o espírito de uma nação tomada por uma fúria até então inarticulável.

Durante seu segundo discurso ao público, em 13 de novembro de 1919, na cervejaria Eberlbräu, Hitler reservou repulsa especial ao Tratado de Versalhes e ao homem que havia firmado o armistício em 11 de novembro de 1918: Matthias Erzberger, ministro das Finanças do Reich. Erzberger devia ser demitido, bradou Hitler, para o deleite das pessoas ali, muitas das quais clamaram que fosse executado (nos dois anos seguintes, o ministro seria afastado do cargo e assassinado).

Ao mesmo tempo, Hitler começou a dirigir a culpa da humilhação alemã a um único inimigo. Em um discurso no dia 10 de dezembro, ele elevou os judeus a inimigos públicos número um em seu panteão de vilões. Insistiu que os judeus estavam dividindo a Alemanha e lucrando com uma guerra civil, declarando: "Alemanha para os alemães!". No dia 16 de janeiro de 1920, ele exigiu o fim da imigração de judeus e o fechamento das fronteiras do país para qualquer indivíduo "não alemão".

As cervejarias começaram a lotar de gente interessada em ouvir aquele jovem estranho e revoltado, que muitos acreditavam não parecer nada de mais até ele subir ao palanque — e abrir a boca. Muitos iam por curiosidade, depois de ouvir histórias sobre um ex-soldado excêntrico que se transformara em político. E muitos saíam cativados, fascinados, e se uniam à causa.

Nem todo mundo se convencia com os discursos de Hitler. Eles seguiam o mesmo formato simples, de repetição incessante. Como ele próprio admitiria mais tarde, ele martelava uma única ideia na cabeça da plateia até que mesmo o ouvinte mais limitado conseguisse entender. A execução bombástica e a voz estridente não conseguiam disfarçar a falta de substância, de verdade emocional. Os temas que costuravam seus discursos eram o ódio e a revolta, o que talvez explique por que ele detestava falar em grupos pequenos, ou eventos de família, sobre assuntos delicados ou pessoais. Hitler recusava frequentemente convites para discursar em casamentos e funerais. "Preciso me dirigir a uma multidão", explicou ele, ao rejeitar um pedido para falar em uma pequena festa de casamento. "Em um círculo íntimo e pequeno nunca sei o que dizer."[21]

O professor Daniel Binchy, que viria a se tornar embaixador da Irlanda na Alemanha entre 1929 e 1932, viu Hitler discursar na maior cervejaria de Munique, a Bürgerbräukeller, em 1921. Um amigo havia alertado que o líder de "um novo partido bizarro" falaria.

"O espaço não estava muito lotado", descreveu Binchy, "a plateia parecia ser composta das pessoas mais pobres entre os pobres, os 'pés-rapados' da cidade." Ele viu Hitler pela primeira vez quando o jovem, sentado, aguardava sua vez de falar. "Eu me lembro de pensar vagamente que não devia existir nenhum homem de aparência mais ordinária", escreveu Binchy na época:

Seu semblante era opaco, sua pele, pálida, o cabelo, lambido, com algum unguento brilhoso, e — como se acentuasse a impressão de insignificância — ele usava um bigode curto cuidadosamente aparado. Eu poderia ter apostado que levava a vida como encanador: um murmúrio em questionamento ao meu amigo resultou na informação de que ele era pintor de parede.

O homem se levantou para falar, e depois de alguns minutos eu tinha esquecido todo aquele exterior insignificante. Tratava-se de um orador nato. Ele começou devagar, quase hesitante [...]. E então, de repente, foi como se pegasse fogo. A voz se ergueu acima das vacilações, os olhos arderam de convicção, o corpo todo se tornou um instrumento de grosseira eloquência. Conforme sua exaltação crescia, sua voz se elevava quase até um grito, as gesticulações viraram uma pantomima frenética, e percebi sinais de espuma nos cantos da boca [...]. As mesmas expressões se repetiam ao longo do discurso como refrões em uma sinfonia: os traidores marxistas, os criminosos que causaram a revolução, o exército alemão que foi apunhalado pelas costas, e — o mais insistente de todos — os judeus.[22]

Anos depois, Binchy ouviu Hitler apresentar um texto quase idêntico e se deu conta de que o Führer se limitara a reciclar seus discursos ao longo de toda a carreira. Embora a apresentação tivesse melhorado (Hitler treinava os gestos na frente de um espelho) e as palavras fossem adaptadas de acordo com a plateia, ele sempre dizia basicamente a mesma coisa.

Hitler possuía uma habilidade rara de canalizar ódio e violência em um projeto de ação política. Como todo grande vendedor político, conquistava o coração, não a mente — o coração obscuro da Alemanha na condição de "vítima". Pouco importava o que ele dizia de fato; o importante era a forma como dizia. Ele havia dominado a arte da apresentação, a ponto de se tornar mais um ator, um empresário, do que um líder político. Ele sabia exatamente o que as massas queriam escutar e como instigá-las com bordões violentos e imagens de vastas conspirações.

Contudo, nenhum dos discursos de Hitler possuía expressão digna de nota, nenhuma grande revelação ou sagacidade. Se às vezes provocavam risadas, a piada era sempre à custa de um alvo fácil, um clichê contra judeus, estrangeiros ou alguém que não tivesse como responder ou protestar. "Ele nunca conseguia", comentou o historiador Percy Schramm, "formular uma expressão duradoura ou um epigrama memorável, como Bismarck, embasado por uma cultura literária, fazia com frequência."[23]

O jornal *Völkischer Beobachter*, que o Partido Nazista adquiriu em 1920, publicava o texto dos discursos de Hitler alguns dias depois que ele os pronunciava. A leitura de suas palavras na página impiedosa proporciona acesso a uma mente pretensiosa, paranoica e curiosamente infantil, mas tão carregada de petulância e delírios de grandeza que pouco admirava que muita gente — incluindo a maioria dos governos europeus — não o levasse a sério.

A edição de 22 de abril de 1922, por exemplo, publicou um discurso que Hitler fizera dez dias antes sob o título "O judeu". "O judeu", disse Hitler à plateia, que reagiu com risos:

está inchando lentamente, e, se vocês não acreditam, por favor, vão dar uma olhada em nossos sanatórios. Lá encontrarão dois tipos de gente: o alemão, que vai lá para respirar um pouco de ar puro [...] e o judeu, que vai lá para se livrar da banha [...]. Se viajarem para nossas montanhas, quem verão, com botas amarelas novas, com lindos farnéis [...]? Os judeus sobem até o hotel, geralmente no fim da linha do trem, e onde o trem para eles para também. Eles se sentam a um quilômetro de distância do hotel, feito moscas em torno de um cadáver.[24]

O discurso então seguia para o tópico mais sério das semelhanças entre Hitler e Jesus Cristo, em que ele pintava a si mesmo como vingador da cristandade contra "os usurários, as víboras e os mentirosos" que Cristo havia expulsado do templo. "Reconheço, com emoção profunda, a luta tremenda de Cristo pelo mundo contra o veneno judeu", continuou ele:

Como homem, é minha obrigação garantir que toda a humanidade não sofra o mesmo colapso catastrófico que acometeu uma civilização antiga há cerca de 2 mil anos [...]. Dois mil anos atrás, outro homem também foi execrado por essa mesma raça [...]. Esse homem foi arrastado para o tribunal, e lhe disseram: Ele está atiçando o povo! Então ele também estava "agitando"! E contra quem? Contra "Deus", gritaram. Sim, de fato, ele estava agitando contra o "deus" dos judeus, pois esse "deus" é o dinheiro.[25]

Suas plateias se deleitavam com a comparação: aquele era um líder que estava preparado para apontar os responsáveis pela humilhação do povo, pelo desemprego e pelas perdas financeiras. Aquela era uma figura messiânica disposta a expurgar os judeus do templo luterano. Para um país prostrado, esse orador estranhamente carismático oferecia palavras que pareciam validar o sacrifício da nação enquanto ninguém mais se atrevia a tentar.

Pouco importava a Hitler se seus inimigos — raros eram os que se atreviam a adentrar as cervejarias onde ele falava — discordavam ou debochavam dele, desde que nunca o esquecessem. Surrada pela guerra e pelo fracasso econômico, a sociedade bávara logo desceu ao nível de Hitler: a destituição financeira reduziu milhares de pessoas antes sensatas a apoiar um homem e um projeto que, em uma época de paz e prosperidade, teria sido recebido com escárnio e gargalhadas. O fato de que Hitler tenha conseguido convencer tantas pessoas denota não tanto uma qualidade inerente dele, mas antes a dimensão do desespero alemão.

16. "O movimento estava em marcha"

O caminho para o poder que se desfraldava na mente de Hitler, na época, envolvia tomar e manter o controle do Estado por meio de força bruta e propaganda incessante. Ele moldaria a nação alemã à sua imagem, movido por seus sonhos de infância, sua sede de vingança em nome da honra militar alemã e o imperativo de "expurgar" da raça alemã todos os elementos raciais impuros. Com isso em vista, Hitler concentrou todos os esforços em transformar o DAP em um novo partido de "nacional-socialistas", motivo pelo qual, por pressão sua, foi adotado um novo nome, Nationalsozialistische Deutsche Arbeiterpartei (NSDAP) em 24 de fevereiro de 1920. O termo "nazista", cunhado pejorativamente pelos inimigos políticos do partido, tornou-se um bordão nas cervejarias de Munique no início dos anos 1920.

O partido via a si mesmo como o martelo e via o povo alemão como a bigorna em uma nova forja política. Nenhum outro membro se comparava a Hitler em termos de agilidade e vigor para identificar e explorar oportunidades de dominar e direcionar sua plataforma, de transformar a estética do partido — algo de importância vital para o artista, que nutriu grande interesse pelo estilo da suástica e dos uniformes — e firmar o Programa de 25 Pontos (ver p. 245).

Benito Mussolini, líder do movimento fascista da Itália, tinha sido o primeiro a explorar o apelo político de um partido "nacional de trabalhadores" que unia patriotismo e socialismo (Tito e Ho Chi Minh tentariam variantes na Iugoslávia e no Vietnã). Porém, nas mãos de Hitler, o "nacional-socialismo" seria outra coisa, indo muito além dos limites da "nação" e da definição tradicional de "socialismo".

Desde o início, Hitler percebia a necessidade absoluta de distinguir o nacional-socialismo alemão das vertentes tão desprezadas do leninismo e da social-democracia. Para ele, a ideia de lealdade à classe em detrimento do país era repugnante, reavivando o desdém que afirmava ter sentido pelo sindicalismo durante sua breve experiência com construção civil em Viena. Nenhum sistema político era mais repulsivo do que o paraíso proletário dos bolcheviques que na época estava sendo imposto violentamente na Rússia (e a partir de dezembro de 1922 na União das Repúblicas Socialistas Soviéticas). Isso explica por que Hitler concentrou sua ira não apenas nos judeus, mas também nos comunistas da Baviera, onde o soviete, ou conselho de trabalhadores, que tomara o controle do governo por um curto período havia criado o espectro assustador de invasão russa na Alemanha.

"A sina da Rússia será a nossa!", alertou Hitler, repetidamente, em 1919 e 1920. Os bolcheviques de Lênin haviam matado mais de 30 milhões de pessoas, declarou com grande exagero, "em parte no cadafalso, em parte com metralhadoras [...], em parte em verdadeiros matadouros, em parte, milhões e milhões, de fome; e todo mundo sabe que essa onda de fome [...] esse flagelo se aproxima, também está vindo para a Alemanha".[1] Na realidade, cerca de 3 milhões de pessoas morreriam no governo de Lênin, principalmente nas guerras civis entre o Exército Vermelho e o Branco.

O propósito político de Hitler era nítido: "aniquilar e eliminar" a visão de mundo marxista, o que ele realizaria por meio de uma "organização incomparável de informações e propaganda arquitetada de forma genial", usada em coordenação com "força impiedosa e resolução brutal, preparada para enfrentar todo o terrorismo por parte dos marxistas com um terrorismo dez vezes maior".[2] Seus admiradores vibravam e não viam nada de errado quando Hitler clamava para que a Alemanha enfrentasse seus inimigos com enorme violência e usasse o Estado como veículo de opressão sem limites.

De fato, além do ódio aos judeus, aos marxistas e aos "criminosos de novembro", os primeiros discursos de Hitler continham três temas correlatos que deviam ter ativado alarmes no resto do mundo: a rejeição da democracia, a normalização da justiça pelas próprias mãos e o desmantelamento gradual do sistema de lei e ordem. Todos eles definiriam o futuro regime nazista.

* * *

O partido incipiente precisava de estrutura e direcionamento em preparo para a grande assembleia marcada para o dia 24 de fevereiro de 1920. Drexler e Hitler se juntaram para formular 25 princípios que fossem um amálgama de suas ideias — o Programa de 25 Pontos (ver Apêndice, p. 245, para a lista completa deles) —, que pretendiam apresentar na assembleia. Os quatro primeiros pontos abarcavam a essência do NSDAP:

1. Exigimos a unificação de todos os alemães sob a Grande Alemanha com base no direito do povo à autodeterminação.
2. Exigimos igualdade de direitos para o povo alemão em relação às outras nações; a revogação dos tratados de paz de Versalhes e St. Germain.
3. Exigimos terras e territórios (colônias) para prover o sustento de nosso povo, e colonização para nossa população excedente.
4. Apenas membros da raça podem ser cidadãos. Membros da raça são apenas aqueles de sangue alemão, sem distinção de credo. Consequentemente, nenhum judeu pode ser membro da raça.

Essas exigências vinham acompanhadas de algumas referências a políticas de grande popularidade voltadas para ampliar a autoridade dos nazistas: assistência social para veteranos e idosos, liberdade religiosa e educação superior para todos. O resto era um apelo à tirania em uma nação livre de judeus e não alemães, em que o Estado gozaria de absoluto controle sobre a população e a imprensa. O último item cobrava "autoridade ilimitada do parlamento central sobre todo o Reich e suas organizações em geral".[3]

Em 24 de fevereiro de 1920, no salão superior da Hofbräuhaus, em Munique, Drexler e Hitler revelaram o programa a uma multidão de 2 mil membros do partido. Hitler os inflamou com seus ataques contra os judeus e Versalhes. "Como protegeremos a humanidade contra esse bando de parasitas [os judeus]?", bradou ele. "A forca!", gritou a multidão.

Hitler recordaria esse discurso na Hofbräuhaus como um dos pontos altos do início de sua carreira política; mais tarde os nazistas o celebraram como um ponto de origem do movimento. Ele alegou que havia convertido o salão inteiro ao nacional-socialismo e acendido a chama que temperaria a "espada alemã da vingança", "restauraria a liberdade ao Siegfried alemão" e "reviveria a nação alemã". Hitler acreditava que a "Deusa da Vingança estava se preparando para corrigir a traição de 9 de novembro de 1918". Era data da proclamação da República por Philipp Scheidemann, mas Hitler provavelmente também fazia alusão ao odiado armistício de dois dias depois. Ele concluiu: "O salão se esvaziou. O movimento estava em marcha".[4]

Contestações como "Fora Hindenburg, Ludendorff e os nacionalistas alemães!" abafaram parte do discurso, segundo uma reportagem superficial no jornal do dia seguinte (na verdade, a imprensa tradicional alemã mal cobriu o evento, dada a pouca credibilidade que o partido novo de extrema direita tinha e o fato de seus membros serem tratados como prepotentes e desajustados).[5] Mas Hitler havia conseguido realizar o que pretendia: conquistar notoriedade como o porta-voz mais provocador dos partidos extremistas de Munique. Tudo pareceu muito fácil porque o recurso político mais valioso dele era algo que possuía naturalmente, conforme Kershaw destaca: "Atiçar o ódio de outras pessoas despejando nelas o ódio que já estava tão arraigado nele próprio".[6]

Mais ou menos nessa época, no início de 1920, Dietrich Eckart, um dos membros fundadores do DAP, um poeta e dramaturgo que gostava de beber e acreditava em uma noção mística de supremacia alemã, começou a exercer forte influência em Hitler. Ao vê-lo discursar em 1919, Eckart se sentiu imediatamente atraído pela energia bruta de sua voz e foi um dos primeiros a reconhecer seu potencial.

Eckart percebeu que as ideias de Hitler precisavam de sustentação mais sólida e que o estilo combativo dele exigia uma reformulação para cativar um público alemão mais amplo. Designou a si mesmo o Pigmalião nazista, esculpindo seu pupilo para se transformar em um homem que pudesse ser exibido diante de famílias, senhoras ricas e suas filhas. Apresentou Hitler a pessoas poderosas, desfilando com ele nos estabelecimentos sofisticados da cidade. E, principalmente, ajudou a levantar fundos para o incipiente Partido Nazista.

Sua influência mais importante sobre Hitler foi estabelecer na mente dele uma ligação entre o marxismo e o judaísmo. Para tanto, Eckart recorreu ao racismo "intelectual" de Alfred Rosenberg, um imigrante estoniano que havia apoiado os contrarrevolucionários opositores dos bolcheviques na Rússia.

Antissemita inveterado, ele conheceu Hitler mais ou menos na mesma época, e logo se tornaria o principal ideólogo do Partido Nazista.

Se até então os termos "marxismo" e "judaísmo" eram tratados como códigos nada sutis um para o outro, ambos passaram a ser usados rotineiramente como sinônimos, unindo em uma vasta conspiração o principal inimigo do Estado alemão: o bolchevique judeu. Segundo essa "análise", os judeus eram comunistas, e os comunistas eram judeus (quando não estavam sendo capitalistas). Hitler já havia feito a associação muitas vezes; agora, ele partilhava da certeza pseudocientífica de Eckart e Rosenberg.

Eckart também ofereceu a Hitler lições de "teoria racial". O que o instigava era a publicação, até então inédita na Alemanha, de *Os protocolos dos sábios de Sião*, um documento falso que supostamente revelava a existência de um complô judeu para fomentar guerras e revoluções e dominar o mundo. O texto aparecera pela primeira vez na Rússia, em 1903, e circulara por muitos outros países no início do século XX; Rosenberg também havia sido profundamente influenciado por ele. Seu surgimento na Alemanha ocorreu no pior momento possível para o povo judeu, em 1919. O NSDAP não só acreditou nele como acrescentou o material a seu arsenal ideológico. Eckart o invocava com frequência ao declarar uma guerra apocalíptica contra os judeus. "Quando a luz se choca com as trevas", escreveu ele, "não existe conciliação! De fato, existe apenas uma luta de vida ou morte, verdade ou mentira, Cristo ou anticristo." Na cabeça de Eckart, a Primeira Guerra Mundial não tinha terminado; ela continuava numa cruzada santa contra os responsáveis pela humilhação da Alemanha.[7]

O linguajar escatológico de Eckart pintava a Alemanha como uma nação que era mais vítima de pecados do que pecadora, martirizada por uma conspiração judaica que receberia um castigo severo: "Esses fariseus [...] vivem se lamentando por causa de seus pés de meias! A liberação da humanidade contra a praga do ouro está à nossa porta! Não é simplesmente uma questão de colapso para nós — é nosso calvário!".[8]

Hitler bebeu da taça de Eckart, Rosenberg, Feder e outros "pregadores" antissemitas ao condenar os judeus como o elemento comum que unia todos os inimigos da Alemanha. Os judeus não eram apenas líderes ativos da esquerda; eram a força dominante da direita capitalista. O que quer que fossem, onde quer que estivessem, eles eram amaldiçoados. Na cabeça de Hitler, o marxismo, o capitalismo e o socialismo se fundiam em um movimento monolítico que ameaçava a unidade nacional e corria o risco de contaminar e destruir a própria raça alemã.

Mais tarde, Hitler alegou que foi nessa época que ele se tornou "definitivamente antissemita".[9] Viena, Pasewalk e Versalhes, claro, haviam inspirado declarações "transformadoras" semelhantes. Na verdade, como já vimos, a "conversão" dele resultou do acúmulo de lembranças e experiências, de ambição, ódio e vingança, de influências de Mayr, Drexler, Eckart, Rosenberg e outros, e, mais intensamente, de sua memória extensa da guerra.

Ao longo dos dois anos seguintes, o antissemitismo brutal e crescente de Hitler e suas ambições políticas pouco sofisticadas seguiriam e reforçariam mutuamente um objetivo em comum: a tomada do poder. Com seus dons de oratória e o pendor para a organização, ele era visto no partido como um indivíduo promissor, um recurso político indispensável. O baixo escalão cada vez mais o adotava como líder místico, profeta do movimento; alguns dos nazistas mais cultos enxergavam nele o aguardado *Übermensch*, o super--homem de Nietzsche.

Certa noite, no verão de 1920, um jovem vistoso com porte de herói de guerra e uma expressão de alegre reconhecimento no rosto se encontrava em uma cervejaria lotada. Era Rudolf Hess, um antigo soldado que tinha sido ferido duas vezes e, como Hitler, servira em uma divisão da Baviera durante a guerra. Ele havia estado na Primeira Batalha de Ypres, em Verdun e no Somme, e depois treinara como aviador. Como Hitler, também fora condecorado duas vezes, tendo recebido a Cruz de Ferro de segunda classe e a Medalha Militar Bávara por bravura.

Naquela noite, Hess escutou, em transe, enquanto o outro veterano de guerra se dirigia ao público na Sterneckerbräu: "Hitler estava em meio às névoas de cigarro, com uniforme cinza de soldado, bradando que viria o dia 'em que o estandarte do nosso movimento tremularia sobre o Reichstag de Berlim, sobre o Palácio de Berlim, sobre todas as casas da Alemanha'".[10]

Hess mergulhou rapidamente em um estado de devoção fascinada. Nutria a mesma crença da "punhalada pelas costas" de Hitler; culpava os judeus e os marxistas pela derrota da Alemanha; condenava a humilhação do país em Versalhes. Contudo, ninguém havia juntado tudo aquilo em um grande argumento político a favor da revolta alemã como Hitler estava fazendo. Hess pensou: ali estava o homem que poderia salvar a Alemanha. Ele entrou para o NSDAP em julho de 1920, como membro número 16.

Hitler viu em Hess um amigo de confiança, uma pessoa capaz de levantar fundos, um colaborador. Os dois haviam sobrevivido à quase aniquilação de seus regimentos, em 1914 e 1916, e "se acreditavam no direito de falar da proteção especial do destino".[11] Eles iriam se tornar companheiros inseparáveis na longa marcha rumo ao poder.

Segundo um artigo incisivo de Konrad Heiden, Hess e Hitler ficaram "intelectualmente fundidos em um nível possível apenas a personalidades anormais. De fato, eles haviam se transformado em uma personalidade constituída de dois homens".[12] A mente de Hess foi, em certo sentido, "enxertada em Hitler".[13] Hess chegou até mesmo a atuar como guarda-costas improvisado do outro, em 4 de novembro de 1921, ferindo-se ao protegê-lo de uma bomba que explodiu na Hofbräuhaus.

Ao longo da década de 1920, o relacionamento dos dois se aprofundou e se tornou uma relação de "amor e admiração mútua". Hess se tornou escrevente e secretário pessoal de Hitler, o homem para quem o Führer ditaria *Minha luta*.[14] Nos anos seguintes, subiria na onda da hitlermania, e sua lealdade viria a ser recompensada com o cargo de vice-Führer.

Por enquanto, Hitler ainda era pouco mais que um agitador de cervejaria e "tamborileiro" do movimento, como ele próprio viria a dizer. Usava os métodos de um típico valentão político e brigão da ralé. Seus companheiros não escondiam as origens brutais do partido. Como a maioria dos primeiros membros do Partido Nazista, Hitler apreciava uma boa briga de bar. E, embora raramente tivesse alguma participação direta, ele se deleitava em dar ordens para que a milícia do partido, a *Sturmabteilung* (SA) — literalmente "destacamento tormenta" ou "tropa tormenta" (o nome era uma derivação de unidades pequenas de ataque rápido na Primeira Guerra Mundial) —, arrebentasse seus inimigos políticos. *Steins* (canecas de cerveja) voando, queixos quebrados, sangue no piso... tudo isso anunciava a chegada de Hitler e seu movimento.

A SA, cujos membros eram conhecidos como camisas pardas por causa do uniforme cáqui-claro, agia como a polícia particular de Hitler, e a princípio era empregada para controlar multidões e espancar manifestantes. Sua presença se fazia sentir rápida e violentamente nas cervejarias, nos comícios do partido e nas ruas. Gangues de camisas pardas perambulavam pela cidade, ameaçando qualquer pessoa que parecesse judeu, homossexual ou inaceitável por qualquer motivo para os nazistas. Esse logo se tornou um dos exemplos mais organizados, amplos e brutais do tipo de milícia particular que emergiu com a oposição de seus líderes ao Tratado de Versalhes, que havia proibido exércitos paramilitares. Qualquer Führer iniciante que se prezasse ostentaria um destacamento de "guarda-costas", ou qualquer outro eufemismo que preferisse usar para descrever seus capangas pessoais.

Tamanha era a popularidade de Hitler que os camisas pardas atraíram incontáveis voluntários e cresceram rapidamente até formar um exército particular que desempenharia um papel poderoso na ascensão dele ao poder nas décadas de 1920 e 1930. Hermann Göring, um antigo e garboso ás da aviação que entrou para o Partido Nazista em 1922 e viria a se tornar um dos capangas mais próximos de Hitler, foi um dos primeiros comandantes da SA e um dos que mais tempo permaneceu no cargo. Ele era alvo de elogios rasgados de Hitler: "Eu o coloquei na chefia da minha SA. É o único dos chefes que liderou devidamente a SA. Eu lhe dei uma turba caótica. Em muito pouco tempo, ele havia organizado uma divisão de 11 mil homens".[15]

Outro notório futuro comandante dos camisas pardas era Ernst Röhm, membro antigo do partido, um "homem duro" rotundo e (mais tarde) homossexual declarado. Ele recebeu o comando dos camisas pardas pela primeira vez em 1924, depois do Putsch de Munique (ver cap. 18), mas suas ideias não causaram grande impressão, e ele pediu demissão. Ao voltar de uma missão no exterior em 1931, Röhm recebeu novamente o comando da SA e, dessa vez, transformou-a em uma base de poder rival que acabou se revelando sua própria ruína. Ele seria executado em 1º de julho de 1934, durante a Noite dos Longos Punhais, acusado de traição.

Com homens assim encarregados de sua proteção, Hitler podia perambular livremente pela cidade e falar onde bem quisesse. Sua popularidade cresceu lado a lado com sua fama como herói de guerra e revolucionário da ultradireita. Relatos sobre seu carisma e a reação acalorada aos seus discursos atraíam centenas de pessoas às cervejarias para ouvi-lo. No fim da década de 1920, o NSDAP já possuía mais de 3 mil membros. Eram centenas de novos membros a cada dia. Sempre que Hitler falava, o projeto nazista conquistava mais gente. O partido havia se tornado a "força reconhecida da ultradireita bávara".[16] Em um ano, iria se tornar o principal partido *völkisch*, em grande parte devido ao talento de Hitler como propagandista, organizador e orador, discursando diante de plateias que chegavam a 3 mil pessoas (6 mil ouviram o pronunciamento no Zirkus-Krone de Munique em 3 de fevereiro de 1921, seu maior comício do início dos anos 1920).[17]

Ele se tornara o rosto do partido para o público, seu principal porta-voz e, para muitos, seu líder de fato. Colocava seu toque pessoal em cada aspecto das atividades e da propaganda do partido. A presença nazista começou a se proliferar por toda a Munique, e por cidades pequenas da Baviera, marcada pelo impacto visual de bandeiras e braçadeiras com a suástica, pelos grupos de camisas pardas pisoteando as ruas e pelos fãs adoradores do "culto Hitler".[18] Rudolf Hess, em sua nova função como secretário de Hitler, escreveu sobre o crescimento do partido naquele ano: "É a aurora terrível do Juízo Final para os traidores da nação antes, durante e depois da guerra [...]. Algum dia ela chegará, esta Grande Alemanha que acolherá todos aqueles de sangue alemão".[19]

No entanto, Hitler ainda era pouco conhecido fora da Baviera. Ele mesmo admitiria mais tarde que não era "ninguém" àquela altura da carreira. E, como Kershaw sugere de modo convincente, teria continuado assim não fosse o apoio de patrocinadores poderosos e a condição desesperadora do Reich no pós-guerra.[20] Hitler precisava de uma plataforma, uma base de poder que catapultasse suas ambições políticas emergentes para um cenário nacional — e precisava exercer controle absoluto sobre o partido. Mas nem mesmo ele imaginaria a velocidade de sua ascensão ao topo de um movimento que consideraria seriamente derrocar a liderança do Estado alemão.

Em meados de 1921, Hitler passou a se concentrar em assumir a liderança do partido. Seria uma investida desesperada rumo ao poder, para reforçar sua influência crescente no NSDAP e combater tentativas de fundi-lo no Partido Socialista Alemão e o Deutsche Werkgemeinschaft, outro movimento *völkisch*, liderado pelo dr. Otto Dickel, um orador incrivelmente carismático (chegando a ser encarado como um rival de Hitler) que nutria uma fé mística no trabalhador alemão.

Na cabeça de Hitler, os dirigentes do NSDAP haviam perdido a utilidade. Drexler, o presidente, carecia de energia e visão para concretizar as ambições do partido, mas, até então, Hitler não tomara a iniciativa de tentar se alçar ao topo porque não tinha apoio suficiente. Porém, no começo de julho de 1921, pouco depois de voltar de uma viagem a Berlim, ele se deu conta de uma ameaça contra o que considerava "seu" movimento. Furioso com as conversas sobre fusão, que diluiriam seu poder, e cheio de desdém pelo idealismo *völkisch* de Dickel, ele não podia esperar mais.

Como qualquer ego político gigante quando se sente confrontado, Hitler tratou de destacar seu caráter importante e imprescindível de forma grosseira. Em 11 de julho de 1921, em uma reunião dos líderes do NSDAP com Dickel e seu partido para negociar uma sutil confederação, ele fez um escândalo, rasgou a carteirinha de membro e saiu batendo o pé. Não foi tanto um gesto calculado (como seriam os futuros escândalos cuidadosamente cronometrados de Hitler) quanto a reação de um valentão cercado, gritando e esperneando até conseguir que fizessem sua vontade. Tal estilo de comportamento iria se repetir em toda a sua liderança: Hitler não admitia nenhuma concessão, nenhum meio-termo. Era tudo ou nada, e ele reforçava suas exigências com ameaças raivosas e rejeição de qualquer conselho ou interesse divergente.

A princípio, a liderança do partido ficou furiosa. A postura de Hitler era inaceitável. Alguns inclusive o acusaram de estar no bolso de judeus e apoiar o imperador austríaco deposto. Panfletos anônimos o atacaram como inimigo do partido. Mas nazistas mais antigos — Eckart, Drexler e Rosenberg — sabiam que a perda do melhor orador seria um golpe forte no movimento. Eckart interveio, e em 13 de julho Drexler pediu para Hitler sugerir condições que o convencessem a reverter sua decisão.

Hitler não se apressou. Realizou um discurso no Zirkus-Krone, o maior salão de Munique, em 20 de julho, com lotação máxima. Foi um sucesso retumbante. Depois, ele foi ovacionado por correligionários exultantes em uma reunião especial para membros do partido na Hofbräuhaus no dia 29. Com firme controle sobre a narrativa, Hitler permitiu que Rudolf Hess cuidasse do resto. Seu leal seguidor fez o partido acordar para a realidade. "Vocês não enxergam mesmo o fato", escreveu Hess, "de que ele é o único homem dotado de personalidade de liderança capaz de assumir a luta pela Alemanha?"[21]

Com a intervenção de Hess e a ansiedade do partido de recuperar Hitler, ele se sentiu incentivado a estabelecer suas condições. Não aceitaria nada menos que o controle despótico sobre a direção do partido, na primeira de uma série de apostas "ou tudo ou nada" que ele fez ao longo de toda a carreira política. Ele insistiu que, se voltasse para o NSDAP, o partido deveria ser conduzido e organizado de modo a se tornar "a arma mais afiada na batalha contra os judeus internacionais que governavam nosso povo".

Para isso, ele deveria ser nomeado primeiro presidente com "poderes absolutos".[22] A contragosto, o comitê do NSDAP aceitou. A partir de então, Hitler não seria mais o "tamborileiro" do partido, contentando-se em agitar as massas para a satisfação de uma liderança morosa. Ele seria a voz do partido, o principal propagandista, o ditador.

Como presidente, Hitler não perderia tempo e logo promoveria seus próprios homens e afastaria ou relocaria os antigos líderes do NSDAP. Anton Drexler se tornou presidente vitalício honorário do partido, um consolo para a perda do poder. E então Hitler implementou, já em meados de 1921, um movimento político personificado por ele e determinado por sua vontade, cujos principais objetivos declarados eram a rejeição de Versalhes e a opressão e posterior erradicação do povo judeu da Alemanha.

Hitler pretendia transformar o movimento nazista em um partido político devidamente estruturado de grande apelo entre as massas.[23] Para tal fim, empregou outra das muitas facetas que compunham seu caráter: o organizador. Revelou-se um agitador excepcional do partido e um para-raios político. Reformou a estrutura interna do NSDAP. Eliminou o caráter democrático e procurou novos membros que fossem leais a ele, não à liderança original.

Hitler conheceu os líderes da sociedade de Munique. Eckart continuou exibindo seu protegido para doadores políticos abastados e aristocratas locais. Hitler adorou a chance de conhecer seus superiores sociais, e os doadores ricos acharam divertido e simpático lidar com um radical das ruas, um rufião de cervejaria, e o paparicavam como se ele fosse uma espécie exótica. Ele se deleitava ao encantar senhoras ricas. Suas atitudes eram extravagantes, fazendo mesuras e mal conseguindo disfarçar sua falta de traquejo social, numa caricatura de cavalheiro. Sua aparente vulnerabilidade instigava nelas uma sensibilidade materna. Helene Bechstein, da dinastia dos fabricantes de pianos de mesmo nome, não foi a única herdeira rica a declarar: "Quem dera ele fosse meu filho". Hitler retribuiria os elogios; em sua mensagem natalina de 1925 para Frau Carola Hoffman, ele escreveu: "Para minha amada e verdadeira mãezinha".[24] Winifred Wagner, nora do compositor, se "enchia de reverência" sempre que Hitler visitava a família em Bayreuth. Aquelas mulheres lhe davam carinho e comida, escolhiam suas roupas, orientavam seus gostos e sua etiqueta, como se ele fosse um órfão perdido e solitário em busca de amor (e, em certo sentido, ele era). Conforme Hitler se alçava ao status de celebridade política, aquelas madames impressionáveis passaram a venerá-lo e adorá-lo. Algumas se atreveram a considerar a hipótese de que o jovem Adolf pudesse no futuro desposar suas filhas.

Hitler as usou como instrumentos para sua própria ascensão. Tendia a exagerar no comportamento obsequioso para conquistar a devoção de pessoas poderosas que pudessem ter alguma utilidade. O partido precisava do apoio e do dinheiro delas. E, enquanto os Bechstein, os Hanfstaengl (proprietários de uma editora de belas-artes) e outras famílias ricas da Baviera se afeiçoavam ao rapaz tímido capaz de se agitar de repente, alguém cuja "postura servil quase cômica" os divertia, não se deram conta de que estavam sendo manipulados por apenas uma das personas de Hitler, adaptada para cumprir um propósito junto a certo público.[25]

Nas cervejarias, ele desempenhava o papel de revolucionário estridente; no pódio, era um demagogo furioso; nos salões dos abastados, um adulador cheio de conversa fiada. Com o tempo, já um político famoso falando com os magnatas da indústria, ele passaria uma impressão de conservador inveterado e racionalista econômico. E, ainda que desprezasse a moralidade convencional da Igreja e a hipocrisia burguesa por trás das noções de "tolerância" e "decência", Hitler sabia fingir que partilhava dessas opiniões quando o público demandava.

Suas personas possuíam funções diversas: serviam para ocultar seu passado, incrementar sua "mitologia" e deixá-lo livre para agir como ele achasse necessário, fosse com intimidação, persuasão ou charme. Ninguém conseguiu penetrar suas muitas máscaras, nem mesmo seus companheiros mais próximos ou as pessoas que trabalhavam ao seu lado. Ernst Hanfstaengl e sua família não foram os únicos a considerar Hitler um amigo, mas que logo se tornou "mais misterioso que amigável".[26]

17. "O mundo da mulher é o homem"

O sucesso local de Hitler serviu de estímulo para que seus sonhos fossem além da Baviera, para que ele projetasse o NSDAP como um verdadeiro partido "nacional" e para que considerasse a si mesmo um líder do Estado alemão. Sua postura frígida degelou um pouco. Ele baixou a guarda. Protegido em meio ao círculo de guarda-costas pessoais — a *Stosstrupp* —, aceitou ser fotografado em seu hábitat pela primeira vez (antes, Hitler havia confiscado câmeras ou ameaçado qualquer um que se atrevesse a tentar fotografá-lo sem permissão).

As multidões de seguidores gostaram do que viram. Ali estava o salvador, o herói de guerra endurecido pelas batalhas que regressara das trincheiras para reparar a Baviera e vingar Versalhes; ali estava o líder guerreiro, que ostentava orgulhosamente seu histórico de guerra enquanto tantos outros veteranos se envergonhavam ou jamais mencionavam os deles.

Hitler fez 32 anos em 1921, mas parecia tomado pelo espírito de um adolescente. Desfilava por Munique com trajes justos, um revólver na cintura e um chicote na mão. Mais parecia um chefe de gangue, um moleque de rua, do que um aspirante a político. A passada ríspida e o porte ameaçador sugeriam um gângster, não um pretendente sério ao governo. Ele ia armado até mesmo a jantares formais.

Conforme sua fama crescia, Hitler começou a se preocupar cada vez mais com suas vestimentas e tentou adaptar o uniforme ao público. Nas ruas da cidade, usava ternos escuros simples, gravatas pouco chamativas e talvez um sobretudo ou casacão, dependendo da estação. Para os comícios em cervejarias, era comum ir de farda, e às vezes usava sua Cruz de Ferro. Nos salões dos doadores ricos, de vez em quando vestia calções, suspensórios e chapéu de couro, embora os joelhos branquelos e rodilhudos não fossem um grande incentivo para que insistisse no uso dos trajes típicos da Baviera.

A aparência, os hábitos, as opiniões e a personalidade de Hitler já demonstravam nessa fase inicial de sua carreira política os traços que ele exibiria como Führer. Suas feições eram pálidas e "quase femininas", como descreveria o historiador alemão Percy Ernst Schramm. Responsável pelo diário da Wehrmacht durante a Segunda Guerra Mundial, ele observou Hitler de perto:

> Sua boca era relativamente pequena; o queixo, não muito desenvolvido. Os lábios eram finos e apertados. Sua testa era alta, mas não chamava a atenção porque ficava coberta pela franja. Suas pálpebras tinham poucos cílios, mas suas sobrancelhas eram grossas, e acima delas havia ligeiras saliências na testa. [...] Parecia que a cabeça daquele homem dominava o corpo inteiro; torso, braços, pernas — parecia que tudo emergia dela.[1]

Essa imagem pouco favorável contrastava com a que Hitler pretendia passar: a de um predador isolado, o "lobo solitário", influenciador implacável por trás dos acontecimentos associados ao partido.

Foi mais ou menos nessa época que o bigodinho curto se tornou uma presença permanente e pernóstica. Os bávaros o apelidaram de *Rotzbremse*, ou "para-meleca"; no Reino Unido e nos Estados Unidos, era associado principalmente ao comediante Charlie Chaplin. Embora fosse um estilo relativamente comum na Alemanha nos anos após a guerra, o bigode de Hitler não caiu bem e desagradou seus companheiros. Quando Ernst Hanfstaengl recomendou que ele o raspasse, Hitler respondeu: "Se não está em moda agora, estará depois, por minha causa".[2] O bigode curto nunca se popularizou, apesar da confiança de Hitler. No caso dele, a intenção era na verdade disfarçar as narinas largas, que não achava atraentes.[3]

Em relação aos hábitos pessoais, o jovem Hitler era de exemplar "normalidade". Ele levava uma vida modesta e tinha gostos frugais. Assombrado pela lembrança de sujeira e miséria de seus dias na rua, ele tomava banho com regularidade e cuidava meticulosamente dos poucos dentes que lhe restavam.

Como destacou o historiador Roger Moorhouse: "Adolf Hitler tinha dentes péssimos — *catastróficos*. Não se sabe exatamente por quê — genética ruim, dieta ruim, falta de higiene —, mas alguns membros de seu séquito comentariam mais tarde que o mau hálito às vezes era tão forte que as pessoas davam um passo involuntário para trás ao falar com ele. No último ano da guerra, seus dentes já estavam tão deteriorados que apenas cinco dos 32 permanentes ainda eram seus".[4] No regime doméstico, Hitler tinha disciplina e organização e se abstinha de álcool e carne vermelha, embora ainda não fosse totalmente vegetariano. Ele gostava de estar cercado de animais, mulheres bonitas e crianças.

Um detalhe pronunciado da personalidade de Hitler era sua sensibilidade infantil. Ele se ofendia com qualquer desfeita e reagia de forma extremamente agressiva. Segundo Kershaw, Hitler nunca moderou a hipersensibilidade a críticas pessoais nem controlou seus acessos de fúria. Seu uso de "rompantes extraordinários de raiva destemperada" e sua "aversão extrema a qualquer amarra institucional" iriam se manifestar até os últimos dias.[5] Todo inimigo era pessoal, conforme apontou Alan Bullock: não apenas os judeus, mas também os "criminosos de novembro", artistas modernos, eslavos... de alguma forma, todos agiam contra *ele*, menosprezando sua visão de um mundo ariano.[6] Ele usava raiva e garrulice para se promover politicamente, para intimidar, ofuscar ou desorientar seus opositores.

Hitler continuava "estudando", como havia feito em Viena, escolhendo informações e "ideias" que reforçavam sua "visão de mundo". "O pensamento de Hitler", comentou Schramm, "deve ser antes considerado uma coleção enorme de origens muito diversas, na qual ele tratava de impor sua própria ordem e lógica."[7] Ele assimilava toda informação que ajudasse a facilitar sua imagem e sua ascensão ao poder, independentemente de qualquer relação com a verdade ou os fatos. Hitler engoliu todos os absurdos da Teoria do Mundo Congelado de Hanns Hörbiger (que promovia a ideia de que o gelo era a estrutura básica do cosmo e fundamentava todo o desenvolvimento do universo); como já vimos, ele se apropriou da essência do darwinismo social como base para suas ideias sobre "raça". Sem interesse por literatura, não lia ficção contemporânea nem clássicos.

Nesse sentido, sua mente parecia um ferro-velho de sucatas ideológicas abarrotado de teorias conspiratórias, pseudociência, inimigos odiados e métodos de vingança — e tudo isso ele socava em seus discursos. Os "fatos" e a "verdade" só tinham utilidade para Hitler desde que sustentassem sua máquina de propaganda. A "verdade" era o que ele dissesse. Ele era o perfeito político "populista", concluiu Alan Bullock, "o maior demagogo da história".[8]

Quem procurasse "motivo" ou coerência intelectual nas palavras de Hitler acabaria seriamente decepcionado: ele era capaz de falar e fazer de tudo, de abandonar qualquer doutrina ou política em nome do poder. Sua única posição consistente, a partir de 1921, era o ódio violento aos judeus. Hitler se recusava a admitir complexidades, insistindo que o "arbítrio humano" podia solucionar qualquer problema, por mais difícil que fosse.[9] Ele era, portanto, absoluta e terrivelmente imprevisível.

Ignorância deliberada não é nenhuma barreira para a confiança. Cheio da arrogância de um homem que acreditava que o poder político justificava qualquer ação, por mais detestável ou criminosa que fosse, Hitler pisoteava pelas sedes do partido, distribuindo ordens, pronunciando decisões e clamando longos sermões sobre a missão ideológica do partido e a importância da propaganda. Em outras ocasiões, ele não fazia muita coisa além de matar o tempo em restaurantes, bebericar um café e comer bolinhos placidamente.

Era o mesmo tipo de comportamento que ele havia exibido em Viena: grandes momentos de energia intercalados por outros de inércia e indecisão. Contudo, agora as pessoas reparavam nele, ouviam-no. Seus seguidores se agarravam a cada palavra. Na companhia lisonjeira de seus colegas nazistas, a mente de Hitler se embruteceu; o rol de "traidores" que ele queria castigar aumentou. Hitler nutria rancores titânicos.

Ele passou muito tempo anotando o nome de pintores e escritores judeus com a intenção de impor uma proscrição absoluta à arte "degenerada" (isto é, judaica) e determinar a queima de livros "não alemães". Revoltado com a "decadência" deles — e ressentido pelo próprio fracasso como artista —, Hitler justificaria qualquer ato de repressão contra a arte moderna com o argumento de que seus principais expoentes eram judeus. Quando subisse ao poder, ele criminalizaria artistas e cientistas "judeus" e renegaria sua obra "decadente". Quem não conseguisse escapar seria enviado para campos de extermínio.

* * *

O caráter de Hitler também adquiriu uma variedade de poses cuidadosas, ou personas políticas, que ele ensaiava e aperfeiçoava. Nesse sentido, era um ator excelente, mas poucos sabiam quando o Adolf "verdadeiro" estava em cena. Os mais próximos viam nele um amigo genuíno e leal, trabalhador, um líder destinado que "sabia e conseguia inspirar respeito", segundo Schramm comentaria mais tarde.[10] Schramm, que o observaria de perto, detectou uma série de disfarces ou "personagens" em Hitler: o valente veterano de guerra com atípica determinação e disciplina; o puritano que não bebia nem fumava, que dispensava intimidades sexuais e seguia uma rigorosa dieta vegetariana; o gângster peculiar que despertava o interesse dos salões da elite, o incansável homem do partido e "camarada leal"; o debochado que adorava imitar a personalidade e o sotaque de seus inimigos; e o ideólogo melancólico e revolucionário político, sempre prestes a fazer um escândalo.

Mas Schramm viu também outra faceta de Hitler que passou despercebida pela nata da sociedade bávara no início dos anos 1920. Ele acreditava que, se tivesse sido identificada, "até mesmo os mais leais e dedicados teriam se petrificado".[11] Escrevendo na mesma época dos monólogos de *Tischgespräche im Führerhauptquartier*, entre 1941 e 1942, no auge da guerra, Schramm ficou chocado ao constatar que Hitler era capaz de trocar risadas e brincadeiras no almoço e depois, à tarde, demandar a execução em massa de civis, contemplar a fome de Leningrado e iniciar a aniquilação sistemática dos judeus.

Grande parte do que ele viu também se aplica ao Hitler dos anos 1920. "Quando se tenta compreender Hitler", escreveu Schramm, "a conta nunca fecha. Seu contato com crianças e cachorros, sua satisfação com flores e cultura, seu apreço por mulheres bonitas, seu relacionamento com a música, era tudo bastante genuíno. Mas a ferocidade — amoral, implacável, 'gélida' — com que aniquilava adversários, tanto os reais quanto os potenciais, também era."[12] Na mesma linha, Helmuth Greiner, que mais tarde entraria para o círculo de companheiros de jantar de Hitler, comentou: "Nunca ouvi dos lábios dele uma palavra sequer que sugerisse minimamente que era dotado de afeto ou compaixão".[13]

Durante uma fase considerável da juventude, as relações sexuais de Hitler foram "distantes" ou pouco movimentadas, em parte por seu medo de contrair doenças venéreas, mas também porque tinha asco ao corpo humano. Na guerra, como já vimos, ele se recusara a dormir com francesas para manter sua honra de soldado alemão. Aparentemente, Hitler se manteve virgem pelo menos até o armistício. E, embora mais tarde fizesse "declarações calorosas" a beldades da elite, ele raramente se atrevia a tocá-las para além de discretas carícias ou beijos.

Ernst Hanfstaengl, que observou Hitler de perto por quinze anos, descreveu-o como "impotente, do tipo reprimido, masturbador": "Não acho que ele tenha mantido alguma relação sexual ortodoxa com mulheres".[14] Helene, a mulher de Hanfstaengl, concordava: para ela, o jovem Hitler habitava uma "terra de ninguém" sexual. Não era um comportamento atípico na época para determinado tipo de asceta que caracterizava o medo de sexo e a abstinência como disciplina e força pessoal. Hitler depois explicaria que se negou a se casar porque era ocupado demais e teria negligenciado a esposa: "É muito melhor ter uma amante".[15]

Quanto à virilidade, Hitler tinha dois testículos, segundo um prontuário de Eduard Bloch, o médico da família. O pênis dele "era completamente normal", registrou Bloch, refutando boatos de que seria excepcionalmente pequeno ou doentio, como seus inimigos gostavam de dizer.[16] E nenhuma cabra havia arrancado metade do órgão quando ele era pequeno, como mais tarde alegaria um antigo colega de escola chamado Eugen Wasen. "Ah, é, Adolf!", disse Wasen diante de um tribunal após a guerra. "Ele tinha apostado que conseguiria mijar dentro da boca de uma cabra..." Como um médico alemão observaria mais tarde, ou a mira da cabra teria que ser excelente ou Hitler não tinha "nenhum reflexo".[17]

Não há nenhum indício de que Hitler era homossexual ou "pervertido", fosse pelos padrões da época da Alemanha de Weimar ou pelos atuais. Não surgiu nada que desse amparo às suposições de que, no fim dos anos 1920, ele praticava sadomasoquismo e urofilia com Angela Raubal, sua amada meia-sobrinha, conhecida como Geli, ou que ele insistia que ela urinasse ou defecasse em seu rosto. Os inimigos de Hitler começariam a circular muitos boatos desse tipo quando ele subiu ao poder. (Contudo, há forte especulação de que ele teria iniciado um relacionamento sexual com Angela quando ela se mudou para seu apartamento em Munique, em 1929, enquanto cursava medicina. Ao descobrir que ela estava envolvida com Emil Maurice, líder da

SA que então trabalhava como chofer dele, Hitler rompeu o relacionamento e demitiu Maurice. Ela então se tornou praticamente uma prisioneira. Possessivo e ciumento, ele depois a proibiria de se casar com outro pretendente, de Linz — um episódio que parece diretamente associado ao suicídio dela. Seu corpo foi encontrado no apartamento de Hitler em Munique em 19 de setembro de 1931, com um ferimento à bala no pulmão causado pela pistola dele.[18] Angela tinha 23 anos.)[19]

Quanto à sua popularidade entre as mulheres, Hitler certamente atraía muitas a seus comícios. Estava sempre alerta à beleza feminina, e seu olhar notoriamente inquieto tendia a repousar nas moças mais bonitas presentes. Conforme ele entrava na meia-idade, seus poucos relacionamentos íntimos seriam com mulheres. E, sem dúvida, milhares delas se convenceram de que o adoravam, da mesma forma que uma adolescente idolatra uma celebridade. Elas se congregavam para escutá-lo, cobriam-no de elogios, aproveitavam qualquer oportunidade para desfrutar de sua companhia.

A admiração não era recíproca. Hitler encarava as mulheres de acordo com os intransigentes princípios bíblicos do século XIX. "O mundo da mulher é o homem", diria ele. "Só de vez em quando ela pensa em outra coisa [...]. É preciso que um homem possa estampar sua marca em qualquer mulher. Na realidade, as esposas não querem nada mais que isso!"[20] Ele defendia que as mulheres eram incapazes de distinguir entre razão e emoção, o que as desqualificava para a política ou qualquer ocupação séria. Para ele, a obrigação da mulher diante da sociedade era ser bonita, de preferência loira, e gerar filhos da raça ariana.

A saúde de Hitler sempre foi objeto de especulações sem fim. Na juventude, ele não exibiu nenhum sinal óbvio de distúrbio mental ou dano psicológico (por mais que os diagnósticos fossem rudimentares na época). Seja como for, Theodor Morell e Karl Brandt, seus futuros médicos pessoais, acreditavam que seu paciente era dotado de perfeita saúde mental e não apresentava absolutamente nenhum indício "sequer inicial de qualquer forma de doença mental".[21] Mas é claro que eles diriam isso. No entanto, nunca houve um diagnóstico independente rigoroso de insanidade.[22] Hitler não era esquizofrênico, deprimido ou bipolar.

Um estudo fascinante sobre Hitler realizado em outubro de 1943 pelo dr. Henry Murray, um psicólogo proeminente de Harvard, com outros especialistas do Gabinete de Serviços Estratégicos dos Estados Unidos (OSS, da sigla em inglês, precursor da CIA), traça um retrato convincente de um "megalomaníaco" que idolatrava "força bruta", "sangue puro" e "fertilidade", e desprezava "fraqueza, indecisão, falta de energia, medo da consciência". Porém, o resumo feito da personalidade de Hitler — uma concatenação de "neurose de guerra", "cegueira histérica" (a cegueira foi causada pelo gás mostarda), "má consciência", paranoia e masoquismo sexual — não chega a explicar plenamente o Führer.[23] Essas características eram relativamente comuns e não poderiam identificar ninguém como futuro tirano. Verdade seja dita, os autores escreviam antes da rendição da Alemanha, então ainda não se conhecia toda a dimensão dos crimes de guerra dos nazistas.

Se Hitler sofria de "neurose de guerra", ou o que hoje chamamos de transtorno do estresse pós-traumático, como também defende o dr. Theo Dorpat, sua condição não era diferente daquela de milhões de outros ex-soldados que seguiram a vida após a guerra sem recorrer a atos de vingança violenta. Se a mente de Hitler era um caso clássico de "transtorno de personalidade narcísica" ou de sociopatia extrema, como outros afirmaram, ele não era mais ou menos afetado por aquilo do que milhões de indivíduos convalescentes que encheram as cidades após a guerra, muitos dos quais ganharam proeminência e levaram vidas relativamente normais.[24]

O livro *Was Hitler Ill?*, do destacado professor de medicina Hans-Joachim Neumann e do historiador Henrik Eberle, publicado em 2012, é a investigação definitiva sobre a saúde de Hitler, com o propósito de estabelecer de uma vez por todas se Hitler sofria de alguma enfermidade mental ou física e, em caso afirmativo, se isso poderia ajudar a explicar o Holocausto. Os autores confirmaram que, no fim da vida, Hitler sofria de pressão alta, síndrome do cólon irritável e cólicas estomacais, além de apresentar sintomas do mal de Parkinson, que apareceram em 1941 e acredita-se que tenham se originado quando ele contraiu encefalite letárgica durante o serviço na Frente Ocidental.[25]

Nos últimos anos de vida de Hitler, seu médico lhe receitou doses pesadas de medicamentos para aliviar estresse, erupções cutâneas, cólicas e "agitação extrema". Quando era jovem, ele não tomava medicamentos potentes e não padecia dessas condições. Nunca foi dependente químico, ao contrário do que sugeria um livro de 2016 "perigosamente incorreto" sobre o uso de drogas por nazistas.[26] E Neumann e Eberle concluiriam em seu estudo aprofundado que ele tampouco exibia transtornos maníacos, sociopatas ou paranoicos: "Hitler fervia de ódio, mas sempre foi capaz de sincronizar seu desejo de exterminar os judeus com a opinião pública [...]. Ele tinha perfeita consciência do que estava fazendo ao longo de toda a sua carreira política".[27]

Isso vai ao encontro do veredicto do historiador britânico Sir Robert Ensor, autor do panfleto "Who Hitler Is", publicado em 1939: "Alguns psicólogos o consideram paranoico. Decerto, quando se entrega à raiva, ele esbraveja feito um louco. Mas faz isso com o propósito de atingir um resultado esperado, especificamente o terror. As torrentes desconcertantes de verborragia pura [têm] utilidade calculada".[28]

Em suma, Neumann e Eberle não encontraram "nenhuma prova médica científica de que Hitler sofria de alguma doença mental".[29] O estudo deles destrói a explicação "psico-histórica" do Holocausto — segundo a qual, para cometer um crime tão monstruoso, Hitler teria que ser insano, traumatizado ou estar sob a influência de drogas. "A resposta à pergunta 'Hitler era doente?'", concluíram eles, "é, portanto, a seguinte: o líder do NSDAP, chanceler do Reich alemão e comandante-chefe da Wehrmacht alemã era saudável e responsável por seus atos."[30]

Assim, havemos de concluir que Hitler era "normal", uma hipótese que encontra resistência na moralidade convencional? Talvez, para encontrarmos o guia mais claro para seu caráter, devemos voltar nosso olhar para ele próprio. Hitler obviamente se considerava excepcional, em muitos sentidos. No início dos anos 1920, ele se descrevia como alguém "frio como o gelo", com vontade de ferro. Com isso, queria dizer que havia superado a "fraqueza", eliminado de si mesmo qualquer resquício de compaixão ou consciência, qualquer mínima noção de respeito. Ele queria desesperadamente que o mundo o levasse a sério (entre os políticos europeus, Churchill seria o único a fazê-lo). Seus planos de vingança contra os "criminosos de novembro" eram fatalmente genuínos. Quando ele falava de retaliações colossais contra judeus, marxistas ou qualquer opositor, era sério. Hitler pretendia levar suas ameaças a cabo. Considerava que seu projeto em formação era moral e politicamente correto, um verdadeiro reflexo da vontade popular.

Conforme ele caminhava para o papel de líder político e cruzado ideológico, seu caráter se tornou mais rígido e seu ego, mais imperioso. O impacto de sua personalidade era bem capaz de dominar qualquer pessoa que não tivesse sido exposta a ela, como constatou Schramm: "A força podia ser tamanha a ponto de às vezes parecer que uma espécie de energia psicológica irradiava dele como um campo magnético".[31] Mas, para outros, o efeito era contrário: um coronel, por exemplo, sentia "uma aversão que crescia sem parar" diante da mera presença de Hitler. Com seu lendário "sexto sentido" — para detectar quem estava do lado dele e quem não estava —, Hitler percebeu aquilo imediatamente e afastou o coronel.[32]

Muitos foram demitidos por exibir qualquer sinal mínimo de divergência; oposição de fato levava a afastamento, prisão e provável morte. Hitler exigia lealdade absoluta. Críticas eram vistas como insubordinação, desobediência era considerada traição. Ele também nutria uma desconfiança especial e inveterada em relação a "especialistas", a quem desprezava e se recusava a consultar. Ele sempre sabia mais, uma característica que o acompanhou até o fim. O general Ludwig Beck, chefe do Estado-Maior alemão durante grande parte da década de 1930, afirmou que nunca teve uma chance de lhe oferecer conselhos propriamente ditos sobre defesa.

Hitler vivia em um mundo de ameaças violentas e falsas promessas. Ensor observou:

[S]uas táticas sempre se conformaram a alguns princípios simples de truculência. Lembre o valor das ameaças, mas lembre que existe a condição de que elas sejam sempre concretizadas. Quando pretender atacar algum homem, elimine antes o caráter dele; atropele-o com uma "saraivada de mentiras e calúnias"; depois, quando até mesmo os amigos dele estiverem dispostos a rechaçá-lo, derrube-o. Se quiser ganhar tempo ou terreno, prometa a lua; mas use o que foi conquistado de modo que jamais seja preciso cumprir suas promessas.[33]

As "promessas da lua" de Hitler — um Reich expandido, uma sociedade livre de judeus e outros indesejáveis, a revogação de Versalhes — pareciam realizáveis em uma sociedade tão desesperada a ponto de suspender a descrença em relação ao agente que as produziria. A magia política de Hitler prosperou em um mundo tão degradado e corrompido quanto a mente dele.

Já em seus primeiros dias como líder do NSDAP, Hitler enxergava nitidamente a fonte de seu futuro poder. "Pois, para ser um líder, é preciso saber mover as massas", escreveu ele.[34] E, ao entrar o ano de 1922, ele pretendia ampliar sua influência e popularidade para além da base na Baviera. Sua milícia pessoal, os camisas pardas, estava se expandindo rapidamente para outras regiões. Acima de tudo, sua visão de uma Grande Alemanha governada por uma "raça suprema", expressão que começou a saturar seus discursos, contagiou seus seguidores. E os principais, àquela altura, eram Rudolf Hess, seu mitômano e redator pessoal; Max Amann, seu maestro midiático; Alfred Rosenberg, seu guru ideológico; Ernst Röhm, comandante de sua milícia particular; e Hermann Göring, seu herói de guerra e ás da aviação preferido.

No início de 1922, Hitler conquistou um novo acólito dedicado: Julius Streicher. Ferozmente antissemita e editor de pornografia violenta, ele era uma absoluta abominação que se especializava em fabricar imagens de judeus degradando mulheres alemãs e que mais tarde viria a ser conhecido como "Provocador de Judeus nº 1". Streicher, cujos excessos eram criticados até mesmo entre nazistas do alto escalão, depois alegaria que se tornou discípulo de Hitler ao vê-lo falar em uma cervejaria no inverno daquele ano:

> Milhares de homens e mulheres saltaram aos pés dele, como se fossem lançados por um poder misterioso [...] gritavam *"Heil Hitler! Heil Hitler!"* [...]. Ali estava um homem capaz de extrair do espírito e do coração da Alemanha o poder de romper as correntes da escravidão. Sim! Sim! Esse homem falava como um mensageiro dos céus em uma época em que os portões do inferno se abriam para engolir tudo. E, quando ele finalmente terminou, enquanto a multidão bradava com cantos de *"Deutschland"*, corri para o palanque...[35]

Se cada uma dessas pessoas tinha "algum defeito na tessitura", como observaria mais tarde Albert Speer, arquiteto e futuro ministro nazista, com cuidadoso eufemismo, todas eram absolutamente dedicadas ao homem que acreditavam ser o salvador da Alemanha. Hitler jogou uns contra os outros sem piedade, mas conquistou sua adoração e lealdade. Eles seguiriam toda e qualquer instrução dele. Hess profetizou, cheio de admiração, que Hitler teria que "atropelar" pessoas para alcançar seu objetivo.[36] O atropelamento estava prestes a começar, com um levante nazista na Baviera.

18. "Devem lutar comigo — ou morrer comigo!"

"Rei de Munique" era o apelido que os inimigos de Hitler usavam para ridicularizá-lo em 1922. Conforme sua reputação crescia, seus discípulos passaram a levar o epíteto ao pé da letra. O problema era que o ego de seu herói era maior do que a influência que ele de fato exercia: àquela altura, Hitler superestimava sua popularidade fora da Baviera, e assim o salto que ele daria rumo ao desconhecido seria temerário e politicamente ingênuo.

Inspirado pela triunfal Marcha sobre Roma de Mussolini no fim de outubro daquele ano, que transferiu o poder na Itália para o Partido Fascista, Hitler concebeu às pressas uma marcha em massa rumo a Berlim, o crisol do poder na Alemanha. A sandice prepotente se baseava na confiança política crescente dele, que o persuadira de que sua popularidade permitiria que ignorasse as vias democráticas. Eleições eram uma insignificância tediosa para um homem destinado a estabelecer uma ditadura. Não que o governo de Weimar, uma série de coalisões caóticas de centro-esquerda que inspirava pouca confiança, fosse grande coisa: apesar da riqueza intelectual e artística da cultura, a liderança em Berlim era vista como corrupta e decadente, a ponto de Hitler e seus capangas decidirem que poderiam derrubar o governo democraticamente eleito da Alemanha e tomar o poder por meio da força bruta.

Aquilo ia além de meras ambições político-partidárias: cada ação de Hitler manifestava uma vontade de concentrar poder totalitário. E seu movimento nadava em águas favoráveis. O governo estatal da Baviera, praticamente isolado das autoridades em Berlim, havia pendido agressivamente para a direita com Gustav von Kahr, eleito primeiro-ministro em março de 1920. Kahr era um monarquista que havia jurado restabelecer a ordem após o levante marxista e sua sangrenta repressão, expulsando os comunistas da Baviera e contendo a onda de imigração, especialmente de judeus orientais.

Kahr gostou do que viu no jovem Hitler, que declarou (em uma reunião entre os dois em maio de 1921) que seu único objetivo era converter os trabalhadores ao nacional-socialismo. A aparência de "homem modesto, um simples ex-soldado" era um dos disfarces mais eficazes de Hitler. Tal fachada de humildade o apresentava como um homem razoável, alguém com quem era possível trabalhar. O fato de aquela pose formar um contraste agudo com a expectativa que havia em torno dele ajudava a reforçar sua imagem.

A reação de Kahr foi prestativa: para ele, "convertidos" ao nazismo eram melhores do que "convertidos" ao comunismo; além do mais, Hitler estava se revelando útil para o primeiro-ministro. Sua retórica pangermanista servia para carregar a mentalidade do povo de patriotismo em vez de socialismo, e o amor antes à pátria que à classe ia ao encontro dos ideais nacionalistas e monarquistas de Kahr. Com o pesadelo do soviete bávaro ainda recente na memória da opinião pública, a noção de propósito nacional compartilhado — reviver a grandeza alemã — funcionava melhor como cola social do que os chamados à união dos trabalhadores.

Tudo isso significava que Hitler e seu partido estavam conquistando adesões. Os nacional-socialistas funcionavam como uma força populista. Eles haviam chegado com tudo no momento mais oportuno. Ofereciam esperança em uma época de desespero; pregavam contestação em uma época de submissão; e estavam transformando socialistas em nacionalistas, o que agradava o governo de Kahr. Esse foi o motivo crucial para o tratamento especial que os nazistas recebiam na Baviera — e para a popularidade deles no pós-guerra. Pessoalmente, Kahr admirava a energia e a disciplina de Hitler; nem por um segundo desconfiou que o objetivo verdadeiro dele era se rebelar contra o governo bávaro, tomar o poder, destruir rivais e opositores, derrubar o governo alemão e expurgar de seu partido e sua nação quaisquer elementos "impuros". Kahr era pouco mais que um cisco no olho daquela visão diabólica (e, por ter se oposto ao putsch, ele seria executado na Noite dos Longos Punhais, em 30 de junho de 1934, em Dachau).

Contudo, no momento, o regime dele era um raio de esperança para centenas de pequenos pontos de luz na ultradireita, atraídos para esse oásis de extremismo onde a intolerância e a perseguição racial eram oficialmente aceitáveis. Em 1921, já havia dezenas de grupos militantes desse tipo congregados em Munique, e os nacional-socialistas estavam entre os maiores e mais visíveis deles. Seu poder na região derivava não de qualquer processo democrático, mas de seus exércitos particulares, como a SA dos nazistas. Preocupado com o poder das milícias informais, o governo alemão sancionou um decreto formulado para proteger a república de extremistas de direita, e Kahr recebeu ordem de extingui-las em troca do apoio de Berlim.

Ele não obedeceu e acabou renunciando em 1º de setembro de 1921. Foi substituído por Hugo Max Graf von und zu Lerchenfeld, líder do Partido Popular da Baviera, que tentou reprimir a extrema direita e aplacar a tensão que ameaçava rachar o Estado, mas perdeu a confiança do partido e foi obrigado a renunciar em 2 de novembro de 1922. Ele foi sucedido pelo idoso e ineficaz Eugen Ritter von Knilling, que, como veremos, logo seria obrigado a reempossar Kahr e lhe conceder poderes quase ditatoriais para confrontar os acontecimentos explosivos de novembro de 1923.

Durante o breve governo de Lerchenfeld, algumas unidades paramilitares se desintegraram ou se consolidaram, enquanto outras se reposicionaram como forças de segurança. Mas a SA de Hitler se expandiu: ignorando o governo da Baviera, os camisas pardas aproveitaram a chance para preencher o vácuo de poder em Munique. Sob a liderança de Emil Maurice, um membro antigo do partido (e um dos raros *Mischlings*, nazistas que se acreditava possuírem ascendência tanto ariana quanto judaica), a SA despejou rompantes de violência nas ruas e cervejarias da cidade. Nesses dias de caos praticamente absoluto, a coação tinha mais força que a letra da lei e impunha submissão às autoridades do governo.

O clima era de insurreição. Homens armados e turbas se espalhavam pelas ruas de Munique, unidos pelo ódio contra Versalhes, os judeus e o governo de Weimar. Durante os anos de 1921 e 1922, quase toda semana o NSDAP fazia comícios nas cervejarias da cidade ou atacava congregações rivais, o que geralmente acabava dando em briga. Hitler se deleitava com a violência resultante: cadeiras arrebentadas e canecos arremessados, brados de "Matem!" e "Enforquem todos!". Era tudo uma grande e ameaçadora diversão. Durante esses confrontos, os beligerantes tendiam a abreviar a expressão "nacional--socialista" para "nazistas", um termo mais fácil de gritar. Desde o início, os principais adversários dos nazistas, principalmente comunistas, liberais e sociais-democratas, já associavam o termo a violência e derramamento de sangue. "Nazista" logo se tornou sinônimo de "quem for contra nós pode esperar um soco na cara".

O jovem Adolf ia para o meio desses elementos tumultuosos, de sobretudo bege e chapéu cinza de veludo, brandindo seu chicote com cabo prateado e ofendendo os inimigos atrás de seus guarda-costas, tal qual o chefe imberbe de uma família mafiosa. Ele agora era reconhecido como um líder de "crueldade truculenta".[1] Seu único objetivo era garantir que as pessoas nunca se esqueces-sem dele ou dos nazistas. "Quem se importa se riem de nós ou nos insultam, se nos tratam como idiotas ou bandidos?", escreveria depois em *Minha luta*. "O importante é que falem de nós e pensem constantemente em nós."[2]

De quando em quando, Hitler participava ativamente de atos violentos. Em 14 de setembro de 1921, por exemplo, ele, Hermann Esser (que mais tarde editaria o jornal nazista *Völkischer Beobachter*) e Oskar Körner — membros proeminentes do NSDAP —, junto com partidários e camisas pardas, invadiram um evento na Löwenbräukeller, onde Otto Ballerstedt, o popular líder do movimento rival Bayernbund, que defendia a autonomia da Baviera, falava à multidão. Hitler atacou pessoalmente Ballerstedt e causou sérios ferimentos nele, que foi removido à força da cervejaria (e mais tarde seria assassinado na Noite dos Longos Punhais em um último ato de vingança: Hitler jamais se esquecia de um rival). No julgamento, em janeiro de 1922, Hitler e Esser foram considerados culpados de perturbação da paz, atentado ao pudor e agressão, e foram condenados a cem dias de detenção, dos quais Hitler cumpriu pouco mais de um mês (de 24 de junho a 27 de julho de 1922).

A onda de violência prosseguiu em diversos comícios ao longo de 1922. A ocorrência mais grave foi em Coburgo, no norte da Baviera, em 14 e 15 de outubro, quando oitocentos homens da SA marcharam cidade adentro e provocaram confrontos sangrentos com grupos socialistas.

Após o período na prisão, foi a voz de Hitler, mais que seus punhos ou sua pistola, que se tornou sua arma mais eficaz naquela atmosfera turbulenta. Ele havia transformado seu barítono poderoso em um instrumento de controle de massas e frequentemente incitava suas plateias a cometerem atos de violência.[3] Com alcance limitado antes de 1928, os discursos dele agora seguiam um padrão nítido, conforme observou Ernst Hanfstaengl: começavam devagar, de maneira quase hesitante, atraindo a atenção do público; então se erguiam em um vibrato trêmulo, adequado ao tema do povo traído; e chegavam ao clímax com gritos, quase estridentes, acompanhados por golpes violentos com as mãos, como "a aproximação de uma tormenta purificadora". Ao fim desses espetáculos de indignação furiosa, o público era "levado de forma irresistível ao êxtase massificado".[4]

Os discípulos de Hitler também matavam por ele, tamanho era o poder persuasivo de suas acusações ressonantes contra políticos que desprezava. Seu ataque contra Walter Rathenau, o ministro do Exterior judeu e liberal do governo de Weimar, ajudou a acelerar seu assassinato em junho de 1922 — o mesmo destino sofrido por Matthias Erzberger, ministro das Finanças do Reich, morto em agosto do ano anterior — por membros de uma célula de extrema direita chamada Organização Cônsul, que os nazistas depois viriam a absorver.

Enquanto isso, a crescente deterioração da Alemanha era um presente para o NSDAP. O partido ganhou um bom empurrão com o colapso da economia, que chegou ao ponto mais baixo do pós-guerra no início dos anos 1920. A classe média estava sendo arruinada por um ciclo cada vez mais acelerado de produção de dinheiro, o que intensificou a inflação e desvalorizou o marco. Desde o início da guerra, os preços haviam subido a um ritmo constante enquanto a moeda alemã desabava: em 1914, um dólar valia 4,2 marcos; em 1919, 8,9 marcos. Não demorou nada para que a hiperinflação elevasse a cotação ao patamar de centenas de milhões de marcos.[5] E tudo estava prestes a ficar muito pior.

Hitler não tinha nenhuma solução imediata, mas sabia a quem culpar. Semana após semana, ele se aproveitava das vítimas da ruína econômica, insistindo na promessa de vingança contra os "responsáveis", os capitalistas judeus, que haviam manipulado o sistema contra o povo. A mensagem dele conquistava mais e mais pessoas, ansiosas para encontrar um bode expiatório.

O NSDAP cresceu rapidamente ao longo de 1922, com mais de 20 mil membros no fim do ano e quase triplicando esse número doze meses depois, ao chegar a 55 mil. A maioria dos membros era composta de pequenos empresários, lojistas, comerciantes, estudantes e agricultores; só 9,5% eram trabalhadores não especializados. Os nazistas nunca foram um movimento tradicional da classe operária, embora contassem com o apoio de uma quantidade considerável de trabalhadores. Tal como seu líder, eles eram oriundos principalmente da classe média baixa, trabalhadores de colarinho-branco ou *Mittelstand*, um estereótipo representado por um homem barrigudo da Baviera.[6]

Foi mais ou menos nessa época que os apoiadores de Hitler começaram a idolatrá-lo abertamente como "Führer", cumprimentando-se entre si com um gesto rígido do braço direito estendido (que eles copiaram do Partido Fascista italiano) e gritando *"Heil Hitler!"* — a mesma saudação que Schönerer havia usado em Viena. Eles ostentavam orgulhosamente a suástica — *Hakenkreuz*, ou cruz com ganchos —, mas poucos conheciam sua proveniência. Na realidade, trata-se de um símbolo religioso hindu e budista que existe há mais de 11 mil anos e que ainda estampa paredes em vilarejos na Índia e no Nepal. Os nazistas se apropriaram da suástica a partir dos indianos védicos (1000-500 a.C.), uma "raça" guerreira que forneceu, segundo Alfred Rosenberg e outros ideólogos do partido, o modelo ariano de pureza racial. Hitler havia escolhido pessoalmente a suástica como emblema do partido em 1920, escrevendo mais tarde: "Após tentativas sem conta [incluindo um "desenho bom" apresentado por um dentista de Starnberg], decidi por uma forma definitiva — uma bandeira de material vermelho com um disco branco que portava em seu centro uma suástica preta".[7]

E assim, trajando seus uniformes marrons, com braçadeiras que exibiam uma antiga cruz hindu em vermelho, preto e branco, o exército particular de Hitler partiu para concretizar a revolução dele. Só faltava um sinal para avançarem e abaterem seus adversários.

Em janeiro de 1923, a França aparentemente o forneceu. Em uma retorcida cruel do punhal cravado pelo Tratado de Versalhes, forças daquele país e da Bélgica ocuparam o vale alemão do Ruhr, rico em carvão, em retaliação pelo atraso nos pagamentos indenizatórios, o que enfureceu Berlim. Nenhum outro lugar sentiu mais a humilhação do que a Baviera, cujos agitadores imediatamente condenaram a França e exigiram uma resposta armada contra a antiga inimiga.

Curiosamente, Adolf Hitler recomendou cautela. Ele argumentou que de nada adiantaria desafiar as tropas francesas a partir de uma posição de fraqueza; também sabia muito bem que uma reação súbita e violenta à ocupação passaria a mensagem problemática de que não era capaz de controlar seu povo. Hitler disse que o inimigo imediato, por enquanto, era o "governo judeu em Berlim", liderado por aquela corja fétida de "criminosos de novembro", que haviam apunhalado a Alemanha pelas costas e cuja destruição ele almejava como prelúdio para a dominação do país pelos nazistas.

Aquilo era coerente com o que ele sempre alegara ser a prioridade máxima do partido: a destruição do governo de Weimar — e da democracia propriamente dita. Ele não havia clamado por aquilo já em 1919? Hitler declarara que um governo de poder e autoridade, liderado por um homem de ferro, devia substituir a corja de Berlim e "purgar rigorosamente o chiqueiro".[8] Só então ele voltaria o poder do Reich renovado, sob controle dos nazistas, contra seus antigos inimigos no exterior. E assim, para irritação geral, Hitler insistiu que seus seguidores tivessem paciência.

No entanto, alastraram-se boatos de que ocorreria um golpe de Estado, provocando medo nos moderados do governo bávaro, que pediram mais limites para os excessos dos nazistas. Em resposta, Hitler ameaçou infringir violentamente qualquer restrição oficial imposta a seu movimento. Ele foi além, reconstituindo a SA no centro da Associação Operária de Organizações Patriotas Combatentes — um conjunto unificado de grupos paramilitares fundado por Röhm em fevereiro de 1923 —, cuja missão era tomar o poder político, expurgar da pátria os inimigos internos (judeus, comunistas e outros elementos indesejáveis) e reconstruir a nação. Ela logo se integraria à *Kampfbund*, uma liga mais abrangente de milícias de ultradireita formada em Nuremberg em setembro daquele ano, que tinha a SA como sua força mais poderosa e Adolf Hitler como seu líder máximo. A SA começou sua cruzada recém-renovada com ataques a livrarias e agressões a judeus nas ruas, enquanto nazistas do alto escalão atiçavam a fúria do público contra qualquer judeu que ocupasse bons empregos ou posições de influência.

Hitler e seus capangas organizaram uma série de manifestações em massa. Seus seguidores ainda nutriam esperanças de que tais ações deflagrassem uma insurreição, porém, mais uma vez, sofreram uma séria decepção: Hitler recuou duas vezes no último segundo, em comícios do partido nos dias 27 de janeiro e 1º de maio. Ao resistir à pressão de promover um putsch, ele fez com que algumas pessoas em suas fileiras irrequietas questionassem sua liderança. Mas Hitler sabia que uma batalha campal com a polícia do estado da Baviera terminaria em derrota. Mesmo que vencesse a luta, perderia a guerra de propaganda, o que comprometeria seus planos no longo prazo.

O problema não era que os nazistas fossem fracos. Em alguns momentos, a SA praticamente teve Munique na palma da mão. Hitler possuía as armas e o poderio militar para ocupar a cidade (como praticamente fizera nos comícios de janeiro). Nas manifestações de maio, Röhm chegou a apreender e distribuir armas das casernas de Munique em preparação para um ataque. No entanto, em uma capitulação humilhante, Hitler abaixou a cabeça para as demandas das autoridades e devolveu as armas, o que suscitou ainda mais questões acerca de sua liderança.

O governo da Baviera tolerava, a muito contragosto, as incursões violentas dos nazistas contra a ordem pública. Os ministros receavam perder o apoio popular se ofendessem o movimento político que mais crescia no estado. Então, em vez de reprimir o "hitlerismo", eles se limitaram a enviar procuradores para investigar se os nazistas haviam incitado uma insurreição armada. Não foi apresentada nenhuma denúncia.

Após um período de férias em um povoado nas montanhas, perto de Berchtesgaden — seu futuro retiro nos Alpes —, Hitler voltou a Munique no verão de 1923 para um cenário de devastação econômica e paralisação política. Revoltas por escassez de comida, greves e hiperinflação afligiam o país. A nota de 1 milhão de marcos não valia nada. A nota de 1 bilhão de marcos logo daria lugar à nota de 1 trilhão. A cotação do marco em relação ao dólar estava em mais de 100 bilhões para um; ao final de novembro, chegaria a 4,2 trilhões de marcos por dólar.[9]

As residências em que as pessoas haviam investido todas as suas economias de repente passaram a valer menos que um pacote de manteiga. Quem não podia pagar suas dívidas era obrigado a dormir na rua. "Para os idosos", comentou um membro do Partido Nazista, "era simplesmente inconcebível que aquele fardo de cédulas que tinham na mão não valesse absolutamente nada."[10] Um espírito de niilismo e desespero se disseminou pela cidade. O desemprego disparou. Instalou-se o caos social. A fome e a miséria marcaram o rosto de muitos que antes da guerra haviam sido ricos ou pelo menos tinham levado uma vida confortável. Uma obsessão por "eles" e "nós", com a questão de quem devia ser responsabilizado, dominou a opinião pública.

Nesse mundo, tomados pela fúria diante da decadência e incompetência de Berlim, conservadores moderados se juntaram aos clamores de insurreição, de um putsch que assumisse o controle das alavancas do poder. Os nazistas procuravam sair na frente na revolução que todo comentarista imaginava ser inevitável. Hitler havia jurado limpar o chiqueiro; sua chance agora era iminente.

Em setembro, o primeiro-ministro bávaro Eugen von Knilling declarou lei marcial e reintegrou Gustav von Kahr como *staatskomissar* [comissário estatal] com poderes quase ditatoriais para reprimir o "movimento Hitler". Junto com o general Otto von Lossow, comandante do Reichswehr na Baviera, e o coronel Hans Ritter von Seisser, chefe de polícia bávaro, Kahr formou um triunvirato de direita que, na prática, controlava o governo local. Em 26 de setembro, sob o receio de pressões revolucionárias, eles instauraram um estado de emergência e proibiram comícios públicos durante o mês de outubro. Isso acabou por elevar as tensões e enfurecer os nazistas.

A sede do NSDAP recebeu cartas e mais cartas cobrando ação. "Agora, que o Todo-Poderoso faça com que seu braço seja tão forte quanto suas palavras são belas, para que venha até nós o dia da libertação", disse para Hitler uma mulher que antes havia sido rica.[11] As cervejarias ficavam completamente lotadas, e as multidões esticavam o pescoço para ouvir o novo "Messias", como muitos de seus adoradores passaram a chamá-lo abertamente. Em um discurso no dia 30 de outubro de 1923, Hitler declarou que a vitória seria certa assim que os marxistas e os judeus de Berlim fossem apunhalados no coração e que a suástica preta, vermelha e branca fosse desfraldada sobre a capital da nação.

Kahr sabia que Hitler era especializado no excesso, mas aquilo já era demais. Como aqueles prepotentes, com suas suásticas, se atreviam a pretender governar toda a Alemanha?

Com a repressão do governo bávaro, Hitler se encontrou sob imensa pressão para responder; agora, para alívio do partido, ele agiu. Em primeiro lugar, garantiu o apoio de duas pessoas poderosas: Ernst Pöhner, ex-chefe de polícia de Munique, um antissemita extremo que tentara expulsar todos os judeus orientais da Baviera em 1919 (Hitler lhe ofereceu o cargo de presidente da Baviera caso o golpe tivesse sucesso); e o general Erich Ludendorff, o comandante militar e herói de guerra mais famoso da Alemanha, que havia se aliado aos nazistas e também clamara por uma marcha rumo a Berlim.

Hitler tomou providências para que os camisas pardas obtivessem o armamento necessário. E remarcou a data. Originalmente, o putsch estava previsto para o dia 11 de novembro, mas boatos de uma ressurgência monarquista sob Kahr fizeram com que o Dia do Armistício parecesse a ocasião perfeita para instalar o príncipe herdeiro Rupprecht no trono da Baviera — uma possibilidade que enfureceu o líder nazista, cujos sonhos de poder agora transcendiam a Casa Wittelsbach. Assim, ele antecipou seus planos para 8 de novembro.

O Putsch da Cervejaria de 8 e 9 de novembro de 1923, que mais tarde entraria para o folclore nazista como o *Hitlerputsch* e teria suas vítimas consagradas como "testemunhas de sangue" do nascimento doloroso do partido, foi antes uma farsa que um fracasso. O objetivo de Hitler era de uma ambição temerária: tomar o poder do governo estatal, declarar uma ditadura bávara e marchar rumo a Berlim, levando consigo o país — e a liderança da Baviera. Ele tinha certeza de que o Reichswehr iria se juntar à sua causa.

Hitler deu início à revolução de modo teatral, invadindo a redação do *Völkischer Beobachter*, de chicote e pistola nas mãos, e declarando a Hanfstaengl e Rosenberg que a revolução começaria naquela noite. E assim, às 20h do dia 8 de novembro, cerca de 2 mil integrantes fiéis do partido seguiram para a Bürgerbräukeller, onde Kahr discursaria em um salão lotado com 3 mil figuras proeminentes da cidade, incluindo industrialistas e chefes de agências governamentais. Hitler se dirigiu ao estabelecimento em sua Mercedes pessoal, acompanhado de Rosenberg, Hess e Göring. Com sua casaca preta, ele mais parecia um garçom que um revolucionário. Anton Drexler foi junto, achando que estava a caminho de uma assembleia. Quando lhe disseram a verdade, ele se recusou a participar, selando sua expulsão da liderança do partido.

A entrada da Bürgerbräukeller estava cercada por uma enorme multidão. Por ordem de Pöhner, a polícia de Munique a dispersou, liberando o caminho até a porta para Hitler. Mais de seiscentos homens da SA haviam tomado o edifício sem interferência e posicionado uma metralhadora perto do auditório.

Às 20h45, Hitler entrou na cervejaria. Cercado por dois homens da SA e acompanhado de seus capangas nazistas, ele arrebentou um caneco de cerveja no chão, sacou o revólver e abriu caminho à força pela multidão. A princípio, as pessoas mal perceberam sua presença; aparentemente, ninguém se deu conta de que uma revolução estava acontecendo.

Era preciso adotar medidas mais firmes. Hitler pulou em cima de uma mesa, disparou um tiro no teto e bradou: "A revolução nacional começou! Há seiscentos homens no salão. Ninguém pode sair".[12] Ele avisou que uma metralhadora estava apontada para qualquer um que desobedecesse. Gritou que os governos do Reich e da Baviera haviam caído e que um governo provisório, liderado por ele próprio e por Ludendorff, fora instalado em seu lugar. Mentiu que os alojamentos do Exército e da Polícia estavam sob seu controle.

Hitler apontou a arma para Kahr, Lossow, Seisser e seus assessores e os mandou ir para uma sala lateral. Göring assumiu o comando no salão, enquanto Hitler saía com seus reféns. Balançando o revólver na frente do triunvirato, Hitler exigiu que eles apoiassem sua revolução em troca de cargos importantes no novo regime. Ameaçou matá-los caso desobedecessem e então, pedindo desculpas por ameaçá-los com atos tão extremos, adotou um tom mais brando: eles aceitariam ser depostos se fossem incluídos no novo regime de Hitler? "Devem lutar comigo, triunfar comigo — ou morrer comigo", suplicou ele. "Se as coisas derem errado, tenho quatro balas nesta arma: três para meus colaboradores, caso eles me abandonem, e a última para mim mesmo."[13]

Kahr, um político experiente, sentiu de imediato a vulnerabilidade da situação de Hitler. Ele protelou, desafiando o adversário a atirar: "Herr Hitler, pode mandar me matar, pode me matar pessoalmente. Mas, para mim, a morte não fará diferença alguma".[14]

Hitler implorou para que Kahr mudasse de ideia. Ele se interessaria pelo cargo de regente da Baviera após a revolução? "[O] povo vai se ajoelhar aos seus pés", exclamou Hitler, mas em vão. A prostração do país de nada significava para Kahr (mas a oferta dizia muito sobre o que significava para quem a fazia); e Hitler não tinha condições de oferecer tal cargo.

Pouco antes, alguns insurgentes haviam sido enviados para buscar Ludendorff, cujo prestígio pessoal era considerado crucial para a credibilidade do levante. Ernst Röhm e membros da milícia particular que ele fundou em 1923, a *Bund Reichskriegsflagge*, agora homens da SA, aguardavam na

Löwenbräukeller quando ele recebeu a ordem (pelo telefone da cozinha da cervejaria) de tomar instalações vitais na cidade, incluindo o alojamento do Exército. Os cadetes da Escola de Infantaria de Oficiais, perto dali, também foram enviados para tal fim.

Por volta de 21h, a figura sólida de Erich Ludendorff adentrou a Bürgerbräukeller, espantado ao se descobrir figura de proa no centro de uma revolução: o idoso general ainda não havia sido totalmente informado do plano. No entanto, ele admirava Hitler e, naquele momento, uniu-se à insurreição. Seus traços reconhecíveis — a cabeça calva e o maxilar pronunciado — deram confiança à multidão e debilitaram o triunvirato, que, ao encontrá-lo na pequena antessala, começou a admitir a derrota diante da carranca devastadora do general. Foram guardadas as armas e começaram as negociações pacíficas. Hitler prometeu que, se Kahr apoiasse o golpe, permaneceria ao seu lado com "lealdade canina".[15]

Na cervejaria, a multidão havia perdido a paciência com a interrupção violenta do entretenimento da noite e se degenerara em uma turba desordenada e estridente. Göring se tornara alvo de deboches. O comandante da SA e antigo ás da aviação pareceu perder a compostura na presença de tantas figuras importantes da liderança civil que ridicularizavam suas atitudes brutas e aventureiras. Para eles, o golpe parecia uma farsa sul-americana.

O reaparecimento de Hitler logo restabeleceu a ordem. Ao ver o desconforto do companheiro, ele se pôs a agir, capturando a atenção do público com um discurso incrivelmente hipnótico. Hitler conclamou as pessoas a apoiarem o movimento "nacionalista" contra "o governo judeu de Berlim e os criminosos de novembro de 1918".[16] Ele as conclamou à união: "Ali fora estão Kahr, Lossow e Seisser. Eles estão se esforçando muito para chegar a uma decisão. Posso lhes dizer que vão apoiá-los?".[17]

Inicialmente, a multidão reagiu com risadas e brados de aprovação, encarando o episódio como uma espécie de espetáculo de vaudeville. Hitler a silenciou com um ultimato sangrento: "Vocês podem ver que somos motivados não por interesse próprio ou por delírios de grandeza, mas apenas por um desejo candente de ir à batalha neste momento grave e decisivo para nossa pátria alemã [...]. Só lhes digo mais uma coisa. Ou a revolução alemã começa hoje ou estaremos todos mortos ao amanhecer!".[18]

Diante do salão estarrecido, com a lembrança da guerra vívida na memória, Hitler então recorreu a seu "momento em Pasewalk":

Agora vou realizar o que jurei para mim mesmo há exatos cinco anos, quando eu jazia, cego e aleijado, no hospital do Exército: não descansar nem dormir até que os criminosos de novembro sejam lançados ao chão, até que das ruínas da lamentável Alemanha atual se erga uma Alemanha de poder e grandeza, de liberdade e glória! Amém.[19]

A multidão ficou profundamente comovida. "Não me lembro de ter visto na vida", comentou o dr. Karl von Müller, professor de história moderna na Universidade de Munique, que presenciou a cena, "uma mudança tão dramática de postura em uma multidão em apenas alguns minutos, quase alguns segundos [...]. Hitler os havia virado do avesso, da mesma forma que se vira uma luva do avesso, com umas poucas frases. Aquilo quase teve algo de feitiçaria, de magia."[20]

Ludendorff liderou a reação, jurando seu apoio. Tendo voltado ao salão com relutância atrás de Hitler, Kahr também ofereceu sua lealdade, seguido por Lossow e Seisser, e os três agora passavam a impressão de que haviam admitido a derrota. Na realidade, eles ainda estavam "fazendo o jogo" de Hitler (como haviam combinado secretamente no meio da confusão). Hitler também entrou no espírito do "jogo", respondendo com um satisfeito aperto de mãos.

O salão então cantou o hino nacional, enquanto o primeiro-ministro Von Knilling e diversos membros no governo bávaro eram "presos" em um gesto simbólico da revolução. A multidão jubilosa se dispersou. O início do putsch se dera sem derramamento de sangue.

Então Hitler cometeu um erro. Chamado para lidar com uma agitação no alojamento do Exército, que não havia sido tomado, ele deixou Kahr, Lossow e Seisser aos cuidados de Ludendorff. O general idoso, presa fácil para políticos tarimbados, aceitou libertar os prisioneiros se eles jurassem, palavra de honra, apoiar o novo regime de Hitler.

Enquanto o golpe degringolava à sua volta, Hitler voltou à Bürgerbräukeller, onde encontrou seu antigo ídolo sozinho, sem os três importantes prisioneiros. Ludendorff respondeu com espanto e irritação ao ceticismo de Hitler quanto às promessas de lealdade dos homens libertados. Ele não admitiria nenhum questionamento em relação à palavra de um oficial alemão.

Hitler compreendia melhor a mentalidade dos políticos. Libertado por volta das 22h30, o triunvirato imediatamente rompeu suas promessas. Deu ordem para que fossem tomadas a estação de rádio e o alojamento do Exército, que os nazistas misteriosamente não haviam conquistado, e prepararam um pronunciamento para ser transmitido pela cidade. Por volta das 2h50 do dia de 9 de novembro, Kahr anunciou no rádio que rejeitava categoricamente as condições dos líderes do golpe e renegava qualquer acordo obtido sob coação. Ele declarou o fim do golpe.

O governo da Baviera passou a noite reunindo suas forças e apreendendo os homens de Hitler. Kahr deu ordem para que a polícia prendesse os líderes e os comandantes da SA. Os camisas pardas não haviam dominado, e jamais conseguiriam dominar, os edifícios cruciais da cidade, como tinham sido instruídos, mas Röhm e seus homens haviam chegado a ocupar brevemente o centro de comando de defesa de Lossow. Eles passaram grande parte da noite imersos em seu primeiro pogrom, destruindo lojas e prendendo e espancando os judeus, nas regiões mais abastadas da cidade, a quem acusavam de lucrar com a guerra. Para os judeus agredidos, foi um precursor apavorante dos ataques na Noite dos Cristais, que aconteceria quinze anos mais tarde, entre 9 e 10 de novembro de 1938. Um participante fervoroso foi um estudante de agronomia desempregado chamado Heinrich Himmler, na época com 23 anos, para quem o putsch foi o agente catalisador de uma carreira política e o início da ascensão até se tornar o segundo homem mais poderoso do Terceiro Reich (e um dos poucos que Hitler autorizaria a falar com a elite do partido sobre a Solução Final). Na verdade, se o *Hitlerputsch* tivesse sido bem-sucedido, a comunidade judaica de Munique teria sido a primeira a morrer e suas propriedades teriam sido confiscadas, tal qual Hitler havia ameaçado.

O golpe continuou degringolando ao longo da noite. Por volta das 3h, a guarnição local do Reichswehr fez um ataque surpresa contra os homens de Röhm quando eles saíram da cervejaria. Houve troca de tiros, mas ninguém morreu. As forças de Röhm recuaram. Antes do amanhecer, ao se dar conta de que estava perdendo o controle da situação, Hitler deu ordem para que os vereadores de Munique fossem sequestrados e mandou Max Neunzert, o oficial de comunicação da *Kampfbund*, pedir que o príncipe herdeiro Rupprecht atuasse como mediador entre Kahr e os líderes do golpe. Neunzert não conseguiu chegar até o príncipe, portanto, o putsch também não.

O sol nasceu em uma cidade de sonhos fracassados, recriminações, raiva e exaustão. Tudo parecia perdido, e Hitler esmoreceu. Encurralado e furioso, ele sucumbiu a "uma alternância estranha de estados de espírito, começando com apatia, depois desespero violento, acessos histéricos que prenunciavam as convulsões e os rompantes de fúria de anos depois".[21]

A essa altura, foi preciso um velho soldado para reorganizar as tropas. Pressentindo um desastre iminente para Hitler e os nazistas, o corpulento Ludendorff ajeitou a roupa, empertigou-se e bradou: *"Wir marschieren!"* [Nós marcharemos!]. A voz desafiadora e retumbante do general infundiu um pouco de dignidade ao fiasco: os nazistas marchariam pelas ruas para demonstrar intransigência e, nos dias seguintes, promoveriam um comício gigantesco. Hitler declarou, fervorosamente: "Propaganda, propaganda [...] tudo agora depende de propaganda!".[22]

Na manhã do dia 9 de novembro, cerca de 2 mil membros do partido, liderados por Hitler, Ludendorff, Göring, Röhm e outros nazistas do alto escalão, marcharam para fora da cervejaria sem nenhuma ideia específica de destino. Por impulso, Ludendorff decidiu levá-los ao Ministério da Defesa da Baviera. Eles marcharam em meio à multidão animada rumo à Odeonsplatz, rompendo um cordão policial perto da ponte Ludwigs.

Ao se aproximar da praça, cantando em altos brados uma antiga melodia militar, a coluna em marcha encontrou um cordão de segurança maior, de 130 soldados sob o comando do tenente barão Michael von Godin, da polícia estatal. As tensões se elevaram, e houve troca de tiros. No confronto que se seguiu, catorze membros do Partido Nazista foram mortos e vários acabaram feridos, incluindo Göring, que levou um tiro no quadril; quatro policiais também perderam a vida. Ludendorff, vestido com trajes civis, um chapéu de feltro verde e um casacão de lã, marchou furioso pela confusão como um César revivido, e saiu ileso: ninguém se atrevia a atirar no herói nacional.

Nesse momento, Hitler caminhava de braços dados com Max Erwin von Scheubner-Richter, um nazista do alto escalão. Ele levava na mão um chapéu militar, e o colarinho de seu sobretudo estava erguido para protegê-lo do frio. De repente, Scheubner-Richter foi atingido: uma bala atravessou seu pulmão. Quando ele caiu, morto, o peso de seu corpo repuxou o ombro direito de Hitler, provocando um sério deslocamento. Apesar da dor intensa, Hitler se levantou e correu, abandonando o companheiro moribundo. Ele fugiu por um beco e pulou para dentro de um carro que o esperava para levá-lo até a casa de seu amigo rico Ernst Hanfstaengl, nos arredores de Munique. Depois, Hitler mentiria que havia fugido da cena para levar uma criança para algum lugar seguro.

Hanfstaengl havia fugido de Munique, mas sua mulher, Helene, estava em casa naquela noite quando Hitler bateu à porta. Com a ajuda de companheiros, ele entrou aos tropeços, imundo e com o braço inerte em um ângulo estranho. Um médico recolocou o ombro no lugar no dia seguinte. Em agonia, Hitler ameaçou se suicidar e fez menção de pegar seu revólver. Helena o tirou dele e o escondeu.

Na tarde de 11 de novembro, a polícia cercou a casa de Hanfstaengl. Ao ver que tudo estava perdido, Hitler se entregou. Preso e acusado de traição, ele apresentou uma imagem lamentável na prisão de Landsberg, na região sudoeste da Baviera. Mais uma vez, entregou-se ao drama do mártir autoproclamado, pedindo sua arma. Quando ela lhe foi negada, ele iniciou uma curta greve de fome, que logo o fez ser levado à enfermaria.

Entre seus companheiros capturados e presos sob a mesma acusação estavam Ernst Röhm, Emil Maurice, Wilhelm Frick e Ernst Pöhner. Göring conseguiu escapar para Innsbruck, e seu ferimento foi tratado (foi ali que começou a dependência de morfina que duraria por toda sua vida). Ludendorff havia se rendido e foi solto pouco depois para aguardar o julgamento. Hess fugiu para a Áustria, mas decidiu voltar e foi preso. O NSDAP e a SA foram proibidos, assim como a imprensa nazista, porém, apesar da repressão de suas atividades e das buscas na sede do jornal, o partido continuou atuando na clandestinidade sob a liderança duvidosa de Alfred Rosenberg (aparentemente Hitler havia escolhido o homem com menos chance de superá-lo como centro das atenções). O povo de Munique estava decididamente do lado dos insurgentes, e diversos comícios logo aclamariam Hitler e condenariam Kahr.

Nos primeiros dias na prisão, enquanto aguardava o julgamento, Hitler se lamuriou de que sua vida tinha acabado, de que seu movimento estava morto. Ele temia pelo fim de seu futuro político. Não pensou nem por um segundo nos colegas revolucionários, muitos dos quais estavam mortos ou presos. Parecia que a única pessoa que havia perdido algo naquele dia fora Adolf Hitler: nada e ninguém mais importava. O homem que não demonstrara nem sequer um resquício de preocupação pelas vítimas civis da Primeira Guerra Mundial, que havia traído seus companheiros de armas, que havia fugido do levante que ele próprio liderara, revelava mais uma vez sua natureza verdadeira: era um criminoso violento e egocêntrico que tratava a humanidade como seu brinquedo pessoal e o mundo como algo a ser conquistado.

O julgamento de dez insurgentes — os mais proeminentes dos quais eram Hitler, Ludendorff, Hess e Röhm — começou no dia 26 de fevereiro de 1924, em um salão lotado no *Volksgerichte* [Tribunal do Povo] de Munique. Hitler chegou com uma postura confiante, portando sua Cruz de Ferro de primeira classe, que ele recebera por recomendação de um oficial judeu. Seu porte impressionou os repórteres no tribunal: sem se mostrar intimidado ou constrangido, ele contemplou o salão e registrou em sua prodigiosa memória o nome dos promotores e das testemunhas.

Acusado de ser o mandante de toda a operação, Hitler, que fora autorizado a dispensar a companhia de advogados e se defender por conta própria, confessou ser o líder do putsch, mas não se declarou culpado de traição. Ele alegou que estava vingando a traição da Alemanha em novembro de 1918 e agindo em nome dos interesses do país. O juiz, Georg Neidhardt, que havia presidido o comparecimento anterior de Hitler em juízo, era um simpatizante da causa, assim como a maioria dos magistrados pró-nazismo. Neidhardt deixou Hitler à vontade para falar pelo tempo que quisesse e interrogar a contento as testemunhas.

Hitler não demorou para transformar o salão em sua plataforma política pessoal. Qualquer fachada de independência logo se evaporou, e o julgamento se tornou um circo político, um "carnaval", conforme um jornalista descreveu. Ele pôde detalhar os dogmas nazistas e até interrogar testemunhas da acusação.

De todas essas testemunhas, apenas Lossow partiu para a ofensiva, promovendo um ataque ferino contra o caráter de Hitler. Segundo o comandante do Exército, Hitler não era apenas um mentiroso compulsivo, mas também um indivíduo "bruto, limitado, tedioso, às vezes brutal, às vezes sentimental e inquestionavelmente inferior". Lossow debochou de Hitler, dizendo que ele havia avançado muito desde seus dias de "tamborileiro" em um movimento patriótico. Agora, seus seguidores o tratavam como o "escolhido". Sem se dar conta, Lossow chamou a atenção do público para algo que os discípulos de Hitler já acreditavam: ele era mais do que um "Mussolini alemão" (como Hitler se proclamara, segundo um prontuário psiquiátrico); era o "messias alemão" retornado.[23]

As palavras de Lossow encontraram apoio apenas em uma pequena minoria.[24] Quase todos os presentes acreditavam que Hitler era um herói de guerra, um grande homem e seu futuro líder. Havia sido acusado injustamente. O julgamento foi um grande espetáculo e serviu apenas para reforçar a popularidade dele. Em seu discurso final, Hitler teve tempo de declamar, de aproveitar sua popularidade e virar a maré contra seus acusadores, Kahr, Lossow e Seisser. Em resposta ao ataque difamatório de Lossow, Hitler apresentou uma visão de si mesmo que poderia ter parecido grotescamente delirante se a plateia não estivesse tão apaixonada pelo orador. Decerto, disse ao juiz, ele seria muito mais do que um tamborileiro:

> Quão mesquinhos são os pensamentos de homens pequenos! Acredite, não considero a aquisição de uma pasta ministerial algo que valha a pena cobiçar. Não considero digna de um grande homem a pretensão de entrar para a história apenas como um ministro. Corre-se o perigo de ser enterrado ao lado de outros ministros. Minha meta desde o início foi mil vezes mais alta do que me tornar um ministro. Eu queria me tornar o destruidor do marxismo. Vou realizar esse objetivo, e, se eu o fizer, o título de ministro será para mim um vasto absurdo.

Hitler seguiria o exemplo de seu herói, Richard Wagner, que havia dispensado qualquer título em lápide: "Muito me orgulhava que esse homem e tantos outros na história da Alemanha se contentassem em ceder seu nome para a história sem títulos. Não era por modéstia que eu queria ser um tamborileiro naqueles dias. Era minha mais alta aspiração — o resto não é nada".

Ele se sentia destinado à grandeza: "O homem que nasce para ser um ditador não é forçado. Ele o deseja. Não é levado adiante, mas leva-se a si mesmo [...]. O homem que sente o chamado para governar um povo não tem o direito de dizer: 'Se quiserem que eu vá ou me chamarem, vou colaborar'. Não! É obrigação dele se apresentar".

Hitler apelou para o patriotismo dos magistrados, para a grandeza da Alemanha, para a vontade do povo: "Acredito que virá a hora em que as massas, que hoje vão às ruas com nossa bandeira da suástica, vão se unir àqueles que dispararam contra elas".

A culpa não era do Exército. Suas antigas bandeiras um dia voltariam a tremular, disse ele ao salão. E, com um olhar desafiador, voltou-se para os juízes:

Pois não são os senhores que nos julgam. Esse julgamento é proclamado pelo tribunal eterno da história. Sei que julgamento receberei dos senhores [...]. Podem nos declarar culpados mil vezes, mas a deusa do tribunal eterno da história sorrirá e retalhará a petição da procuradoria e a pena proferida por este tribunal. Pois ela nos absolve.[25]

Com um único discurso, Hitler havia transformado o julgamento em uma denúncia de seus inimigos e em uma crítica ao Estado. Na fixação da pena, em 1º de abril, ele foi considerado culpado de "traição" — como a lei determinava, apesar do partidarismo dos magistrados — e condenado a cinco anos de prisão, dos quais se esperava que cumprisse apenas alguns meses. Outros receberam castigos igualmente brandos. Röhm recebeu uma suspensão condicional da pena e foi solto. Hess foi condenado a dezoito meses. Ludendorff foi absolvido. O veredicto concluiu que os réus haviam agido por patriotismo altruísta e mereciam honras, não censura. A morte de quatro policiais foi ignorada. Houve quem murmurasse que aquilo era uma piada de 1º de abril, mas foi uma minoria: as penas lenientes para um crime tão sério provocaram risadas e encheram de alegria o salão lotado do tribunal, que ressoou com gritos de "*Heil Hitler!*". "Foi o equivalente moral de uma absolvição", destaca Ullrich.[26] Foi também uma vitória retumbante da propaganda nazista, cujos ecos viajaram para muito além das fronteiras da Baviera.

O Putsch da Cervejaria ensinou a Hitler a difícil lição de que é inútil tentar derrubar o Estado por meios violentos e de que ele não tinha seguidores ou recursos suficientes para tal. A partir de então, Hitler investiria em um caminho pacífico, ainda que não menos ilegal, rumo ao poder: manipular o sistema democrático, ameaçar seus oponentes e "disfarçar seus atos ilegais sob uma fachada de legalidade", como conclui Fest.[27] Seu objetivo final era o poder, quaisquer que fossem os meios. Então, Hitler se acomodou para um período de tranquila detenção na cadeia, durante o qual planejaria o ato seguinte do Partido Nazista e escreveria seu manifesto pessoal. Ele estava prestes a fazer 35 anos.

19. "Se 15 mil desses corruptores hebreus tivessem sido mergulhados em gás venenoso"

Encarcerado na prisão de Landsberg, 65 quilômetros a oeste de Munique, Hitler pôde descansar e refletir. Ele desfrutava de todos os confortos de um lar. Sua cela mais parecia uma sala de estar, bem mobiliada e com uma vista relaxante do campo. Cercado por outros detentos nazistas, ele formou e liderou um grupo de discussão na fortaleza de segurança baixa. Além de Hess, faziam parte dele Hermann Kriebel, líder da *Kampfbund*, Friedrich Weber, líder do *Bund Oberland* (outro grupo da *Kampfbund*), Emil Maurice, líder da SA, e membros da *Stosstrupp*, a unidade de guarda-costas de Hitler.

Os administradores da prisão eram generosos com as "necessidades especiais" de Hitler, liberando-o de realizar trabalhos braçais e permitindo que o nazista-mor se vestisse com trajes típicos da Baviera, caminhasse pelo terreno da fortaleza e jantasse — pratos vegetarianos, se preferisse — debaixo de um estandarte com a suástica.[1] Hitler teve permissão de receber em seus aposentos muitos visitantes — políticos, seguidores, senhoras da sociedade, soldados, advogados, sacerdotes, aristocratas e trabalhadores —, que passavam até seis horas diárias, o máximo permitido por semana para detentos comuns, em companhia de seu ídolo. Ele recebeu pelo menos cinco visitantes por dia entre abril e maio de 1924 e mais de 330 durante toda a sua "estadia".[2] Os mais famosos deles eram Ludendorff, Rosenberg, Amann, Streicher, Helene Bechstein — a herdeira dos pianos —, a socialite Elsa Bruckmann e Angela "Geli" Raubal, sua meia-sobrinha.

Em Landsberg, Hitler gozou de respeito e deferência dignos de um chefe da máfia. Seus companheiros se deleitavam com a glória de partilhar a sentença na prisão com seu líder, a quem cobriam de atenções. Em "noites de camaradagem", uma banda marcial começava a tocar quando Hitler entrava no espaço de convivência, e seus adoradores permaneciam em posição de sentido atrás de suas cadeiras até que ele chegasse ao seu lugar. Atrás das portas, os guardas se aglomeravam para ouvir a fala do prisioneiro famoso. O culto ao Führer estava tomando forma no lugar mais improvável.

Hitler evitava praticar esportes e fazer atividades físicas, e foi um dos poucos detentos a ganhar peso. Sua desculpa proporcionava um vislumbre da imagem que ele tinha de si mesmo na época de futuro ditador melancólico. "Um Führer não pode se permitir ser derrotado por seus seguidores, nem mesmo em exercícios de ginástica ou em jogos", explicou ele, solenemente.[3]

Sua decisão posterior de adotar uma dieta vegetariana tem sido atribuída ao ganho de peso na prisão.[4] Ele começou a comer menos carne em Landsberg porque "carne e álcool danificam meu corpo", disse ao amigo Hanfstaengl. Portanto, Hitler havia decidido "invocar a força de vontade necessária para abrir mão de ambos, por mais que eu os aprecie".[5] Em outras ocasiões, ele explicou que escolheu ser vegetariano porque a carne o fazia "suar tremendamente" durante seus discursos.[6] (Nos anos seguintes, o vegetariano sóbrio constituiria uma figura solitária nas mesas dos ricos e poderosos, carregadas de peças de carne, pernis de cordeiro e garrafas de vinho. Às vezes, Hitler se referia desdenhosamente a seus companheiros carnívoros como "comedores de cadáver".)

Na prisão, com tempo livre de sobra, Hitler se ocupava com leituras, continuando sua "educação autodidata". Os guardas entregavam qualquer livro que ele pedisse. "Landsberg foi minha universidade bancada pelo Estado", comentou ele mais tarde.[7] No conforto de seus aposentos, mergulhado nos livros, Hitler se abasteceu com novas reservas de autoconhecimento: "O nível de confiança, otimismo e fé que não poderia ser abalado por mais nada".[8] Rudolf Hess estava absolutamente convicto. Em sua opinião, Hitler ganhou estatura em Landsberg; tornou-se o salvador da Alemanha, com "uma fé capaz de mover montanhas".[9]

No dia 20 de abril, seu aniversário de 35 anos, Hitler recebeu centenas de presentes e cartas de simpatizantes e fãs dedicados. Uma delas veio de um doutor em filologia que, arrebatado de admiração, atribuiu a seu novo herói um famoso verso de Goethe: "Algum deus lhe forneceu os dotes para exprimir o que sofremos".[10] O nome do correspondente era Joseph Goebbels.

Acomodando-se no título de *Führer vom Volk* [governante do povo] ao qual o putsch o havia alçado, Hitler se sentiu impelido a escrever a história de sua vida. Em 7 de julho de 1924, ele anunciou sua decisão de deixar a liderança do NSDAP (então proibido) para se dedicar à obra autobiográfica.

Aquilo era oportuno: durante sua ausência, o partido havia desmoronado, corroído por divergências internas e disputas mesquinhas de poder que destacaram o quanto os nazistas dependiam do Führer. Essas indicações da qualidade indispensável de Hitler incendiaram o ego dele e o encorajaram a escrever mais do que um livro de memórias: a obra haveria de ser um manifesto político e racial.

Hitler tirou proveito do tempo proporcionado por sua pena: ele se isolou, recusando-se a receber qualquer visitante que não fosse essencial, e se dedicou à história de sua vida e à ascensão do movimento nacional-socialista. Ditou o rascunho para Hess, que, com a ajuda de Emil Maurice, transcreveu e poliu o texto. Hitler depois ajudou a datilografar a versão final. Hess, um enérgico copista, indagou e orientou o Führer durante todo o processo.

Em *Minha luta*, encontramos o texto-base da ideologia do Partido Nazista e a completa *Weltanschauung* [filosofia de vida] de Hitler. Muitos tacharam o livro como uma obra bombástica, banal, pretensiosa e vulgar. Em algumas partes, é tudo isso. Muitas vezes, é também tediosamente repetitivo e dolorosamente enfadonho. Ler *Minha luta* é submeter o cérebro a uma martelada verbal incessante: "Cumpram minha vontade ou morram!", gritam as frases de Hitler.

É inegável que o livro tenha momentos de clareza e até de beleza lírica; no entanto, a maior parte da "autobiografia" de Hitler é um documento de banalidade atroz que impressiona pela absoluta escassez de compaixão ou qualquer senso de humor.

Geralmente, o Führer iniciava um trecho com uma voz portentosa, pseudoacadêmica, e logo se perdia em uma barafunda de acusações, preconceito e o veneno de sempre contra judeus, marxistas ou quem quer que por acaso o enfurecesse, como se ele estivesse sendo instado por algum demônio maligno empoleirado em seu ombro. Leitores que esperassem encontrar algum argumento poderoso, ou apenas um pouco de bom senso, acabavam balançando a cabeça, decepcionados. Muitos acharam difícil levar a sério um homem capaz de escrever sobre o "chiado da hidra mundial judia" e a vinda da "ditadura mundial judia".[11]

Hitler recorria habitualmente a neologismos absurdos — a "judificação da nossa vida espiritual", a "mamonização de nossos instintos de acasalamento" etc. Qualificar essas coisas como "paranoia" seria conferir a dignidade de condição médica a algo, o que é pura sandice. Até mesmo seus editores nazistas se angustiaram em silêncio com o rascunho do Führer, escrito com o tom arrogante de um homem amargurado que não admitia nenhuma crítica ou ensinamento (tal qual o menino Hitler havia feito na escola). Segundo um psico-historiador, *Minha luta* denuncia uma mente sitiada, um autor adolescente que se recusava a "se render para o pai dominador e insistia em proteger a mãe amorosa".[12] Ainda que possa parecer psicologia barata, o tema do filho heroico defendendo a mãe contra um bruto condizia com a mentalidade do "coitado vencido" que caracterizava a Alemanha no pós-guerra.

Em última análise, *Minha luta* é simples e incrivelmente cruel. De suas páginas emana um "odor curiosamente ofensivo, obsceno", segundo Joachim Fest. Era o fedor da lembrança que seu autor tinha da pobreza, guerra, violência e morte, assolando uma mente enojada pelas "imagens de puberdade: copulação, sodomia, perversão, estupro, contaminação do sangue".[13]

E é por isso que tantos liberais e esquerdistas consideraram Hitler uma piada ruim, um criminoso violento que não tinha mais lugar, um personagem secundário sem a menor esperança de chegar ao poder. Eles não souberam interpretar o estado de espírito nacional e a determinação de Hitler. Em outras palavras, eles não souberam interpretar *Minha luta*.

E quanto ao "conteúdo"? *Minha luta* foi concebido como um manifesto político e pessoal. Muito mais que isso, demarca um caminho para o poder; prevê a ascensão do Reich de Mil Anos; descreve a composição racial da Alemanha "ariana"; prefigura a conquista do *Lebensraum*, o "espaço vital", ao leste; e delineia uma visão da pátria comandada por um líder forte e poderoso, um verdadeiro super-homem (cuja identidade não era nada incerta para qualquer leitor alemão). E a obra determina, com terrível precisão, o castigo que aguardava o povo judaico assim que o movimento nacional-socialista tomasse o poder.

Em *Minha luta*, Hitler amalgamou, conscientemente ou não, uma diversidade de fontes: ruminações de pseudoacadêmicos, disparates de "teóricos raciais" e citações descontextualizadas de algumas mentes geniais. Muito material foi extraído de outras obras sem nenhuma menção a créditos ou preocupação quanto à intenção ou ao contexto de seus autores.

Entre as principais influências de Hitler incluíam-se: a teoria da raça suprema ariana do diplomata francês Arthur de Gobineau, do século XIX; o panfleto "Der Sieg des Judenthums über das Germanenthum" [A vitória do judaísmo sobre o germanismo], do jornalista Wilhelm Marr, que culpava "financistas judeus" pela crise de 1873; *Os protocolos dos sábios de Sião* (1903), a teoria conspiratória manufaturada de dominação mundial pelos judeus; a visão do historiador Heinrich von Treitschke, do século XIX, de uma superpotência colonial alemã que excluiria os judeus; as obras do "filósofo racialista" inglês Houston Stewart Chamberlain, que postulou que os judeus eram uma "raça", não uma religião, então ainda que se convertessem ao cristianismo continuavam "judeus" (uma distinção que mais tarde os nazistas usariam para condenar convertidos às câmaras de gás); as teorias militares do general Friedrich von Bernhardi, extraídas principalmente de seu livro *Deutschland und der nächster Krieg* [Alemanha e a próxima guerra], de 1911, que enaltecia a guerra como "assunto divino" e "necessidade biológica"; o polêmico texto *Os judeus e suas mentiras* (1543), de Martinho Lutero; a filosofia do "super-homem" de Friedrich Nietzsche, sobre o "grande homem" hiperevoluído do futuro; e o clássico *O mundo como vontade e representação* (1818-9), de Arthur Schopenhauer. Hitler tirou do contexto a frase de Schopenhauer "O judeu é o grande mestre das mentiras" e fez uma releitura estranha e popularesca dela.[14] "Seu modo de vida", escreveu Hitler, "leva o judeu a mentir, e a mentir sempre, assim como o homem nórdico é levado a procurar roupas quentes."[15]

Essas influências e fontes se misturavam às experiências pessoais de Hitler, entremeadas por todo o livro: sua vida em Viena e Munique antes da guerra; as lições sobre Lueger, Schönerer e os pangermânicos; a pobreza e a rejeição como artista; o amor pela mãe e o medo do pai; e até as lembranças de infância de Wagner e das histórias de Karl May sobre o Velho Oeste.

No entanto, a influência mais persistente em *Minha luta*, uma presença que paira sobre tudo como uma nuvem pesada, era a lembrança que Hitler tinha da Frente Ocidental: o Massacre dos Inocentes em Ypres; a repulsa dele em relação a Versalhes e aos "criminosos de novembro"; o anseio de vingança contra aqueles que apunhalaram o país pelas costas; e, acima de tudo, seu ódio assassino contra aqueles que julgava responsáveis — os judeus.

Tudo isso culminava na ideologia da raça suprema, governada pelo super-homem nazista arquetípico — a criatura loira de olhos azuis que promoveria uma guerra divina em vingança contra aqueles que haviam infligido a humilhação de 1918. Nesse projeto, o Terceiro Reich reconquistaria a Europa, escravizaria o povo, ocuparia a Rússia e o Oriente, extirparia das terras ocupadas os judeus e outras minorias detestadas e governaria por mil anos.

Hitler sempre insistira que a propaganda seria crucial para o sucesso do projeto nazista, de modo que dedicou um capítulo de *Minha luta* às artes sinistras da doutrinação em massa. Sua receita para conquistar as massas contaria com a ignorância e a credulidade das pessoas: ele descreve o povo como algo pouco melhor que idiotas úteis, cujo apoio seria necessário temporariamente para sua ascensão ao poder: "A receptividade das grandes massas é muito limitada. Sua capacidade de compreensão não é prodigiosa, porém sua memória é muito fraca. Tendo isso em conta, uma propaganda eficaz deve se limitar a um punhado de tópicos que hão de ser repetidos como bordões pelo tempo que for necessário para que o membro mais burro da plateia possa entender o que significam".[16]

Equiparando poder político à dominação de mulheres, ele continuou:

A psique das grandes massas não é receptiva a nada que seja inconclusivo ou fraco. Como as mulheres, cujo estado psíquico é determinado não tanto em termos de razão abstrata quanto de um desejo emocional indefinível por uma força que complemente sua natureza, e que, consequentemente, preferem se submeter a um homem forte a dominar um fraco, também as massas amam um comandante...

Elas são igualmente alheias à sua terrorização espiritual descarada e ao abuso oculto de sua liberdade humana [...]. Tudo o que enxergam é a implacável força e brutalidade de suas manifestações calculadas, às quais sempre se sujeitam no final [...]. Terror no trabalho, na fábrica, na assembleia e na ocasião de manifestações em massa sempre será bem-sucedido, a menos que confrontado com terror equivalente.[17]

Em outras palavras, quando a propaganda não desse conta, o Estado usaria força bruta e a determinação de um "homem forte" para persuadir o povo.

Minha luta define a "filosofia" do nazismo sobretudo a partir do que Hitler detestava. O que ele detestava começava e terminava com "os judeus", que ele descrevia ora como "parasitas", ora como "sanguessugas", e declarava serem responsáveis pelos males do mundo.[18] Em *Minha luta*, observamos a linha violenta e plenamente desenvolvida do antissemitismo de Hitler, um ódio visceral contra o povo judaico que o acompanharia pelo resto da vida e marcaria cada elemento de seu futuro governo. Vimos sua paranoia crescer gradativamente. Agora, *Minha luta* confirmava sua vasta dimensão. Na cabeça de Hitler, o judaísmo, o marxismo e o capital internacional haviam se fundido em uma aliança monolítica traiçoeira e venenosa contra o povo alemão.

Segundo essa leitura, os "judeus" eram ao mesmo tempo "pacifistas covardes", "beligerantes cruéis", "exploradores maliciosos do proletariado" e "plutocratas obesos".[19] Para Hitler, eles deviam ter sido extirpados e destruídos muito tempo antes: "Todos os implementos do poderio militar deveriam ter sido aplicados rigorosamente na exterminação dessa pestilência".[20]

Para um historiador, essa obsessão incessante e absoluta de Hitler em relação aos judeus seria mais bem descrita pelo termo "judeufobia".[21] Nesse caso, a "fobia" dele vinha se desenvolvendo ao longo de anos, como já vimos, das ruas de Viena às cidades arrasadas na Alemanha pós-guerra e às cervejarias de Munique. Sua forma assassina plena agora atacava um grupo de indivíduos unidos apenas pela religião, a quem Hitler passava a atribuir a responsabilidade não somente pela derrota da Alemanha, pelo colapso econômico e pela "decadência" artística, mas também pelos infortúnios e pelos fracassos de sua própria vida pessoal.

No passado, ele fizera repetidos ataques contra expoentes do modernismo, na dança, no teatro, nas artes gráficas, no cinema e no cabaré, e também contra físicos, filósofos e psicólogos que promoviam ideias "não alemãs", acusando-os de integrar uma conspiração judaica. Os ataques foram dirigidos, em momentos diversos, a pessoas como Otto Dix, Bertolt Brecht, Ernst Bloch, Walter Gropius, George Grosz, Max Ernst, Max Beckmann, Paul Klee, Thomas Mann, Max Reinhardt, Ernst Toller e Herbert Marcuse. Nem todos eram judeus, mas os judeus eram representados com prominência na cultura alemã. Comentando a presença prevalente deles em *Minha luta*, Hitler comparava sua influência a uma espécie de doença contagiosa, uma epidemia:

> Para mim, a acusação contra o judaísmo se tornou grave no instante em que descobri as atividades judias na imprensa, na arte, na literatura e no teatro [...]. Bastava apenas que se olhasse para os cartazes que anunciavam produções horrendas de cinema e teatro, que se estudasse os nomes dos autores tão celebrados ali, para se tornar permanentemente firme em relação a questões judias. Ali estava uma pestilência, uma pestilência moral, que contaminava o público. Era pior que a peste negra de tanto tempo antes.[22]

A mente de Hitler estava agora fixa em um caminho que levaria inexoravelmente à destruição de todo um povo que ele considerava uma ameaça existencial para a Alemanha, como se revela em *Minha luta*. "Se", escreveu ele, "o judeu sair vitorioso sobre os outros povos do mundo, sua coroa será o arranjo fúnebre da humanidade, e este planeta, tal como milhões de anos atrás, transitará pelo éter privado de todo homem."[23]

No entanto, a malhação dos judeus era também popular e oportuna, como as antenas políticas de Hitler já haviam detectado. Ao responsabilizá-los por *todos* os infortúnios da Alemanha, ele "direcionou a ira frustrada do povo alemão contra uma vítima conveniente e indefesa".[24] Fomentando uma conspiração judaica monolítica, a paranoia de Hitler estava em pleno acordo com a vontade populista e com seus próprios planos políticos.

Nesse contexto, as opiniões do Führer sobre "liderança" adquirem um propósito tenebroso:

> A arte da liderança consiste em consolidar a atenção do povo contra um único adversário e garantir que nada divida essa atenção. Quanto mais as energias militantes do povo forem dirigidas contra um objetivo, mais o movimento conquistará novos recrutas, atraídos pelo magnetismo da ação unificada, e assim o poder do ataque será mais e mais incrementado. O líder genial precisa ser capaz de fazer com que oponentes distintos pareçam pertencer a uma só categoria...[25]

Uma fonte menos conhecida para a linguagem odiosa contra os judeus em *Minha luta* foi a obra do líder da Reforma: Martinho Lutero (1483-1546).

Hitler o reverenciava como um dos maiores alemães, junto com Frederico, o Grande, e Bismarck. Ao tachar os judeus de "praga", "mentirosos", "víboras", "lombrigas" que "devoravam o corpo da nação", Hitler estava se inspirando no grande teólogo. As origens desse léxico podem ser rastreadas até *Os judeus e suas mentiras*, a crítica de 65 mil palavras de Lutero contra o povo judaico publicada em 1543.[26]

A fim de contextualizar, e para fazer justiça ao incendiário padre de Wittenberg, Lutero não era "antissemita" ou "racista" no sentido moderno ou hitlerista. Quando era mais jovem, Lutero havia defendido tolerância e gentileza para com os judeus, como em seu texto "Dass Jesus Christus ein geborener Jude sei" [Que Jesus Cristo nasceu judeu], de 1523.[27] Só no fim da vida ele se tornou um agressivo opositor do povo judaico, quando estava muito enfermo, e por motivos religiosos, não raciais ou políticos, devido à persistente e, para ele, incompreensível recusa dos judeus de se converter ao cristianismo e seguirem os ensinamentos de Cristo. Para Lutero, isso era o gesto de um povo liderado pelo diabo, e nos últimos anos de sua vida ele os atacou ferozmente com seus textos.

Os judeus e suas mentiras demanda que escolas judaicas e sinagogas sejam incendiadas, que residências de judeus sejam destruídas, que o dinheiro deles seja confiscado. Aqueles "vermes tóxicos e venenosos", disse Lutero, deviam ser escravizados ou exilados. *Minha luta* repete esse veredicto: "o judeu" deve ser expurgado da Alemanha. Lutero até ajudou as autoridades locais a expulsarem os judeus de povoados saxônicos, um ato que os nazistas repetiriam na Noite dos Cristais, em 1938. Em um último acesso de ira contra a obstinação dos judeus, Lutero condenou o "povo escolhido" como o "povo do diabo" e o "anticristo", concluindo: "É nosso erro não os matar" — palavras que assombram *Minha luta* e proporcionaram aos nazistas uma autoridade religiosa para a Solução Final.[28]

Ódio, oportunismo político e uma autoridade teológica do século XVI não bastam para explicar por que Hitler escolheu os judeus como alvo de perseguição e destruição. Havia outra motivação acima de todo o restante: "raça", como ele explicou em *Minha luta*. Os judeus eram "racialmente inferiores", uma categoria em que ele juntava qualquer um cuja "raça" não se conformasse ao seu ideal nórdico ou ariano.

Não há nada de novo na ideia de criar uma raça suprema; ela existe desde que Platão sugeriu que os cidadãos mais fortes de Atenas reproduzissem os "guardiões" de sua República idealizada. Em *Minha luta*, Hitler levou essa ideia às últimas consequências pavorosas. De acordo com sua "teoria da raça biológica", as "raças" humanas estavam condenadas a lutar até que vencesse a mais "apta" — uma noção absurda, mas amplamente difundida na época.[29] "O homem deve matar", concluiu ele. "Quem quiser viver deve lutar, e quem não quiser lutar", escreveu, "não merece viver."[30] Hitler repetiu essa mensagem muitas vezes, dizendo a uma multidão em Essen, no dia 22 de novembro de 1926: "Apenas a força governa. A força é a primeira lei".[31]

Em um mundo de senhores e escravos, os fracos, os doentes, os indefesos não estavam apenas condenados: eles *mereciam* morrer, insistia Hitler. Essa consequência não era somente uma determinação científica, mas também a vontade de Deus. Em um discurso que estendia os temas de *Minha luta*, ele declarou mais tarde que "o mais forte tem o direito, por Deus e pelo mundo, de impor sua vontade".[32]

Por essa ótica, os judeus, mais do que qualquer outra "raça", representavam uma ameaça especial para a visão de Hitler do poder ariano. Ele temia os judeus na mesma medida em que os odiava. Via "judeus aqui e judeus ali e judeus em todas as partes". Se lhes fosse permitido procriar, eles realizariam "a profecia panjudaica de que os judeus algum dia devorarão os outros países e se tornarão os senhores da Terra".[33]

Apesar do contingente minúsculo — os judeus constituíam menos de 1% da população alemã quando Hitler se tornou chanceler em 1933 —, ele sempre insistiria, para o pesar de seus seguidores menos monomaníacos, que a remoção e a destruição da comunidade judaica seriam a prioridade máxima do partido.[34] *Minha luta* deixava isso bem claro.[35]

A obra contém um sem-fim de erros e invenções. Não temos espaço para corrigir todos aqui, mas convém chamar a atenção para algumas incorreções elementares, considerando o projeto genocida que a inspirou.

Baseando-se em seus "teóricos raciais" preferidos — sobretudo Rosenberg, De Gobineau e Chamberlain —, Hitler defende que a "raça humana" continha diversas "raças" subsidiárias, como arianos, teutônicos, anglo-saxões, africanos, asiáticos, eslavos, judeus etc. Gostassem ou não, essas "sub-raças" estavam fadadas a uma luta eterna pela sobrevivência.

Ele se opunha explicitamente à "miscigenação" (e proibiria o ato como Führer), pois as "raças fracas" contaminariam a pureza genética das "fortes". Ao tratar dessa questão em *Minha luta*, Hitler oferece uma lista de exemplos "bem-sucedidos" de criaturas de puro-sangue do reino animal: "Todo animal só se reproduz com um membro da mesma espécie. O chapim procura chapins, o pintassilgo, pintassilgos, o rato-do-mato, ratos-do-mato, o lobo, lobas...".[36] A lição, portanto, era que arianos (ou "lobos", mantendo a analogia) deveriam se reproduzir apenas com arianos, e jamais com judeus ou eslavos (os pássaros e os ratos da analogia). "Não existem gatos", explicaria Hitler, "que nutram uma simpática disposição em relação a ratos."

Vale a pena reafirmar um fato biológico que a maioria das crianças em idade escolar conhece, mas que Hitler e seus teóricos raciais ignoraram (assim como os neossupremacistas brancos de nossa época fazem): só existe uma raça humana. É uma espécie chamada *Homo sapiens*, à qual pertencem todos os seres humanos, há quase 300 mil anos (de acordo com fósseis descobertos recentemente no Marrocos), independentemente de aparência, crença religiosa ou cor de pele — diferenças duradouras resultantes de ambiente, clima e cultura.[37]

O botânico Carl Lineu, ironicamente nórdico, foi o primeiro a cunhar o termo *Homo sapiens* em 1758 para descrever a única espécie humana existente e nos distinguir de seis espécies extintas de hominídeos, que incluíam *Homo erectus* e *Homo neanderthalensis* (os neandertais). O *sapiens* é um membro do gênero taxonômico *Homo*, que por sua vez faz parte da família hominídeos, que integra a ordem dos primatas. (Para uma história recente da única espécie humana existente, ver *Sapiens: Uma breve história da humanidade*, do historiador israelense e, ironicamente, judeu Yuval Noah Harari.)[38] Já a família dos pintassilgos, para extrapolar a comparação de Hitler, contém não menos que 218 espécies, e a da cegonha, mais de uma dúzia. Hitler não chega a deixar claro se essas espécies cruzam entre si.

Ele tampouco aborda a luta existencial pela sobrevivência entre o *Homo sapiens* e as espécies rivais de hominídeos, que incluem outros três gêneros de símios de grande porte. O fato de ainda existirem nos leva à conclusão troncha de que uma lei racial nazista cientificamente correta teria proibido a miscigenação entre *Homo sapiens* e gorilas e enviado chimpanzés e outros macacos aos campos de extermínio.

Em outras palavras, os "racistas", na condição de membros da "raça" humana, não percebem que atacam a si mesmos e à própria espécie quando atacam outros humanos que possuem cultura ou cor de pele diferentes. A verdade simples é: somos todos *Homo sapiens* e estamos juntos nessa confusão.

Outro erro básico de *Minha luta* deriva do uso que Hitler faz do termo "ariano". Ele aparece 49 vezes na tradução de Mannheim para o inglês (e 58 vezes na tradução aprovada pelos nazistas), em referência à raça suprema que emergiria da "arianização" da Alemanha pelos nazistas — ou seja, após a exterminação de "raças inferiores", homossexuais e pessoas com deficiência.

Embora de origem incerta, parece que os "arianos" eram um povo nômade indo-iraniano que se espalhou pelo Norte da Índia entre 1500 e 500 a.C., que cultuava divindades védicas. O termo "ariano" servia para definir vagamente a linguagem e as crenças religiosas desse povo, não a "raça". Em suma, o super-homem e a supermulher brancos e loiros da imaginação nazista foram moldados a partir de uma "raça" que nunca existiu; e os indo-iranianos védicos dos quais o termo "arianos" deriva, eram o que havia de mais distante possível dos barrigudos camisas pardas de Hitler.

A perversão do termo é um exemplo do poder destrutivo das palavras quando a propaganda oficial as atrela repetidamente a ideias fajutas. Hitler popularizou o "ideal ariano" discurso após discurso diante de alemães cervejeiros comuns, que se encantaram com a revelação de que tinham sido designados luminares da civilização humana. Em uma cervejaria lotada de Munique, no dia 2 de abril de 1927, Hitler anunciaria:

> Vemos diante de nós a raça ariana que é manifestamente a detentora de toda a cultura, a verdadeira representante da humanidade [...]. Toda a nossa ciência industrial é, sem exceção, obra dos nórdicos. Todos os grandes compositores, de Beethoven a Richard Wagner, são arianos, ainda que tenham nascido na Itália ou na França. Não digam que a arte é internacional. O tango, o shimmy e a banda de jazz são internacionais, mas não são arte. O homem deve tudo o que há de importante ao princípio da luta e a uma raça [...]. Sem os alemães nórdicos, nada mais resta além de dança de macacos...[39]

A listagem assassina na mente de Hitler não havia ignorado homossexuais, transgêneros, ciganos, pessoas com deficiência, com enfermidades crônicas ou com doenças mentais, todos considerados também imperfeitos, geneticamente inferiores, criaturas fracas que não possuíam nenhum propósito útil. Ele acreditava que todos deviam ser proibidos de se reproduzir com alemães saudáveis. Quando assumissem o poder, os nazistas enviariam dezenas de milhares de pessoas assim aos campos de extermínio, junto com judeus e outros "não arianos".[40]

Por todo o texto de *Minha luta* paira a lembrança do episódio que serviria de referência para tudo na vida de Hitler: suas experiências na Primeira Guerra Mundial. A passagem do tempo não havia reduzido sua fúria. A "grande injustiça" do armistício, a punhalada pelas costas do Exército, sobrecarregava o rancor titânico que Hitler nutria contra o povo judaico, que, segundo ele, havia "infligido" a humilhação da Alemanha.

Esse delírio monstruoso envenenava tudo o que Hitler dizia e escrevia no livro. Em um trecho incrivelmente iludido, ele se convenceu de que a "malícia judia" havia matado o Exército alemão e de que a Alemanha poderia ter vencido a guerra se os "traidores" tivessem sido mortos em 1914:

> Se no início da guerra e durante ela 12 mil ou 15 mil desses corruptores hebreus do povo tivessem sido mergulhados em gás venenoso, como aconteceu com centenas de milhares de nossos melhores trabalhadores alemães no campo de batalha, o sacrifício de milhões nas linhas de frente não teria sido em vão. Pelo contrário: 12 mil canalhas eliminados a tempo talvez tivessem salvado a vida de milhões de alemães de verdade...[41]

E assim, em 1924, Hitler já indicava como tentaria destruir o povo judaico: com uma variedade muito mais letal do gás mostarda que o deixara temporariamente cego em Pasewalk. Dali em diante, dedicaria a vida à destruição de uma "raça" cuja "culpa" e cujos "crimes" ele misturava aos montes de cadáveres alemães na Frente Ocidental. Hitler também fazia alusão ao propósito e à dimensão de um futuro Holocausto. O primeiro trabalho do Partido Nazista haveria de ser "eliminar o estado judaico".[42] Os nazistas sobreviveriam somente a partir de "um vasto plano de exterminação" dos expoentes de "ideias" e crenças rivais.[43]

228

Quase uma década antes que o povo alemão elegesse Hitler como chanceler, o mundo havia sido alertado. Ninguém que se dera ao trabalho de ler o livro deveria ter ficado surpreso ou chocado com o que aconteceu depois. Em *Minha luta*, Hitler explicitou o projeto de conquista, perseguição e genocídio do nazismo.

O primeiro volume de *Minha luta* apareceu em 18 de julho de 1925, sete meses depois de Hitler ser solto da prisão de Landsberg. A princípio, ele o chamara de *Quatro anos e meio de luta contra mentiras, estupidez e covardia*, mas seu editor, Max Amann, receava que os leitores fossem repelir um título tão lúgubre e recomendou o mais curto.

Minha luta venderia 10 mil exemplares até o fim do ano, depois as vendas caíram. Hitler ainda era, afinal de contas, um político de pouca monta e um ex-detento, apesar de sua fama internacional como líder do Putsch da Cervejaria. Somente após a reanimação de sua fortuna política, em 1930, os leitores viriam a se interessar pelo livro. Ao final de 1932, as vendas chegariam a quase 230 mil exemplares; e, em 1944, 12,5 milhões de cópias haviam sido impressas, já que se tratava de leitura obrigatória em escolas e para membros do Partido Nazista. Graças a *Minha luta*, Hitler ficaria rico um ano antes que a Alemanha perdesse a guerra e ele se matasse.

A primeira edição teve uma recepção "mista" da crítica, se é que a crítica a viu, fora da Alemanha. Alguns leitores chegaram às conclusões certas sobre a obra. Um deles foi o historiador britânico Sir Charles Grant Robertson, que havia lido *Minha luta* e escutado Hitler falar. Em 1936, Robertson ponderou:

> Ninguém pode ler *Minha luta* sem se espantar com sua "filosofia" rasa, com a deturpação e a superficialidade de sua leitura histórica do passado, ou com a vulgaridade demagógica de seu apelo antissemita a todas as motivações mais baixas e ferozes da humanidade — medo, inveja, ganância — e, acima de tudo, à mais invencível de todas as paixões nacionais — o expurgo da derrota pela expulsão de um bode expiatório nacional em quem as agruras de um povo inocente, o qual por meio de engodos caiu em pecado, podem ser depositadas sem perigo.[44]

Em 19 de dezembro de 1924, Hitler saiu da prisão para relançar sua carreira política. Se a fera havia sido "domada" na prisão, como o *New York Times* relatou na época, cheio de esperança, Hitler não demonstrou nenhum sinal disso em sua primeira aparição diante do público, na Bürgerbräukeller, cenário do putsch.[45] Subiu ao palanque como um novo "democrata", aparentemente disposto a promover uma campanha pacífica pelo poder. Porém, nada mais havia mudado: ele começou o discurso tachando o povo judaico de instrumento do diabo, que devia ser eliminado da Terra.

Um homem que prestava muita atenção na carreira de Hitler nessa época era o estudante que havia escrito para ele na prisão: o dr. Joseph Goebbels. Para Goebbels, Hitler era a única esperança da Alemanha, o salvador do país, o "doce" messias divino e "futuro ditador", como ele escreveu em 20 de novembro de 1925.[46] Em seu diário de junho do ano seguinte, Goebbels se deleitou com a perspectiva de trabalhar com ele: "Seria possível conquistar o mundo com esse homem".[47]

O Führer estava pronto para começar.

Epílogo

A criação do Führer

Durante o fim da década de 1920 e os primeiros anos da década de 1930, governos estrangeiros, jornalistas e a "elite" intelectual ignoraram ou ridicularizaram a ameaça de Hitler. Ele era um simples motivo de piada, um absurdo.

Stefan Zweig, famoso escritor austríaco da época, admitiu em suas memórias que ele e os outros intelectuais haviam sido absolutamente incapazes de compreender o turbilhão iminente. "Os poucos escritores que tinham se dado ao trabalho de ler o livro de Hitler ridicularizaram a jactância e o estilo pomposo do texto em vez de se ocupar do projeto dele", escreveu Zweig. Em meados da década de 1930, "os grandes jornais democráticos, em vez de alertar seus leitores, garantiam dia após dia que o movimento [...] logo atingiria o colapso inevitável".[1] "Eles não o levaram a sério, nem no sentido literal", concluiu George Prochnik em um artigo na New Yorker.[2]

Em Minha luta, Hitler estava sendo sincero. Suas palavras não eram as bravatas de um hipócrita ou de um mero populista, como Lueger ou Schönerer, ou como tantos fanáticos que circulavam pela Baviera na época. Em Minha luta, avisou ao mundo o que esperar quando ele tomasse o poder: guerra, perseguição, vingança, mortes em massa. Hitler mostrou todas as suas cartas com uma fúria visceral à qual os governos europeus não deram atenção, nem mesmo quando ele chegou ao poder em 1933.

Entre os políticos estrangeiros, apenas Winston Churchill soube prever corretamente a ameaça de Hitler. No Führer, ele detectou a paranoia de um tirano e o destruidor despótico da cultura europeia. Durante seus "anos de ostracismo" (1929-38), o líder britânico fizera repetidas tentativas de alertar o governo britânico do espírito maligno que se alastrava pela Alemanha, em especial com suas transmissões radiofônicas de novembro de 1934:

> A escassas horas daqui por viagem aérea existe uma nação de quase 70 milhões de pessoas, um dos povos mais sofisticados, trabalhadores, científicos e disciplinados do mundo, a quem está sendo ensinado desde a infância que a guerra é um exercício glorioso e que a morte em batalha é o que há de mais nobre para o homem. Trata-se de uma nação que abandonou todas as liberdades a fim de ampliar sua força coletiva. Trata-se de uma nação que, apesar de tamanha força e virtude, encontra-se nas garras de um grupo de homens cruéis, que pregam uma ladainha de intolerância e orgulho racial, sem nenhuma restrição da lei, do Parlamento ou da opinião pública...[3]

Na transcrição de um discurso da noite anterior, ele havia escrito: "Nesse país, todas as falas pacifistas, todos os livros mórbidos são proibidos ou reprimidos, e seus autores, rigorosamente aprisionados. De sua nova tabuleta de mandamentos, foi omitido 'Não matarás'".[4]

Se as ideias políticas de Hitler não se elevavam além do nível de bravata de bar, o caráter multifacetado dele nada tinha de trivial. Hitler era dotado de vontade de ferro, memória impecável, talento para manipular as massas e carisma hipnótico como orador. Seu ódio violento contra os judeus atiçou as chamas do ódio racial na Alemanha e por todo o mundo, alimentando movimentos fascistas desde os Bálcãs até a Inglaterra. Embora fosse sobretudo um movimento da classe média baixa, o nazismo atraiu seguidores de todos os estratos sociais; aos aristocratas ingleses levianos, Hitler era estranhamente sedutor.

Até hoje há quem diga que Hitler foi um grande líder, ainda que imperfeito, esmagado pelas maquinações de terceiros. O historiador Joachim Fest afirma que se ele tivesse sido assassinado em 1938, a maioria dos alemães hoje iria lembrá-lo como um dos maiores estadistas já produzidos por aquele país.[5] O comentário impressionante não passa em qualquer teste objetivo caso em "maiores" se inclua a ideia de líderes justos e esclarecidos.

O inconveniente é que, em 1938, por ordens de Hitler, os nazistas já haviam consolidado ferozmente o poder, desmantelando o sistema judiciário, eliminando a democracia parlamentar, formando uma vasta máquina de guerra, oprimindo minorias "não arianas" e erigindo uma ditadura de partido único.

Hitler tampouco era instrumento de terceiros. Tanto marxistas quanto capitalistas tentavam retratá-lo como uma marionete dos adversários deles, mas não se davam conta de que Hitler sempre foi independente, sempre impeliu seu público na direção que desejava estritamente pela força de sua voz e de sua vontade irrefreável.

Isso não significa que milhões de alemães comuns aprovavam o Holocausto — a maior parte da população não tinha consciência da dimensão dos crimes dos nazistas, e muitos dos que tinham encaravam a descoberta com indiferença;[6] em outras palavras, o sentimento de nacionalismo violento e o ódio contra minorias que eram alvo fácil para servir de bode expiatório estavam tão arraigados na Alemanha pós-guerra que permitiram a ascensão de um político capaz de articular e, mais tarde, implementar tal sentimento.

Foi a brutalização de um povo, mais do que qualquer qualidade inerente de Hitler como homem, que o levou ao poder. A Primeira Guerra Mundial degradou a sociedade alemã de forma tão absoluta que qualquer agitador fascista desequilibrado e racista era considerado "racional" e "normal". Como Fest faz bem em observar, a ascensão de Hitler ao poder "dependeu não tanto de suas características demoníacas quanto de suas características típicas, 'normais' [...]. Ele não era exatamente a grande contradição de sua época, mas seu reflexo".[7]

A Primeira Guerra Mundial não "transformou" Hitler: ela o revelou; ela o extrapolou. E ele seguiu com aquela lembrança, destilando e explorando sua essência até as últimas consequências. Em cada nível — psicológico, emocional e político —, a guerra atuou como uma forja para seu caráter, moldando sua mente amargurada até construir uma máquina política vingativa. Hitler personificava as forças do ódio e da destruição, de modo que personificava a guerra.

Seu desprezo incoeso, sua agressividade sem direção, sua caçada por culpados, seu anseio por ter um papel, por se "encaixar" em um mundo que o havia rejeitado, tudo se fundiu com sua fúria diante da derrota da Alemanha e das consequências após a guerra. Até mesmo em termos estratégicos a Primeira

Guerra Mundial influenciou suas decisões — na Segunda, ele cometeria o desastroso erro de aplicar mal as lições estratégicas da Primeira e subestimar tremendamente a força do Exército Vermelho.[8]

A humilhação de novembro de 1918 o acompanhava como uma ferida purulenta, incurável, um lembrete perene de uma experiência que dera forma a seus pensamentos e atos. Com certeza Hitler não era como a maioria dos soldados. Ele ansiara constantemente pela batalha e mais tarde descreveria a última ação ofensiva fracassada de seu regimento, em 1918, como a experiência mais "estupenda" de sua vida.[9] Hitler sempre disse que amava intensamente a vida de soldado. Na Primeira Batalha de Ypres, viu algo que passou despercebido por seus companheiros: para ele, o sacrifício do soldado não era apenas heroico, mas também necessário, nobre e *natural*.

Para o jovem Hitler, a Primeira Guerra Mundial foi o ato final dos "mais aptos" no grande drama da raça humana, a reencenação de uma vasta lenda teutônica em que os nibelungos emergiriam vitoriosos e herdariam a terra. Quando isso não aconteceu, Hitler identificou aqueles que ele considerava responsáveis pela humilhação dos soldados, e em *Minha luta* até chegaria a descrever o castigo que eles receberiam.

A guerra e suas consequências o lançaram à política. Sua lembrança do *Kindermord*, seus ferimentos, o ataque a gás, seu desdém pela complacência interna no país, sua fúria contra Versalhes, sua intensa ideia de si mesmo como homem destinado e vingador do Exército — tudo serviu para direcionar esse indivíduo com coração de pedra a uma carreira política movida pela vingança e fomentada por milhões de outros viajantes que haviam encontrado um homem disposto a concretizar seus piores preconceitos.

Principalmente em lamento pela perda de milhares de "jovens imberbes" em Langemarck em 1914, Hitler jamais perdoaria aqueles que considerava responsáveis pela derrota da Alemanha: os "negligentes", os judeus e os socialistas que, segundo ele, haviam "escapado da morte astuciosamente".[10] Ao culpar sobretudo os judeus, em 1919, pela "punhalada pelas costas" da Alemanha, Hitler se recusava a aceitar algo que era patentemente claro para qualquer soldado no armistício de 11 de novembro de 1918: a Alemanha havia perdido a guerra no front.

A lembrança conviveu com o Führer até o fim. Em seu bunker em Berlim, ele rememorou a Primeira Guerra Mundial como o evento determinante de sua vida. Ele usou a Cruz de Ferro de primeira classe no casamento com Eva Braun na noite de 28-9 de abril de 1945, quarenta horas antes que os dois se suicidassem.

O colapso de qualquer sociedade produz monstros, como diria Goya. Nesse sentido não havia nada especialmente "alemão" nos nazistas. Hitler e o partido que ele criou podiam ser de qualquer lugar. É válido supor que o Reino Unido, a França, os Estados Unidos e qualquer outra nação que fosse relegada à mesma situação brutalizada da Alemanha em 1918 poderiam ter encontrado seu próprio "Führer", que tiraria proveito da humilhação e do caos social e colocaria a culpa de tudo em uma minoria indefesa.

Por esse ângulo, Hitler foi uma criação não apenas da Alemanha como de toda a Europa: ele brotou do mundo arruinado de Flandres e do Somme, de Versalhes e da hiperinflação. A Primeira Guerra Mundial revolveu um campo tão desprovido de esperança que o manifesto assassino de Hitler alcançou corações e mentes tão absolutamente consternados a ponto de estarem dispostos a acreditar nele.

Em suma, Hitler foi mais do que uma criação da Primeira Guerra Mundial. Em sua cabeça, ele era a vontade e a representação da guerra, um milagre de sobrevivência que acreditava que dava voz aos mortos, que seu grito de ódio falava em nome dos restos mortais nas covas coletivas de Langemarck após uma guerra que havia matado 2,5 milhões de alemães.

Uma pergunta que surge com frequência é: como os nazistas foram capazes de cometer seus crimes horríveis? A revolta moral típica implícita nessa pergunta sugere que os nazistas eram excepcionais — exceções, monstros, bizarros, loucos. A verdade, como já vimos, é que Hitler era clinicamente "normal" e dotado de plenas faculdades mentais.

Assim como a maior parte de seus subordinados e dos burocratas que administravam os instrumentos de poder nazistas: pessoas comuns, principalmente comerciantes e sindicalistas, auxiliares de escritório e banqueiros, jornalistas e empresários, agricultores e conselheiros. Milhões foram levados a acreditar, ou acreditaram por medo, no projeto nazista de conquista, perseguição racial e "grandeza" alemã. Conforme Ullrich observa, quando as pessoas ouviam Hitler bradar contra os judeus, "aparentemente quase ninguém desaprovava".[11] Os alemães não eram, em sua maioria, os autômatos genocidas do livro *Os carrascos voluntários de Hitler*, de Goldhagen, que aceitavam a chacina em massa de seu próprio povo. A maioria condizia com o retrato apresentado aqui, e em Kershaw, Ullrich e outros, de uma nação arruinada com soldados vingadores, funcionários indiferentes e uma população retraída e faminta.[12]

Os nazistas agiram da forma como agiram porque acreditavam genuinamente nas palavras de seu Führer. O baixo escalão achava que estava construindo uma nova sociedade governada por uma raça superior, um povo supremo. E os nazistas fizeram isso *porque podiam*: o domínio pela força, a propaganda do partido, a transigência europeia e, acima de tudo, a determinação do líder carismático legitimaram e *normalizaram* o inferno da Alemanha de Hitler.

Uma pergunta mais preocupante é: o que poderia ter impedido Hitler? Nada — oposição política, intervenção estrangeira, tolerância religiosa, resistência popular, compaixão ou a voz da consciência — produziu qualquer resistência à ascensão dele ao poder.

A tragédia é que Hitler e os nazistas agiram com a transigência, a cumplicidade, do mundo. Estimulados pela vista grossa que as poucas nações opositoras fizeram e pela participação calorosa das que colaboraram, os nacional-socialistas concluíram que haviam recebido aprovação da história. Eles acreditavam que estavam agindo com impunidade política e moral. A propaganda absurda de Goebbels persuadiu uma maioria de alemães até sensatos a pensar que eles faziam parte de um movimento quase religioso, em uma missão eterna rumo à construção de uma nova nação, uma nação *boa*.

Sem adentrar muito no matagal de comentários sobre a "normalização" da extrema direita em 2016 e 2017, convém destacar algumas questões em relação ao legado de Hitler.

Se Hitler estivesse vivo ainda hoje, pode-se afirmar com segurança que encontraria milhões de seguidores truculentos no Ocidente, muitos dos quais ostentam sem nenhum constrangimento a admiração que sentem por ele. Não precisamos ir além da passeata de supremacistas brancos em Charlottesville, na Virgínia, em agosto de 2017, durante a qual um homem que se identificava como neonazista avançou com seu carro contra um grupo de pessoas e matou uma jovem, enquanto centenas de outros exibiam suásticas ou símbolos de grupos nacionalistas brancos como Vanguard e Ku Klux Klan e diversos indivíduos realizavam a saudação nazista. Ao fazer isso, os neonazistas de hoje se expõem, sem perceber, a uma acusação devastadora: com base em qualquer teste moral objetivo, eles são *mais* repulsivos do que os integrantes típicos do movimento de Hitler, porque os nazistas de hoje se envolvem com a atividade sórdida de demonizar "raças" e religiões inteiras com plena consciência dos crimes genocidas cometidos pelo homem em cujo nome atuam. Não se poderia dizer o mesmo da maior parte do baixo escalão nazista na década de 1940, que ignorava a existência ou a dimensão total da Solução Final.

Contudo, parece que o Holocausto, os campos de extermínio, o assassinato de homossexuais, pessoas com deficiência e doenças mentais, os testes médicos em prisioneiros e os milhões de mortos na Segunda Guerra Mundial por ordem de Hitler não convencem os nazistas do século XXI a repensar sua afiliação. Pelo contrário, é um deleite para eles. De Varsóvia a Washington, passando por Atenas, Roma, Paris e Londres, os que se denominam herdeiros do nacional-socialismo se aglomeram em volta de seus próprios demagogos nacionais feito hienas em torno de uma carcaça, reciclando a forma mais banal de oportunismo político: o bode expiatório.

Dos muitos exemplos recentes de neofascismo violento, dois se destacam por ser excepcionalmente repugnantes. Thomas Mair, o assassino de Jo Cox, uma parlamentar britânica que fazia campanha pró-Europa, se inspirou diretamente nos nazistas: obcecado por Hitler, ele havia decorado a casa com memorabília nazista e estantes cheias de livros da SS sobre teoria racial e supremacia branca. Em 16 de junho de 2016, duas semanas antes que o Reino Unido votasse para sair da União Europeia, ele esfaqueou a sra. Cox várias vezes e, depois, deu três tiros na cabeça dela, gritando "Liberdade para a Inglaterra" e "Inglaterra em primeiro lugar". Um ano antes, em 17 de junho de 2015, Dylann Storm Roof, um jovem de 22 anos, entrou na Igreja Metodista Episcopal Africana Emanuel em Charleston, na Carolina do Sul, e matou a tiros nove fiéis negros. Roof, que nutria fantasias sobre a canonização de Hitler e uma vitória dos confederados, acreditava que estava iniciando uma guerra racial e realizando a obra da Ku Klux Klan e dos nazistas, cuja saudação "*Heil Hitler!*" estava inserida em seu site na internet.

Milhões de pessoas partilham das opiniões, ainda que não dos "métodos", desses assassinos. Entre elas estão os membros do Movimento Nacional--Socialista americano, um grupo neonazista proeminente que dissemina "retórica antissemita violenta".[13] Em 2016, esse grupo pequeno porém ruidoso foi agraciado com a atenção de um perfil do *New York Times* e conquistou uma plataforma pública.[14] Surpresos, talvez, pela "popularidade", eles decidiram substituir a suástica de seus uniformes por uma runa nórdica, um símbolo "ariano" que os nazistas aprovavam. Foi um gesto magnânimo, dadas as circunstâncias, para com a sensibilidade do público. Mas não se vê nenhuma concessão semelhante nos 25 Pontos do grupo, uma alusão direta ao manifesto de 1920 de Hitler. O Ponto 4, por exemplo, declara: "Apenas aqueles de puro sangue branco, qualquer que seja sua fé, podem ser membros da nação [...] nenhum judeu ou homossexual pode ser membro da nação".[15]

É claro que a Alt-Right (Alternative Right, ou direita alternativa) dos Estados Unidos, os Le Penists da França, o Partido da Independência no Reino Unido, o Partido da Liberdade Holandesa, o Alternativa para a Alemanha (AfD), o Amanhecer Dourado na Grécia etc. não deveriam ser misturados com o movimento neonazista. Pois ainda que suas políticas consistam na forma mais vulgar de "nacionalismo racial", vêm atuando dentro do sistema democrático e (ainda) não abraçaram um projeto violento de perseguição indiscriminada. Durante a escrita deste livro, a maioria desses partidos estava em evidência ou em processo de desenvolvimento. (Grupos neofascistas realizaram diversos ataques "não oficiais" contra migrantes em 2016, incluindo dez por dia na Alemanha pelo AfD e outros extremistas.)

Em termos de lastro intelectual, Steven Bannon, ex-editor do *Breitbart News* que foi demitido em 2017 depois de servir como estrategista-chefe do presidente americano Donald Trump, é considerado o guru deles. Bannon e seus seguidores no *Breitbart News* e em outros redutos da Alt-Right se acham novidade, mas seguem a antiga tradição de nacionalistas brancos cujas ideias se inspiram na obra de "teóricos raciais nazistas", como De Gobineau, Chamberlain e Rosenberg, e se resumem a uma mistura grosseira de darwinismo social e nacionalismo racial. Seus herdeiros do século XXI são reforçados por negacionistas do Holocausto, como David Irving — que em 2000 perdeu um processo de difamação contra uma historiadora americana que o acusara disso (um caso descrito de maneira brilhante por Richard Evans em seu livro *Lying*

238

About Hitler: History, Holocaust and the David Irving Trial) —, e por teorias raciais que se pretendem científicas, como a obra *The Bell Curve: Intelligence and Class Structure in American Life*, de Richard Herrnstein e Charles Murray, em que os autores alegam identificar fatores genéticos ou "raciais" para a inteligência quando na realidade não encontraram nada, segundo uma conclusão avassaladora do Comitê de Assuntos Científicos da Associação Americana de Psicologia. Talvez os brancos estejam apenas mais acostumados a fazer testes de QI do que os negros.[16]

E há ainda algo insidioso a respeito de Bannon. Neocruzado e defensor proeminente da hipótese do "confronto de civilizações", ele acredita que os exércitos cristãos do Ocidente estão destinados a travar a maior batalha de todas contra o mundo islâmico. Ele fala como um homem determinado a vingar o Ocidente pela perda de Constantinopla para o Império Otomano em 1453 e pelo cerco muçulmano a Viena em 1529. Ao inaugurar o que poderíamos chamar de era do "tecnomedievalismo" (com o perdão da Idade Média, que foi um período mais complexo e intrigante do que esse atavismo grosseiro sugere), Bannon e seus discípulos atrelariam a mente pré-Iluminismo — da qual ele talvez seja o exemplo mais poderoso da atualidade — ao arsenal nuclear dos Estados Unidos do século XXI.

No verão de 2014, Bannon expôs sua "visão global" em um congresso realizado pelo Dignitatis Humanae (Instituto Dignidade Humana), no Vaticano. "Estamos agora, creio", disse ele, "na fase inicial de uma guerra global contra o fascismo islâmico." Ele alertou que seria

> um conflito muito brutal e sangrento, e que, se as pessoas nesta sala, as pessoas na Igreja, não se unirem e formarem de fato o que creio que seja um aspecto da militância religiosa para [...] lutar por nossas crenças contra essa nova barbaridade que se inicia, [ele] erradicará completamente tudo o que herdamos nos últimos 2 mil, 2500 anos.[17]

Como todo catastrofista bravateiro, Bannon apela, tal qual um prestidigitador, para a conjuração de apocalipses ilusórios a fim de apavorar os de coração fraco e invocar mais uma cruzada. Bannon e sua laia é que têm medo, que tremem de terror. E o tipo de raciocínio deles é justamente o que querem os jihadistas que pensam na mesma linha apocalíptica, que comemoram o que encaram como o declínio do Ocidente e clamam exatamente pela "guerra santa" global que Bannon parece ansioso para proporcionar. Em qualquer outra época, ele teria sido considerado um "pobre tolo" ou um bobo da corte, mas, por um breve período, foi preciso levá-lo a sério por causa de sua influência na Casa Branca.

Por essa ótica, dói presenciar as contorções que a mídia digna de crédito realiza para tentar cobrir um fenômeno que nitidamente detesta. A revista *The Economist* expressou recentemente sua contrariedade por ter que abordar a Alt-Right de Bannon como se fosse parte do debate normal, algo que na época claramente era. "Antes, um pedido de desculpas, ou melhor, um lamento", confidenciou a antiga revista liberal. "A *Economist* preferiria não dar publicidade às litanias de racistas e desequilibrados. Infelizmente, e um tanto ou quanto espantosamente, a Alt-Right — o nome enganoso dado a um movimento desconjuntado, mas de consistente natureza repulsiva, que até o presente só encontrou campo fértil na internet — se insinuou, de modo incontornável, na política americana." O movimento promovia "um 'realismo racial' neossegregacionista", anunciou a revista, "que, claro, na verdade é apenas o velho supremacismo branco com uma módica camuflagem".[18]

Dessa vez, são as pessoas de religião muçulmana o alvo do ódio da extrema direita nos Estados Unidos e na Europa, incensado pelos crimes atrozes cometidos por uma pequena quantidade de extremistas islâmicos. Ao demonizarem toda uma religião, os comentaristas mais peçonhentos invocam sem nenhum comedimento o exemplo de Hitler. Katie Hopkins, a colunista e personalidade midiática britânica, tuitou após o ataque terrorista de Manchester em maio de 2017: "Precisamos de uma solução final". Em qualquer dia normal, as opiniões de Hopkins teriam sido tratadas como só mais um jato de veneno transitório no grande fluxo da história, mas seus tuítes a catapultaram aos anais da infâmia. Segundo um relatório de dezembro de 2016 produzido pelo Brookings Institution, um instituto proeminente, para "aqueles que consideram que religiões minoritárias são ameaças, os judeus foram eclipsados pelos muçulmanos, que, na imaginação popular, ameaçam destruir o Ocidente cristão branco fisicamente com terrorismo e imigração, e culturalmente com leis estranhas".[19]

Embora a conclusão do Brookings faça uma aglutinação fácil de *Minha luta* com *O choque de civilizações*, de Samuel P. Huntington, ela captura uma noção das semelhanças *psicológicas e táticas* entre os nazistas dos anos 1920 e a Alt-Right de 2017-8, que visa projetar os crimes abomináveis de uma pequena minoria de jihadistas em uma religião de mais de 1,6 bilhão de pessoas. De fato, parece que extremistas dos dois lados estão determinados a acelerar o confronto, fragmentando nosso mundo obscurecido e levando-nos rumo à "guerra santa" das fantasias de jihadistas e neofascistas.

Tomara que esta história da juventude de Hitler tenha respondido, em parte, àquele questionamento tão frequente: "Como Hitler foi possível?". Hoje, é fácil percebermos como ele seria possível de novo. E isso levanta outra questão: "O que podemos fazer para impedir outro Hitler?". Como os governos ocidentais podem agir para evitar o caos social e econômico que geraria outro ditador genocida?

A resposta simples — mas extremamente difícil de realizar — é evitar outra conflagração global e outra depressão econômica. Hitler foi um filho bastardo da Primeira Guerra Mundial com o caos econômico e social que se seguiram. Nesse sentido, a sociedade ocidental tem pouco em comum com a Alemanha de Weimar dos anos 1920. Em termos de *efeito*, não há como comparar a Grande Recessão de 2008-11 com a Grande Depressão de 1929--31, quando milhões de pessoas se viram desempregadas e perderam todas as suas economias. Ninguém hoje sofreu a hiperinflação do início da década de 1920. Nossa sociedade é comparativamente próspera e produtiva; e a maioria das pessoas tem o que comer e onde morar, conta com acesso à educação e tende a viver dentro da lei.

Contudo, vemos por todos os lados sinais de desmoronamento, de uma ruptura terrível; escutamos lamentos de extrema angústia. A divisão obscena entre os ricos e os pobres, o isolamento social dos desempregados crônicos, a proliferação da histeria na internet, a complacência de governos ocidentais (e a indiferença em relação ao desdém dirigido a eles) envenenaram grandes porções do Ocidente contra si mesmo, fomentando a política do ódio e da autodepreciação.

A solução para esses males não consiste em uma rendição ao "populismo", o "movimento" com um nome absurdamente enganoso que apenas tira proveito dos infortúnios daqueles que ele alega defender. A solução não tem nada a ver com colocar a culpa em estrangeiros, sejam mexicanos ou marroquinos.

Quando nossa economia se fortalecer e a estabilidade política for restaurada, não seremos derrotados por uma "miscigenação" do islã. Tampouco deveríamos nos render ao discurso terrorista de catastrofistas agitados como Douglas Murray (autor de *The Strange Death of Europe*), que anseia por uma fictícia era dourada de pureza cristã livre de "não brancos" e que acredita que "a Europa está cometendo suicídio" por ter abandonado os "valores judaico-cristãos". Sem dúvida a União Europeia precisa seriamente de reformas (mas isso é outra história). No entanto, Murray parece determinado a ignorar verdades inconvenientes, como o fato de que as nações da "Europa" construíram uma paz notável desde a Segunda Guerra Mundial, viveram um crescimento econômico impressionante no pós-guerra e demonstraram um altruísmo cristão prodigioso e especial (isto é, a expressão dos "valores", como ele reconhece) para com pessoas em situação de desespero. Chama a atenção que Londres, Paris, Manchester e Berlim, as cidades mais atormentadas por terroristas em 2016 e 2017 e que, segundo Murray, são afligidas por migrantes (especialmente muçulmanos), votaram em peso *a favor* da Europa e rejeitaram o "populismo" nas eleições de 2017, demonstrando uma solidariedade extraordinária acima das divisões étnicas e religiosas durante e após os ataques terroristas.

A civilização ocidental não está prestes a ruir nas mãos de um punhado de jovens barbudos, alucinados e sexualmente reprimidos que se amarram a bombas de pregos e bancos de caminhões. Os europeus continuarão se refestelando em "valores ocidentais", bailando tango nas margens do Sena, discutindo enquanto tomam um cappuccino no Borough Market, batizando seus filhos em catedrais, aplaudindo shows no Bataclan e lotando os bares gays do Soho muito depois de Bannon, Murray e os demais apocalipticistas se perderem no esquecimento e as pessoas perceberem que a verdadeira ameaça à nossa sociedade emana não dos "estrangeiros" ou de nossa "decadência sem Deus" ou do medo espalhado por populistas, mas de nossa própria disfunção econômica e injustiça social crônica.

A solução tem tudo a ver com política econômica e social. É preciso aceitar que a "economia do gotejamento" promovida em décadas recentes não funcionou como se esperava ou se prometia, e que grandes parcelas da sociedade ocidental encontram-se em miséria econômica e social enquanto os patamares mais ricos do mundo concentram riqueza em um nível que não se via desde o início da guerra de 1914. Basta um rápido exame da pesquisa extraordinária realizada pelo economista francês Thomas Piketty para constatar que a sociedade regrediu a um nível de desigualdade pré-Primeira Guerra Mundial. O sentimento de revolta que impulsionou as eleições de 2016-7 tem seu cerne não na presença de um número proporcionalmente pequeno de migrantes e indivíduos em busca de asilo, mas na injustiça econômica e social. Essa verdade difícil se perdeu na culpabilização absolutamente inescrupulosa de refugiados por políticos e jornalistas, os quintos cavaleiros da "elite populista".[20]

A solução é compreender o valor da concorrência regulamentada e do comércio livre e justo, e investir neles para o benefício de todos; além de rejeitar as políticas de intolerância contra mulheres, minorias étnicas e pessoas de religiões diferentes.

É implementar, em paralelo e consonância com outras organizações religiosas e outros governos, um plano rigoroso e cuidadosamente pensado de vigilância colaborativa, e, quando necessário, coordenar ações militares contra quem quiser nos prejudicar.

A solução é reafirmar o espírito iluminista do questionamento científico, da reforma política e da genialidade criativa que impulsionou os últimos trezentos anos e sofreu sérios baques, respectivamente, pela rejeição da evolução e pela negação das mudanças climáticas, pela supressão de opiniões e ideias políticas, e pelo lento declínio da excelência acadêmica e artística. É saber distinguir valor de volume, reconhecer o que é uma perspectiva experiente e o que é a ignorância obstinada do trolletariado. É reforçar os valores ocidentais (ou, se preferir, judaico-cristãos) de caridade, comunidade e compaixão, ocultos e menosprezados em um mundo em que a avareza obscena e o individualismo egomaníaco são tratados como virtudes.

A solução, em suma, é encontrar líderes e governos ocidentais que sejam dotados de força discreta, honestidade e ampla visão, e que estejam determinados a preservar "nosso estilo de vida", reforçando, e não apenas defendendo, os valores iluministas da liberdade de opinião e de expressão, tão incompreendidos e criticados, e as grandes tradições democráticas de abertura e liberalismo verdadeiro, ignorados ou distorcidos de tal modo que a noção de decência passa a ser considerada uma forma maligna do politicamente correto. É controlar a imigração, não trancar a porta; reformar nossas instituições, não destruí-las; construir nossas comunidades, não arruiná-las (poderíamos começar resgatando a câmara municipal como um espaço para encontros, danças, debates);

e reconhecer a história que partilhamos naquele belo e terrível, engenhoso e displicente, caótico e organizado, brutal e misericordioso, e sempre delicioso, universo de humanidade que é a Europa.

Sem essa ênfase concentrada em desfrutar e reafirmar nossos valores e liberdades, o Ocidente continuará deslizando para uma espécie de penumbra supersticiosa pré-Iluminismo, um estado de tecnomedievalismo com armamentos nucleares, governado por homens incultos em mansões douradas e ex-banqueiros com sonhos de guerra santa.[21] Nessas circunstâncias, é possível que um dia os extremistas encontrem, entre os truculentos cartunescos e loiros desequilibrados que até então detiveram o cargo, um "Führer" genuíno para liderá-los.

Enquanto isso, as excrescências da extrema direita do início do século XXI provavelmente vão continuar supurando por um tempo, provocando muitos transtornos e estragos, antes de regredir ao ostracismo (a maioria está decaindo neste momento, contrariando os alertas dos apocalipticistas)... até uma nova banda de demagogos chegar para tirar proveito de outra crise financeira ou de outro ataque terrorista com promessas ao "povo" de que a felicidade futura depende de trancar a porta contra os miseráveis, ou de difamar "muçulmanos", "judeus", "mexicanos" ou alguma minoria — e ao mesmo tempo ignorar o profundo trauma econômico que é o verdadeiro flagelo do Ocidente.

De fato, não é muito difícil imaginar os jovens fascistas que estão em voga hoje aceitando mais um experimento de opressão organizada. Seus discípulos talvez venham a ser "especialistas em mídias sociais", ou trolls, em vez de vândalos de cervejarias, mas, na prática, farão o mesmo serviço: aprovar um projeto novo de perseguição brutal contra pessoas inocentes em nome do falecido e amado Führer.

O jovem Hitler teria muito orgulho deles.

Apêndice

O Programa de 25 Pontos nacional-socialista alemão

Adolf Hitler anunciou o Programa de 25 Pontos do Partido Nacional-Socialista dos Trabalhadores Alemães (NSDAP) diante de cerca de 2 mil pessoas na Hofbräuhaus, em Munique, no dia 24 de fevereiro de 1920. O manifesto do partido se tornou uma "expressão inalterável" de sua filosofia e missão e seria adotado, em parte, pelos movimentos nacional-socialistas dos Estados Unidos e por organizações fascistas de outros países no século XXI. Essencialmente uma prescrição de tirania oficial, ele contém diversos elementos que fazem eco a certas propostas políticas de direita e de esquerda atuais.

1. Exigimos a unificação de todos os alemães sob a Grande Alemanha com base no direito do povo à autodeterminação.

2. Exigimos igualdade de direitos para o povo alemão em relação às outras nações; a revogação dos tratados de paz de Versalhes e St. Germain.

3. Exigimos terras e territórios (colônias) para prover o sustento de nosso povo, e colonização para nossa população excedente.

4. Apenas membros da raça podem ser cidadãos. Membro da raça são apenas aqueles de sangue alemão, sem distinção de credo. Consequentemente, nenhum judeu pode ser membro da raça.

5. Quem não tiver cidadania só poderá viver na Alemanha na condição de convidado, sujeito à autoridade de legislação para estrangeiros.

6. O direito de determinar questões relativas à administração e à lei

pertence apenas ao cidadão. Portanto, exigimos que todo cargo governamental, de qualquer modalidade, na esfera do Reich, distrital ou municipal, seja ocupado apenas por cidadãos. Combatemos a economia parlamentar corruptora, a atribuição de cargos de acordo apenas com inclinações partidárias sem consideração a caráter ou competência.

7. Exigimos que o Estado seja o primeiro encarregado a proporcionar aos cidadãos a oportunidade de se sustentar e manter o estilo de vida. Se for impossível sustentar a população total do Estado, então os membros de nações estrangeiras (não cidadãos) serão expulsos do Reich.

8. Há de ser evitada a continuação de imigração de não cidadãos. Exigimos que todos os não alemães que migraram para a Alemanha desde 2 de agosto de 1914 sejam obrigados imediatamente a deixar o Reich.

9. Todos os cidadãos devem ter igualdade de direitos e obrigações.

10. A primeira obrigação de todo cidadão deve ser trabalhar mental e fisicamente de forma produtiva. A atividade dos indivíduos não deve contrariar os interesses da universalidade; antes seus resultados devem se conformar à estrutura do todo para benefício geral. Consequentemente, exigimos:

11. A abolição de toda renda (profissional e laboral) imerecida. A ruptura da dívida (juro)-escravidão.

12. Considerando o sacrifício monstruoso de propriedade e sangue que cada guerra cobra do povo, o enriquecimento pessoal pela guerra há de ser classificado como crime contra o povo. Portanto, exigimos o confisco absoluto de todos os lucros da guerra.

13. Exigimos a nacionalização de todas as indústrias (anteriores) correlatas (fundos).

14. Exigimos uma divisão de lucros de toda a indústria pesada.

15. Exigimos uma expansão em grande escala da assistência social para idosos.

16. Exigimos a criação e a conservação de uma classe média saudável, a comunalização imediata dos grandes armazéns e sua concessão a preço baixo para pequenas empresas, e a absoluta consideração a toda pequena empresa com contratos firmados com o Estado, distrito ou município.

17. Exigimos uma reforma agrária adequada às nossas necessidades, disposições legais que determinem a livre expropriação de terras para fins de

utilidade pública, a abolição de impostos sobre a terra e o fim de toda especulação imobiliária.

18. Exigimos resistência sem consideração contra aqueles cujas atividades sejam nocivas ao interesse geral. Criminosos nacionais comuns, usurários, extorsionários e afins devem ser punidos com a morte, independentemente de confissão ou raça.

19. Exigimos a substituição do direito romano que serve à ordem mundial materialista por um direito dos costumes alemão.

20. O Estado deve ser responsável por uma reconstrução fundamental de todo o nosso programa nacional de educação, por favorecer o acesso à educação superior e, consequentemente, o ingresso a posições de liderança, para todo alemão capaz e diligente. Os planos de instrução de todas as instituições educacionais devem se conformar às experiências da vida prática. A compreensão do conceito de Estado deve ser o objeto da escola [*Staatsbürgerkunde*] desde o início do aprendizado. Exigimos que o Estado financie a educação de crianças de pais pobres dotadas de intelecto excepcional, independentemente de cargo ou profissão.

21. O Estado deve se responsabilizar pela elevação da saúde nacional mediante a proteção de mãe e filho, a proibição do trabalho infantil, o estímulo à boa forma física, o estabelecimento legislativo de obrigações atléticas e esportivas e o apoio irrestrito de todas as organizações interessadas na instrução física dos jovens.

22. Exigimos a abolição de tropas mercenárias e a formação de um Exército nacional.

23. Exigimos oposição legal a mentiras conhecidas e à sua propagação pela imprensa. A fim de permitir o estabelecimento de uma imprensa alemã, exigimos que:

a. Todos os redatores e funcionários dos jornais publicados em língua alemã sejam membros da raça;

b. A publicação de jornais não alemães esteja sujeita à autorização expressa do Estado. Eles não podem ser publicados na língua alemã;

c. Seja proibido por lei aos não alemães possuir participação financeira em publicações alemãs ou exercer qualquer influência sobre elas, e que violações sejam punidas com o fechamento da publicação infratora e a expulsão imediata dos não alemães envolvidos do Reich. Publicações contrárias ao bem geral devem ser proibidas. Exigimos ações penais contra formas artísticas e literárias que exerçam uma influência destrutiva em nossa vida nacional e o fechamento de organizações contrárias às exigências supracitadas.

24. Exigimos liberdade de credo para todas as denominações religiosas no Estado, desde que elas não representem um perigo à existência do Estado ou se oponham aos princípios morais da raça alemã. O Partido como tal promove o ponto de vista de um cristianismo positivo sem se associar confessionalmente a nenhuma denominação específica. Ele combate o espírito materialista judeu em nosso meio e à nossa volta e está convencido de que uma recuperação duradoura de nossa nação só será possível de acordo com a seguinte condição: o bem comum acima do bem individual. [*"Gemeinnutz geht vor Eigennutz"* também já foi traduzido como "o bem do Estado acima do bem do indivíduo".]

25. Para a execução de tudo isso, exigimos a formação de um poder central forte no Reich. Autoridade ilimitada do Parlamento central sobre todo o Reich e suas organizações em geral. A formação de câmaras estatais e profissionais para a execução das leis promulgadas pelo Reich nos diversos estados da confederação. Os líderes do Partido prometem, se necessário mediante o sacrifício da própria vida, prestar apoio à execução dos pontos supramencionados sem reservas.

FONTES: German History in Documents and Images: <http://germanhistorydocs.ghi-dc.org/sub_document.cfm?document_id=3910> *e Wikipédia:* <https://en.wikipedia.org/wiki/National_Socialist_Program>.

Notas

PRÓLOGO: UM POUCO DE CONTEXTO... [pp. 9-17]

1. Ian Kershaw, *Hitler 1889-1936: Hubris*. Londres: Penguin, 1998, p. 80. [Ed. bras.: *Hitler*. Edição condensada. Trad. de Pedro Maia Soares. São Paulo: Companhia das Letras, 2010.]

2. As melhores biografias de Hitler — Volker Ullrich, *Hitler: Ascent, 1889-1939* (Trad. de Jefferson Chase. Londres: Bodley Head, 2016) [Ed. bras.: *Adolf Hitler: Os anos de ascensão, 1889-1939*. Trad. de Renate Müller, Karina Janini, Petê Rissatti, Simone Pereira. Barueri: Amarilys, 2016]; Joachim Fest, *Hitler* (Boston: Mariner Books, 2002) [Ed. bras.: *Hitler*. Trad. de Analucia Teixeira Ribeiro, Antônio Nogueira Machado, Antônio Pantoja, Francisco Manuel da Rocha Filho. Rio de Janeiro: Nova Fronteira, 2017]; Alan Bullock, *Hitler: A Study in Tyranny* (Nova York: Harper & Row, 1964) — tendem a não dar a devida ênfase à Primeira Guerra Mundial como formadora do caráter de Hitler. Três livros bem fundamentados avaliam a atuação de Hitler na Grande Guerra: Bob Carruthers, *Private Hitler's War 1914-1918* (Barnsley, South Yorkshire: Pen & Sword, 2014); Thomas Weber, *Hitler's First War: Adolf Hitler, the Men of the List Regiment, and the First World War* (Oxford: Oxford University Press, 2011); e John F. Williams, *Corporal Hitler and the Great War 1914-1918: The List Regiment* (Nova York: Routledge, 2005). O livro *Hitler's Youth*, de Franz Jetzinger (West Port, Connecticut: Praeger, 1977), acompanha a vida de Hitler desde a infância até o início de sua carreira política (mas é datado e desacredita indevidamente August Kubizek, amigo de infância dele). Alguns "psico-historiadores" tentam diagnosticar o estado mental de Hitler após a guerra, sugerindo que o Holocausto foi causado por traumas do conflito: Norbert Bromberg e Verna Volz Small, *Hitler's Psychopathology* (Nova York: International Universities Press, Inc., 1984); Theodore L. Dorpat, *Wounded Monster: Hitler's Path from Trauma to Malevolence* (Lanham, Maryland: University Press of America, 2002); Robert G. L. Waite, *The Psychopathic God: Adolf Hitler* (Nova York: New American Library, 1977); John Hiden e John Farquharson, *Explaining Hitler's Germany: Historians and the Third Reich* (Londres: Batsford Academic and Educational, 1983, pp. 13-32). Para uma leitura sobre o serviço secreto americano durante a guerra (a OSS), ver Henry A.

Murray, "Analysis of the Personality of Adolf Hitler, with Predictions for His Future Behavior and Suggestions for Dealing With Him Now and After Germany's Surrender", oss Archives, out. 1943.

3. Ver Thomas Piketty, *O capital no século XXI* (Trad. de Monica Baumgarten de Bolle. Rio de Janeiro: Intrínseca, 2014). Para dados disponíveis na internet (em inglês), ver: ‹http://piketty. pse.ens.fr/files/capital21c/en/pdf/F10.6.pdf› e ‹http://piketty.pse.ens.fr/files/capital21c/en/pdf/F12.4.pdf›.

4. Thomas Pakenham, *The Scramble for Africa: The White Man's Conquest of the Dark Continent from 1876 to 1912*. Nova York: Avon, 1992, p. xxi.

5. Paul Ham, *1914: The Year the World Ended*. Sydney/Londres: Random House, 2013/2014, pp. 399-413.

6. Ver Allan Mitchell, *The Great Train Race: Railways and the Franco-German Rivalry, 1815-1914* (Nova York: Berghahn, 2000); Edgar Feuchtwanger, *Imperial Germany, 1850-1918* (Nova York: Routledge, 2001, tabela 1, p. 199).

7. Ver E. P. Hennock, *The Origin of the Welfare State in England and Germany, 1850-1914* (Cambridge: Cambridge University Press, 2007).

8. Ver o debate na bbc "The Necessary War", 4 jun. 2014.

9. Paul Ham, op. cit., pp. 575-600.

10. Ibid., pp. 22-35.

11. Gordon Brook-Shepherd, *The Austrians: A Thousand-Year Odyssey* (Nova York: Carroll & Graf, 1997), pp. 95-6; Gustave Kolmer (Org.), "The Linz Program", *Parlament und Verfassung in Österreich* (Viena: k.u.k. Hof-Buchdruckerei, 1905, 2001, v. 3, pp. 212-4). Disponível em: ‹https://www.mtholyoke.edu/acad/intrel/FacultyInformation/jking/linz_pro[1].htm›.

1. "NA ÉPOCA, EU ACHAVA QUE TUDO TINHA QUE EXPLODIR" [pp. 19-28]

1. Ian Kershaw, op. cit., p. 11.

2. Brigitte Hamann, *Hitler's Vienna: A Portrait of the Tyrant as a Young Man*. Trad. de Alan Bance. Londres: Granta, 2005, p. 7.

3. Eduard Bloch, "My Patient Hitler", *Collier's Weekly*, 15 mar. 1941, p. 35.

4. Hitler, *Mein Kampf*. Trad. de Ralph Mannheim. Boston: Houghton Mifflin, 1998, p. 20.

5. Eduard Bloch, op. cit., p. 36.

6. August Kubizek, *The Young Hitler I Knew: The Memoirs of Hitler's Childhood Friend*. Abingdon, Oxfordshire: Frontline, 2014, p. 21.

7. Citado em Anthony Grafton, "Mein Buch", *New Republic*, 24 dez. 2008.

8. Norbert Bromberg e Verna Volz Small, op. cit., p. 41.

9. Adolf Hitler, op. cit., p. 17.

10. William Shirer, *The Rise and Fall of the Third Reich*. Nova York: Simon & Schuster, 2011, pp. 13-4.

11. Norbert Bromberg e Verna Volz Small, op. cit., p. 44; ver também Robert G. L. Waite, op. cit.

12. Adolf Hitler, op. cit., p. 8.

13. Ibid., p. 9.

14. Ibid., p. 10.

15. Ian Kershaw, op. cit., p. 18.

16. August Kubizek, op. cit., p. 25.

17. "Interview with Hitler's Sister on 5th June 1946", Modern Military Records, us National Archives.

18. Adolf Hitler, op. cit., p. 10.

19. Franz Jetzinger, op. cit., pp. 105-6.

20. Joseph Goebbels, *The Goebbels Diaries*. Londres: Penguin, 1984, p. 331.

21. Citado em Brigitte Hamann, op. cit., p. 19.

22. Ibid.

23. Volker Ullrich, op. cit., p. 19.

24. Joachim Fest, op. cit., p. 21.

25. August Kubizek, op. cit., pp. 6-10; Franz Jetzinger, op. cit., pp. 166-8.

2. "EM CASA, NÃO ME LEMBRO DE OUVIR A PALAVRA [JUDEU]" [pp. 29-35]

1. August Kubizek, op. cit., p. 6.

2. Como atestam Ian Kershaw, Brigitte Hamann, Hugh Trevor-Roper e outros historiadores.

3. Norbert Bromberg e Verna Volz Small, op. cit., p. 51.

4. August Kubizek, op. cit., p. 13.

5. Ibid., p. 8.

6. Ibid., p. 10.

7. Ibid., p. 26.

8. Adolf Hitler, op. cit., p. 51.

9. Duncan Richter, *Historical Dictionary of Wittgenstein's Philosophy*. Lanham, Maryland: Rowman & Littlefield, 2014, p. 98.

10. Adolf Hitler, op. cit., p. 51.

11. "The Making of Adolf Hitler", *Timewatch*, documentário da bbc, 4 jan. 2002.

12. August Kubizek, op. cit., p. 32.

13. Ernst Hanfstaengl, *Zwischen Weissem und Braunem Haus: Memoiren eines politischen Aussenseiters*. Munique: Piper, 1970, p. 174.

14. August Kubizek, op. cit., p. 34.

15. "The Making of Adolf Hitler".

3. "EU HAVIA HONRADO MEU PAI, MAS MINHA MÃE EU AMARA" [pp. 36-41]

1. Hans Vaget, "Syberberg's 'Our Hitler': Wagnerianism and Alienation", *Massachusetts Review*, v. 23, n. 4, inverno 1982, pp. 593-612.

2. August Kubizek, op. cit., p. 53.

3. Brigitte Hamann, op. cit., p. 24.

4. Hans Vaget, op. cit., pp. 597-8.

5. August Kubizek, op. cit., p. 145.

6. Brigitte Hamann, *Hitlers Edeljude: Das Leben des Armenarztes Eduard Bloch*. Munique: Piper, 2008, p. 81.

7. Brigitte Hamann, *Hitler's Vienna*, p. 28.

8. Adolf Hitler, op. cit., p. 20.

9. Ibid.

10. Ibid.

11. Eduard Bloch, op. cit., p. 39; Franz Jetzinger, op. cit., pp. 176-81.

12. August Kubizek, op. cit., pp. 166 ss.; Brigitte Hamann, *Hitler's Vienna*, p. 54.

13. Sandy Macleod, "Mrs. Hitler and Her Doctor", *Australasian Psychiatry*, v. 13, n. 4, dez. 2005, pp. 412-4.

14. Ibid.

15. Adolf Hitler, op. cit., p. 19.

16. Eduard Bloch, op. cit., p. 39.

17. Bob Carruthers, op. cit., p. 66.

18. Ver Geoffrey Cocks, "The Hitler Controversy": resenhas de Toland, John, *Adolf Hitler*; Irving, David, *Hitler's War*; Waite, Robert G. L., *The Psychopathic God: Adolf Hitler*; Binion, Rudolph, *Hitler among the Germans* (*Political Psychology*, International Society of Political Psychology, v. 1, n. 2, outono 1979), pp. 67-81. Ver também Sandy Macleod, op. cit.

19. Geoffrey Cocks, op. cit., pp. 72-3.

20. Brigitte Hamann, *Hitler's Vienna*, p. 69.

21. Sandy Macleod, op. cit.

4. "A ACADEMIA TODA DEVIA IR PELOS ARES" [pp. 42-52]

1. Adolf Hitler, op. cit., p. 20.

2. Citado em Bob Carruthers, op. cit., p. 73.

3. Ver Jaroslav Hašek, *As aventuras do bom soldado Švejk* (Trad. de Luís Carlos Cabral. Rio de Janeiro: Alfaguara, 2014).

4. Adolf Hitler, op. cit., p. 77.

5. Ibid.

6. Ian Kershaw, op. cit., p. 31.

7. Ibid., p. 32.

8. Ver Brigitte Hamann, *Hitler's Vienna*, pp. 78-82; ver também "Hitler's Vienna: A Dictator's Apprenticeship: Jews in Vienna", disponível em: <http://www.porges.net/JewsInVienna/1HistoricalBackground.html>.

9. Brigitte Hamann, *Hitler's Vienna*, pp. 59-62.

10. August Kubizek, op. cit., pp. 199 ss.

11. Joachim Fest, op. cit., p. 31.

12. August Kubizek, op. cit., pp. 126, 210-20.

13. Adolf Hitler, op. cit., p. 24; August Kubizek, op. cit., p. 202.

14. Joachim Fest, op. cit., pp. 32-4.

15. Citado em Brigitte Hamann, *Hitler's Vienna*, p. 136.

16. Adolf Hitler, op. cit., p. 41.

17. Citado em Brigitte Hamann, *Hitler's Vienna*, p. 137.

18. August Kubizek, op. cit., p. 123.

19. Konrad Heiden, *The Führer: Hitler's Rise to Power*. Nova York: A. A. Knopf, 1936, pp. 43-50. Para a condição dele, ver também Bradley Smith, *Adolf Hitler: His Family, Childhood, and Youth* (Stanford, Califórnia: Hoover Institution Press, 1967), p. 127; Joachim Fest, op. cit., p. 45.

20. Adolf Hitler, op. cit., pp. 40-2; Brigitte Hamann, *Hitler's Vienna*, pp. 206-11.

21. Adolf Hitler, op. cit., p. 40.

22. Norbert Bromberg e Verna Volz Small, op. cit., p. 71.

23. Ibid.

24. Reinhold Hanisch, "I Was Hitler's Buddy", *New Republic*, 5 abr. 1939, pp. 239-300. Ver também Bob Carruthers, *Hitler's Violent Youth: How Trench Warfare and Street Fighting Moulded Hitler*, cap. 5: "The Jewish Question" (Barnsley, South Yorkshire: Pen & Sword, 2015).

25. Reinhold Hanisch, op. cit., pp. 239-300.

26. Citado em Brigitte Hamann, *Hitler's Vienna*, p. 379.

27. Joachim Fest, op. cit., p. 47.

5. "ISSO É UM ALEMÃO?" [pp. 53-69]

1. Joachim Fest, op. cit., p. 52.

2. August Kubizek, op. cit., p. 275.

3. Adolf Hitler, *Hitler's Table Talk 1941-1944: Secret Conversations*. Org. de Hugh Trevor-Roper. Oxford: Enigma, 2007, pp. 230 ss.

4. Robert G. L. Waite, op. cit., p. 51; ver também Daniel von Fuchs, *The Limits of Ferocity: Sexual Aggression and Modern Literary Rebellion* (Durham, Carolina do Norte: Duke University Press, 2011), p. 123.

5. August Kubizek, op. cit., p. 120.

6. Ian Kershaw, op. cit., pp. 44 ss.

7. A. J. P. Taylor, *The Habsburg Monarchy, 1809-1918: A History of the Austrian Empire and Austria-Hungary*. Chicago: University of Chicago Press, 1976, p. 9.

8. August Kubizek, op. cit., p. 9.

9. Adolf Hitler, *Mein Kampf*, p. 35; Timothy Ryback, *Hitler's Private Library: The Books That Shaped His Life*. Londres: Vintage, 2010. [Ed. bras.: *A biblioteca esquecida de Hitler: Os livros que moldaram a vida do Führer*. Trad. de Ivo Korytowski. São Paulo: Companhia das Letras, 2009.]

10. Adolf Hitler, *Mein Kampf*. Trad. de Marco Roberto. Kindle, Amazon Digital Services, 2017, p. 15.

11. Brigitte Hamann, *Hitler's Vienna*, pp. 74-8.

12. Ibid., pp. 230-3.

13. Adolf Hitler, *Mein Kampf*, cap. 2.

14. Ibid., p. 69.

15. Volker Ullrich, op. cit., p. 43; ver também Brigitte Hamann, *Hitler's Vienna*, pp. 239-42; Ian Kershaw, op. cit., pp. 60-7; e John Toland, *Adolf Hitler* (Ware, Hertfordshire: Wordsworth, 1997 [Ed. bras.: *Adolf Hitler*. Rio de Janeiro: Francisco Alves, 1978.]), v. 1, pp. 48 ss.

16. Adolf Hitler, *Mein Kampf*, p. 56.

17. Ibid., pp. 60-1.

18. Ibid., p. 58.

19. Reinhold Hanisch, op. cit., pp. 239-300. Ver também Brigitte Hamann, *Hitler's Vienna*, pp. 166, 347-59.

20. Brigitte Hamann, *Hitler's Vienna*, pp. 164-6.

21. Reinhold Hanisch.

22. Ibid.

23. Citado em Brigitte Hamann, *Hitler's Vienna*, p. 498.

24. Adolf Hitler, *Mein Kampf*, p. 52.

25. J. W. Boyer, "Karl Lueger and the Viennese Jews", *Leo Baeck Institute Yearbook*, v. 26, n. 1, 1981.

26. Brigitte Hamann, *Hitler's Vienna*, p. 286.

27. Ibid.

28. Ian Kershaw, op. cit., p. 35.

29. Ewart Edmund Turner, "To Hitler Via Two Men", *American Scholar*, Phi Beta Kappa Society v. 6, n. 1, inverno 1937, p. 9.

30. Adolf Hitler, *Mein Kampf*, p. 107.

31. Citado em John Lukacs, *The Hitler of History* (Nova York: Vintage, 1998, p. 71). [Ed. bras.: *O Hitler da história*. Trad. de Ruy Jungmann. Rio de Janeiro: Zahar, 1998.]

32. Ibid.

6. "PROSTREI-ME DE JOELHOS E DEI GRAÇAS AOS CÉUS" [pp. 70-8]

1. Adolf Hitler, *Mein Kampf*, p. 123.

2. Ibid.

3. Id., *Hitler's Table Talk 1941-1944*, p. 115.

4. Id., *Mein Kampf*, pp. 123-4.

5. Ibid., p. 126.

6. Ibid., p. 127.

7. Ian Kershaw, op. cit., p. 82.

8. Heinz A., *Germany's Hitler*. Reedy, West Virginia: Liberty Bell, 2004, p. 51.

9. Robert Payne, *The Life and Death of Adolf Hitler*. Dorchester: Dorset, 1995, pp. 100, 102.

10. Joachim Fest, op. cit., p. 62; ver também Franz Jetzinger, op. cit., pp. 253 ss.

11. Franz Jetzinger, op. cit., p. 265; Bob Carruthers, *Private Hitler's War 1914-1918*, p. 104.

12. Adolf Hitler, *Mein Kampf*, p. 128.

13. Ibid., p. 158.

14. Ibid., p. 161.

15. Ibid.

16. Ibid.

17. Niall Ferguson, *The Pity of War: Explaining World War I*. Nova York: Basic, 1999, pp. 28-30. [Ed. bras.: *O horror da guerra: Uma provocativa análise da primeira guerra mundial*. Trad. de Janaina Marcoantonio. São Paulo: Planeta, 2014.]

18. Thomas Weber, op. cit., p. 17.

19. Adolf Hitler, *Mein Kampf*, p. 162.

7. "EU AMAVA INTENSAMENTE A VIDA DE SOLDADO" [pp. 79-84]

1. Herbert H. Asquith, *Memories and Reflections 1914-1927*. Londres: Albion Press, 2016, v. II, p. 195.

2. Sir Edward Grey, *Twenty-Five Years, 1892-1916*. Nova York: Hodder & Stoughton, 1925, p. 20.

3. "Report of a Speech Delivered by Herr von Bethmann-Hollweg, German Imperial Chancellor, on 4 August 1914", apêndice de "Germany's Reasons for War with Russia", *German White Book*, World War I Document Archive. Disponível em: <https://wwi.lib.byu.edu/index.php/The_German_White_Book>.

4. Ibid.

5. Theobald von Bethmann-Hollweg, *Reflections on the World War*. Trad. de George Young. Nova York: Cornell University Library, 1920, p. 147.

6. "Report of a Speech Delivered by Herr von Bethmann-Hollweg".

7. Ibid.

8. Alfred von Tirpitz, *My Memoirs*. Charleston, Carolina do Sul: Nabu, 2010, v. I, pp. 279-80.

9. Adolf Hitler, *Hitler's Table Talk 1941-1944*, p. 43.

10. Id., *Mein Kampf*, p. 163.

11. John F. Williams, op. cit., p. 9.

12. Thomas Weber, op. cit., p. 24.

13. Ibid., p. 20.

14. Ibid., p. 18.

15. Adolf Hitler, *Sämtliche Aufzeichnungen 1905-1924*. Org. de Eberhard Jäckel e Axel Kuhn. Munique: Deutsche Verlags-Anstalt, 1986, n. 24, p. 59.

16. Id., *Mein Kampf*, p. 165.

8. "[LOUVAIN ERA] UM MONTE DE ENTULHO" [pp. 85-92]

1. Barbara Tuchman, *The Guns of August*. Nova York: Presidio, 2004, p. 164. [Ed. bras.: *Canhões de agosto*. Rio de Janeiro: Biblioteca do Exército, 1998.]

2. Canção dos soldados alemães, publicada em *Daheim*, o jornal de campanha do Exército, n. 50, ago.-set. 1914, p. 442, Registros Históricos de Heidelberg.

3. "The Martyrdom of Belgium: Official Report of Massacres of Peaceable Citizens, Women and Children by the German Army", World War I Document Archive. Disponível em: <http://digicoll.library.wisc.edu/cgi-bin/History/History-idx?id=History.Martyrdom>.

4. Alexander von Kluck, *The March on Paris: The Memoirs of Alexander von Kluck, 1914-1918*. Barnsley, South Yorkshire: Frontline, 2012, p. 26.

5. "The Martyrdom of Belgium", p. 5.

6. Ibid., p. 13.

7. Ibid., p. 8.

8. Ibid., p. 9.

9. Ibid., p. 17.

10. Citado em Barbara Tuchman, op. cit., p. 321.

11. "The Martyrdom of Belgium", p. 1.

12. Citado em Martin Gilbert, *The First World War: A Complete History* (Nova York: Holt Paperbacks, 2004, p. 88). [Ed. bras.: *A Primeira Guerra Mundial: Os 1590 dias que transformaram o mundo*. Trad. de Francisco Paiva Boléo. Rio de Janeiro: Casa da Palavra, 2017.]

13. "The Martyrdom of Belgium", p. 19.

14. Adolf Hitler, *Sämtliche Aufzeichnungen 1905-1924*, n. 26, p. 60.

15. Fridolin Solleder (Org.), *Vier Jahre Westfront, Geschichte des Regiments List R.I.R. 16*. Munique: Max Schick, 1932, p. 325.

16. Adolf Hitler, *Monologues at Hitler's Headquarters from 1941 to 1944*. Org. de Werner Jochmann. Hamburgo: Albrecht Knaus, 1980, pp. 407 ss.

17. John F. Williams, op. cit., p. 41.

18. Adolf Hitler, *Sämtliche Aufzeichnungen*, n. 30, pp. 68 ss. A "Carta a Hepp" de Hitler foi publicada integralmente em inglês em diversos livros e sites. Ver Bob Carruthers, *Private Hitler's War 1914-1918*, p. 34.

19. Werner Maser, *Hitler's Letters and Notes*. Nova York: Bantam, 1974, p. 50.

20. Citado em Thomas Weber, op. cit., p. 32.

21. John F. Williams, op. cit., p. 49; Werner Maser, op. cit., p. 53.

22. Citado em Konrad Heiden, op. cit., pp. 68-75.

23. Ibid.

24. Ibid.

9. "EU ESTAVA BEM ADIANTE, NA FRENTE DE TODO MUNDO" [pp. 93-101]

1. Ian Beckett, *Ypres: The First Battle 1914*. Nova York: Routledge, 2006, p. 60.

2. Ferdinand Foch, *The Memoirs of Marshal Foch*. Trad. de T. Bentley Mott. Nova York: Doubleday, 1931, p. 169.

3. Ian Beckett, op. cit., p. 58.

4. Ibid.

5. John Keegan, *The First World War*. Londres: Vintage, 2000, p. 143.

6. Adolf Hitler, *Mein Kampf*, pp. 164-5.

7. Para descrições detalhadas da batalha em Langemarck, ver Jack Sheldon e Nigel Cave, *Ypres 1914: Langemarck* (Oxford: Casemate, 2014); e Ian Beckett, op. cit.

8. Adolf Hitler, *Mein Kampf*, p. 165.

9. Hans Mend, *Adolf Hitler im Felde, 1914-1918*. Munique: Huber, 1931, pp. 19-20; John F. Williams, op. cit., p. 58.

10. Citado em Bob Carruthers, *Private Hitler's War 1914-1918*, pp. 125-9; ver outras traduções em Konrad Heiden, op. cit., pp. 70-1; e John F. Williams, op. cit., p. 57.

11. Bob Carruthers, *Private Hitler's War 1914-1918*, pp. 125-9.

12. Ibid.

13. Giles Geoffrey, resenha de *Blut und Paukboden. Eine Geschichte der Burschenschaften em* Dietrich Heither et al., *German Studies Review*, Johns Hopkins University Press, German Studies Association, v. 22, n. 1, fev. 1999, pp. 141-2.

14. Konrad Heiden, op. cit., p. 71.

15. John Keegan, op. cit., p. 144.

16. Citado em Ian Beckett, op. cit., p. 103.

17. Ibid.

18. Konrad Heiden, op. cit., p. 71.

19. Norbert Bromberg e Verna Volz Small, op. cit., p. 77.

20. Citado em John F. Williams, op. cit., p. 54.

21. Citado em Thomas Weber, op. cit., p. 48.

22. Adolf Hitler, *Mein Kampf*, p. 145.

23. Weiskopf, "Penetrating the 'Intellectual Gas Mask'", *Books Abroad*, Board of Regents of the University of Oklahoma, v. 17, n. 1, inverno 1943, pp. 9-12.

24. Jay Baird, resenha de *The Attractions of Fascism: Social Psychology and Aesthetics of the "Triumph of the Right"*, em John Milfull (Org.), *German Studies Review*, Johns Hopkins University Press, German Studies Association, v. 15, n. 1, fev. 1992, pp. 169-70.

25. Ibid.

10. "VOCÊS AINDA VÃO OUVIR MUITO SOBRE MIM" [pp. 102-11]

1. Timothy Ryback, op. cit., p. 4.

2. Ibid.

3. Citado em Werner Maser, op. cit., p. 54.

4. Timothy Ryback, op. cit., p. 5; John F. Williams, op. cit., p. 11.

5. Citado em John F. Williams, op. cit., p. 14.

6. Bob Carruthers, *Private Hitler's War 1914-1918*, p. 139.

7. Thomas Weber, op. cit., p. 78.

8. Citado em Bob Carruthers, *Private Hitler's War 1914-1918*, p. 149.

9. Citado em Thomas Weber, op. cit., p. 98; Adolf Meyer, *Mit Adolf Hitler im Bayerischen--ReserveInfanterie Regiment 16 List*. Neustadt an der Aisch: Georg Aupperle, 1934, p. 35. Ver também: Calvin College, German Propaganda Archive, Michigan State University Press. Disponível em: <http://research.calvin.edu/german-propaganda-archive/>.

10. Citado em Charles Flood, *Hitler: The Path to Power*. Boston: Houghton Mifflin, 1989, p. 16.

11. David Lloyd-Burch, documentos particulares, Museu Imperial de Guerra, Londres.

12. Citado em John F. Williams, op. cit., p. 81.

13. Bob Carruthers, *Private Hitler's War 1914-1918*, p. 141.

14. Krysia Diver, "Journal Reveals Hitler's Dysfunctional Family", *The Guardian*, 4 ago. 2005. Disponível em: <https://www.theguardian.com/world/2005/aug/04/research.secondworldwar>.

15. Hans Mend, op. cit., pp. 47-51.

16. Citado em Bob Carruthers, *Private Hitler's War 1914-1918*, p. 145.

17. Ibid., p. 141.

18. Adolf Hitler, *Hitler's Table Talk 1941-1944*, pp. 232-3.

19. Citado em Bob Carruthers, *Private Hitler's War 1914-1918*, p. 155.

20. Adolf Hitler, *Hitler's Table Talk 1941-1944*, p. 76.

21. "Wannsee Conference and the 'Final Solution'", Museu Americano Memorial do Holocausto. Disponível em: <https://encyclopedia.ushmm.org/content/en/article/wannsee-conference-and--the-final-solution>.

22. Paul Ham, *Passchendaele: Requiem for Doomed Youth*. Sydney/Londres: Penguin Random House, 2016/2017, p. 413 e apêndice 8, p. 477.

23. Citado em Ian Kershaw, op. cit., p. 94; Konrad Heiden, op. cit., pp. 68-75; Werner Maser, op. cit., pp. 73-6; Hans Mend, op. cit., p. 163.

24. Hans Mend, op. cit., pp. 61-2.

25. Ibid.

26. John F. Williams, op. cit., p. 134.

27. John Toland, op. cit., p. 70; Geoffrey Cocks, op. cit., pp. 67-81.

28. Konrad Heiden, op. cit., p. 72.

29. Citado em Bob Carruthers, *Private Hitler's War 1914-1918*, p. 152.

30. Balthasar Brandmayer, *Meldegänger Hitler*. Überlingen: Franz Walter, 1933, p. 36; John Toland, op. cit., p. 64; John F. Williams, op. cit., p. 13.

31. Balthasar Brandmayer, op. cit., pp. 136-40.

32. Joachim Fest, op. cit., p. 70.

11. "FINALMENTE MINHA DETERMINAÇÃO ERA ABSOLUTA" [pp. 112-22]

1. Citado em John F. Williams, op. cit., p. 104; Hans Mend, op. cit., pp. 85-95.

2. John F. Williams, op. cit., p. 111.

3. Ian Kershaw, op. cit., p. 92; Balthasar Brandmayer, op. cit., pp. 52-6.

4. Bob Carruthers, *Private Hitler's War 1914-1918*, p. 158.

5. Theodore L. Dorpat, op. cit., p. 86; Charles Flood, op. cit., p. 16.

6. Citado em Richard Holmes, *The Western Front* (Londres: BBC Books, 2009), p. 37.

7. John P. Harris, *Douglas Haig and the First World War*. Cambridge: Cambridge University Press, pp. 153-77.

8. Timothy Ryback, op. cit., pp. 9-11.

9. Max Osborn, "The Beginning of the End of German Jewry", Museu Judaico de Berlim, 25 jan. 1933.

10. Adolf Hitler, *Mein Kampf*, p. 165.

11. Citado em Bob Carruthers, *Private Hitler's War 1914-1918*, p. 150.

12. Timothy Ryback, op. cit., p. 13.

13. Hans Mend, op. cit., p. 186; Balthasar Brandmayer, op. cit., pp. 48-58.

14. Gary Sheffield, *Forgotten Victory: The First World War: Myths and Realities*. Londres: Endeavour, p. 190.

15. Fridolin Solleder (Org.), op. cit., p. 241.

16. Balthasar Brandmayer, op. cit., pp. 62-5.

17. Citado em John F. Williams, op. cit., pp. 156-7.

18. Adolf Hitler, *Mein Kampf*, p. 192.

19. Paul Vincent, *The Politics of Hunger: The Allied Blockade of Germany, 1915-1919*. Athens, Ohio: Ohio University Press, 1985, pp. 21-2.

20. Ibid.

21. Citado em Paul Vincent, op. cit., p. 45.

22. Holger Herwig, *The First World War: Germany and Austria-Hungary, 1914-1918*. Londres: Bloomsbury, 2014, p. 280.

23. Ibid., p. 291.

24. Adolf Hitler, *Mein Kampf*, p. 192.

25. Ibid., pp. 192-3.

26. "Project Find Postcard from Hitler", Europeana 1914-8, projeto arquivístico de parceria com a Universidade de Oxford e a Biblioteca Britânica, Universidade de Oxford. Disponível em: <http://www.ox.ac.uk/news/2012-05-02-project-finds-postcard-hitler>.

27. Thomas Weber, op. cit., p. 173.

28. Adolf Hitler, *Mein Kampf*, pp. 193-4.

29. John F. Williams, op. cit., p. 95; Hans Mend, op. cit., p. 78.

30. Thomas Weber, op. cit., p. 144.

12. "PELA ÚLTIMA VEZ, A GRAÇA DO SENHOR SORRIU PARA SEUS FILHOS INGRATOS" [pp. 123-34]

1. John F. Williams, op. cit., p. 161.

2. Thomas Weber, op. cit., p. 165.

3. Fritz Wiedemann, *Der Mann, der Feldherr werden wollte*. Dortmund: Blick und Bilde, 1964, p. 30.

4. Volker Ullrich, op. cit., p. 60.

5. Fridolin Solleder (Org.), op. cit., p. 284.

6. Citado em Jack Sheldon, *The German Army at Passchendaele* (Barnsley, South Yorkshire: Pen & Sword, 2007), p. 43.

7. Ibid., p. 59.

8. Werner von Beumelburg, *Flandern 1917*. Berlim: Gerhard Stalling, 1928, p. 10.

9. Franky Bostyn (Org.), *Passchendaele 1917: The Story of the Fallen and Tyne Cot Cemetery*. Barnsley, South Yorkshire: Pen & Sword, 2007, p. 15.

10. Werner von Beumelburg, op. cit., p. 10.

11. Hermann von Kuhl, *Der Weltkrieg 1914-1918: Dem Deutschen Volke dargestellt*. Berlim: Wilhelm Kolk, 1929, pp. 121-2.

12. Paul Ham, *1914: The Year the World Ended*, p. 589.

13. Id., *Passchendaele: Requiem for Doomed Youth*, apêndice 1: "Casualty Figures", pp. 447-8.

14. Ibid., pp. 411-2.

15. John F. Williams, op. cit., p. 173.

16. Adolf Hitler, *Hitler's Table Talk 1941-1944*, p. 94.

17. Citado em Ian Kershaw, op. cit., p. 93.

18. Holger Herwig, op. cit., p. 284.

19. Ibid., p. 254.

20. Ibid., p. 332.

21. Ibid., p. 273.

22. Ibid., p. 292.

23. "Spotlights on History: The Blockade of Germany", Arquivos Nacionais, Reino Unido. Disponível em: <www.nationalarchives.gov.uk/pathways/firstworldwar/spotlights/blockade. htm>. Ver também Eric Osborne, *Britain's Economic Blockade of Germany, 1914-1919* (Abingdon, Oxfordshire: Routledge, 2004); e Leo Grebler e Wilhelm Winkler, *The Cost of the World War to Germany and to Austria-Hungary* (New Haven, Connecticut: Yale University Press, 1940), p. 78.

24. "Spotlights on History: The Blockade of Germany".

25. Werner Maser, op. cit., p. 96; citado também em Thomas Weber, op. cit., p. 202.

26. Príncipe herdeiro Rupprecht, *My War Diary* Munique: Deutscher National Verlag, 1929, 3 nov. 1917.

27. Adolf Hitler, *Mein Kampf*, p. 198.

13. "DESDE AQUELE DIA SOBRE O TÚMULO DE MINHA MÃE EU NÃO CHORAVA" [pp. 135-46]

1. Gary Sheffield, op. cit., p. 100.

2. General James E. Edmonds, *Official History of the Great War: Military Operations France and Belgium 1917*. Uckfield, East Sussex: Naval & Military Press, 2013, v. 2, p. 490.

3. Gary Sheffield, op. cit., p. 233.

4. "Sir Douglas Haig's 'Backs to the Wall' Order, 11 April 1918", First World War.com. Disponível em: <www.firstworldwar.com/source/backstothewall.htm>.

5. Citado em Thomas Weber, op. cit., p. 209.

6. Ibid., p. 210.

7. Citado em Bob Carruthers, *Private Hitler's War 1914-1918*, p. 166.

8. Werner von Beumelburg, op. cit., p. 27.

9. Philip Gibbs, *From Bapaume to Passchendaele 1917*. Londres: William Heinemann, 1918, p. 139.

10. Citado em Theodore L. Dorpat, op. cit., p. 86.

11. Ver Thomas Weber, op. cit.

12. Citado em Volker Ullrich, op. cit., p. 59.

13. Ibid.

14. Citado em Thomas Weber, op. cit., p. 176.

15. Ian Kershaw, op. cit., p. 96.

16. Citado em Bob Carruthers, *Private Hitler's War 1914-1918*, pp. 174-5.

17. Ibid., pp. 177-8.

18. Adolf Hitler, *Mein Kampf*, p. 93.

19. Ver "Facts about Sulfur Mustard" (Centers for Disease Control and Prevention). Disponível em: <https://emergency.cdc.gov/agent/sulfurmustard/basics/facts.asp>.

20. Ver Thomas Weber, op. cit., p. 221.

21. Ibid., pp. 220-1.

22. Jan Armbruster e Peter Theiss-Abendroth, "Deconstructing the Myth of Pasewalk: Why Adolf Hitler's Psychiatric Treatment at the End of World War I Bears No Relevance", *Archives of Clinical Psychiatry*, São Paulo, v. 43, n. 3, maio/jun. 2016. Disponível em: <http://www.scielo.br/pdf/rpc/v43n3/0101-6083-rpc-43-3-0056.pdf>.

23. Martin Kitchen, *The German Offensives of 1918*. Stroud, Gloucestershire: Tempus, p. 234.

24. Robert Weldon Whalen, "War Losses (Germany)", *International Encyclopedia of the First World War*. Disponível em: <http://encyclopedia.1914-1918-online.net/article/war_losses_germany>.

25. Gary Sheffield, op. cit., p. 263.

26. Adolf Hitler, *Mein Kampf*, p. 204.

14. "O QUE ERA TODA A DOR NOS MEUS OLHOS DIANTE DAQUELE TORMENTO?" [pp. 147-56]

1. John Wheeler-Bennett, "Ludendorff: The Soldier and the Politician", *Virginia Quarterly Review*, v. 14, n. 2, primavera de 1938, pp. 187-202; ver também William Shirer, op. cit., p. 31.

2. Winston Churchill, *History of the Second World War*. Boston: Mariner, 1986, v. I: *The Gathering Storm*, pp. 47-8. [Ed. bras.: *Memórias da Segunda Guerra Mundial*. Trad. de Vera Ribeiro e Gleuber Vieira. Rio de Janeiro: HarperCollins Brasil, 2015. v. 1.]

3. Adolf Hitler, *Mein Kampf*, pp. 205-6.

4. Ian Kershaw, op. cit., p. 104.

5. Holger Herwig, "Clio Deceived: Patriotic Self-Censorship in Germany after the Great War", *International Security*, v. 12, n. 2, outono 1987, p. 9.

6. Citado em Volker Ullrich, op. cit., p. 76.

7. Citado em John F. Williams, op. cit., p. 162.

8. Adolf Hitler, *Mein Kampf*, p. 200.

9. Citado em Ian Kershaw, op. cit., p. 122.

15. "EU PODIA FALAR!" [pp. 157-73]

1. Citado em Volker Ullrich, op. cit., p. 80.

2. Michael Kellogg, *The Russian Roots of Nazism: White Émigrés and the Making of National Socialism, 1917-1945*. Cambridge: Cambridge University Press, 2005, p. 278.

3. Richard Steigmann-Gall, *The Holy Reich: Nazi Conceptions of Christianity, 1919-1945*. Nova York: Cambridge University Press, 2003, p. 16. [Ed. bras.: *O santo Reich: Concepções nazistas do cristianismo, 1919-1945*. Trad. de Cláudia Gerpe Duarte. Rio de Janeiro: Imago, 2004.]

4. Karl Alexander von Müller, *Mars und Venus: Erinnerungen 1914-1918*. Stuttgart: G. Kilpper, 1954, p. 338.

5. Ibid., pp. 338 ss.

6. Norbert Bromberg e Verna Volz Small, op. cit., p. 84.

7. Volker Ullrich, op. cit., p. 83.

8. Ver: <http://en.wikipedia.org/wiki/Article_231_of_the_Treaty_of_Versailles> e <https://en.wikisource.org/wiki/Treaty_of_Versailles>. Para o melhor livro sobre o tratado, ver: Margaret MacMillan, *Paris 1919: Six Months that Changed the World*. Londres: Random House, 2003.

9. William R. Keylor, *The Legacy of the Great War: Peacemaking, 1919*. Boston: Houghton Mifflin, 2003, p. 34.

10. Eberhard Kolb, *The Weimar Republic*. Abingdon, Oxfordshire: Routledge, 2004, p. 31; Michael Burleigh, *The Third Reich: A New History*. Londres: Pan, 2012, p. 47.

11. *Völkischer Beobachter*, 6 abr. 1920.

12. Michael Burleigh, op. cit., p. 47.

13. A. J. P. Taylor, *The Origins of the Second World War*. Londres: Folio Society, 2009, p. 80.

14. Volker Ullrich, op. cit., p. 85.

15. Adolf Hitler, carta a Herr Gemlich. In: "Adolf Hitler: First Anti-Semitic Writing", Jewish Virtual Library, 16 set. 1919. Disponível em: < https://www.jewishvirtuallibrary.org/adolf-hitler--s-first-anti-semitic-writing>.

16. Citado em Volker Ullrich, op. cit., p. 87. Para outros registros desse episódio, ver Ian Kershaw, op. cit., p. 107, n. 79.

17. Ronald Phelps, "Hitler and the Deutsche Arbeiterpartei", *American Historical Review*, Oxford University Press, American Historical Association v. 68, n. 4, jul. 1963, pp. 974-86.

18. Joachim Fest, op. cit., p. 119.

19. Adolf Hitler, *Mein Kampf*, p. 355.

20. Citado em Volker Ullrich, op. cit., p. 88.

21. Heinrich Hoffmann, *Hitler Was My Friend: The Memoirs of Hitler's Photographer*. Barnsley, South Yorkshire: Frontline, 2014, p. 46.

22. Daniel Binchy, "Adolf Hitler", *Studies: An Irish Quarterly Review of Letters, Philosophy and Science*, Irish Province of the Society of Jesus, v. 22, n. 85, mar. 1933, p. 29.

23. Percy Ernst Schramm, *Hitler: The Man and the Military Leader*. Org. e trad. de Donald Detwiler. Chicago: Academy Chicago Publishers, 1999, p. 21.

24. *Völkischer Beobachter*, 22 abr. 1922.

25. Ibid.

16. "O MOVIMENTO ESTAVA EM MARCHA" [pp. 174-85]

1. Citado em Joachim Fest, op. cit., p. 92.

2. Ibid. Ver também os discursos de Hitler publicados no *Völkischer Beobachter* em 27 de abril de 1920, 22 de setembro de 1920, 28 de julho de 1922 e outras datas.

3. "Program of the German Workers' Party (1920)", German History in Documents and Images (GHDI). Disponível em: <http://germanhistorydocs.ghi-dc.org/sub_document.cfm?document_id=3910>.

4. Adolf Hitler, *Mein Kampf*. Trad. de James Murphy. Kindle, Amazon Digital Services, 2016, p. 160. (Mannheim, p. 370, traduz assim esse momento dramático: "E assim lentamente o salão se esvaziou. O movimentou seguiu seu curso".)

5. Ronald Phelps, op. cit., p. 985.

6. Ian Kershaw, op. cit., p. 132.

7. David Redles, "The Nazi Old Guard: Identity Formation During Apocalyptic Times", *Nova Religio: The Journal of Alternative and Emergent Religions*, University of California Press, v. 14, n. 1, ago. 2010, p. 35.

8. Ibid., p. 26.

9. Adolf Hitler, *Mein Kampf* (trad. de James Murphy), p. 37.

10. Konrad Heiden, "Hitler's Better Half", *Foreign Affairs*, Council on Foreign Relations, v. 20, n. 1, out. 1941, p. 75.

11. Ibid., p. 74.

12. Ibid., p. 73.

13. Ibid., p. 85.

14. Ibid., p. 75.

15. Adolf Hitler, *Hitler's Table Talk 1941-1944*, p. 168.

16. Dietrich Orlow, "The Organizational History and Structure of the NSDAP, 1919-23", *Journal of Modern History*, University of Chicago Press, v. 37, n. 2, jun. 1965, p. 216.

17. Ibid., p. 208.

18. Ibid., p. 226.

19. Konrad Heiden, "Hitler's Better Half", p. 77.

20. Ian Kershaw, op. cit., p. viii.

21. Konrad Heiden, "Hitler's Better Half", p. 73.

22. Dietrich Orlow, op. cit., p. 218.

23. Ibid., p. 210.

24. John Lukacs, op. cit., p. 67.

25. Norbert Bromberg e Verna Volz Small, op. cit., p. 90.

26. Ibid.

17. "O MUNDO DA MULHER É O HOMEM" [pp. 186-96]

1. Percy Ernst Schramm, op. cit., pp. 17-8.

2. Brian Palmer, "Did Hitler Invent the Hitler Mustache?", *Slate*, 30 maio 2013. Disponível em: <http://www.slate.com/articles/life/explainer/2013/05/the_hitler_mustache_was_it_ever_a_fashionable_style_of_facial_hair.html>.

3. Ernst Hanfstaengl, op. cit., p. 69.

4. Roger Moorhouse, "On Hitler's Teeth — or, the Death of a Dictator", *Historian at Large* (blog pessoal), 25 mar. 2015. Disponível em: <http://historian-at-large.blogspot.fr/2015/03/on-hitlers-teeth-or-death-of-dictator.html>.

5. Ian Kershaw, op. cit., p. 162.

6. Alan Bullock, op. cit., p. 68. Ver também Alan Bullock, *Hitler and Stalin: Parallel Lives* (Nova York: Vintage, 1993).

7. Percy Ernst Schramm, op. cit., p. 126.

8. Alan Bullock, *Hitler: A Study in Tyranny*, p. 68.

9. John Hiden e John Farquharson, op. cit., p. 26.

10. Percy Ernst Schramm, op. cit., pp. 10-1.

11. Ibid., p. 12.

12. Ibid., p. 30.

13. Ibid., p. 93.

14. Ernst Hanfstaengl, op. cit., pp. 123-4; Norbert Bromberg e Verna Volz Small, op. cit., p. 92.

15. Percy Ernst Schramm, op. cit., p. 36.

16. Hans-Joachim Neumann e Henrik Eberle, *Was Hitler Ill?: A Final Diagnosis*. Cambridge: Polity, 2012, p. 29.

17. Ibid., p. 31.

18. Ian Kershaw, op. cit., p. 220.

19. Para um exemplo da variedade de especulações em torno da sexualidade de Hitler, ver: Norbert Bromberg e Verna Volz Small, op. cit.; Volker Ullrich, op. cit.; Ian Kershaw, op. cit.; Hans-Joachim Neumann e Henrik Eberle, op. cit.; Ronald Hayman, *Hitler and Geli* (Nova York: Bloomsbury USA, 1999); Konrad Heiden, *Hitler: A Biography* (Nova York: A. A. Knopf, 1936); Walter Langer, "A Psychological Analysis of Adolph Hitler, His Life and Legend" (The Nizkor Project, Washington, DC Office of Strategic Studies, 1991-2012. Disponível em: <http://www.nizkor.org/hweb/people/h/hitler-adolf/oss-papers/text/profile-index.html>); Robert G. L. Waite, op. cit.; e Theodore L. Dorpat, op. cit. As conclusões mais confiáveis são as de Ullrich, Kershaw e Neumann e Eberle.

20. Percy Ernst Schramm, op. cit., p. 39.

21. Ibid., p. 122.

22. John Lukacs, op. cit., p. 43.

23. Henry A. Murray, op. cit.

24. Para um exemplo da variedade de especulações em torno dos "distúrbios psicológicos" de Hitler, ver: Norbert Bromberg e Verna Volz Small, op. cit.; Volker Ullrich, op. cit.; Ian Kershaw, op. cit.; Hans-Joachim Neumann e Henrik Eberle, op. cit.; Ronald Hayman, op. cit.; Konrad Heiden, *Hitler: A Biography*; Walter Langer, op. cit.; Robert G. L. Waite, op. cit.; e Theodore L. Dorpat, op. cit.. As conclusões mais confiáveis são as de Ullrich, Kershaw e Neumann e Eberle.

25. Robert Kaplan, "Was Hitler Ill? A Reply to Eberle and Neumann", *German Politics and Society*, v. 33, n. 3, 1 set. 2015, pp. 70-9.

26. Norman Ohler, *Blitzed: Drugs in Nazi Germany*. Trad. de Shaun Whiteside. Boston: Houghton Mifflin Harcourt, 2016 [Ed. bras.: *High Hitler: Como o uso de drogas pelo Führer e pelos nazistas ditou o ritmo do Terceiro Reich*. Trad. de Silvia Bittencourt. São Paulo: Crítica, 2017.]; ver também a resenha de Richard Evans, "Blitzed: Drugs in Nazi Germany — a Crass and Dangerously Inaccurate Account" (*The Guardian*, 16 nov. 2016, disponível em: <https://www.theguardian.com/books/2016/nov/16/blitzed-drugs-in-nazi-germany-by-norman-ohler-review>).

27. Hans-Joachim Neumann e Henrik Eberle, op. cit., p. 189.

28. Robert Ensor, "Who Hitler Is", *Oxford Pamphlets on World Affairs*, Oxford: Clarendon Press, n. 20, p. 31.

29. Hans-Joachim Neumann e Henrik Eberle, op. cit., p. 186.

30. Ibid., p. 190.

31. Percy Ernst Schramm, op. cit., p. 35.

32. Ibid., p. 34.

33. Robert Ensor, op. cit., p. 30.

34. Adolf Hitler, *Mein Kampf*, p. 322.

35. John Dolibois, *Pattern of Circles: An Ambassador's Story*. Kent, Ohio: Kent State University Press, 2000, p. 114.

36. Konrad Heiden, *Hitler: A Biography*, p. 99; Norbert Bromberg e Verna Volz Small, op. cit., p. 93.

18. "DEVEM LUTAR COMIGO — OU MORRER COMIGO!" [pp. 197-215]

1. Robert Ensor, op. cit., p. 28.

2. Adolf Hitler, *Mein Kampf*, p. 544.

3. Marlis Steinert, *Hitler*. Londres: W. W. Norton, 1991, p. 125.

4. Ernst Hanfstaengl, op. cit., p. 84.

5. David Redles, *Hitler's Millennial Reich: Apocalyptic Belief and the Search for Salvation*. Nova York: New York University Press, 2008, p. 24.

6. Michael Burleigh, op. cit., pp. 77-8.

7. Adolf Hitler, *Mein Kampf*, p. 496.

8. Id, *Sämtliche Aufzeichnungen 1905-1924*, n. 101, 19 maio 1920, p. 134.

9. David Redles, *Hitler's Millennial Reich*, p. 24.

10. Ibid.

11. Citado em Volker Ullrich, op. cit., p. 142.

12. Ian Kershaw, op. cit., p. 128.

13. Citado em Joachim Fest, op. cit., p. 183.

14. Ibid.; ver outra tradução em Volker Ullrich, op. cit., p. 149.

15. Citado em Volker Ullrich, op. cit., p. 150.

16. Citado em Ian Kershaw, op. cit., p. 129.

17. Ibid.

18. Ibid.

19. Joachim Fest, op. cit., p. 185.

20. Citado em Ian Kershaw, op. cit., p. 128.

21. Citado em Joachim Fest, op. cit., p. 187.

22. Ibid.

23. Ibid., p. 192.

24. Carl Landauer, "The Bavarian Problem in the Weimar Republic: Part II", *Journal of Modern History*, University of Chicago Press, v. 16, n. 3, set. 1944, p. 222.

25. Citado em William Shirer, op. cit., pp. 76-8; Joachim Fest, op. cit., p. 193. Ver também Rudolf Hess, *Briefe 1908-1933* (Munique: Langen Müller, 1987), p. 317.

26. Volker Ullrich, op. cit., p. 162.

27. Joachim Fest, op. cit., p, 195.

265

19. "SE 15 MIL DESSES CORRUPTORES HEBREUS TIVESSEM SIDO MERGULHADOS EM GÁS VENENOSO" [pp. 216-30]

1. Joachim Fest, op. cit., p. 199.
2. Ver Peter Fleischman, *Hitler als Häftling in Landsberg am Lech 1923/25*. Neustadt an der Aisch: Schmidt Philipp, 2015.
3. Ernst Hanfstaengl, op. cit., p. 157.
4. Ibid., p. 164. Outras fontes sugerem que Hitler começou uma dieta vegetariana rigorosa após a morte da sobrinha, Geli Raubal.
5. Ernst Hanfstaengl, op. cit., p. 164.
6. Adolf Hitler, *Hitler's Table Talk 1941-1944*, p. 218.
7. Citado em Volker Ullrich, op. cit., p. 165.
8. Adolf Hitler, *Hitler's Table Talk 1941-1944*, p. 262.
9. Rudolf Hess, op. cit., p. 338.
10. Citado em Joachim Fest, op. cit., p. 200, da peça *Torquato Tasso*, de Goethe.
11. Adolf Hitler, *Mein Kampf*, p. 662.
12. John Hiden e John Farquharson, op. cit., p. 16.
13. Joachim Fest, op. cit., p. 204.
14. Schopenhauer, em *Parerga e Paralipomena*, havia escrito: "Os judeus foram detestados e desprezados em todas as épocas e por todas as nações. Isso talvez se deva em parte ao fato de que eram o único povo na Terra que não creditava ao homem nenhuma existência para além desta vida e, portanto, eram vistos como gado, como a escória da humanidade, como antigos mestres da mentira".
15. Adolf Hitler, *The Racial Conception of the World*. Série Friends of Europe. Ed. fac-sim. Whitefish, Montana: Kessinger, 2005, p. 17.
16. Adolf Hitler, *Mein Kampf*, p. 198.
17. Ibid. (Trad. de James Murphy), p. 42.
18. Ibid., p. 562 — uma das muitas referências semelhantes aos judeus.
19. George Prange (Org.), *Hitler's Words: Two Decades of National Socialism, 1923-1943*. Washington, DC: American Council on Public Affairs, 1944, p. 68.
20. Adolf Hitler, *Mein Kampf*, p. 169.
21. John Lukacs, op. cit., p. 183.
22. Adolf Hitler, *Mein Kampf* (Trad. de James Murphy), p. 35.
23. Ibid., p. 65.
24. George Prange (Org.), op. cit., p. 68.
25. Adolf Hitler, *Mein Kampf* (Trad. de James Murphy), p. 60.
26. Martinho Lutero, *The Jews and Their Lies*. Jewish Virtual Library. Disponível em: <http://www.jewishvirtuallibrary.org/jsource/anti-semitism/Luther_on_Jews.html>.
27. Id., "That Jesus Christ Was Born a Jew". Disponível em: <https://www.uni-due.de/collcart/es/sem/s6/txt09_1.htm>.
28. Id., *The Jews and Their Lies*, p. 267. No aniversário de quinhentos anos da Reforma, em 2017, a instituição oficial responsável pela organização das homenagens publicou um artigo sobre o posicionamento de Lutero a respeito dos judeus — "The Reformation and the Jews: An Orientation" —, em nome do Conselho Científico do Jubileu da Reforma 2017 (www.luther2017.de). Sua

conclusão foi: "[O] crime incomensurável da 'Solução Final' não pode ser atribuído a *Os judeus e suas mentiras*, pois o objetivo máximo do tratado de Lutero não era o assassinato em massa, mas a expulsão, e seus argumentos não eram de política racial, mas de religião. Portanto, o fato de nazistas e cristãos alemães se interessarem pelo texto não vem ao caso. Por outro lado, *Os judeus e suas mentiras* foi útil para a propaganda nazista porque também demoniza os judeus e insiste que os governos criem territórios sem eles. Uma celebração da Reforma que reflita sobre toda a dimensão da herança deixada por esse marco histórico não pode se calar a respeito de um legado tão problemático". Essa declaração é carregada de eufemismos e minimização. Lutero foi mais do que "útil" para os nazistas, e o monge incendiário com certeza perceberia o impacto histórico de seus escritos. Decididamente "vem ao caso" que, apesar do que Lutero tenha dito ou pretendido dizer, os nazistas tenham encontrado inspiração em suas palavras e promovido suas ideias em panfletos e propagandas.

29. George Prange (Org.), op. cit., pp. 3-5.

30. Ibid., p. 10; Adolf Hitler, *Mein Kampf*, pp. 372, 422.

31. George Prange (Org.), op. cit., p. 4.

32. Ibid., p. 3.

33. Adolf Hitler, *Mein Kampf*, p. 452.

34. "Jewish Communities of Pre-War Germany", Holocaust Encyclopaedia. Disponível em: <http://www.ushmm.org/wlc/en/article.php?ModuleId=10007052>.

35. John Lukacs, op. cit., p. 183.

36. Adolf Hitler, *Mein Kampf*, p. 284.

37. "New Fossils from Jebel, Irhoud, Morocco and the Pan-African Origin of *Homo sapiens*", *Nature*, Macmillan, Nova York, n. 546, 8 jun. 2017, pp. 289-92.

38. Yuval Noah Harari, *Sapiens: A Brief History of Humankind*. Nova York: Random House, 2015. [Ed. bras.: *Sapiens: Uma breve história da humanidade*. Trad. de Janaína Marcoantonio. Porto Alegre: L&PM, 2015.]

39. George Prange (Org.), op. cit., p. 5.

40. "Persecution of Homosexuals in the Third Reich", Holocaust Encyclopaedia. Disponível em: <https://www.ushmm.org/wlc/en/article.php?ModuleId=10005261>.

41. Adolf Hitler, *Mein Kampf*, p. 679.

42. Ibid., p. 302.

43. Ibid., p. 170.

44. Adolf Hitler, *The Racial Conception of the World*.

45. *New York Times*, 21 dez. 1924.

46. Joseph Goebbels, op. cit., parte 1, v. 1/1, p. 375.

47. Ibid., v. 1/2, p. 96.

EPÍLOGO: A CRIAÇÃO DO FÜHRER [pp. 231-44]

1. Stefan Zweig, *The World of Yesterday: Memories of a European*. Londres: Pushkin Press, 2009, p. 361. [Ed. bras.: *Autobiografia: O mundo de ontem — Memórias de um europeu*. Trad. de Kristina Michahelles. Rio de Janeiro: Zahar, 2014.]

2. George Prochnik, "When It's Too Late to Stop Fascism, According to Stefan Zweig", *New Yorker*, 6 fev. 2017. Disponível em: <http://www.newyorker.com/books/page-turner/when-its--too-late-to-stop-fascism-according-to-stefan-zweig>.

3. Winston Churchill, transmissão, 16 nov. 1934. In: *Never give in!: Winston Churchill's Finest Speeches*. Londres: Pimlico, 2007, p. 89. [Ed. bras.: *Jamais ceder!: Os melhores discursos de Winston Churchill*. Rio de Janeiro: Zahar, 2005.]

4. Id., "Full Transcript of Notes of a Speech by Winston Churchill Broadcast on BBC Radio, 10pm, 15 November 1934", UK Government Parliamentary Archives. Disponível em: <http://www.winstonchurchill.org/resources/speeches/1930-1938-thewilderness/the-threat-of-nazi-germany>.

5. Joachim Fest, op. cit., p. 12.

6. Para o debate rigoroso sobre o envolvimento de civis e soldados alemães nos crimes nazistas contra a humanidade, ver: Christopher Browning, *Ordinary Men: Reserve Police Battalion 101 and the Final Solution in Poland* (Nova York: Harper Perennial, 1998); Daniel Jonah Goldhagen, *Hitler's Willing Executioners: Ordinary Germans and the Holocaust* (Nova York: Vintage, 1997) [Ed. bras.: *Os carrascos voluntários de Hitler: O povo alemão e o Holocausto*. Trad. de Luís Sérgio Roizman. São Paulo: Companhia das Letras, 1997]; e Ian Kershaw, *Popular Opinion and Public Dissent in the Third Reich: Bavaria 1933-1945* (Oxford: Oxford University Press, 2002). Resenha disponível em: <https://www.jstor.org/stable/3788269?seq=1#page_scan_tab_contents>. Para um exame fascinante dos psicopatas entre nós, ver: Robert Hare, *Without Conscience: The Disturbing World of the Psychopaths Among Us*. Nova York: Guilford Press, 1999. [Ed. bras.: *Sem consciência: O mundo perturbador dos psicopatas que vivem entre nós*. Porto Alegre: Artmed, 2013.]

7. Joachim Fest, op. cit., p. 7.

8. John F. Williams, op. cit., p. 3.

9. Adolf Hitler, *Mein Kampf*, p. 92.

10. Ibid., p. 220.

11. Volker Ullrich, op. cit., p. 104.

12. Daniel Jonah Goldhagen, op. cit.

13. "The National Socialist Movement", Southern Poverty Law Center. Disponível em: <https://www.splcenter.org/fighting-hate/extremist-files/group/national-socialist-movement>.

14. Serge Kovaleski et al., "An Alt-Right Makeover Shrouds the Swastikas", *The New York Times*, 10 dez. 2016. Disponível em: <http://www.nytimes.com/2016/12/10/us/alt-right-national-socialist--movement-white-supremacy.html?emc=edit_th_20161211&nl=todaysheadlines&nlid=55326310>.

15. "25 Points of American National Socialism", National Socialist Movement. Disponível em: <http://www.nsm88.org/25points/25pointsengl.html>.

16. Richard Herrnstein e Charles Murray, *The Bell Curve: Intelligence and Class Structure in American Life*. Nova York: Free Press, 1996. A respeito da afirmação dos autores de que haveria uma ligação entre inteligência e os genes, o Conselho de Assuntos Científicos da Associação Americana de Psicologia concluiu: "Certamente não existe fundamento para uma interpretação genética. Às vezes se sugere que o diferencial negro/branco em inteligência psicométrica se deva em parte a diferenças genéticas. Não existem muitos indícios diretos nessa questão, mas os poucos que há não sustentam a hipótese genética". A respeito de outras explicações para as diferenças "raciais" em testes de QI entre negros e brancos, a APA declarou: "O diferencial entre os testes de inteligência média de negros e brancos (acerca de um desvio padrão, embora talvez esteja diminuindo) não é

resultado de nenhum viés óbvio na construção e aplicação dos testes, tampouco reflete simplesmente diferenças de status socioeconômico. Explicações com base em fatores de casta e cultura podem ser adequadas, mas, até o momento, possuem pouco embasamento empírico direto. Certamente não há embasamento para uma interpretação genética". Disponível em: <http://www.intelltheory. com/apa96.shtml>.

Muitos cientistas já fizeram críticas mais contundentes às conclusões de *The Bell Curve*. Ver: Stephen Jay Gould, "Curveball", *New Yorker*, 28 nov. 1994. Disponível em: <http://www.dartmouth. edu/~chance/course/topics/curveball.html>.

17. "This Is How Steve Bannon Sees the Entire World", *Buzzfeed* (transcrição completa), 15 nov. 2016. Disponível em: <https://www.buzzfeed.com/lesterfeder/this-is-how-steve-bannon- -sees-the-entire-world?utm_term=.sbKXO21wb#.jjzp4LjNX>.

18. "Pepe and the Stormtroopers: How Donald Trump Ushered a Hateful Fringe Movement into the Mainstream", *The Economist*, 17 set. 2016. Disponível em: <http://www.economist.com/ news/united-states/21707201-how-donald-trump-ushered-hateful-fringe-movement-mainstream- -pepe-and?cid1=cust/ednew/n/bl/n/20160915n/owned/n/n/nwl/n/n/n/n>.

19. McCants, "The Implications of Donald Trump's Sharp Contrast from Obama and Bush on Islam", Brookings Institution, 15 dez. 2016. Disponível em: <https://www.brookings.edu/blog/ markaz/2016/12/15/the-implications-of-donald-trumps-sharp-contrast-from-obama-and-bush-on- -islam/?utm_campaign=Brookings+Brief&utm_source=hs_email&utm_medium=email&utm_con- tent=39427467>.

20. Ver Thomas Piketty, op. cit.

21. Para mais sobre a visão de mundo medieval de Steve Bannon, ver: Joshua Green, *Devil's Bargain: Steve Bannon, Donald Trump, and the Storming of the Presidency* (Nova York: Penguin, 2017). A seriedade da visão de Bannon precisa ser contraposta a seu próprio lema pessoal, "*honey badger don't give a shit*" ["ratel está cagando"], uma referência aos hábitos anárquicos da criatura, como observado em um famoso vídeo do YouTube, e a convicção leninista de Bannon de que a ordem mundial estabelecida deve ser destruída.

Referências bibliográficas

LIVROS

ALBERTINI, Luigi. *The Origins of the War of 1914*. Nova York: Enigma, 2005. 3 v.

ASQUITH, Herbert H. *Memories and Reflections 1914-1927*. Londres: Albion, 2016. 2 v.

BANKS, Arthur. *A Military Atlas of the First World War*. Barnsley, South Yorkshire: Pen & Sword, 2001.

BAYNES, H. G. *Germany Possessed*. Londres: Cape, 1941.

BECKETT, Ian. *Ypres: The First Battle 1914*. Nova York: Routledge, 2006.

BERNHARDI, general Friedrich von. *Germany and the Next War*. Londres: Edward Arnold, 1914.

BETHMANN-HOLLWEG, Theobald von. *Reflections on the World War*. Trad. de George Young. Nova York: Cornell University Library, 1920.

BEUMELBURG, Werner von. *Flandern 1917*. Berlim: Gerhard Stalling, 1928.

BINION, Rudolph. *Hitler Among the Germans*. DeKalb, Illinois: Northern Illinois University Press, 1984.

BLOCH, Ivan. *Is War Now Impossible? Being an Abridgment of: The War of the Future in Its Technical, Economic & Political Relations*. Londres: Richards, 1899.

BOSTYN, Franky (Org.). *Passchendaele 1917: The Story of the Fallen and Tyne Cot Cemetery*. Barnsley, South Yorkshire: Pen & Sword, 2007.

BRANDMAYER, Balthasar. *Meldegänger Hitler*. Überlingen: Franz Walter, 1933.

BROMBERG, Norbert; SMALL, Verna Volz. *Hitler's Psychopathology*. Nova York: International Universities Press, Inc., 1984.

BROOK-SHEPHERD, Gordon. *The Austrians: A Thousand-Year Odyssey*. Nova York: Carroll & Graf, 1997.

BROWNING, Christopher. *Ordinary Men: Reserve Police Battalion 101 and the Final Solution in Poland*. Nova York: Harper Perennial, 1998.

BUKEY, Evan Burr. *Hitler's Hometown: Linz, Austria, 1908-1945*. Bloomington, Indiana: Indiana University Press, 1986.

BULLOCK, Alan. *Hitler: A Study in Tyranny*. Nova York: Harper & Row, 1964.

_____. *Hitler and Stalin: Parallel Lives*. Nova York: Vintage, 1993.

BURLEIGH, Michael. *The Third Reich: A New History*. Londres: Pan, 2012.

CARR, William. *Hitler: A Study in Personality and Politics*. Londres: Edward Arnold, 1978.

CARRUTHERS, Bob. *Private Hitler's War 1914-1918*. Barnsley, South Yorkshire: Pen & Sword, 2014.

_____. *Hitler's Violent Youth: How Trench Warfare and Street Fighting Moulded Hitler*. Barnsley, South Yorkshire: Pen & Sword, 2015.

CHURCHILL, Winston. *The World Crisis*. Londres: Thornton Butterworth, 1927. 4 v.

_____. *Memórias da Segunda Guerra Mundial*. Trad. de Vera Ribeiro e Gleuber Vieira. Rio de Janeiro: HarperCollins Brasil, 2015. v. 1.

_____. *Jamais ceder!: Os melhores discursos de Winston Churchill*. Rio de Janeiro: Zahar, 2005.

CLARK, Christopher. *Iron Kingdom: The Rise and Downfall of Prussia, 1600-1947*. Cambridge, Massachusetts: Harvard University Press, 2006.

DELL, Robert. *Germany Unmasked*. Londres: Hopkinson, 1934.

DEUERLEIN, Ernst. *Der Hitler-Putsch: Bayerische Dokuments von 8./9. November 1923*. Munique: Deutsche Verlags, 1962.

DOLIBOIS, John. *Pattern of Circles: An Ambassador's Story*. Kent, Ohio: Kent State University Press, 2000.

DORPAT, Theodore L. *Wounded Monster: Hitler's Path from Trauma to Malevolence*. Lanham, Maryland: University Press of America, 2002.

EBERLE, Henrik (Org.). *Letters to Hitler*. Trad. de Steven Rendall. Cambridge: Polity Press, 2012.

EBERLE, Henrik; UHL, Matthias (Orgs.). *The Hitler Book: The Secret Dossier Prepared for Stalin from the Interrogations of Hitler's Personal Aides*. Trad. de Giles MacDonogh. Nova York: PublicAffairs, 2005.

EDMONDS, general James E. *Official History of the Great War: Military Operations France and Belgium 1917*. Uckfield, East Sussex: Naval & Military Press, 2013. v. 2.

ELLIS, John. *Eye-Deep in Hell: Trench Warfare in World War I*. Baltimore, Maryland: Johns Hopkins University Press, 1989.

ESSEN, Léon van der. *The Invasion and the War in Belgium from Liège to the Yser*. Londres: T. Fisher Unwin, 1917.

ESTADO-MAIOR GERAL ALEMÃO. *Ypres: An Unofficial Account*. Londres: Constable, 1919.

EVANS, Richard. *Lying About Hitler, History, Holocaust, and the David Irving Trial*. Nova York: Basic, 2002.

_____. *A chegada do Terceiro Reich*. Trad. de Lúcia Brito. São Paulo: Planeta, 2010.

_____. *Terceiro Reich na história e na memória: Novas perspectivas sobre o nazismo, seu poder político, sua intrincada economia e seus efeitos na Alemanha do pós-guerra*. Trad. de Renato Marques. São Paulo: Crítica, 2018.

FERGUSON, Niall. *O horror da guerra: Uma provocativa análise da Primeira Guerra Mundial*. Trad. de Janaina Marcoantonio. São Paulo: Planeta, 2014.

FEST, Joachim. *Hitler*. Trad. de Analucia Teixeira Ribeiro, Antônio Nogueira Machado, Antônio Pantoja, Francisco Manuel da Rocha Filho. Rio de Janeiro: Nova Fronteira, 2017.

FEUCHTWANGER, Edgar. *From Weimar to Hitler: Germany, 1918-33*. Londres: Macmillan, 1993.

_____. *Imperial Germany 1850-1918*. Nova York: Routledge, 2001.

FISCHER, Fritz. *Germany's Aims in the Great War*. Londres: Chatto & Windus, 1967.

FLEISCHMANN, Peter. *Hitler als Häftling in Landsberg am Lech 1923/25*. Neustadt an der Aisch: Schmidt Philipp, 2015.

FLOOD, Charles. *Hitler: The Path to Power*. Boston: Houghton Mifflin, 1989.

FOCH, Ferdinand. *The Memoirs of Marshal Foch*. Trad. de T. Bentley Mott. Nova York: Doubleday, 1931.

FRANK, Tibor (Org.). *Discussing Hitler: Advisors of US Diplomacy in Central Europe 1934-41*. Budapeste: Central European University Press, 2003.

FRIEDMAN, Tuviah (Org.). *Long Dark Nazi Years: Forty Years After the Collapse of the Third Reich, 1945-1985: A Record of Documents and Photographs of Adolf Hitler's Final Solution*. Haifa: Documentation Centre, Institute of Documentation in Israel for the Investigation of Nazi War Crimes, 1999.

FUCHS, Daniel von. *The Limits of Ferocity: Sexual Aggression and Modern Literary Rebellion*. Durham, Carolina do Norte: Duke University Press, 2011.

GEISS, Imanuel. *July 1914: The Outbreak of the First World War: Selected Documents*. Nova York: Charles Scribner's Sons, 1967.

GIBBS, Philip. *From Bapaume to Passchendaele 1917*. Londres: William Heinemann, 1918.

_____. *The Realities of War*. Londres: William Heinemann, 1918.

GILBERT, Martin. *A Primeira Guerra Mundial: Os 1590 dias que transformaram o mundo*. Trad. de Francisco Paiva Boléo. Rio de Janeiro: Casa da Palavra, 2017.

GOEBBELS, Joseph. *The Goebbels Diaries*. Londres: Penguin, 1984.

GOLDHAGEN, Daniel Jonah. *Os carrascos voluntários de Hitler: O povo alemão e o Holocausto*. Trad. de Luís Sérgio Roizman. São Paulo: Companhia das Letras, 1997.

GORDON, Harold. *Hitler and the Beer Hall Putsch*. Nova Jersey: Princeton University Press, 1972.

GREBLER, Leo; WINKLER, Wilhelm. *The Cost of the World War to Germany and to Austria-Hungary*. New Haven, Connecticut: Yale University Press, 1940.

GREEN, Joshua. *Devil's Bargain: Steve Bannon, Donald Trump, and the Storming of the Presidency*. Nova York: Penguin, 2017.

GREY, Sir Edward. *Twenty-Five Years, 1892-1916*. Nova York: Hodder & Stoughton, 1925.

GROSSHANS, Henry. *Hitler and the Artists*. Nova York: Holmes & Meier, 1983.

GULBENKIAN, Edward Vahé. *The European Intellectual Background to Hitler's Racial Policy*. Londres: Harq, 1994.

HAIG, Douglas. *The Private Papers of Douglas Haig, 1914-1919: Being Selections from the Private Diary and Correspondence of Field-Marshal the Earl Haig of Bemersyde*. Londres: Eyre & Spottiswoode, 1952.

_____. *War Diaries & Letters, 1914-18*. Londres: Weidenfeld & Nicolson, 2005.

HAM, Paul. *The Rape of Belgium*. Sydney: Random House Short Cuts, 2014.

_____. *1914: The Year the World Ended*. Sydney/Londres: Random House, 2013/2014.

_____. *Passchendaele: Requiem for Doomed Youth*. Sydney/Londres: Penguin Random House, 2016/2017.

HAMANN, Brigitte. *Winifred Wagner: A Life at the Heart of Hitler's Bayreuth*. Trad. de Alan Bance. Londres: Granta, 2005.

_____. *Hitlers Edeljude: Das Leben des Armenarztes Eduard Bloch*. Munique: Piper, 2008.

HAMANN, Brigitte. *Hitler's Vienna: A Portrait of the Tyrant as a Young Man*. Londres: Tauris Parke, 2010.

HANFSTAENGL, Ernst. *Zwischen Weissem und Braunem Haus: Memoiren eines politischen Aussenseiters*. Munique: Piper, 1970.

HARARI, Yuval Noah. *Sapiens: Uma breve história da humanidade*. Trad. de Janaína Marcoantonio. Porto Alegre: L&PM, 2015.

HARE, Robert. *Sem consciência: O mundo perturbador dos psicopatas que vivem entre nós*. Trad. de Denise Regina de Sales. Porto Alegre: Artmed, 2013.

HARRIS, John P. *Douglas Haig and the First World War*. Cambridge: Cambridge University Press, 2009.

HAŠEK, Jaroslav. *As aventuras do bom soldado Svejk*. Trad. de Luís Carlos Cabral. Rio de Janeiro: Alfaguara, 2014.

HAYMAN, Ronald. *Hitler and Geli*. Nova York: Bloomsbury USA, 1999.

HEIDEN, Konrad. *Hitler: A Biography*. Nova York: A. A. Knopf, 1936.

_____. *The Führer: Hitler's Rise to Power*. Trad. de Ralph Mannheim, Norbert Guterman. Boston: Beacon, 1999.

HEINZ, Heinz A. *Germany's Hitler*. Reedy, West Virginia: Liberty Bell, 2004.

HENNOCK, E. P. *The Origin of the Welfare State in England and Germany, 1850-1914: Social Policies Compared*. Cambridge: Cambridge University Press, 2007.

HERRNSTEIN, Richard; MURRAY, Charles. *The Bell Curve: Intelligence and Class Structure in American Life*. Nova York: Free Press, 1996.

HERWIG, Holger. *The First World War: Germany and Austria-Hungary, 1914-1918*. Londres: Bloomsbury, 2014.

HESS, Rudolf. *Briefe 1908-1933*. Munique: Langen Müller, 1987.

HIDEN, John; FARQUHARSON, John. *Explaining Hitler's Germany: Historians and the Third Reich*. Londres: Batsford Academic and Educational, 1983.

HITLER, Adolf. *Mein Kampf*. Trad. de Ralph Mannheim. Boston: Houghton Mifflin, 1998.

_____. *Mein Kampf*. Trad. de James Murphy. Kindle, Amazon Digital Services, 2016.

_____. *Mein Kampf*. Trad. de Marco Roberto. Kindle, Amazon Digital Services, 2017.

_____. *Sämtliche Aufzeichnungen 1905-1924*. Org. de Eberhard Jäckel; Axel Kuhn. Munique: Deutsche Verlags-Anstalt, 1986.

_____. *Hitler's Second Book: The Unpublished Sequel to Mein Kampf*. Org. de Gerhard Weinberg. Trad. de Krista Smith. Oxford: Enigma, 2003.

_____. *Monologues in the Führer's Headquarters from 1941 to 1944*. Org. de Werner Jochmann. Hamburgo: Albrecht Knaus, 1980.

_____. *The Racial Conception of the World*. Série Friends of Europe. Ed. fac-sim. Whitefish, Montana: Kessinger, 2005.

_____. *The Nazi Party, the State and Religion*. Série Friends of Europe. Whitefish, Montana: Kessinger, 2005.

_____. *Hitler's Table Talk 1941-1944: Secret Conversations*. Org. de Hugh Trevor-Roper. Oxford: Enigma, 2007.

_____. *The Complete Hitler: Speeches and Proclamations, 1932-1945: The Chronicle of a Dictatorship*. Org. de Max Domarus. 4 v. Amazon Media, 2016.

HOFFMANN, Heinrich. *Hitler Was My Friend: The Memoirs of Hitler's Photographer*. Barnsley, South Yorkshire: Frontline, 2014.

HOLMES, Richard. *The Western Front*. Londres: BBC Books, 2009.

HORSTMANN, Bernhard. *Hitler in Pasewalk*. Düsseldorf: Droste, 2004.

HÖTZENDORF, Conrad von. *Aus meiner Dienstzeit, 1906-1918*. Ann Arbor: University of Michigan Library, 1921.

JENKS, William. *Vienna and the Young Hitler*. Nova York: Columbia University Press, 1960.

JETZINGER, Franz. *Hitler's Youth*. West Port, Connecticut: Praeger, 1977.

JOLL, James. *Europe Since 1870: An International History*. Londres: Penguin, 1990.

KEEGAN, John. *The First World War*. Londres: Vintage, 2000.

KELLOGG, Michael. *The Russian Roots of Nazism: White Émigrés and the Making of National Socialism, 1917-1945*. Cambridge: Cambridge University Press, 2005.

KENNEDY, Paul. *The Rise of the Anglo-German Antagonism, 1860-1914*. Nova York: Humanity, 1987.

KERSHAW, Ian. *Hitler 1889-1936: Hubris*. Londres: Penguin, 1998.

_____. *Hitler 1936-1945: Nemesis*. Londres: Penguin, 2001.

_____. *Popular Opinion and Public Dissent in the Third Reich: Bavaria 1933-1945*. Oxford: Oxford University Press, 2002.

KEYLOR, William R. *The Legacy of the Great War: Peacemaking, 1919*. Boston: Houghton Mifflin, 2003.

KITCHEN, Martin. *The German Offensives of 1918*. Stroud, Gloucestershire: Tempus, 2001.

KLUCK, Alexander von. *The March on Paris: The Memoirs of Alexander von Kluck, 1914-1918*. Barnsley, South Yorkshire: Frontline, 2012.

KOLB, Eberhard. *The Weimar Republic*. Abingdon, Oxfordshire: Routledge, 2004.

KUBIZEK, August. *The Young Hitler I Knew: The Memoirs of Hitler's Childhood Friend*. Abingdon, Oxfordshire: Frontline, 2014 (referências também a arquivos PDF disponíveis na internet, em sites listados abaixo).

KUHL, Hermann von. *Der Weltkrieg 1914-1918: Dem Deutschen Volke dargestellt*. Berlim: Wilhelm Kolk, 1929.

LANGER, Walter. *A Psychological Analysis of Adolf Hitler*. CreateSpace Independent Publishing Platform, 2012.

LENTIN, Anthony. *Lloyd George and the Lost Peace: From Versailles to Hitler, 1919-1940*. Londres: Palgrave Macmillan, 2001.

LUKACS, John. *O Hitler da história*. Trad. de Ruy Jungmann. Rio de Janeiro: Zahar, 1998.

Lutero, Martinho. *Luther's Works*. Trad. de Martin Bertram. Filadélfia: Fortress Press, 1971.

_____. *The Jews and Their Lies*. Jewish Virtual Library. Disponível em: <http://www.jewishvirtuallibrary.org/jsource/anti-semitism/Luther_on_Jews.html>.

LYNCH, Edward. *Somme Mud: The War Experiences of an Infantryman in France, 1916-1919*. Sydney: Random House Australia, 2008.

MACMILLAN, Margaret. *Paris 1919: Six Months that Changed the World*. Londres: Random House, 2003.

MADDEN, Paul. *Adolf Hitler and the Nazi Epoch: An Annotated Bibliography of English-Language Works on the Origins, Nature, and Structure of the Nazi State*. Pasadena, Califórnia: Salem, 1998.

MASER, Werner. *Hitler: Legend, Myth and Reality*. Nova York: Harper & Row, 1973.

_____. *Hitler's Letters and Notes*. Nova York: Bantam, 1974.

MCELLIGOTT, Anthony; KIRK, Tim (Orgs.). *Working Towards the Führer: Essays in Honour of Sir Ian Kershaw*. Manchester: Manchester University Press, 2004.

MCRANDLE, James. *The Track of the Wolf: Essays on National Socialism and Its Leader, Adolf Hitler*. Evanston, Illinois: Northwestern University Press, 1965.

MEND, Hans. *Adolf Hitler im Felde, 1914-1918*. Munique: Huber, 1931.

MEREDITH, Martin. *The State of Africa: A History of Fifty Years of Independence*. Nova York: Simon & Schuster, 2007.

MEYER, Adolf. *Mit Adolf Hitler im Bayerischen Reserve Infanterie-Regiment 16 List*. Neustadt an der Aisch: Georg Aupperle, 1934.

MILFULL, John (Org.). *Attractions of Fascism: Social Psychology and Aesthetics of the "Triumph of the Right"*. Nova York: Bloomsbury Academic, 1990.

MILLER, Steven et al. (Orgs.). *Military Strategy and the Origins of the First World War: An International Security Reader*. Nova Jersey: Princeton University Press, 1991.

MITCHELL, Allan. *The Great Train Race: Railways and the Franco-German Rivalry, 1815-1914*. Nova York: Berghahn, 2000.

MOLTKE, Helmuth von. *Essays, Speeches, and Memoirs of Field Marshal Count Helmuth von Moltke*. Hong Kong: Forgotten, 2012. v. 1.

MOMBAUER, Annika. *Origins of the First World War: Controversies and Consensus*. Abingdon, Oxfordshire: Routledge, 2002.

_____. *Helmuth von Moltke and the Origins of the First World War*. Cambridge: Cambridge University Press, 2005.

MÜLLER, Karl Alexander von. *Mars und Venus: Erinnerungen 1914-1918*. Stuttgart: G. Kilpper, 1954.

MURRAY, Williamson et al. (Orgs.). *The Making of Strategy: Rulers, States and War*. Cambridge: Cambridge University Press, 1996.

NEILLANDS, Robin. *The Death of Glory: Western Front 1915*. Londres: John Murray, 2006.

NEUMANN, Hans-Joachim; EBERLE, Henrik. *Was Hitler Ill? A Final Diagnosis*. Cambridge: Polity, 2012.

NEUMANN, Sigmund. *The Future in Perspective*. Nova York: G. P. Putnam's Sons, 1946.

NIEWYK, Donald L. *The Jews in Weimar Germany*. Nova York: Routledge, 2000.

OHLER, Norman. *High Hitler: Como o uso de drogas pelo Führer e pelos nazistas ditou o ritmo do Terceiro Reich*. Trad. de Silvia Bittencourt. São Paulo: Crítica, 2017.

OSBORNE, Eric. *Britain's Economic Blockade of Germany, 1914-1919*. Abingdon, Oxfordshire: Routledge, 2004.

OVERY, Richard. *Goering: Hitler's Iron Knight*. Londres: I. B. Tauris, 2012.

PAKENHAM, Thomas. *The Scramble for Africa: The White Man's Conquest of the Dark Continent from 1876 to 1912*. Nova York: Avon, 1992.

PAYNE, Robert. *The Life and Death of Adolf Hitler*. Dorchester: Dorset Press, 1995.

PICK, Daniel. *The Pursuit of the Nazi Mind: Hitler, Hess and the Analysts*. Oxford: Oxford University Press, 2014.

PIKETTY, Thomas. *O capital no século XXI*. Trad. de Monica Baumgarten de Bolle. Rio de Janeiro: Intrínseca, 2014.

PRANGE, George (Org.). *Hitler's Words: Two Decades of National Socialism, 1923-1943*. Washington, DC: American Council on Public Affairs, 1944.

REDLES, David. *Hitler's Millennial Reich: Apocalyptic Belief and the Search for Salvation*. Nova York: New York University Press, 2008.

REDLICH, Fritz. *Hitler: Diagnosis of a Destructive Prophet*. Oxford: Oxford University Press, 2000.

RICHTER, Duncan. *Historical Dictionary of Wittgenstein's Philosophy*. Lanham, Maryland: Rowman & Littlefield, 2014.

ROSENBAUM, Ron. *Para entender Hitler: A busca das origens do mal*. Trad. Eduardo Francisco Alves. Rio de Janeiro: Record, 2002.

ROSENFELD, Alvin. *Imagining Hitler*. Bloomington: Indiana University Press, 1985.

ROSENFELD, Gavriel. *Hi Hitler!: How the Nazi Past is Being Normalized in Contemporary Culture*. Cambridge: Cambridge University Press, 2015.

RUMBOLD, Horace. *The War Crisis in Berlin: July-August 1914*. Londres: Constable, 1940.

RUPPRECHT, príncipe herdeiro. *My War Diary*. Munique: Deutscher National Verlag, 1929.

RYBACK, Timothy. *A biblioteca esquecida de Hitler: Os livros que moldaram a vida do Führer*. Trad. de Ivo Korytowski. São Paulo: Companhia das Letras, 2009.

SCHOPENHAUER, Arthur. *O mundo como vontade e representação*. Trad. de Eduardo Ribeiro da Fonseca. Curitiba: Editora UFPR, 2014.

_____. *Parerga e Paralipomena, pequenos escritos filosóficos*. Trad. de Rosana Jardim Candeloro. Porto Alegre: Zouk, 2016.

SCHRAMM, Percy Ernst. *Hitler: The Man and the Military Leader*. Org. e trad. de Donald Detwiler. Chicago: Academy Chicago Publishers, 1999.

SHEFFIELD, Gary. *The Somme: A New History*. Londres: Cassell, 2003.

_____. *Forgotten Victory: The First World War: Myths and Realities*. Londres: Endeavour, 2014.

SHELDON, Jack. *The German Army at Passchendaele*. Barnsley, South Yorkshire: Pen & Sword, 2007.

SHELDON, Jack; CAVE, Nigel. *Ypres 1914: Langemarck*. Oxford: Casemate, 2014.

SHIRER, William. *Ascensão e queda do Terceiro Reich*. Trad. de Pedro Pomar. Rio de Janeiro: Nova Fronteira, 2017. 2 v.

SHOWALTER, Walter. *Tannenberg: Clash of Empires 1914*. Dulles, Virginia: Potomac, 2004.

SMITH, Bradley. *Adolf Hitler: His Family, Childhood and Youth*. Stanford, Califórnia: Hoover Institution Press, 1967.

SOLLEDER, Fridolin (Org.). *Vier Jahre Westfront, Geschichte des Regiments List R.I.R. 16*. Munique: Max Schick, 1932.

STACHURA, Peter. *The Weimar Era and Hitler, 1918-1933: A Critical Bibliography*. Oxford: Clio, 1977.

STEIGMANN-GALL, Richard. *O santo Reich: Concepções nazistas do cristianismo, 1919-1945*. Trad. de Cláudia Gerpe Duarte. Rio de Janeiro: Imago, 2004.

STEINERT, Marlis. *Hitler's War and the Germans: Public Mood and Attitude During the Second World War*. Athens, Ohio: Ohio University Press, 1977.

_____. *Hitler*. Londres: W. W. Norton, 1991.

STEVENSON, David. *1914-1918: A história da Primeira Guerra Mundial*. Trad. de Valter Lellis Siqueira. Barueri: Novo Século, 2016.

STRACHAN, Hew. *The First World War*. Londres: Penguin, 2001. v. 1: *To Arms*.

STRATIGAKOS, Despina. *Hitler at Home*. New Haven, Connecticut: Yale University Press, 2015.

TAYLOR, A. J. P. *The Habsburg Monarchy, 1809-1918: A History of the Austrian Empire and Austria-Hungary*. Chicago: University of Chicago Press, 1976.

TAYLOR, A. J. P. *The Origins of the Second World War*. Londres: Folio Society, 2009.

_____. *War by Timetable: How the First World War Began*. Londres: Endeavour Press, 2013.

TAYLOR, Simon. *Germany, 1918-1933: Revolution, Counter-Revolution and the Rise of Hitler*. Londres: G. Dudeworth, 1983.

TERRAIN, John. *The Western Front, 1914-1918*. Barnsley, South Yorkshire: Pen & Sword, 1960.

THOMAS, Nigel; EMBLETON, Gerry. *The German Army in World War One: 1914-15*. Oxford: Osprey, 2003.

TIRPITZ, Alfred von. *My Memoirs*. Charleston, Carolina do Sul: Nabu, 2010.

TOLAND, John. *Adolf Hitler*. Rio de Janeiro: Francisco Alves, 1978.

TREVOR-ROPER, Hugh. *The Last Days of Hitler*. Londres: Pan Macmillan, 2013.

TUCHMAN, Barbara. *Canhões de agosto*. Rio de Janeiro: Biblioteca do Exército, 1998.

ULLRICH, Volker. *Adolf Hitler: Os anos de ascensão, 1889-1939*, v. 1. Trad. de Renate Müller, Karina Janini, Petê Rissatti, Simone Pereira. Barueri: Amarilys, 2016.

VINCENT, Paul. *The Politics of Hunger: The Allied Blockade of Germany, 1915-1919*. Athens, Ohio: Ohio University Press, 1985.

WAITE, Robert G. L. *The Psychopathic God: Adolf Hitler*. Nova York: New American Library, 1977.

WALL, Richard; WINTER, Jay. *The Upheaval of War: Family, Work and Welfare in Europe, 1914-1918*. Cambridge: Cambridge University Press, 1988.

WEBER, Thomas. *Hitler's First War: Adolf Hitler, the Men of the List Regiment, and the First World War*. Oxford: Oxford University Press, 2011.

WIEDEMANN, Fritz. *Der Mann, der Feldherr werden wollte*. Dortmund: Blick und Bilde, 1964.

WILLIAMS, John F. *Corporal Hitler and the Great War 1914-1918: The List Regiment*. Cass Military Studies. Nova York: Routledge, 2005.

ZITELMANN, Rainer. *Hitler: The Policies of Seduction*. Londres: Allison & Busby, 2000.

ZWEIG, Stefan. *Autobiografia: O mundo de ontem — Memórias de um europeu*. Trad. de Kristina Michahelles. Rio de Janeiro: Zahar, 2014.

ENSAIOS E ARTIGOS

ALSFELD, Richard; HITLER, Adolf. "Adolf Hitler's Letter to the Editor: A Note on Hitler's Message to 'The Nation'", *International Social Science Review*, Pi Gamma Mu, International Honor Society in Social Sciences, v. 61, n. 3, verão 1986, pp. 123-7.

ARMBRUSTER, Jan; THEISS-ABENDROTH, Peter. "Deconstructing the myth of Pasewalk: Why Adolf Hitler's Psychiatric Treatment at the End of World War I Bears No Relevance", *Archives of Clinical Psychiatry* , São Paulo, v. 43, n. 3, maio/jun. 2016. Disponível em: <http://www.scielo.br/pdf/rpc/v43n3/0101-6083-rpc-43-3-0056.pdf>.

BAIRD, Jay. "Hitler's Muse: The Political Aesthetics of the Poet and Playwright Eberhard Wolfgang Möller", *German Studies Review*, Johns Hopkins University Press,/German Studies Association, v. 17, n. 2, maio 1994, pp. 269-85.

_____. Resenha de *The Attractions of Fascism: Social Psychology and Aesthetics of the "Triumph of the Right"*, org. de John Milfull, *German Studies Review*, Johns Hopkins University Press,/ German Studies Association, v. 15, n. 1, fev. 1992.

BANNON, Steve. "This Is How Steve Bannon Sees the Entire World", *Buzzfeed* (transcrição completa), 15 nov. 2016. Disponível em: <https://www.buzzfeed.com/lesterfeder/this-is-how-steve--bannon-sees-the-entire-world?utm_term=.sbKXO21wb#.jjzp4LjNX>.

BINCHY, Daniel. "Adolf Hitler", *Studies: An Irish Quarterly Review of Letters, Philosophy and Science*, Irish Province of the Society of Jesus, v. 22, n. 85, mar. 1933.

BINION, Rudolph. "Foam on the Hitler Wave", *Journal of Modern History*, University of Chicago Press, v. 46, n. 3, set. 1974, pp. 522-8.

BLOCH, Eduard. "My Patient Hitler", *Collier's Weekly*, 15 mar. 1941, pp. 11, 35-9; 22 mar. 1941, pp. 69-73.

BOOKBINDER, Paul. "Carl Schmitt, 'Der Leviathan', and the Jews", *International Social Science Review*, Pi Gamma Mu, International Honor Society in Social Sciences, v. 66, n. 3, verão 1991, pp. 99-109.

BOYER, J. W. "Karl Lueger and the Viennese Jews", *Leo Baeck Institute Yearbook*, v. 26, n. 1, 1981.

CARRIER, Richard. "'Hitler's Table Talk': Troubling Finds", *German Studies Review*, Johns Hopkins University Press, German Studies Association, v. 26, n. 3, out. 2003, pp. 561-76.

CHURCHILL, Winston. "Full Transcript of Notes of a Speech by Winston Churchill Broadcast on BBC Radio, 10pm, 15 November 1934", UK Government Parliamentary Archives. Disponível em: <http://www.winstonchurchill.org/resources/speeches/1930-1938-the-wilderness/the--threat-of-nazi-germany>.

COCKS, Geoffrey. "The Hitler Controversy", resenhas de *Adolf Hitler* (John Toland); *Hitler's War* (David Irving); *The Psychopathic God: Adolf Hitler* (Robert G. L. Waite); *Hitler among the Germans* (Rudolph Binion). *Political Psychology*, International Society of Political Psychology, v. 1, n. 2, pp. 67-81, outono 1979.

COHAN, A. S. "Politics and Psychoanalysis: The Sources of Hitler's Political Behaviour", *British Journal of International Studies*, Cambridge University Press, v. 1, n. 2, jul. 1975, pp. 160-75.

DIVER, Krysia. "Journal Reveals Hitler's Dysfunctional Family", *The Guardian*, 4 ago. 2005. Disponível em: <https://www.theguardian.com/world/2005/aug/04/research.secondworldwar>.

Economist, The, "Pepe and the Stormtroopers: How Donald Trump Ushered a Hateful Fringe Movement into the Mainstream", 17 set. 2016. Disponível em: <http://www.economist.com/news/united-states/21707201-how-donald-trump-ushered-hateful-fringe-movement-mainstream--pepe-and?cid1=cust/ednew/n/bl/n/20160915n/owned/n/n/nwl/n/n/n/n>.

ENSOR, Robert. "Who Hitler Is", *Oxford Pamphlets on World Affairs*, Oxford: Clarendon Press, n. 20, 1939.

_____. "Mein Kampf: Herr Hitler's Self Disclosure in Mein Kampf", *Oxford Pamphlets on World Affairs*, Oxford: Clarendon, n. 3, 1939.

EVANS, Richard. "Blitzed: Drugs in Nazi Germany by Norman Ohler — a Crass and Dangerously Inaccurate Account", *The Guardian*, 16 nov. 2016. Disponível em: <https://www.theguardian.com/books/2016/nov/16/blitzed-drugs-in-nazi-germany-by-norman-ohler-review>.

FERRELL, Donald. "The Unmourned Wound: Reflections on the Psychology of Adolf Hitler", *Journal of Religion and Health*, Springer, v. 34, n. 3, outono 1995, pp. 175-97.

GATZKE, Hans. "Hitler and Psychohistory", *American Historical Review*, Oxford University Press, American Historical Association, v. 78, n. 2, abr. 1973, pp. 394-401.

GEOFFREY, Giles. Resenha de *Blut und Paukboden. Eine Geschichte der Burschenschaften* (Dietrich Heither et al.), *German Studies Review*, Johns Hopkins University Press, German Studies Association, v. 22, n. 1, fev. 1999, pp. 141-2.

GOULD, Stephen Jay. "Curveball", *New Yorker*, 28 nov. 1994. Disponível em: <http://www.dartmouth.edu/~chance/course/topics/curveball.html>.

GRAFTON, Anthony. "Mein Buch", resenha de *Hitler's Private Library: The Books That Shaped His Life* (Timothy Ryback), *New Republic*, 24 dez. 2008.

HALE, Oron James. "Adolf Hitler: Taxpayer", *American Historical Review*, Oxford University Press, American Historical Association, v. 60, n. 4, jul. 1955, pp. 830-42.

HALL, Walter. Resenha de *The Future in Perspective* (Sigmund Neumann), *American Historical Review*, v. 52, n. 3, abr. 1947, p. 494.

HANCOCK, Eleanor. "'Only the Real, the True, the Masculine Held Its Value': Ernst Röhm, Masculinity, and Male Homosexuality", *Journal of the History of Sexuality*, University of Texas Press, v. 8, n. 4, abr. 1998, pp. 616-41.

HEIDEN, Konrad. "Hitler's Better Half", *Foreign Affairs*, Council on Foreign Relations, v. 20, n. 1, out. 1941, pp. 73-86.

HERWIG, Holger. "Clio Deceived: Patriotic Self-Censorship in Germany After the Great War", *International Security*, v. 12, n. 2, outono 1987.

HITLER, Adolf. Carta a Herr Gemlich. In: "Adolf Hitler: First Anti-Semitic Writing", Jewish Virtual Library, 16 set. 1919. Disponível em: <https://www.jewishvirtuallibrary.org/adolf-hitler-s-first--anti-semitic-writing>.

HÜPPAUF, Bernd. "Langemarck, Verdun and the Myth of the New Man in Germany After the Great War", *War & Society*, v. 6, n. 2, set. 1988.

KALTENBORN, Hans; HITLER, Adolf. "An Interview with Hitler, August 17, 1932", *Wisconsin Magazine of History*, documentos não publicados sobre a Alemanha nazista do Mass Communications History Center, Wisconsin Historical Society, v. 50, n. 4, verão 1967, pp. 283-90.

KAPLAN, Robert. "Was Hitler Ill? A Reply to Eberle and Neumann", *German Politics and Society*, v. 33, n. 3, 1 set. 2015.

KASHER, Steven. "The Art of Hitler", *October*, MIT Press, v. 59, inverno 1992, pp. 48-85.

KEEGAN, John. "There's Rosemary for Remembrance", *American Scholar*, Phi Beta Kappa Society, v. 66, n. 3, verão 1997, pp. 335-48.

KELLERHOFF, Sven Felix. "Adolf Hitler war im Ersten Weltkrieg ein Feigling", *Welt*, v. 24. Disponível em: <https://www.welt.de/kultur/article9673138/adolf-hitler-war-im-erstenweltkrieg--ein-feigling.html>.

KITTLER, Wolf. "From Gestalt to Ge-Stell: Martin Heidegger Reads Ernst Jünger", *Cultural Critique*, n. 69: *Radical Conservative Thought in Transition: Martin Heidegger, Ernst Jünger and Carl Schmitt, 1940-1960*, University of Minnesota Press, primavera 2008, pp. 79-97.

KOLMER, Gustave (Org.). "The Linz Program" (trad. de Jeremy King; Rachel Coll), *Parlament und Verfassung in Österreich*, Viena, k.u.k. Hof-Buchdruckerei, v. 3, 1905, 2001, pp. 212-4.

KOVALESKI, Serge et al. "An Alt-Right Makeover Shrouds the Swastikas", *New York Times*, 10 dez. 2016. Disponível em: <http://www.nytimes.com/2016/12/10/us/alt-right-national--socialist-movement-white-supremacy.html?emc=edit_th_20161211&nl=todaysheadlines&nlid=55326310>.

LANDAUER, Carl. "The Bavarian Problem in the Weimar Republic: Part II", *Journal of Modern History*, University of Chicago Press, v. 16, n. 3, set. 1944, pp. 205-23.

LANGER, Walter. "A Psychological Analysis of Adolph Hitler, His Life and Legend", The Nizkor Project, Washington: Office of Strategic Studies, 1991-2012. Disponível em: <http://www.nizkor.org/hweb/people/h/hitler-adolf/oss-papers/text/profile-index.html>.

LAVIK, Nils Johan. "A Psychiatrist Who Confronted Nazism", *Political Psychology*, International Society of Political Psychology, v. 10, n. 4, dez. 1989, pp. 757-65.

LUKACS, John. "Historiography: Hitler Becomes a Man", *American Scholar*, Phi Beta Kappa Society, v. 51, n. 3, verão 1982, pp. 391-5.

LUTERO, Martinho. "That Jesus Christ Was Born a Jew". Texto em inglês disponível em: <https://www.uni-due.de/collcart/es/sem/s6/txt09_1.htm>.

MACLEOD, Professor Sandy. "Mrs. Hitler and Her Doctor", *Australasian Psychiatry*, v. 13, n. 4, dez. 2005. Disponível em: <https://www.ncbi.nlm.nih.gov/pubmed/16403142?dopt=Abstract>.

MCCANTS, William. "The Implications of Donald Trump's Sharp Contrast from Obama and Bush on Islam", Brookings Institution, 15 dez. 2016. Disponível em: <https://www.brookings.edu/blog/markaz/2016/12/15/the-implications-of-donald-trumps-sharp-contrast-from--obama-and-bush-on-islam/?utm_campaign=Brookings+Brief&utm_source=hs_email&utm_medium=emaie&utm_content=39427467>.

MURRAY, Henry A. "Analysis of the Personality of Adolf Hitler, with Predictions for his Future Behavior and Suggestions for Dealing With Him Now and After Germany's Surrender", OSS Archives, out. 1943. Disponível em: <https://www.cia.gov/library/readingroom/docs/CIA--RDP78-02646R000100030002-2.pdf>.

ORLOW, Dietrich. "The Organizational History and Structure of the NSDAP, 1919-23", *Journal of Modern History*, University of Chicago Press, v. 37, n. 2, jun. 1965, pp. 208-26.

OSBORN, Max. "The Beginning of the End of German Jewry", Museu Judaico de Berlim, 25 jan. 1933. Disponível em: <https://www.jmberlin.de/1933/en/01_31_art-critic-max-osborns--response-to-a-letter-to-the-editor.php>.

PALMER, Brian. "Did Hitler Invent the Hitler Mustache?", *Slate*, 30 maio 2013. Disponível em: <http://www.slate.com/articles/life/explainer/2013/05/the_hitler_mustache_was_it_ever_a_fashionable_style_of_facial_hair.html>.

PHELPS, Ronald. "Hitler and the Deutsche Arbeiterpartei", *American Historical Review*, Oxford University Press, American Historical Association, v. 68, n. 4, jul. 1963, pp. 974-86.

PROCHNIK, George. "When It's Too Late to Stop Fascism, according to Stefan Zweig", *New Yorker*, 6 fev. 2017. Disponível em: <http://www.newyorker.com/books/page-turner/when-its-too--late-to-stop-fascism-according-to-stefan-zweig>.

REDLES, David. "The Nazi Old Guard: Identity Formation During Apocalyptic Times", *Nova Religio: The Journal of Alternative and Emergent Religions*, University of California Press, v. 14, n. 1, ago. 2010, pp. 24-44.

REIMANN, Bruno. "The Defeat of the German Universities 1933", *Historical Social Research/Historische Sozialforschung*, GESIS — Leibniz-Institute for the Social Sciences, Center for Historical Social Research, n. 39, jul. 1986, pp. 101-5.

SMITH, Arthur. "Kurt Lüdecke: The Man Who Knew Hitler", *German Studies Review*, Johns Hopkins University Press, German Studies Association, v. 26, n. 3, out. 2003, pp. 597-606.

STACHURA, Peter. Resenha de Baird, Jay W., *To Die for Germany: Heroes in the Nazi Pantheon*, English Historical Review, Oxford University Press, v. 108, n. 429, out. 1993, pp. 1078-9.

STIGLITZ, Joseph E. "Trump's Rogue America", *Project Syndicate*, 2 jun. 2017.

TRUMPENER, Ulrich. "The Road to Ypres: The Beginnings of Gas Warfare in World War I", *Journal of Modern History*, University of Chicago Press, v. 47, n. 3, set. 1975, pp. 460-80.

TURNER, Ewart Edmund. "To Hitler Via Two Men", *American Scholar*, Phi Beta Kappa Society, v. 6, n. 1, inverno 1937.

VAGET, Hans. "Syberberg's 'Our Hitler': Wagnerianism and Alienation", *Massachusetts Review*, v. 23, n. 4, inverno 1982, pp. 593-612.

WAITE, Robert. "Adolf Hitler's Guilt Feelings: A Problem in History and Psychology", *Journal of Interdisciplinary History*, MIT Press, v. 1, n. 2, inverno 1971, pp. 229-49.

WATT, Roderick. "'Wanderer, kommst du nach Sparta': History Through Propaganda into Literary Commonplace", *Modern Language Review*, Modern Humanities Research Association, v. 80, n. 4, out. 1985, pp. 871-83.

WEINBERG, Gerhard. Resenha de Waite, Robert G. L., *The Psychopathic God: Adolf Hitler*, American Historical Review, Oxford University Press, American Historical Association, v. 83, n. 3, jun. 1978, pp. 753-6.

WEISKOPF, F. C. "Penetrating the 'Intellectual Gas Mask'", *Books Abroad*, Board of Regents of the University of Oklahoma, v. 17, n. 1, inverno 1943, pp. 9-12.

WELDON Whalen, Robert. "War Losses (Germany)", *International Encyclopaedia of the First World War*. Disponível em: <http://encyclopedia.1914-1918-online.net/article/war_losses_germany>.

WHEELER-BENNETT, John. "Ludendorff: The Soldier and the Politician", *Virginia Quarterly Review*, v. 14, n. 2, primavera 1938, pp. 187-202.

WILLIAMS, Desmond. "Adolf Hitler and the Historians", *University Review*, Irish University Review, v. 1, n. 9, verão 1956, pp. 37-51.

DOCUMENTOS PARTICULARES

Ingleses

LLOYD-BURCH, David. Documentos particulares, documento 1423 87/26/1, Museu Imperial de Guerra, Londres.

NAYLOR, JIM. Documentos particulares, documento 2352 86/21/1, Museu Imperial de Guerra, Londres.

Alemães

BAUMANN, Hermann. "War Diary, 1914-1916" (org. de Magdalena Huck; trad. de Martha Grieswelle, nome de solteira Baumann), Documento 300,10/coleção história militar, n. 177, Arquivo Bielefeld, Renânia do Norte-Vestfália.

DELIUS, Walter. *"Kriegserinnerungen 1914-1918"*, compiladas a partir de cartas e diários, documento 300,5/HgB, n. 8, Arquivo Bielefeld, Renânia do Norte-Vestfália.

SOLDADO DESCONHECIDO, excerto, "Battle of Ypres [1914]", diário, documento 300,10/coleção história militar, n. 231, Arquivo Bielefeld, Renânia do Norte-Vestfália.

ARQUIVOS

Bayerisches Hauptstaatsarchiv, Kriegsarchiv, Munique: <http://www.gda.bayern.de/hauptstaats-archiv/>.

Arquivo Municipal de Bielefeld, Bielefeld, Renânia do Norte-Vestfália.

Calvin College, German Propaganda Archive, Michigan State University Press: <http://research.calvin.edu/german-propaganda-archive/>.

Europeana 1914-8, projeto arquivístico em parceria entre a Universidade de Oxford e a Biblioteca Britânica, Universidade de Oxford: <http://www.europeana1914-1918.eu/en>.

FirstWorldWar.com — uma história em multimídia: <http://www.firstworldwar.com/index.htm>.

German History in Documents and Images (GHDI): <http://germanhistorydocs.ghi-dc.org/>.

Heidelberger historische Bestände: <www.ub.uni-heidelberg.de/helios/digi/digilit.htm>.

Holocaust Encyclopaedia: <https://www.ushmm.org/learn/holocaust-encyclopedia>.

Museu Imperial de Guerra, Londres: <http://www.iwm.org.uk/>.

Museu Judaico de Berlim: <https://www.jmberlin.de/en>.

Arquivos Nacionais, Reino Unido: <http://www.nationalarchives.gov.uk/>.

Arquivos do Office of Strategic Services (OSS), 1943: <https://www.archives.gov/iwg/declassified--records/rg-226-oss>.

Staatsarchiv Hamburg: <http://www.hamburg.de/staatsarchiv/>.

Museu Americano Memorial do Holocausto: <https://www.ushmm.org/>.

Arquivo Documental da Primeira Guerra Mundial: <https://wwi.lib.byu.edu/index.php/Main_Page>.

SITES

"25 Points of American National Socialism", National Socialist Movement: <http://www.nsm88.org/25points/25pointsengl.html>.

"Adolf Hitler Wounded in British Gas Attack", *This Day in History*: <http://www.history.com/this-day-in-history/adolf-hitler-wounded-in-british-gas-attack>.

BEATTY, Brian (Coord.). "The Bell Curve", Reações ao livro por membros da Associação Americana de Psicologia: <http://www.intelltheory.com/bellcurve.shtml>.

"Documents: The Rise of the Nazis", German History in Documents and Images (GHDI): <http://germanhistorydocs.ghi-dc.org/sub_document.cfm?document_id=3910>.

"Facts About Sulfur Mustard", Centers for Disease Control and Prevention: <https://emergency.cdc.gov/agent/sulfurmustard/basics/facts.asp>.

HAIG, Sir Douglas. "Sir Douglas Haig's 'Backs to the Wall' Order, 11 April 1918", First World War.com: <www.firstworldwar.com/source/backstothewall.htm>.

HAMANN, Brigitte. "Hitler's Vienna: A Dictator's Apprenticeship: Jews in Vienna", Porges.net: <http://www.porges.net/JewsInVienna/1HistoricalBackground.html>.

Diários de guerra do Quartel-General de Hitler e escritos organizados por Helmuth Greiner, Percy Ernst Schramm e Quartel-General, United States Army Europe Foreign Military Studies Branch, BACM Research. PaperlessArchives.com: <http://www.paperlessarchives.com/hitler_headquarters_diary.html>.

"Interview with Hitler's Sister on 5th June 1946", Modern Military Records (NWCTM), Textual Archives Services Section, National Archives and Records Administration, Maryland: <http://www.oradour.info/appendix/paulahit/paula01.htm>.

"Jewish Communities of Pre-War Germany", Holocaust Encyclopaedia: <http://www.ushmm.org/wlc/en/article.php?ModuleId=10007052>.

Kubizek, August. *The Young Hitler I Knew*: <https://archive.org/details/TheYoungHitlerIKnew>; <http://www.jrbooksonline.com/PDFs/The%20Young%20Hitler%20I%20Knew%20JR.pdf>; <http://scienceblogs.com/insolence/2006/04/17/mrs-hitler-and-her-doctor>.

MOORHOUSE, Roger. "On Hitler's Teeth — or, the Death of a Dictator", *Historian at Large* (blog pessoal), 25 mar. 2015: <http://historian-at-large.blogspot.fr/2015/03/on-hitlers-teeth-or--death-of-dictator.html>.

MACLEOD, professor Sandy. "Mrs. Hitler and Her Doctor", *Australian Psychology*.

"Persecution of Homosexuals in the Third Reich", *Holocaust Encyclopaedia*: <https://www.ushmm.org/wlc/en/article.php?ModuleId=10005261>.

"Project Find Postcard from Hitler", Europeana 1914-18, projeto arquivístico em parceria entre a Universidade de Oxford e a Biblioteca Britânica, Universidade de Oxford: <http://www.ox.ac.uk/news/2012-05-02-project-finds-postcard-hitler>.

"Report of a Speech Delivered by Herr von Bethmann-Hollweg, German Imperial Chancellor, on 4 August 1914", apêndice de "Germany's Reasons for War with Russia", *German White Book*, World War I Document Archive: <https://wwi.lib.byu.edu/index.php/The_German_White_Book>.

"Spotlights on History: The Blockade of Germany", Arquivos Nacionais, Reino Unido: <www.nationalarchives.gov.uk/pathways/firstworldwar/spotlights/blockade.htm>.

"The Beginning of the End of German Jewry", Museu Judaico de Berlim: <https://www.jmberlin.de/1933/en/>.

"The Making of Adolf Hitler", *Timewatch*, documentário da BBC, 4 jan. 2002: <http://www.bbc.co.uk/programmes/b05tr19s>.

"The Martyrdom of Belgium: Official Report of Massacres of Peaceable Citizens, Women and Children by the German Army", World War I Document Archive: <http://digicoll.library.wisc.edu/cgi-bin/History/History-idx?id=History.Martyrdom>.

"The Necessary War", debate da BBC, 4 jun. 2014: <http://www.bbc.co.uk/programmes/603ustm26>.

"The Reformation and the Jews: An Orientation", 500 Years Reformation Luther 2017, Scientific Advisory Board for the Reformation Jubilee 2017: <https://www.luther2017.de/fileadmin/luther2017/material/grundlagen/Die_Reformation_und_die_Juden_Engl.pdf>.

"Treaty of Versailles" e "Article 231 of the Treaty of Versailles", *Wikipédia*: <https://en.wikisource.org/wiki/Treaty_of_Versailles> e <http://en.wikipedia.org/wiki/Article_231_of_the_Treaty_of_Versailles>.

"Wannsee Conference and the 'Final Solution'", Museu Americano Memorial do Holocausto: <https://encyclopedia.ushmm.org/content/en/article/wannsee-conference-and-the-final-solution>.

Agradecimentos

Gostaria de agradecer a todos os envolvidos na produção de *O jovem Hitler: Os anos de formação do Führer*. O que começou como um pequeno Kindle Single se transformou em uma biografia completa sobre a juventude de Hitler, graças especialmente a: Bill Scott-Kerr, Alison Urquhart, Nikki Christer, Matthew Lynn, Brenda Updegraff, Patsy Irwin, Darcy Nicholson, Jane Burridge e muitos outros profissionais do mercado editorial e de livrarias que não cheguei a conhecer, mas cuja existência permite que livros sejam concebidos, publicados e vendidos. Obrigado.

Créditos das imagens

p. 1: Alois Hitler, pai de Adolf Hitler, c. 1880: akg-images; Klara Hitler, mãe de Adolf Hitler, c. 1890: akg-images; judeus ortodoxos em um gueto de Viena, Áustria, antes de 1914: Chronicle/ Alamy stock photo; Karl Leuger: akg images/Imagno; Georg Ritter von Schönerer: akg images/ Pictures from History.

p. 2: Hitler junto à multidão diante do Feldherrnhalle em Munique, julho de 1914: akg-images; Aquarela das ruínas da igreja de Messines, Flandres, por Adolf Hitler, c. 1914: © Illustrated London News Ltd/Mary Evans.

p. 3: O soldado Hitler na Primeira Guerra Mundial, no 16º Regimento de Reserva de Infantaria da Baviera: akg-images; Adolf Hitler com uniforme de campanha durante a Primeira Guerra Mundial, 1916: Bridgeman Images; Soldados alemães com máscaras de gás nas trincheiras: akg-images.

p. 4: Karl Liebknecht realiza um comício em Temton Park, Alemanha, 1918: akgimages/Fototeca Gilardi; Rosa Luxemburgo se dirige a uma assembleia após o segundo Congresso Internacional Social-Democrata, Stuttgart, 1907: History Archive/REX/Shutterstock; Venda de manteiga durante a inflação na Alemanha, 1922: © SZ Photo/Scherl/Bridgeman Images.

p. 5: Ganância estereotipada na Alemanha, c. 1923: coleção particular/© SZ Photo/Bridgeman Images; Hitler cercado por membros do incipiente Partido Nazista, Putsch da Cervejaria de Munique, 1923: History Archive/REX/Shutterstock; Hitler discursa, c. 1925: Imagno/Getty Images; edição rara de *Minha luta*: akg images/Interfoto.

p. 6: Hitler com Emil Maurice, Herman Kriebel, Rudolf Hess e Friedrich Weber na prisão de Landsberg, 1925: Images/REX/Shutterstock; Anton Drexler: akg images/IAM; Dietrich Eckart: akg images/ullsteinbild; Julius Streicher, c. 1927: akg images/Interfoto/awkz.

p. 7: Partido Nazista, cartaz antissemita para o Reichstag, o parlamento alemão, 1928: photo © Everett Collection/Bridgeman Images; Adolf Hitler e a sobrinha, Angela Raubal, c. 1930: akg--images/ullsteinbild; Joseph Goebbels, 1926: © SZ Photo/Scherl/Bridgeman Images; Hitler e Hermann Göring, c. 1933: akg-images.

p. 8: Hitler posa para a gravação de um de seus discursos depois de ser solto da prisão de Landsberg: photo by Heinrich Hoffmann/Getty Images.

Índice remissivo

As páginas do caderno de fotos aparecem precedidas pela letra f.

África, Corrida à, 10-11
Albert, Regimento List em, 143
Alemanha
  bloqueio naval britânico, 119, 130
    apropriação de comida/recursos, 131
    crise financeira, 130-2
    disposições de Versalhes, 161-4
      contrato de indenizações, 163
    mortes de civis pela fome, 131-2
    prosseguiu até junho de 1919, 161
    sentimento popular, 77-80
      fome/insatisfação, 119-22, 130-2
      greves de 1918, 159
      mães, fúria, 119, 131
  pré-1914, 12-4
    bem-estar social, 13
    Confederação Alemã, 14
    Corrida à África e, 11
    criação do Império alemão, 12-4
    economia dos anos 1890, 11
    prosperidade, 13
    sucesso econômico/político, 56
    sufrágio, 13

Primeira Guerra Mundial
  efeitos da guerra, 16
    Bethmann-Hollweg sobre, 80
  início, 75-86, f2
  postura em relação à guerra, 79-82
  Rússia e, 76-7
  Tríplice Entente (Inglaterra, França, Rússia) e, 13-4
República de Weimar, 154, 201, 203
  determina extinção dos nazistas, 199
  Freikorps destrói revolução comunista, 152
  surge um governo, 151-4
vale do Ruhr, França e Bélgica ocupam, 202
Aliados
  em Ypres, 93-101
  Ofensiva dos Cem Dias, 138-46
  rompem a linha alemã, 138
  superioridade em 1918, subestimada, 133
  Tratado de Versalhes e, 162-3
Alldeutscher Verband (Liga Pangermânica), 166
Alt, Rudolf von, 46
Altenberg, Jakob, AH e, 63
Alternativa para a Alemanha (AfD) [partido], 238

Alt-Right (Direita Alternativa), 238, 240
Amann, segundo-sargento Max, AH e, 115-6, 196
   AH envia cartões-postais a, 132
   publica *Minha luta*, 229
   sobre AH, 124
   sobre o primeiro grande discurso de AH, 170
   visita AH na prisão, 216
American Populist Party (People's Party), 11
americanos
   entram para a guerra, 126, 133
   soldados chegam à Frente Ocidental, 136-8, 146
Amiens
   Aliados recuam para, 136
   Batalha de, 138, 145
Andenne, massacre de civis em, 87
"Anônimo", sobre AH não ser antissemita, 64
Anschluss, 1938, 15
antissemitismo
   como "filosofia" do nazismo, *Minha luta* sobre, 222-9
   Os protocolos dos sábios de Sião, 178
   pogrom de uma noite de Röhm, 210
   primeiras influências de AH, 23-4
   tática do bode-expiatório, AH explora a, 160-1, 164-6, 170-9
      disposições de Versalhes e, 164, 166, 170
   tempo de guerra, 121-2
   teorias da conspiração, cursos de "pensamento nacional", 158-60
   ver também organizações específicas
Anzac (Corpo de Exército da Austrália e da Nova Zelândia), 136, 138, 143
   em Fromelles, 116
   em Passchendaele, 128
   rompe a linha alemã, 138
Arco auf Valley, conde Anton, assassina Eisner, 152
armistício firmado, 146, 191, 206
   AH sobre "criminosos de novembro", 147, 153-4, 170, 175, 177, 203
   invenções de AH sobre, 228
   reação de AH a, 10, 146, 234

arquitetura, AH e, 27, 31, 36, 39-40, 70
Arras, 124, 143
Asquith, Margot e Herbert, sobre declaração de guerra, 79
Associação Operária de Organizações Patriotas Combatentes, 203
Aubers, Batalha de, 112
Aufbau Vereinigung [Organização de Reconstrução], 158
austríacos alemães, 14-6

Bachmann, Anton, 105
Bálcãs, Áustria e os, 57-8
Ballerstedt, Otto, 200
Bannon, Steven, 238-40
   Breitbart News, 238
   Economist lamenta cobrir, 240
   sobre o destino cristão de combater o islã, 239-40
Barmherzige Schwestern, hospital, Linz, 38
Barth, Emil, 154
Baviera
   antissemitismo, AH explora, 160
   Bayernbund, AH invade evento, 200
   Freikorps, grupo paramilitar, destrói a revolução comunista, 153
   governo, AH e, 197-9
   povo, miséria e credulidade, 173
   República de Weimar, Estado autônomo, 161
   revolução marxista, 147, 151
   vácuo de poder, Forças Armadas controlam a administração estatal, 157
   ver também Munique
Becelaere, 92
Bechstein, Helene, e AH, 185
   visita AH na prisão, 216
Beck, general Ludwig, sobre caráter de AH, 195
Beckmann, Max, 222
Beelitz-Heilstätten, hospital, 118
Bélgica
   alemães avançam pela, 79, 81, 85-90
   atrocidades alemãs, 87-90
   resiste à invasão, 85, 87

bem-estar social, Alemanha pré-1914, 13

Berchtesgaden, AH de férias perto de, 204

Berlim, 132

AH convalesce em, 118

AH planeja uma marcha inspirada em Mussolini, 197, 206-15

Bernhardi, general Friedrich von, influência para *Minha luta*, 220

Bethmann-Hollweg, chanceler Theobald von, 14

sobre declaração de guerra, 80-2

Binchy, professor Daniel, sobre formato/efeito dos discursos de AH, 171-2

Binion, Rudolph, 41

sobre hipótese de hipnose de AH, 145

Bismarck, Otto von, 12, 14, 224

AH sobre, 32, 56

Bloch, dr. Eduard, 38, 40

gratidão de AH, 41

sobre a anatomia de AH, 191

sobre AH e a mãe, 21

Bloch, Ernst, 222

Böcklin, Arnold, 72

Bósnia-Herzegóvina, 57-8

Brandmayer, Balthasar, 138-9

Meldegänger Hitler, 113

Brandt, Karl, sobre saúde mental de AH, 192

Braun, Eva, 56, 235

Braunau am Inn, 19

Brecht, Bertolt, 222

Breitbart News, 238

Brookings Institution, sobre extrema direita e muçulmanos, 240

Bruckmann, Elsa, visita AH na prisão, 216

Bullock, Alan, sobre o caráter de AH, 188-9

Bülow, general Karl von, Segundo Exército, 86

Bund Reichskriegsflagge, 207

Bürgerbräukeller, Putsch da Cervejaria, 206-15

discurso de AH após a prisão, 230

Burleigh, Michael, sobre alemães e Versalhes, 163

Café Stefanie (Café Megalomania), 72

Carruthers, Bob, sobre a promoção de AH, 104

Chamberlain, Houston Stewart; *Die Grundlagen des Neunzehnten jahrhunderts*, 60, 238; *The Foundations of the Nineteenth Century*, influência para *Minha luta*, 220

Chaplin, Charlie, 187

Chemin des Dames, Regimento List em, 137

Churchill, Winston

sobre ameaça de AH, 194, 231

sobre transformação de AH, 147

Clemenceau, George, sobre a região do Reno, 162

Coburgo, revolta nazista de, 200

Comines, Regimento List em, 138

comunistas

lideram protestos contra a guerra, 145

revoluções destruídas pela força, 152-3

Conferência de Wannsee, 108

Congresso de Viena, e Confederação Alemã, 14

Conselho dos Representantes do Povo, Alemanha, 152

conservadorismo social, 11

Corpo Canadense

nas colinas de Vimy, 124, 128

rompe a linha alemã, 138

Cox, Jo, parlamentar britânica, assassinada por neofascista, 237

"criminosos de novembro", *ver* armistício

dança, AH sobre, 34

Danton, Georges Jacques, 68

darwinismo social, 11, 57, 60-1, 132, 188, 238

Daumiller, Oscar, sobre Ypres, 100

De Gobineau, Arthur, 238

influência para *Minha luta*, 220

Deutsche Arbeiterpartei (DAP, Partido dos Trabalhadores Alemães), 166-74

AH ingressa/mobiliza, 167-70

AH transforma no partido "nazista" NSDAP, 174

primeiros discursos de AH, 169-73

reunião na taverna, 168

ver também Partido Nazista

Deutsche Werkgemeinschaft, 182

Deutsches Volksblatt, 59
"*Deutschlandlied*", 96
Dickel, dr. Otto, 182
"*Die Wacht am Rhein*", 77
Dignitatis Humanae (Instituto Dignidade Humana), 239
Dillon, capitão Harry, sobre alemães em Ypres, 99
Dinant, massacre de civis em, 88
disposições do Tratado de Versalhes, AH sobre, 161-4, 166, 170
Dix, Otto, 222
Dolchstoss, mito, 109
    ver também teoria da "punhalada pelas costas"
Döllersheim, Baixa Áustria, 19
Dorpat, dr. Theo, sobre saúde mental de AH, 193
Drexler, Anton, 179, f6
    afastado, 206
    AH e, 167, 169
    aplaca AH, 183
    funda o DAP, 166
    "Meu despertar político", 167
    nega-se a participar do Putsch da Cervejaria, 206
    Partido Nazista, Programa de 25 Pontos, 176, 245-8
Dreyfus, caso, 12
    Partido Socialista Alemão (Deutschsozialistische Partei, DSP), 168
Dufter, Georg, AH acusa, 157

Eberle, Henrik, e Neumann, Hans-Joachim, *Was Hitler Ill?*, 193-4
Ebert, Friedrich
    destrói revolução comunista, 152
    presidente da República de Weimar, 154
Eckart, Dietrich, 169, f6
    aplaca AH, 183
    funda o DAP, 166
    mentor de AH, 177-9
Economist, The, lamenta ter que cobrir Bannon, 240

Eher, editora, 115
Eisner, Kurt
    AH acompanha cortejo fúnebre de, 155
    declara Estado socialista, 151-2
Engelhardt, tenente-coronel Philipp, AH ajuda a salvar, 105-6, 140
Ensor, Sir Robert, "Who Hitler Is", 194-5
Era de Ouro, 10
Ernst, Max, 222
Erzberger, Matthias, 201
    iniciativa de paz, 154
eslavos
    Império Austro-Húngaro e, 58
    pangermanismo e, 57
    terras, Programa Linz e, 16
Esser, Hermann, 200
Estados Unidos
    Alt-Right (Direita Alternativa), 238-40
    economia nos anos 1890, 11
    movimento nacional-socialista [moderno], 237
eugenia, 68
Europa
    movimentos de trabalhadores, 11
    nos anos 1890, 10-2
Evans, Richard, *Lying About Hitler...*, 238
Exército alemão
    atrocidades na Bélgica, 85-90
    Batalha de Langemarck, 96-101
    Código Militar Alemão de 1902, 89
    colapso do Exército russo e, 126, 133
    em Ypres, 94-101
    massacre de civis como castigo, 85-90
    Ofensiva da Primavera, 133-45
    rendição, 10, 146
    ver também Regimento List; *batalhas específicas*
expressionismo, Munique, 72
extrema direita
    ataca muçulmanos, 238-40
    política tradicional e, 236-44

Feder, Gottfried, 178

funda o DAP, 166
teorias da conspiração, 159
Ferguson, Niall, sobre causas da Primeira Guerra Mundial, 77
Fest, Joachim
  sobre AH, 232-3
  sobre *Minha luta*, 219
  sobre primeiro grande discurso de AH, 169
Feuerbach, Anselm, 46, 72
Flandres, 93-101
  AH chega a, 92
  foco de ataque alemão, 84
Fleischmann, Justin, sobre baixas do Regimento List, 137
Foch, marechal Ferdinand, 136
  sobre Flandres, 93
  sobre plano de Passchendaele, 125
Força Expedicionária Britânica, em Ypres, 94-101
Ford, Henry, e financiamento do nacional-socialismo, 159
Forster, professor Edmund, 145
França
  Alemanha/Áustria e, 76
  comunidades judaicas, perseguição, 12
  Corrida à África e, 11
  forças exauridas, 126
  Le Penists, 238
  ocupa o vale do Ruhr, 202
Francisco Ferdinando, arquiduque
  assassinato, 14, 75-6
  eslavos e, 58
Franck, Hans, e DAP, 167
Frederico, o Grande, 15, 32, 224
Freikorps, grupo paramilitar, 152-3
Freinberg, colina, Linz, 37
French, marechal de campo Sir John, 114
Frente Ocidental, influência para *Minha luta*, 220
Freud, Sigmund, 46, 131
Frick, Wilhelm, preso no Putsch da Cervejaria, 212
Fromelles, Batalha de, 116

"Führer vom Volk" [governante do povo], título, 202, 217-8

Galton, Francis, eugenia, 68
gás mostarda, efeitos, 144-50
gás venenoso, 114, 127, f3
  AH, efeitos do gás mostarda, 144-50
  Regimento List e, 143-4
Gemlich, Adolf, carta de AH para, 164, 166
genocídio, AH sobre, 225
Gheluvelt, 92, 96-101
Gibbs, Philip, sobre alemães desmoralizados, 140
Glaeser, Ernst, sobre fome na Alemanha, 119
Godin, tenente barão Michael von, polícia estatal, impede a marcha à Odeonsplatz, 211
Goebbels, dr. Joseph, f7
  escreve para AH na prisão, 218
  propaganda, 236
  sobre AH, 26, 230
Goldzier, Hans, 60
Goltz, marechal de campo Colmar Freiherr von der, e *Kriegsbrauch*, 89, 91
Göring, Hermann, 196, f7
  comandante da SA, 181
  Putsch da Cervejaria e, 206-7, 211
    escapa, 212
    sofre tiro no quadril, 211
  sobre AH, 9
Gough, general Sir Hubert, 135
Grécia, Amanhecer Dourado [partido], 238
Greiner, Helmuth, sobre caráter de AH, 190
Grey, Edward, sobre declaração de guerra, 79-80
Gropius, Walter, 222
Grosz, George, 222
Guerra dos Bôeres, 11
Guerra Franco-Prussiana, 13, 15
Guilherme II, cáiser
  AH sobre, 58
  declaração de guerra e, 82
  foge para o exílio, 147, 151
Gumpendorferstrasse, convento na, 51

Gutmann, primeiro-tenente Hugo
  AH mente sobre, em 1942, 142
  sobre AH como bom soldado, 141-2

Häbel, fuzileiro da Guarda, sobre aeronaves
  britânicas, 127
Habsburgo, 15-6, 57
Haig, marechal de campo Sir Douglas, 114
  desastre de Passchendaele e, 125-9
  ordem de "costas para a parede", 136
Hamann, Brigitte, *Hitlers Wien*, 45, 63
Hanfstaengl, Ernst, 206, 212, 217
  família Hanfstaengl e AH, 185
  sobre bigode de AH, 187
  sobre discursos de AH, 201
  sobre sexualidade de AH, 191
Hanfstaengl, Helene
  acolhe AH após Putsch da Cervejaria, 212
  sobre sexualidade de AH, 191
Hanisch, Magdalena, 45
Hanisch, Reinhold
  AH dá ordem para matar, 52
  pintura de AH e, 52-4
  pobreza de AH e, 51
  sobre AH não ser antissemita, 63-4
Harari, Yuval Noah, *Sapiens, Uma breve história
  da humanidade*, 226
Harrer, Karl, funda o DAP, 166
Hašek, Jaroslav, *As aventuras do bom soldado
  Švejk*, 43
Hastière, massacre de civis em, 88
Hausen, general Max von, Terceiro Exército, 86
Häusler, Rudolf
  com AH em Munique, 71
  sobre AH não ser antissemita, 64
Heiden, Konrad
  sobre AH e Hess, 180
  sobre pobreza de AH, 49
"*Heil Hitler!*", início da saudação, 202
Henrique le Despenser, 94
Hepp, Ernst, 109
  AH evita alistamento obrigatório e, 73
  cartas de AH para, 91-2, 96

Herrnstein, Richard e Murray, Charles, *The
  Bell Curve...*, 239
Hess, Rudolf, 179, 182, 196
  AH dita *Minha luta* para, 218
  AH e, 179, 183
  na prisão de Landsberg, 216-8, f6
  Putsch da Cervejaria e, 206
    condenado a dezoito meses, 215
  sobre a estatura de AH em Landsberg, 217
Heydrich, Reinhard, assassinato, 91
Hiedler (Hitler), Johann Georg, 19
Himmler, Heinrich, e pogrom de uma noite
  de Röhm, 210
Hindenburg, general Paul von, Ofensiva da
  Primavera, 133-4
Hitler, Adolf
  opiniões/motivações
    agiu com cumplicidade/apaziguamento do
      mundo todo, 236
    apologistas posteriores, 232
    clinicamente normal e dotado de plenas
      faculdades mentais, 194-5, 235
    esforços para compreender, 17
    influências, 9, 12, 16, 27, 233-5
    Minha luta ver *Minha luta*
    monólogos *Tischgespräche im Führerhaupt-
      quartier* [Conversas à mesa no quartel-ge-
      neral do Führer], 55, 108, 130, 142, 190
    sobre genocídio, 225
    sobre técnicas de propaganda, 221-2
  opiniões específicas *ver abaixo períodos espe-
    cíficos da vida*
  nascimento/pais/juventude, 19-21
    família de, e identidade alemã, 15
    mito do avô judeu, 20
  infância, 21-8
    esperanças artísticas & profissionais, 24-8
      arquitetura, 27
      esboço, "Nosso quarto", 22
    Igreja católica e, 26
    mãe e, 21-7
    na escola, 23-6
    pai e, 23-7

romances de Karl May e, 22
temperamento agressivo, 22
adolescência
  boêmio radical, 27
  esperanças artísticas & profissionais, arquitetura, 31
  fatos abafados, 10
  incidente da loteria, 27
    câncer de mama da mãe e, 38, 40
    morte da mãe e, 40-1
aparência/personalidade de, Kubizek sobre, 21-2, 25, 29-34, 43, 47-9
  olhos, 30
  rompantes verbais, 31-3
em Viena
  começando a vida em Viena, 42-52
    finanças, 42
    incursões nas artes, 47
  em abrigo
    autodidatismo em política, 56-69
      não ingressa em nenhum partido, 67
    celibato, 55
    rompantes, 53-4
  esperanças artísticas & profissionais
    arquitetura, 39-40, 70
    reprovado no exame de admissão da Academia de Belas-Artes, 39, 45, 49
    vendas de quadros e cartões-postais, 41, 52-4, 63, 72
  hábitos de leitura, 58-9
    mitos germânicos, 58
    panfletos/imprensa, 59
    sobre a arte de ler corretamente, 59
  miséria, 49-52
    depois abafa registros, 52
    Hanisch e, 51-4
    vive de pintura, 52-4
  opiniões
    não antissemitas, 61-7
      amigos judeus, 63
      sem vínculo com a Academia de Belas-Artes, 39
      sobre o próprio antissemitismo, 62

pangermanismo, 56-69
  Primeira Guerra Mundial e, 75-8
  raça "ariana", 60-9
  sobre Bismarck, 56
  sobre os Bálcãs, 58
  sobre marxismo, 50
  sobre trabalhadores pobres, 47-50
primeira visita, 36-7
  Neumann e, 54
  óperas de Wagner e, 32, 34, 36-8
  vai embora para evitar o alistamento obrigatório austríaco, 69-70, 73-4
em Munique, 70-8
  manifestação na Odeonsplatz e, 77
  prisão e seção de alistamento, 73-4
  vendas de quadros, 72
no Regimento List, 83-146
  Amann e, 115-6
  autoimagem como "homem destinado", 110, 115
  como bom soldado, 140-2
    em Fromelles, 116
    em Langemarck, 101
      efeito de, 95, 98-101, 148-9, 234-5
      fantasia posterior sobre batalhas, 96-100
    soldados *Frontschweine* e, 139
    viagem à Frente Ocidental, 90-2
      chega a Flandres, 92
      viagem a Lille, 84, 86
  como mensageiro, 102-46, f3
  crença na vitória, 104
  envenenamento por gás mostarda, 143-4, 146
    no hospital de Pasewalk, 147-50
  extasiado, 103
    por planos da Ofensiva da Primavera, 134
  ferido no Somme, 118-22
  Fournes-en-Weppes, tempo de lazer, 114-5
  fox terrier, 108, 130, f3
  licença na Alemanha, 130-2

na Primeira Batalha de Ypres, 95
na Quinta Batalha de Ypres, 143-4
nenhuma carta de casa, 107, 115
opiniões
    antissemitismo pós-1918, 142
    aprende com Goltz, 91
    rendição da Alemanha
        desdém por alemães famintos, 118,
        120-2, 132
        desgosto pela capitulação em massa,
        137
        reação ao armistício, 146
        sobre derrotistas/inimigos no país,
        109-10, 118
        teoria conspiratória da "punhalada
        pelas costas", 147-50, 154
    sobre a guerra e a transformação em
    Pasewalk, 147-9
    sobre celibato, 138
    trégua de Natal, injuriado com, 107
promovido a *Gefreiter*, "soldado superior",
    104
recebe Cruz de Ferro de primeira classe,
    140-3
recebe Cruz de Ferro de segunda classe,
    105-6
saúde ruim, 111, 115
sucessos, 112-3
treinamento, 83
volta para o Regimento List, 123-30,
    132-46
veterano desempregado, 154
    abandona comunistas em favor da extrema
    direita, 156
    envolvimento com comunistas revolucio-
    nários, 155
        acompanha cortejo fúnebre de Eisner,
        155
    rejeita o *Freikorps*, 155
    revolução, continua na caserna e importuna
    veteranos, 153
informante do *Reichswehr*, "comissão inves-
    tigativa", 156-60

frequenta cursos de "pensamento nacional",
    158-9
teorias conspiratórias e, 158-9
instrutor da Unidade de Esclarecimento,
    160-1, 164-84
    culpabilização antissemita, 160, 164, 166,
    170-9
        carta para Gemlich, 165-6
        sobre responsabilização de judeus por
        disposições e Versalhes, 161, 163-4,
        166, 170
    enviado a reunião do DAP, 167
    ingressa/reorganiza DAP, 167-70
membro do DAP
    planeja tomada/controle do Estado, 174-85
    primeiros discursos, 169-73
        como "vingador da cristandade", 173
        formato/efeito, 171-3
        primeiro grande discurso, 169-70
        roteiros, 172-3
    protegido de Eckart, 177-9, 184
    transforma no partido "nazista" NSDAP, 174
membro do Partido Nazista
    antissemitismo intensificado, 178
    assume o controle, 183-4
        discurso no Zirkus-Krone, 183
        sai batendo pé de reunião com Dickel,
        183
    desconhecido fora da Baviera, 182
    Hess e, 180, 183
    justiça pelas próprias mãos *vs.* democracia,
    175-6
    para exterminar o socialismo marxista,
    175-7
    Programa de 25 Pontos, 176-7, 245-8
líder do Partido Nazista
    ameaça e espera, 203-6
    antissemitismo consistente, 189
    breve período de detenção, 200
    caráter/imagem, 188-96
        aperfeiçoa estilo de oratória, 200-1
        elabora imagem/aparência, 186-8
        informações e, 188-90

mulheres e, 191
saúde física e mental, 192-4
sensibilidade infantil, 188
sexualidade, 191
considera golpe de Estado na Alemanha, 196-7, 206
corteja a elite social de Munique, 184-5
escolhe o emblema da suástica, 202
frequenta brigas atrás de guarda-costas, 199-200
"Heil Hitler!", início da saudação, 202
Kahr e, 198
ocupação francesa no vale do Ruhr e, 202
planeja Marcha sobre Berlim inspirado em Mussolini, 197, 206
Putsch da Cervejaria, 206-15
capturado/preso, 212-3
condenado a cinco anos, 215
julgamento, desempenho, 213-5
dá ordem para capturar reféns, 210
deflagra, 207-10
foge da Odeonsplatz, 212
mente na deflagração, 207
reorganiza o partido, 184
tratado como "Führer", 202
na prisão de Landsberg, f6
confortável na, 216-29
dieta vegetariana rigorosa, 217
"educação autodidata", 217
escreve Minha luta, 218-29
presentes e cartas de aniversário, 217
visitantes, 216-7
solto, 229
Hitler, Alois (pai de AH), 19-27, f1
ambições artísticas de AH e, 24
antissemitismo e, 33
morte, 25
pai desconhecido, 19-20
Hitler, Alois Jr., 21
Hitler, Angela, 21
Hitler, Edmund, 22
Hitler, Klara (nascida Pölzl, mãe de AH), 19, 27, f1

câncer de mama de, AH e, 38, 40
plano de AH de estudar arte e, 38
Hitler, Maria Anna (avó de AH), 19-20
Hitler, Otto, 21
Hitler, Patrick, 21
Hitler, Paula, 22, 25, 41, 107
Hitlerputsch, Putsch da Cervejaria, 206-15
Ho Chi Minh, 174
Hofbräuhaus, Munique
apresentação do Programa de 25 Pontos nazista, 176-7
bomba, 180
Hofbräukeller, cervejaria, primeiro grande discurso de AH, 169-70
Hoffman, Frau Carola, e AH, 185
Hoffman, Josef, 46
Honisch, Karl, sobre AH não ser antissemita, 64
Hopkins, Katie, sobre a solução final, 240
Hörbiger, Hanns, Teoria do Mundo Congelado, 188
Hötzendorf, conde Conrad von, AH sobre, 58
Huemer, dr. Eduard, sobre AH, 26
húngaros, Império Austro-Húngaro, 15
Huntington, Samuel P., O choque de civilizações, 240

identidade alemã, Bismarck e, 13-4
Igreja Católica, AH e, 26
Igreja Metodista Episcopal Africana Emanuel, Charleston, ataque neofascista em, 237
Império Austro-Húngaro
austríacos alemães, 14-6
Bálcãs e, 57-8
Compromisso Austro-Húngaro de 1867, 15
eslavos e, 58
fome/miséria, 131
Império, 14-5
Parlamento, desprezo de AH por, 43-4, 48, 57-8
Sérvia e, 75-8
situação política dos anos 1900, 57-8
turcos otomanos e, 57

indianos védicos, 202

inflação, AH põe culpa nos judeus, 201

Inglaterra

   aeronaves, 127

   bloqueio naval, 119, 130

      prosseguiu até junho de 1919, 161

   Corrida à África e, 11

   Tríplice Entente e, 76

   ultimato para a Alemanha, 79

   declara guerra, 82

injustiça social/econômica, explorada por movimentos de extrema direita, 242

Irving, David, 238

Isak, Stefanie, AH obcecado com, 33-4, 41

Jawlensky, Alexej von, 72

Jekelius, Erwin, 107

judaísmo, amalgamação pseudocientífica com o marxismo, 178

Jünger, Ernst, 141

Kahr, Gustav von, 198-9

   capturado pelo Putsch da Cervejaria

      mantém controle da cidade e declara fim do golpe, 210

      rejeita ameaças de AH, 207, 209

   comissário estatal para Knilling, 205

Kaiserschlacht, Ofensiva da Primavera, 133-45

Kampfbund, liga de milícias de extrema direita, 203

Kandinsky, Wassily, 72

Keegan, John, sobre Força Expedicionária Britânica em Ypres, 99

Kershaw, Ian, 9

   sobre AH e ódio, 177

   sobre Alois Hitler, 20

   sobre judeus de Viena, 44

   sobre reação de AH à cegueira, 150

Kiel, rebelião dos marinheiros na caserna de, 151

Kindermord bei Ypern, 98, 100

Kipling, John (filho de Rudyard), 114

Klee, Paul, 72, 222

Klimt, Gustav, AH detesta, 46

Kluck, general Alexander von, Primeiro Exército, 86

   sobre massacre de civis como castigo, 87

Knilling, Eugen Ritter von, 199

   declara lei marcial, 205

   preso, 209

Kohlrübenwinter, 119-21

Kokoschka, Oskar, AH detesta, 46

Körner, Oskar, 200

Kriebel, Hermann, líder da Kampfbund, na prisão de Landsberg, 216

Kriegsbrauch im Landkriege, 89

Ku Klux Klan, 237

Kubizek, August ("Gustl"), 29

   no Conservatório de Viena, 42, 49

   sobre AH e câncer de mama da mãe, 40

   sobre AH e celibato, 55

   sobre AH não ser antissemita, 64

   sobre leituras de AH, 58

   The Young Hitler I Knew, 21, 25, 29-35, 42-3, 47-8

Kuhl, general Hermann von, sobre Terceira Batalha de Ypres, 127

Kulturkampf, 56

Labour Party, Inglaterra, 11

Landsberg, prisão de, AH confortável em, 216-29, f6

Langemarck, Batalha de, 96-101

   efeito em AH, 95, 98-101, 148-9, 234-5

Lanzhammer, Karl, 121

Le Cateau, AH recebe Cruz de Ferro de primeira classe, 140

Le Transloy, Batalha de, 117-8

Lechfeld, Regimento List treina em, 83

leitura, AH sobre a arte de ler corretamente, 59

Lênin, Vladímir Ílitch, 72

Leonding, família Hitler em, 22-6

Lerchenfeld, Hugo Max Graf von und zu, 199

Leste Europeu, comunidades judaicas, perseguição, 12

Lídice, massacre de, 91

Liebenfels, Josef Adolf Lanz von, 60

Liebknecht, Karl, declara a República Socialista Livre, 151, f4

Liège, ataque em, 86, 91

Liga Pangermânica (*Alldeutscher Verband*), 166, 168

Lille, QG alemão em, 84, 92

Lineu, Carl, 226

Linz
Humboldtstrasse 31, 27, 38
Ópera, 29
Realschule, AH em, 23-6

Linz, região, pangermânicos, 16

List, Guido von, 60

Lloyd George, David, 79, 126, 129

Lloyd-Burch, sargento David, sobre a trégua de Natal, 106

Loffner, Siegfried, AH e, 63

Loos, Adolf, 46

Loos, Batalha de, desastre britânico, 113

Lossow, general Otto von, 205, 207-10
acusa AH no julgamento do Putsch da Cervejaria, 213-4

Louvain, destruição/massacre de, 89, 91

Ludendorff, general Erich
Ofensiva da Primavera, 133-8, 145
Putsch da Cervejaria e
apoia AH, 206, 208-9, 211
dá ordem para marchar pelas ruas, 211
julgamento, absolvido, 215
preso/solto, 212
solta Kahr, Lossow e Seisser, 209
visita AH na prisão, 216
sobre a "punhalada pelas costas", 147

Ludwig III, rei da Baviera, 83
em Lille, 92
forçado a abdicar, 151

Lueger, dr. Karl, antissemitismo de, 65-6, 231, f1
influência para *Minha luta*, 220

luteranos, antissemitismo, 160

Lutero, Martinho, *Os judeus e suas mentiras*
AH sobre, 32
influência para *Minha luta*, 220, 223-4

Luxemburgo, Rosa, morte pelo *Freikorps*, 152, 154, f4

Macke, August, 72

Macleod, prof. Sandy, sobre história do tratamento para o câncer de mama, 40

Mahler, Gustav, 36, 37

Mair, Thomas, neofascista, 237

Malcolm, Sir Neill, sobre a "punhalada pelas costas", 147

Mann, Thomas, 72, 222

Marcuse, Herbert, 222

Mariahilf, Viena, quarto de AH, 39, 42, 48

Marne
Batalha do, 84
Segunda Batalha do, 137

Marr, Wilhelm, influência para *Minha luta*, 220

Marx, Karl, 68, 73

marxismo
AH sobre, 50
amalgamação pseudocientífica com o judaísmo, 178
inimigos internos, AH sobre, 109-10
nazistas exterminarão, 175-7

Maser, Werner, 68

Maurice, Emil, 191
ajuda a transcrever *Minha luta*, 218
na prisão de Landsberg, 216, 218
Putsch da Cervejaria, preso, 212
SA neutraliza o governo bávaro, 199

May, Karl, faroestes, 98
AH e, 22
influência para *Minha luta*, 220

Mayr, capitão Karl, 179
designa AH para "comissão investigativa" do *Reichswehr*, 157
envia AH para cursos de "pensamento nacional", 158
envia AH para reunião do DAP, 167
sobre hesitação política de AH, 155

medo dos tanques, alemão, 129

Mend, Hans, sobre AH, 107, 111

mensageiro, AH como, 102-46

297

Menzel, Adolph von, 72

mercados negros, 131

Metzsch, general Horst von, sobre Langemarck, 101

Meyer, Adolf, sobre Ypres, 100

militaristas prussianos, 12-4

Milton, soldado H. J., sobre Ypres, 99

Minha luta, f5

AH escreve na prisão de Landsberg, 218-29

antissemitismo como "filosofia" do nazismo, 222-9

conteúdo, 218-28

erros e invenções, 225-8

influências para, 220-1

publicação/vendas, 229

recepção, 218-9, 229, 231

ignorado/ridicularizado por estrangeiros, 231

influencia movimentos fascistas no exterior, 232

Monash, general Sir John, 138

Montdidier, baixas do Regimento List em, 137

Moorhouse, Roger, sobre dentes de AH, 188

Morell, Theodor, sobre saúde mental de AH, 192

Morgenstern, Samuel, AH e, 63

movimento modernista

AH detesta, 46

Munique, 72

movimento nacional-socialista, 158

DAP e, 166-74

Estados Unidos [moderno], 238

vs socialismo, 175-6

ver também Hitler, Adolf; Partido Nazista

movimento político sionista, AH sobre, 62

movimentos trabalhistas, 11

muçulmanos, alvo da extrema direita, 238-40

Müller, dr. Karl von, sobre AH no Putsch da Cervejaria, 209

Munique

AH convalesce, 118, 120-2

AH mora em, 69-78

AH volta a, 150

células políticas de extrema direita, 158

manifestação na Odeonsplatz, 77

pré-guerra, 71-2

ver também Hitler; Partido Nazista; acontecimentos específicos

Murray, Charles e Herrnstein, Richard, The Bell Curve..., 239

Murray, Douglas, The Strange Death of Europe, 242

Murray, dr. Henry, sobre saúde mental de AH, 192

Mussolini, Benito

e nacional-socialismo italiano, 174

Marcha sobre Roma, inspira AH, 197

nacionalismo militante, 12

Nada de novo no front (filme), 95

Namur, massacre de civis em, 87

Naumann, Friedrich, Associação Social-Nacional, 167

nazistas modernos

ataque em Charlottesville, 236

responsáveis porque informados, 236-8

ver também extrema direita

Neidhardt, Georg, e julgamento de AH pelo Putsch da Cervejaria, 213-5

Nepomuk, Johann Hüttler (Hitler), 19-20

Neumann, Hans-Joachim e Eberle, Henrik, Was Hitler Ill?, 193-4

Neumann, Josef, AH e, 54, 63

Neunzert, Max, 210

Neuve Chapelle, Batalha de, 112

New Republic, 63

New York Times, 229-30

New Yorker, 231

Nicolau, tsar, avisos sobre a Sérvia, 80

Nietzsche, Friedrich, 59

AH sobre, 32

influência para Minha luta, 220

Noite dos Longos Punhais, 181, 198

Novo Imperialismo, 10-2

Odeonsplatz, manifestação na, 77

Ofensiva da Primavera, 133-45
  AH extasiado pelos planos, 134
  começa a retirada, 136
Operação Georgette, queda de Passchendaele, 136
Operação Michael, Aliados recuam, 135
Organização Cônsul, 201
Osborn, Max, *Berlin*, 115
Ostara, periódico, e suástica, 60
Ostend, Regimento List descansa em, 143

Pakenham, Thomas, *The Scramble for Africa*, 11
pangermanismo, 12-4, 23, 43-4, 56-69
  antissemitismo, 31, 33
  influência para *Minha luta*, 220
  Primeira Guerra Mundial e, 75, 77-8
  região de Linz, 16
  Versalhes e, 162
Parti Socialiste de France, 11
Partido da Independência do Reino Unido, 238
Partido da Liberdade Holandesa, 238
Partido Nazista (Nationalsozialistische Deutsche
  Arbeiterpartei, NSDAP), 174
  AH planeja tomar e controlar o Estado,
  174-85
  proibido, 212
  crescimento/dominação, 179-85
  eventos com discursos, brigas, 199-200
  governo alemão exige dissolução de, 199
  popularidade, 198-9, 202
  Programa de 25 Pontos, 176-7, 245-8
  Putsch da Cervejaria, 206-15
  ver também Hitler, Adolf
Partido Popular Católico da Baviera, 153
Partido Social Cristão, Viena, 65
Pasewalk, hospital de, AH em, 147-9
Passau, Baviera, família de Hitler, 21-2
Passchendaele, 93
  ofensiva britânica, 125-30
Pétain, marechal Philippe, 126
Petz, tenente-coronel Friedrich, sobre AH como
  bom soldado, 140
Picardy, Batalha do Somme, 117

Piketty, Thomas
  sobre desigualdade social/econômica, 243
  sobre riqueza nos anos 1890, 10
Plano Schlieffen, 79, 84
Platão, sobre a criação de uma raça suprema,
  224
Poetsch, dr. Leopold, influência sobre AH, 23-4
Pöhner, Ernst
  apoia AH, 205-6
  Putsch da Cervejaria, preso, 212
poloneses, Império Austro-Húngaro, 15
Pölzl, Johanna (Hanitante), 38, 107
povo judaico
  como inimigos internos, AH sobre, 110
  comunidades, perseguição, 12
  pangermanismo e, 57, 60-7
  soldados, 83, 122
  Viena
    culpabilizados por Lueger, 66
    sem sufrágio universal, 66
  ver também antissemitismo
Princip, Gavrilo, 75
Prinz, Johann, sobre crisma de AH, 26
Prochnik, George, sobre ignorar *Minha luta*, 231
Programa Linz, "germanização", 16
Popp, família
  cartas de AH para, 90-1, 103
  Frau Anna, 73
  Joseph, 71
protocolos dos sábios de Sião, Os, 178
  influência para *Minha luta*, 220
  Putsch da Cervejaria, 206-15

queda, A (filme), 17

Rabatsch, Maximilian, 35
raça
  erros de AH sobre, 224-6
  ódio, influências iniciais de AH, 23
  pensamento racista, parte do senso comum
    na Europa, 61
  supremacismo, Europa, 11-2
  ver também antissemitismo

raça "ariana"
  erros de AH sobre, 227
  pangermanismo e, 60-9
Rathenau, Walter, 201
Raubal, Angela (Geli), AH e, 41, 191, f7
  visita AH na prisão, 216
Realschule de Steyr, 26, 29
rebelião de marinheiros, caserna de Kiel, 151
Regimento List (16º Regimento de Reserva de
  Infantaria da Baviera) na Frente Ocidental, 84
  AH no, 83-146
  AH volta ao, 123-46
  baixas da Ofensiva da Primavera, 137
  colapso moral, 123-4, 129-30
  em Fromelles, 116, 123
  em Vimy, 124
  em Ypres, 95-101, 123
  membros judeus, 83
  na Terceira Batalha de Ypres, 124, 129-30
  no canal Oise-Aisne, 132
  no Somme, 117-8, 123
  relegado à reserva, 130
  viagem à Frente Ocidental, 90-2
Reichswehr (Exército de Weimar), 156-9
  "comissão investigativa", AH como infor-
    mante, 157-9
Reinhardt, Max, 222
Reno, AH sobre o povo das margens do, 90
Reno, região do, desmilitarizada, 162
República de Weimar
  AH sobre, 154
  Estado autônomo bávaro da, 161
  inflação, AH culpa os judeus, 201
  ministros liberais assassinados, 201
ressurgência religiosa, 11
Revolução de Novembro de 1918, 151-3
revolução marxista, Baviera, 147, 151
Rienzi, AH visualiza a si mesmo como, 37, 42,
  111, 148
Rilke, Rainer Maria, 46
Robertson, Sir Charles Grant, sobre AH e
  Minha luta, 229
Robespierre, 68

Röhm, Ernst, 153
  Associação Operária de Organizações Pa-
    triotas Combatentes, 203
  comandante da SA, 181
  Putsch da Cervejaria e
    marcha à Odeonsplatz, 211
    organiza pogrom em regiões mais ricas, 210
    preso, 212
    recebe ordem de tomar alojamento do
      Exército, 207
    suspensão condicional de pena, 215
Rolland, Romain, sobre Louvain, 89
Roller, Alfred, 36
  AH evita, 45
Roof, Dylann Storm, neofascista, 237
Rosenberg, Alfred, 177-8, 196, 238
  aplaca AH, 183
  DAP e, 167
  lidera nazistas clandestinos, 212
  Putsch da Cervejaria e, 206
  sobre indianos védicos, 202
  visita AH na prisão, 216
Rottmann, Carl, 46
Ruhr, vale do, França e Bélgica ocupam, 202
Rupprecht, príncipe herdeiro da Baviera, 92,
  95, 133, 206, 210
Rússia
  colapso do Exército, revolução/deserção,
    125, 133
  e Alemanha/Áustria, 76-7
  sérvios e, 58
  torna-se URSS 1922, 175
  Tratado de Brest-Litovsk, 1918, 162

SA ver *Sturmabteilung* (SA; camisas pardas)
Salzburgo, seção de alistamento de, 73-4
Scheidemann, Philipp, 177
  chanceler da república alemã, 151, 154
  sobre Versalhes, 162
Scheubner-Richter, Max Erwin von, morto em
  Odeonsplatz, 211
Schicklgruber, Maria Anna *ver* Hitler, Maria
  Anna

Schiele, Egon, AH detesta, 46
Schinkel, Karl Friedrich, 46
Schlehuber, Michel, sobre AH, 103, 105
Schmidt, Ernst, e AH, 130, 132
Schoenberg, Arnold, AH detesta, 46
Schönerer, Georg Ritter von, 65, 231, f1
  influência para *Minha luta*, 220
  influência sobre AH, 23
  sobre celibato, 55-6
Schopenhauer, Arthur, 59
  influência para *Minha luta*, 220
Schramm, Percy Ernst
  sobre AH e informações, 188
  sobre aparência de AH, 187
  sobre formato dos discursos de AH, 172
  sobre personalidade(s) de AH, 190, 195
Schwabing, Munique, 72
Sébastien le Prestre de Vauban, 94
Seisser, coronel Hans Ritter von, 205-9
Semper, Gottfried, 46
Sérvia, Império Austro-Húngaro e, 14, 58, 75-8
  Rússia apoia, 58
Sheffield, Gary, sobre a Ofensiva dos Cem Dias,
  146
Shirer, William, sobre Poetsch, 23
social-democratas, Viena, 66
socialistas, 11
  inimigos internos, AH sobre, 109-10
  lideram protestos contra a guerra, 145
Sociedade Thule, 153
  DAP e, 167
Sombart, Werner
  Händler und Helden, 104
  "Unsere Feinde" [Nossos inimigos], 104
Somme, Batalha no, 117-8
Sozialdemokratische Partei Deutschlands (SPD/
  MSPD), 13, 151
Sozialistische Arbeiterpartei (SAPD), 11
Spartakusbund (Liga Espartaquista), 151
Spatny, tenente-coronel Emil, 117, 124
Speer, Albert
  sobre AH e romances de Karl May, 22
  sobre círculo íntimo de AH, 196

Stein, Franz, 60
Sterneckerbräu, taverna, reunião do DAP, 167-8
Strauss, Richard, 46, 72
Streicher, Julius, f6
  sobre AH, 196
  visita AH na prisão, 216
Stosstrupp, membros na prisão de Landsberg,
  216
Sturmabteilung (SA; camisas pardas), 153, f5
  milícia do NSDASP, 180, 199
  proibido após Putsch da Cervejaria, 212
suástica (*Hakenkreuz*)
  adotada como emblema nazista, 202
  origens, 202
  uso neonazista, 237
supremacistas alemães *ver* pangermanismo
Surice, massacre de civis em, 88-9

Tamines, massacre de civis em, 88
Tannenberg, Batalha de (Frente Oriental), 101
Taylor, A. J. P.
  sobre contrato de indenizações, 163
  sobre terras dos Habsburgo, 57
tchecos, Império Austro-Húngaro, 15
técnicas de propaganda, *Minha luta* sobre, 221
tecnologia da Era das Máquinas, 12
teoria da "punhalada pelas costas", 147-50, 154
Tirpitz, almirante Alfred von, sobre Bethmann-
  -Hollweg, 82
Tischgespräche im Führerhauptquartier, monó-
  logos (AH), 55, 108, 130, 142, 190
Tito, Josip Broz, nacional-comunismo, 174
Toller, Ernst, 222
trabalhadores, bem-estar social, Alemanha
  pré-1914, 13
Tratado de Brest-Litovsk de 1918, 162
Traunstein, AH como guarda do campo de
  prisioneiros de, 150
Trebitsch, Arthur, 61
Treitschke, Heinrich von, influência para *Minha
  luta*, 220
Tríplice Entente (Inglaterra, França, Rússia),
  Alemanha e, 13

Trump, Donald, Bannon como estrategista-
-chefe de, 238-40
Tubeuf, major Anton Freiherr von, 124-5
turcos otomanos, Habsburgo e, 57

U-boots [submarinos alemães], bases no litoral
belga, 125
AH visita, 143
ulanos, 87
Ullrich, Volker
sobre AH e mulheres, 55
sobre antissemitismo de AH, 62
sobre antissemitismo de AH em Munique,
161
sobre infância de AH, 26
sobre motivação dos apoiadores de AH, 236
União Europeia e paz europeia, 240-1
Urfahr, apartamento da família Hitler em, 38

valores iluministas, promoção/defesa, 242-4
Vanguard, grupo nacionalista branco, 237
Viena
Academia de Belas-Artes, 35, 38
AH reprova no exame de admissão, 39,
45, 49
AH morando em, 42-52
sai para evitar o alistamento obrigatório,
69-70, 73-74
Brigittenau, Meldemannstrasse, abrigo, 53
Fünfhaus, distrito de, AH mora em, 49
Kunsthistorisches Museum, 36
mistura racial, AH e, 43
Ópera de, 36
população judaica, 44-5
primeira visita de AH, 36-8
Vimy, colinas de, 124
Völkischer Beobachter (jornal), 206
roteiros de AH publicados, 172-3
sobre Versalhes, 162
Volkschule de Fischlham, 23

Wagner, Otto, 46
Wagner, Richard, 214
AH sobre, 30, 32
influência para Minha luta, 220
Lohengrin, 32, 34, 37
O holandês voador, 36
Rienzi, 37-8
AH visualiza a si mesmo como, 42, 111,
148
Tristão e Isolda, 36, 47
Wagner, Winifred, 37, 185
Wasen, Eugen, sobre a anatomia de AH, 191
Weber, Friedrich, líder do Bund Oberland, na
prisão de Landsberg, 216
Weber, Thomas, Hitler's First War, 140
Weininger, Otto, 61
Wellhausen, sargento, sobre Terceira Batalha
de Ypres, 126
Weltanschauung, e a arte de ler corretamente, 59
Westenkirchner, Ignaz, sobre AH, 108, 143
Wiedemann, capitão Fritz
sobre AH, 118, 123, 141
sobre o Somme, 117
Wilson, Woodrow, sobre autodeterminação, 162
Wittgenstein, Ludwig, 46
AH e, 33
Wolf, Karl Hermann, 60
Württemberg, Albrecht, duque de, 95

Ypres
objetivo alemão, 84
Primeira Batalha de, 93-101
Quarta Batalha de, 136
Quinta Batalha de, Regimento List em, 143
Terceira Batalha de, 124-30
aeronaves britânicas, 127
trégua do Natal de 1914, 106-7

Zakreys, Maria, 39, 42, 49
Zweig, Stefan, sobre ignorar Minha luta, 23

ESTA OBRA FOI COMPOSTA PELA ABREU'S SYSTEM EM INES LIGHT
E IMPRESSA EM OFSETE PELA LIS GRÁFICA SOBRE PAPEL PÓLEN SOFT DA
SUZANO S.A. PARA A EDITORA SCHWARCZ EM FEVEREIRO DE 2020

A marca FSC® é a garantia de que a madeira utilizada na fabricação do papel deste livro provém de florestas que foram gerenciadas de maneira ambientalmente correta, socialmente justa e economicamente viável, além de outras fontes de origem controlada.